suhrkamp taschenbuch 2813

Gertrude Stein und Alice B. Toklas trafen sich zum ersten Mal am Sonntag, dem 8. September 1907, in Paris. Von diesem Tag an waren sie unzertrennlich bis zu Gertrudes Tod am 27. Juli 1946. Sie lebten immer unter demselben Dach, reisten nie ohneeinander, ihre zahlreichen Veranstaltungen in ihrem berühmten Salon in der Rue de Fleurus gaben sie stets gemeinsam. Jahrzehntelang bildeten sie ein kulturelles Zentrum in Paris. Diana Souhami schildert das anekdotenreiche Leben des charismatischen Paars und ihrer Zeit.

Diana Souhami lebt in England. Sie publizierte Theaterstücke, Kurzgeschichten und Sachbücher, darunter *A Women's Place: The Changing Picture of Women in Britain* und *Gluck, her biography.* Die Bücher von Gertrude Stein im Suhrkamp Verlag: *Erzählen.* Vier Vorträge; *Die geographische Geschichte von Amerika oder Die Beziehung zwischen der menschlichen Natur und dem Geist der Menschen*; *Gertrude Stein für Minuten.* Hg. Ursula Michels-Wenz (st 2597); *Ida.* Ein Roman; *Jedermanns Autobiographie* (st 2598); *Kriege, die ich gesehen habe* (BS 598); *Lesebuch zum allmählichen Kennenlernen Gertrude Steins.* Hg. Robert Bartlett Haas (st 2314); *Paris Frankreich.* Persönliche Erinnerungen (st 2594); *Q.E.D.* Roman (st 2595); *Zarte Knöpfe. Tender Buttons* (BS 1215).

Diana Souhami
Gertrude und Alice

Gertrude Stein und Alice B. Toklas
Zwei Leben – eine Biographie

Aus dem Englischen von
Ulrike Budde

Suhrkamp

Titel der Originalausgabe: *Gertrude and Alice*

suhrkamp taschenbuch 2813
Erste Auflage 1998

Lizenzausgabe mit freundlicher Genehmigung der
von dem Knesebeck GmbH & Co. Verlags KG
Suhrkamp Taschenbuch Verlag

Druck: Nomos Verlagsgesellschaft, Baden-Baden
Printed in Germany
Umschlag nach Entwürfen von
Willy Fleckhaus und Rolf Staudt

1 2 3 4 5 6 – 03 02 01 00 99 98

Gertrude Stein und Alice Babette Toklas
begegneten einander zum ersten Mal
am Sonntag, den 8. September 1907 in Paris.
Von diesem Tag an waren sie zusammen,
bis zu Gertrudes Tod am Samstag,
den 27. Juli 1946.

Auf besonderen Wunsch N.N. gewidmet.

INHALT

VORWORT

Ich habe Archivmaterial aus der Yale Collection of American Literature und der Bancroft Library of Berkely verwendet, aus bereits veröffentlichten Memoiren, Briefsammlungen, Büchern und Artikeln von und über Gertrude Stein und Alice B. Toklas.

Ich habe nur ausgesprochen zurückhaltend die Oberfläche der als schwer zu erschließende oder hermetisch bezeichneten Schriften von Gertrude berührt, und ich biete keine neue Einsichten in ihr Werk.

Mein Thema ist die Beziehung zwischen Gertrude und Alice – eine Ehe voller Hingabe, Spaß, in Gelassenheit ereignisreich, geordnet, häuslich, voller Intimität und Glück. Berührt hat mich daran die seltsame Tatsache, daß diese Ehe, der in dieser Form so viele Helden und Heldinnen ausweichen, von zwei Frauen von eigenwilligem Aussehen und großer Willenskraft gelebt wurde, die die große Kunst der Treue zu sich selbst gelernt hatten.

Philippa Brewster vom Verlag Pandora Press hat mich vom ersten Konzept bis zum fertiggestellten Text immer wieder ermutigt und beraten. Debbie Licorish, Ginny Iliff und Zoë Maggs haben es geschafft, aus einem Haufen von Manuskriptseiten ein richtiges Buch zu machen. Ihnen allen danke ich.

Gertrude und Alice, 1935.
Fotografie von Cecil Beaton.

I

GERTRUDE UND ALICE

In mir eene meene muh.
Du bist meine Liebe und dir sag ich's zu[1]

Gertrude und Alice wirkten als Paar eigenartig. Auf Fotografien sehen sie aus wie zwei Schauspielerinnen in den Rollen von Oberpriester und Meßdiener, wie Groß und Klein, ein Berg und sein Schatten. Immer trägt Alice die Taschen und Schirme, sitzt im weniger schönen Sessel, geht hinter Gertrude oder ist ohnehin kaum zu sehen. Doch diesen Eindruck der sich selbst auslöschenden, dienenden Magd hat sie selbst erzeugt, und er entsprach nicht der Stärke ihres Charakters und Alices tatsächlicher Rolle in dieser Beziehung.

Eine Zyste zwischen den Augenbrauen von Alice Toklas veranlaßte Picasso zu der Bemerkung, sie sähe aus wie ein Einhorn. Um sie zu verdecken, kämmte Alice ihre Haare über die Nasenwurzel und zog ihre Hüte tief in die Augen hinunter. Sie war kaum einen Meter fünfzig groß, und im Sitzen berührten ihre Füße fast nie den Boden. Sie trug liebend gern teure Handschuhe und pflegte überaus gründlich ihre Hände und Fingernägel, die sie täglich manikürte. Über ihren Bart sagte Poppy Cannon, Redakteur für »Essen und Trinken« in *House Beautiful*, daß jedes andere Gesicht im Vergleich daneben nackt wirkte. Alice Toklas hatte graugrüne Augen, eine große Hakennase und einen scharfen Geruchs- und Geschmackssinn, obwohl sie eine starke Raucherin war.

Gertrude war ziemlich voluminös, jedoch nicht sehr groß. In ihrer besten Zeit wog sie über 90 Kilo. Sie trug am liebsten lockere, bequeme Kleidung mit tiefen Taschen. Pierre Balmain, mit dem sie befreundet war, fertigte als Student in den späten dreißiger Jahren für sie und Alice Kleider an. Gertrudes ausladende Wollsachen fütterte er mit mauvefarbenem Taft. Sogar im Winter trug sie Sandalen, deren Spitzen wie die Schnäbel von Gondeln geformt waren. Sie hatte eine ganze Sammlung von Westen mit Vögeln, Blumen und ähnlichem, und ihre Hüte wählte sie aus einer Kollektion mit Filzkappen, Strohdeckeln, einer Glocke, die einer Kopfbedeckung von Ludwig dem Dreizehnten nachgebildet war und die Alice an ihr besonders gefallen hatte, und einem blumengeschmückten Hut für den Hochsommer.

Als Ernest Hemingway 1922 Gertrude zum ersten Mal begegnete, erinnerte sie ihn an eine norditalienische Bauersfrau, mit ausdrucksvollem Gesicht, wunderbaren Augen, einem bewegten Gesichtsausdruck und »schönem, dichten, lebendigen Haar einer Einwanderin, das sie in derselben Art aufgesteckt trug, wie sie es wahrscheinlich im College getragen hatte«.[2] Doch Gertrude bat Alice 1926, ihr die Haare zu schneiden. Alice wußte nicht, wie sie das anfangen sollte, daher wurden die Haare immer kürzer und kürzer, und je kürzer der Schnitt wurde, desto besser gefiel sich Gertrude. Zum Schluß war nicht mehr viel von ihren Haaren übrig. Hemingway fand daraufhin, daß sie wie ein römischer Kaiser aussah: »Das war ganz in Ordnung, wenn es einem gefiel, daß seine Frau wie ein römischer Kaiser aussieht.«

Obwohl weder Gertrude noch Alice Hosen trugen, verwirrte ihr Erscheinungsbild gelegentlich. Besonders in Abendkleidung wurde Gertrude manchmal für einen kirchlichen Würdenträger – einen Bischof oder Kardinal – gehalten. Als sie an Weihnachten 1934 bei Gertrudes Cousin Julian Stein in Baltimore waren, sagte eines seiner Kinder – gerade drei Jahre alt –, daß es den Mann mochte, aber warum denn die Frau einen Bart hätte?

Zum ersten Mal begegneten Gertrude und Alice einander am 8. September 1907 in Paris. Alice hörte Glockenklänge in ihrem Kopf, als sie Gertrude sah und hielt das für den Beweis, daß ein Genie anwesend war. Sie schilderte Gertrude als »goldene Erscheinung, die von der toskanischen Sonne gebräunt war und einen goldenen Schimmer in ihrem warmen, braunen Haar hatte«. Sie fand sie wunderschön, mit ihrer herrlichen, samtigen Altstimme, einer enormen Lebenslust und großer Erfahrung.

Auf Gertrudes Vorschlag hin unternahmen sie am nächsten Tag allein einen Spaziergang im Jardin du Luxembourg und aßen in einer Konditorei hinter dem Boulevard St. Michel Kuchen. Von da an waren sie bis zu Gertrudes Tod neununddreißig Jahre später niemals getrennt. Sie reisten immer zusammen, gingen immer zusammen aus, und arbeiteten nie an getrennten Projekten. Gertrude fühlte sich niedergedrückt, wenn sie längere Zeit ohne Alice war. Und als Alice am Ende ihres eigenen langen Lebens über ihre Beziehung schrieb, sagte sie, daß vom Moment ihrer Begegnung an »Gertrude meine volle Aufmerksamkeit hatte, und dies war so in all den vielen Jahren bis zu ihrem Tod und in all den leeren Jahren danach«.

Sie gingen eine dauerhafte Verbindung miteinander ein, ein klassisches Duo, so untrennbar wie Romeo und Julia, Laurel und Hardy, vielleicht auch wie Napoleon und Josephine. Vor Fremden nannten sie sich Pussy und Lovey (Alice war Pussy). Wenn sie sich schrieben, sagten sie DD (Darling Darling) und YD (Your Darling). Sie betrachteten sich als verheiratet. Alice nannte Gertrude oft »er« oder »mein Mann« oder »mein Baby Woojums«. Zum 25. März (Mariä Verkündigung) schenkte sie ihr ein ausgeschnittenes, handkoloriertes Blatt in einem Blattgoldrahmen mit der Aufschrift »MON EPOUX EST A MOY ET JE SUI A LUY« (Mein Mann gehört mir und ich gehöre ihm). Gertrude unterschrieb von ihnen beiden verfaßte Briefe gelegentlich mit »Gertrude und Alice Stein«. Und in ihren Liebesgedichten spielte sie oft auf die Freuden des ehelichen Lebens mit Alice an. »Die kleine Alice B. ist die Frau für mich«, schrieb sie. Oder

> Kleines köstliches Gericht, was
> meine Frau ist und auch sonst
> und ein perfekter Spaß.

Oder

> Du bist mein honigsüßer Schnuckel
> und ich bin deine Biene.

Freunde mochten Gertrudes fröhlichen Händedruck, ihre kräftige Erscheinung und Präsenz im Gespräch, ihre Gemütsruhe und ihr leichtes Lachen. Alice war scharfzüngiger und eine anstrengendere Gesellschafterin. Der große Pudel Basket wurde ein berühmtes Mitglied der Familie. Auch bei Fremden war er ein Thema. Meistens sagte man, daß er aussähe wie ein Schaf. Kinder nannten ihn Monsieur Basket oder den »Hund im Schlafanzug«. Gertrude fand, daß er von seinem Alphabet nur die Wörter mit B beherrschte: Basket, Brot und Ball.

Die Verbindung zwischen Gertrude und Alice hatte eine moralische Grundlage. In Harvard war Gertrude als Studentin in eine komplizierte Dreiecksbeziehung mit einer anderen Frau verwickelt gewesen. Über diese Erfahrung schrieb sie in ihrem ersten Roman *Q.E.D.* Über sich selbst schrieb sie darin, daß sie in dieser Affäre einer »unwissenden« Unmoral in die Falle gegangen sei, und sagte:

> Wenn man nicht von Anfang an eine Theorie der Pflicht hat, ist alles möglich, und keine Regel von Richtig und Falsch hält mehr

stand. Man muß entweder irgendeine Theorie anerkennen oder aber seinem Instinkt glauben oder sich der Meinung der Welt anschließen.[3]

Gertrude und Alice akzeptierten in ihrer Beziehung die »Theorie der Pflicht« und abgesehen von dem Umstand, daß sie beide Frauen waren, erfüllten sie die Kodes und Erwartungen einer konventionellen romantischen Liebe. Ihr Zusammenleben wurde zu einem Musterbeispiel für eine gute Beziehung. Sie verliebten sich ineinander, hatten dieselbe Haltung zum Leben, und legten als Paar viel Wert auf häusliche Harmonie, bis der Tod sie voneinander trennte. Sie waren glücklich und äußerten das auch. Alice sagte, daß Gertrude der glücklichste Mensch sei, den sie je kennengelernt habe. Voller Schärfe äußerten sie sich über das schwierigere oder verwickeltere Privatleben von vielen ihrer Freunde – Hemingway, der dreimal heiratete, Picasso mit seinen Frauen, Natalie Barneys temperamentvolle Affären mit zahlreichen Damen.

Vieles verband die beiden. Beide waren in der San Francisco Bay in Kalifornien aufgewachsen. Beide waren Töchter europäischer Juden, ihre Eltern waren als erste Generation der Familien nach Amerika ausgewandert. Beide bereisten als Kinder Europa und waren noch keine zwanzig Jahre alt, als ihre Mütter starben. Sie hatten eine für Kalifornien typische Offenheit und Herzlichkeit, interessierten sich für die Kultur Europas, zeigten eine Art Pioniergeist. Obwohl sie in Paris lebten, hatten sie wenig mit den einheimischen Franzosen zu tun. Sylvia Beach, die die Buchhandlung *Shakespeare and Company* führte, sagte, daß sie in der Wohnung in der Rue de Fleurus 27 nie Franzosen getroffen hatte. Mit eisernem Patriotismus hielten sie an ihrer Herkunft als Amerikanerinnen fest: »Der Amerikanismus ist mir angeboren«, sagte Gertrude. Es machte ihnen Spaß, am Ende des Ersten und des Zweiten Weltkriegs amerikanische Fahnen zu schwenken. Obwohl sie bald nach 1900 die Vereinigten Staaten verlassen hatten und erst dreißig Jahre später für einen einzigen Besuch zurückkehrten, betrachteten sie Frankreich als ihr angenommenes Land und Amerika als ihre Heimat.

Tiefstes Einverständnis herrschte zwischen ihnen darüber, und es war zentraler Punkt des größten Teils ihres gemeinsamen Lebens, daß Gertrude ein Genie sei (»Die Literatur des zwanzigsten Jahrhunderts ist Gertrude Stein«, sagte Gertrude), und daß man sich um sie und ihr Genie kümmern mußte. Daraus entstand eine perfekte Symbiose, eine harmonische Arbeitsteilung. Gertrude war diejenige, die gern schrieb, sich mit

Menschen unterhielt, Auto fuhr, bis mittags im Bett lag, in der Sonne döste, mit dem Hund spazierenging, Bilder anschaute und über sich und das Leben nachsann. Alles andere machte sie nervös. Alice übernahm den Rest.

Alice war immer vollauf beschäftigt. Sie konnte gleichzeitig lesen und stricken. Sie tippte Gertrudes Manuskripte, kümmerte sich um den Haushalt, umhäkelte Stuhlkissen und Taschentücher, staubte Gemälde und Dekorationsstücke ab, plante die Essensfolgen und gab Koch und Hausmädchen Anweisungen, reinigte die Bilder, arrangierte die Blumen. Auf dem Land übernahm sie alles, was mit Graben, Pflanzen und Säen zu tun hatte. Als sie nach Gertrudes Tod selbst zum Schreiben kam, verfaßte sie Erinnerungen, Menuefolgen und Briefe, in einem knappen, scharfen Stil.

»Alice B. Toklas denkt immer voraus«, schrieb Gertrude, »das ist für mich sehr angenehm.« Eine Freundin, Mabel Dodge, sagte 1912 in Italien zu Alice: »Ich kann dich nicht verstehen. Was macht dich so zufrieden? Was gibt dir diese Kraft?« Alice antwortete: »Ich nehme an, daß das an meinen Gefühlen für Gertrude liegt.« Als die dann schon berühmte Gertrude mehr als zwanzig Jahre später mit Alice Amerika bereiste, sagte Alice, daß Gertrude durch ihr Schreiben in Amerika zu Hause sei, sie, Alice, jedoch durch Gertrude.

In Alices Dienen lag nichts Erniedrigendes. Sie war die Macht hinter dem Thron. Wer Gertrude sehen wollte, wurde erst von Alice geprüft, und wenn sie nicht einverstanden war, hatte man keine Chance. Sie glaubte, daß sie aus einer polnischen Adelsfamilie stammte. Als Mädchen hatte sie gelernt, wie man eine Sektflasche sorgfältig öffnet, und daß man am Tag nach einem Fest beim Aufräumen auf die Diamanten aufpassen mußte, die in den Staub gefallen waren.

Besucher in der Pariser Wohnung fanden sie furchteinflößend. Die meisten wollten Gertrude besuchen. Doch hinter der herrischen Fassade von Alice gab es einen Anflug von romantischer Verwegenheit. Im Alter von dreißig Jahren verließ sie San Francisco und versuchte ihr Glück in Paris. Sie hatte eine Leidenschaft für schöne Kleider, klimpernde Juwelen und Hüte, die mit Blumen und Federn geschmückt waren. Auf einer Zugreise nach Florenz im Sommer des Jahres 1908 plagte sie die Hitze so sehr, daß sie sich ihr kirschfarbenes Korsett auszog und es aus dem Fenster warf. Sie hatte eigentlich Pianistin werden wollen und an der Universität von Washington studiert, doch schätzte sie ihr Talent selbst als fünftklassig ein. Daher förderte sie statt dessen Gertrudes Talent. Sie war eine hervorragende Impresaria, die ihrer beider Leben überblickte und organisierte, ihren Ruhm gestaltete und ihr Ansehen in der Öffentlichkeit aufbaute. Sie war diejenige, die entschied, daß das Motto »Rose ist eine Rose ist eine Rose« in einem Kreis auf Gertrudes Briefpapier erscheinen sollte. Gertrude verwendete diese Phrase zum ersten Mal in einem Gedicht mit dem Titel *Heilige Emily*[4]. Alice feilte solange an Anekdoten über sich und Gertrude, bis sie schließlich zu Legenden wurden. Vor allem jedoch stellte sie sicher, daß ihr Alltagsleben in geordneten und angenehmen Bahnen verlief.

Da sie aus dem Stein'schen Vermögen Geld geerbt hatten, konnten sie ein ungebundenes Leben voller Annehmlichkeiten genießen. Für Frankreich entschieden sie sich, als die Lebenshaltungskosten dort niedrig waren. Sie hatten nie irgendwelchen Besitz. Die Wohnung in Paris hatten sie genauso gemietet wie – für fünfzehn Jahre – ein Haus im Rhônetal. Ab 1916 hatten sie ein Auto, und immer auch eine oder mehrere Bedienstete. Sie waren gastfreundlich und lebten äußerst behaglich, jedoch nicht sehr aufwendig.

Gertrudes wirkliches Vermögen war durch Liebe zustandegekommen: ihre Sammlung moderner Kunst, die sie zum größten Teil für wenig Geld vor dem Ersten Weltkrieg erworben hatte, als die Künstler noch keinen besonderen Erfolg hatten. Die Bilder von Picasso, Matisse, Cézanne und anderen waren der Schatz ihrer Jugendzeit. Voll Bedauern verkaufte sie in späteren Jahren ein oder zwei dieser Gemälde, um Veröffentlichungen ihrer Werke zu finanzieren oder im Zweiten Weltkrieg auf dem Schwarzmarkt Lebensmittel einzukaufen. Weder hatte sie jemals eine ordentliche Versicherung für die Bilder noch waren sie in einem Inventarium verzeichnet. Nach Gertrudes Tod litt Alice finanzielle Not, um keines der Gemälde verkaufen zu müssen. Sie wollte, daß sie en bloc als Gertrudes Sammlung in ein Museum kommen sollten.

Lange bevor es die internationale Literatengemeinde in den zwanziger und dreißiger Jahren nach Paris zog, waren sie dort schon heimisch. Vier Jahrzehnte lang gehörten sie zum kulturellen Herzen der französischen Hauptstadt: sie erlebten die Zeit der revolutionären Ausstellungen der Fauves und der Kubisten, die Kämpfe der modernen Zeitschriften der zwanziger Jahre, die Hoffnungen der exilierten Schriftsteller zwischen den beiden Weltkriegen. Damals waren sie ein fester Bestandteil von Paris und wurden berühmt, da sie den Mut hatten, sie selbst zu sein.

Überall zogen sie das Publikum an – sei es in Charleston, Oxford oder Avila. Sie blieben unbeugsam und immer ein unvergeßlicher Anblick. Es machte ihnen Spaß, in ihrem Ford »Auntie« spazierenzufahren, Bilder und römische Ruinen anzuschauen, gut zu essen, sich mit allen möglichen Leuten zu unterhalten, aus allem das Beste zu machen. Sehr oft wirkten sie wie zwei aufgescheuchte Hühner auf einem Ausflug. Gertrudes Erfolg freute sie beide ungemein, als er sich ziemlich spät in ihrem Leben einstellte, und das Geld, das sie verdiente, gaben sie lustvoll aus. Auf unaufdringliche Weise praktizierten sie die Kunst eines vergnüglichen Lebens. Und sie waren darin so begeisterungsfähig und kompromißlos sich selbst treu, daß die Welt sie einfach nur so annehmen konnte, wie sie waren.

2
GERTRUDES FRÜHE JAHRE

Ein Ei zu legen ist
die Aufgabe eines Pferdes

> »Ich nehme an, du kennst meine Lebensgeschichte gut genug und weißt, daß ich als sechs Monate altes Kind nach Wien kam (bis ich vier Jahre alt war), daß ich zwischen vier und fünf in Paris war, von sechs bis siebzehn in Kalifornien, die Schulzeit in East Oakland verbracht habe und in Allegheny, Pennsylvania geboren wurde.«[1]

Allegheny war für Gertrude ein Problem, als sie mit Alice in Frankreich lebte: »Die französischen Beamten hoben immer verzweifelt ihre Hände und baten mich inständig ›Könnten Sie das bitte buchstabieren?‹ Stell dir vor, du würdest von einem Franzosen erwarten, daß er Allegheny, Pennsylvania richtig schreibt.«

Das schiere Gerüst einer Biographie – was sich wann und wo ereignet hatte – kümmerte Gertrude nicht. Sie interessierte sich für die kosmischen Fragen: Existenz, Identität und Beschreibungen dessen, was sie als die fundamentalen Aspekte des menschlichen Charakters betrachtete. »Grundnatur« nannte sie das.

Sie war das jüngste von fünf Kindern. »Man sollte immer das jüngste Mitglied der Familie sein. Es erspart einem eine Menge Ärger, jeder kümmert sich um einen.«[2] Ihr ältester Bruder, Michael, wurde 1865 geboren, Simon im Jahr 1867, ihre einzige Schwester Bertha 1870, ihr Lieblingsbruder Leo kam 1872 auf die Welt und Gertrude am 3. Februar 1874, um acht Uhr morgens an einem verschneiten Wintertag.

Gertrudes Eltern Daniel und Amelia hatten sich entschieden, fünf Kinder zu haben und keines mehr. Gertrude und Leo wurden nur deshalb geboren, weil zuvor zwei Babies starben. Das gab ihnen ein »komisches Gefühl«, und sie sprachen nicht gern darüber: »Wenn man das jüngste von sieben Kindern ist und es mag dann hört man nicht gern etwas über Geburtenkontrolle weil man annimmt daß man nicht geboren worden wäre.«[3]

Großmutter Stein stammte aus dem bayrischen Dorf Weickergrubben. Sie war eine Frau von massiver Statur und mit einem Metzger verheiratet. Einer ihrer Söhne starb, weil er sich überfressen hatte. Die meisten aus der Familie Stein hatten einen schweren Körperbau und aßen recht gern. Gertrudes dritter Bruder Simon aß immer eine ganze Familienportion Reispudding auf einmal auf und war in jeder Hinsicht riesig. Oma Stein war aus hartem Holz geschnitzt. Sogar in hohem Alter hatte sie noch einen, wie Gertrude berichtete, geraden und kräftigen Rücken. Sie ermutigte ihre Söhne ausdrücklich, als Pioniere auszuwandern. »Sie führte ihre Familie aus der alten Welt in die neue.«

Gertrudes Vater, Daniel Stein, eröffnete mit seinen vier Brüdern in Baltimore, Maryland, ein großes Bekleidungsgeschäft und handelte mit importierten Kleidern. Die Geschäfte gingen gut, doch die Brüder zerstritten sich untereinander. 1862 verließ Daniel mit seinem jüngeren Bruder Solomon die Firma und eröffnete in Pennsylvania einen neuen Großhandel für Bekleidung und Stoffe. Sie bauten aneinander anstoßende, identische Häuser an der Western Avenue, »der vornehmsten Straße in Allegheny«, und dort wurde Gertrude geboren. Sie war, wie ihr Vater sagte, ein »vollkommenes Baby«, ein Umstand, den er ihr immer dann vorhielt, wenn sie in späteren Jahren einmal krank wurde.

Alice B. Toklas hielt Daniel Stein für einen »Mann mit glänzenden Ideen und ohne jede Geduld, irgend etwas davon durchzuführen«.[4] Gertrude sagte, daß er »gern Dinge kaufte und große Vorhaben mochte«.[5] Seine Stimmungen wechselten schnell, er war sich unsicher, ob er in Maryland, in Pennsylvania, Kalifornien oder Europa leben sollte. Er war groß und kräftig, mit kleinen braunen Augen, »scharf und stechend und manchmal tanzten sie lachend und oft waren sie voller Ärger und gereizt«. Er aß gern, sorgte sich um seine Verdauung und konnte ziemlich schrecklich sein. Dann schlug er mit der Faust auf den Tisch, sagte, er sei der Vater, sie wären seine Kinder und müßten ihm gehorchen, sonst wüßte er schon, wie er es ihnen beibringen würde. Auf der Straße schob er seinen Hut so weit nach hinten, daß es aussah, als fiele er zu Boden. Er führte Selbstgespräche, bewegte sich beim Gehen sehr heftig und vergaß seine Kinder, wenn er mit ihnen unterwegs war. Mit Solomon stritt er sich über geschäftliche Angelegenheiten und tat dies auch mit vielen Klienten, und Solomon mußte sich immer mit viel Zeitaufwand um die Kunden bemühen, die Daniel mit seiner schlechten Laune verscheucht hatte.

1864 heiratete er, bald nachdem sie sich zum erstenmal begegnet waren, Amelia Keyser, eine »süße freundliche kleine Frau«. Sie war einundzwanzig, er war zehn Jahre älter. Einer seiner Brüder betätigte sich mehr oder weniger als Heiratsvermittler. Manchmal dachte ihr Vater, wie Gertrude sagte, seine Frau sei eine Blume, meistens jedoch vergaß er, daß sie existierte. In ihren Tagebüchern nannte sie ihn »Darling Dan« oder »Dear Dan« und machte sich Sorgen um seine Launen, um seine Reisen und seine Eingeweide.

Auch Amelias Eltern waren deutsche Immigranten. Englisch war sowohl für sie wie auch für Daniel die zweite Sprache. Die Keysers ließen sich in Baltimore nieder, gründeten eine große Familie und waren laut Gertrude »vergnügte angenehme kleine Leute«. Amelias Vater arbeitete schwer und war sehr religiös. Erst arbeitete er als Gerber, dann wurde er Kautschukhändler.

Trotz ihrer sanften, unterwürfigen Veranlagung hatte Amelia ein »bißchen aufbrausendes Temperament«. Sie mochte ihre Schwägerin Pauline nicht, und zu der Zeit, als Gertrude geboren wurde, sprach sie schon nicht mehr mit ihr. Da Daniel ständig mit seinem Bruder im Zwist lag, war das Leben in nebeneinanderliegenden Häusern nicht gerade das Wahre. Er löste die geschäftliche Partnerschaft auf, zog mit seiner Familie erst eine Straße weiter und 1875 nach Wien.

Aus dieser Stadt erinnerte sich Gertrude an Spaziergänge in öffentlichen Gärten, wo sie einmal Kaiser Franz Joseph sah, »eine seltsam natürliche Figur für eine Anlage im französischen Stil«[6], an Bilderbücher und den Geschmack von Bier. Ihr Vater befaßte sich mit Grundstücksgeschäften, Investitionen und Bergbau und reiste viel, oft fuhr er mit dem Schiff in die Vereinigten Staaten. Amelia vermißte ihn. »Oh Gott, laß ihn gesund zurückkehren«, schrieb sie in ihr Tagebuch.[7] Die Familie hatte ein angenehmes Leben – gutes Essen, einfache, teure Kleidung, Koch, Kindermädchen und Bedienstete. Die Kinder erhielten Musikunterricht – Mikey und Leo lernten Geige, Bertha und Gertrude spielten Klavier. Als Erwachsene spielte Gertrude am liebsten nur noch auf den weißen Tasten.

Bis zu ihrem vierten Lebensjahr hörte Gertrude »österreichisches Deutsch« und »französisches Französisch«. Dann, mit fünf Jahren, kam »amerikanisches Englisch« dazu. »Unsere kleine Gertie ist ein kleiner Schnatterer«, schrieb ihr ungarisches Kindermädchen 1875. »Sie schwatzt den ganzen Tag lang und spricht sehr deutlich. Sie übertönt sie alle. Sie ist

Die Familie Stein in Oakland, Kalifornien, im Jahr 1880.
Von links nach rechts: Simon, Daniel, vorne Gertrude,
Michael, Amelia, Leo und Bertha.

wie ein kleiner runder Pudding, watschelt den ganzen Tag herum und macht alles nach, was man sagt oder tut.«[8]

Amelias Tagebuch für 1878, das letzte Wiener Jahr, ist erhalten geblieben. Sie schrieb auf, wie das Wetter an dem Tag war, als die Köchin Betty ihre Stellung antrat – »schön, bis gegen sechs Uhr der Regen einsetzte« – und wie es war, als sie sieben Monate später wieder ging, weil sie heiratete. Sie notierte die Kosten für Korsetts, Kleiderstoffe, Bier, Wein, »Mundwasser«, Matzen und Würste, die Preise für Kinderstrumpfhosen, den Verlust der neuen Pantoffeln von Mikey, das Pfandgeld für Weinflaschen und die Zahnarztbesuche von Simey und Leo, denen jedem ein Zahn gezogen werden mußte. »Alles in Ordnung« war ihr immergleicher Refrain. Gertrude bekam zu ihrem vierten Geburtstag einen dreijährigen Kanarienvogel, für den Mikey einen Käfig baute. In der Woche zuvor hatte Gertrude »Diarrhöe« und Dr. Steines verschrieb ihr Pülverchen. »Gott sei Dank geht es Gertrude besser«, schrieb Amelia am 26. und 27. Januar 1878 auf. »Gott sei Dank ist das Baby wieder wohlauf.«

Amelia war eine tüchtige Hausfrau, die Gattin eines wohlhabenden Mannes, die Mutter von reizenden Kindern. Sie trug Pelze aus Paris und »feine Stoffe, die sich für die Kinder angenehm anfühlten«. Ihr Sohn Leo sagte, daß sie in ihrem ganzen Leben nur zwei Bücher gelesen habe, leichte Romane der jüdischen Schriftstellerin Grace Aguilar, der eine mit dem Titel *Home Influences*, der zweite war die Fortsetzung *A Mother's Recompense*. Leo hat nie gesehen, daß sein Vater überhaupt jemals irgendeine Art von Buch gelesen hätte.

Gertrude fand, daß ihre Mutter phantasielos war und nichts über die unterschiedlichen Charaktere ihrer Kinder wußte. Amelia behandelte sie mit unbarmherziger Gerechtigkeit, kaufte ihnen Geschenke zu ihren Geburtstagen und dankte Gott mit der gleichen gewissenhaften und lakonischen Höflichkeit, wenn Er Berthas entzündeten Fuß, Leos Masern und Gertrudes Durchfall geheilt hatte. Es war ihr ein Anliegen, ob Gertrude gesund war, oder sich für eine besondere Gelegenheit schön anzog, doch sie hatte »nie eine besonders lebendige Wahrnehmung ihrer Kinder«. Sie hatte keine Zeit für die Besonderheiten ihrer unterschiedlichen Charaktere:

> Sie war für ihre Kinder nur insoweit wichtig, als sie sie in die Welt gesetzt hatte. Sie war eine nette, zufriedene kleine Frau, die in ihrem Ehemann und ihren Kindern aufging, die sich nur

daraufverstand, ein Mittelklasseleben zu bewerkstelligen, und die nie wußte, was in ihrem Mann und ihren Kindern oder um sie herum vorging.[9]

Als Gertrude viereinhalb Jahre alt war, zog ihre Mutter plötzlich mit den Kindern nach Passy in die Nähe von Paris, um ihrem Ehemann näher zu sein. Gertrude und Bertha gingen dort in die Grundschule. Gertrude erinnerte sich daran, daß sie französisch sprach, ihr Foto aufgenommen wurde, daß sie zum Frühstück Suppe bekam und es zum Mittagessen Hammelkeule und Spinat gab. Sie mochte Spinat immer. Sie erinnerte sich auch daran, daß einmal eine schwarze Katze auf ihre Mutter sprang, und daß die Handschuhe und Seehundkappen und Muffs, die ihre Mutter trug, in verschiedene Schachteln geräumt wurden. »Das hatte alles den Duft von Paris«, sagte sie.

Amelia führte weiter ihr Tagebuch:

Eine Wohnung für 150 Francs monatlich gemietet. Dear Dan geht es nicht so gut, er hat einen leichten Durchfall.... Bin auf den Boulevards spazierengegangen. Kalt und klar.

Den Kindern hat es unglaublich viel Spaß gemacht. Sie waren fünfmal in der Ausstellung.

Mit Dan ging sie gelegentlich zu Konzerten ins Hippodrom, ins Ballett und in die »Große Oper«. Sie nahm die Kinder mit in den Louvre, wanderte im Bois de Boulogne, pflückte Blumen, fuhr im Ruderboot, spielte Ball und erlebte heftige Regenschauer mit ihnen. Gertrude bekam zu ihrem Geburtstag im Jahr 1878 eine Schachtel mit Spielzeugmöbeln geschenkt. Am 29. März fuhr »Dear Dan um 7.45 Uhr nach London und von dort weiter nach Amerika«. Er reiste auf der *Republic*. Amelia und Mikey verabschiedeten ihn am Gare du Nord. Im Juni nahm Mikey Fahrstunden und Amelia versuchte sich im Reiten. Es ging »ausgezeichnet«. Am 2. Juli wurde ein Abdruck für neue Zähne gemacht. »Meine sind kaputt«, schrieb sie auf.

Sie organisierte zwar das Alltagsleben ihrer Kinder in Paris, war selbst jedoch isoliert. Ihre Schwestern waren alle in Baltimore, ihr Ehemann unternahm viele Geschäftsreisen, und sie sprach kein Französisch. Ein Jahr lang fand sie sich damit ab, dann zog sie mit ihren Kindern in einen gigantischen Einkaufsrausch. Gertrude sagte, daß sie alle »alles kauften, woran sie Gefallen fanden« – Seehundmäntel, -kappen und -muffs, Dutzende Handschuhe, extravagante Hüte, Reitkostüme, ein Mikroskop und sämtliche Bände einer französischen

Geschichte der Zoologie. So beladen segelten Amelia und die fünf Kinder nach Amerika.

Einige Zeit blieben sie bei der Familie Keyser in Baltimore, und für Gertrude »begannen Gefühle sich englisch anzufühlen«.[10] Doch Daniel lebte nicht gern bei seinen angeheirateten Verwandten und war so ruhelos wie immer. Ihn zog es in den Westen, und er befand, daß die geschäftlichen Möglichkeiten in San Francisco gut seien. Dort investierte er in die Straßenbahn und in Grundstücke und siedelte sich mit seiner Familie in Oakland an, auf der anderen Seite der Bucht von San Francisco.

Von der Reise quer durch Amerika, von Maryland nach San Francisco, blieben Gertrude die eindrucksvolle Landschaft, die Bewegung des fahrenden Zuges in Erinnerung und ein Truthahnsandwich, das sie aus einem Picknickkorb bekam. Der Hut ihrer Schwester Bertha flog aus dem Zugfenster, ihr Vater zog die Notbremse, um ihn wieder einzusammeln. Man erzählte ihr, daß sie auch Indianer gesehen hätte.

In Oakland lebte die Familie ein Jahr lang in Tubb's Hotel, dann mietete man für fünfzig Dollar monatlich eine zehn Acre große Farm, die Old Stratton House hieß. Das war der einzige richtige Familienwohnsitz, der Gertrude im Gedächtnis blieb, und dort begann ihr »halb städtisches halb ländliches Leben«. Zu dem nicht allzu großen Holzhaus führte eine mit Eukalyptus- und blauen Gummibäumen bestandene Auffahrt. Die Rasenflächen vor dem Haus waren nie richtig grün, da die Bäume die gesamte Feuchtigkeit verbrauchten. Die Sommer waren sehr lang mit einer überaus trockenen Hitze. »Im Winter gab es Regen und Nordwind und die Eulen im Gemäuer.«[11] Die zehn Acre waren Wiese, außerdem gab es einen Gemüsegarten und einen großen Obstgarten mit einer Rosenhecke, die ihn ganz umschloß.

Amelia hielt ihr tägliches Leben in dem Stil fest, den sie in ihrem Hauswirtschaftsunterricht gelernt hatte. »Von meinem Ehemann bekomme ich jeden Monat 300 Dollar mit denen ich die Miete bezahle alle Haushaltsausgaben einschließlich der Kleidung für mich und die Kinder außer für Mikey.« Am 31. März 1881 erwarb sie eine Kuh von Mrs. Jordan, »der Frau, die in dem Haus gelebt hat, das wir gemietet haben. Ich habe fünfzig Dollar für die Kuh bezahlt.« Zehn Tage später machte Amelia schon ihre eigene Butter. Mit Gertrude fuhr sie nach Oakland, um die »Molkereiartikel« zu kaufen, die sie für diese Herstellung benötigte, außerdem ein Paar neue Schuhe. Der Gärtner Hermann wurde für

25 Dollar Monatslohn eingestellt, die Köchin und Haushälterin Louise erhielt zwanzig Dollar, und das neue Kindermädchen hieß Fräulein Wiedersheim.

Die Kinder gingen zum Eislaufen und zum Fischen, fingen jedoch selten etwas. Mikey ging zur Jagd, Gertrude bekam ein Dreirad und wieder einen Kanarienvogel, den sie Dick nannte. Er kostete 2,50 Dollar, der Käfig für ihn kostete 3,25 Dollar. Berthas Kanarienvogel hieß Billy. Simey fiel von seinem Fahrrad, dabei verbog sich eines der Pedale sehr stark. »Gott sei Dank hat er sich nichts Schlimmeres getan als nur eine Schramme am Knie«, schrieb Amelia auf. Am 5. August 1881 wurde Bertha ein Ring vom Finger geschnitten, »er war so eng, daß man ihn nicht mehr abziehen konnte«.

Freitags gab es zum Abendessen immer süßsauren Fisch, am jüdischen Neujahrstag und an manchen Samstagen gingen Amelia und Mikey in die Synagoge. Die Kinder halfen Hermann beim Heumachen und am 29.Oktober 1881 kaufte »Dear Dan zwei Pferde, das sind die Stuten Topsy und Lucy«. Dann fuhr er nach San Francisco und kaufte Geschirre für ein, bzw. zwei Pferde. Anschließend fuhr man im Wagen aus – zum Friedhof, zum Fischmarkt, zu Mrs. Levy und ihren Kindern, zu Mrs. Schlesinger und ihrer Schwester und zu Henrietta Greenblat. Dan wurde Vizepräsident der städtischen Union Street-Straßenbahngesellschaft von San Francisco und fuhr jeden Tag über die Bucht. Amelia brachte ihn immer im Einspänner zur Fähre.

Gertrude bekam die Masern, »daß ich meine Augen nicht nutzen konnte war die große Plage daran sonst war es ganz angenehm«. Sie verstauchte sich den Fuß und hatte einen Hautausschlag im Gesicht, den Dr. Fine als »Gifteiche« (»Giftgalle«) diagnostizierte. Er verschrieb »Bleizucker, der aufgelöst und mit leinenen Tüchern aufgetragen« werden sollte. Mit Leo nahm Gertrude Zeichenstunden, sie erhielt Rizinusöl, und man veranstaltete Geburtstagsfeste für sie. Amelia sparte jeden Monat einen Geldbetrag für ihre Kinder und ging gelegentlich zu den Treffen des Damenclubs oder in die Tivoli Opera, »das Theater der Vereinigten Staaten, das am meisten geliebt wurde«, wo sie Stücke wie *Women's Whims* (Launen der Frauen) besuchte. An den meisten Tagen jedoch blieb sie zu Hause und kümmerte sich um die Angelegenheiten ihres Haushalts. Sie nähte, putzte den Vorratsraum und die Schlafzimmer, tauschte mit ihren Nachbarinnen Rezepte aus, zum Tee gab es Schokoladenkuchen oder Butterkekse. Am 30. Januar 1884 gab es einen

Hasen zum Abendessen, »das erste Mal, daß ich selbst gekocht habe«. Die Rechnung des Metzgers belief sich auf 21 Dollar monatlich, und für Kohle waren jeden Monat 25 Dollar zu zahlen.

In gewisser Weise war auch Gertrude eine typische Vertreterin der bürgerlichen Lebensvorstellungen ihrer Mutter und ihrer Beschäftigung mit den Einzelheiten des täglichen Lebens. Sie mochte normale Leute, den Klatsch und die Betriebsamkeit eines geregelten Alltags. Darin lag die Wurzel ihrer sozialen Anziehungskraft. »Ich habe es, dieses Interesse an einer gewöhnlichen Mittelklasseexistenz«, schrieb sie in ihrem umfangreichen autobiographischen Buch *The Making of Americans*:

> an einfachen gewöhnlichen Mittelklassetraditionen, an gemeinen materiellen anspruchslosen Phantasien, an einem sich wiederholenden, normalen, einigermaßen anständigen Lebensstil, ohne modische Raffinessen, ohne überraschende Aufregungen, ohne neue Varianten von Gut- oder Bösartigkeit, um uns zu gewinnen.

So wie die Mutter ein bequemes Leben im Hause sicherte, wurde der Vater mit zunehmendem Alter der Kinder ein immer größeres Problem. Anfangs war er stolz auf sie und ermutigte sie in ihren Interessen und Gesprächen, doch im Lauf der Zeit wurde er immer reizbarer. Seine Kinder schämten sich für ihn, da er so eigenartig war. Er ging murmelnd umher, klimperte mit dem Kleingeld in seinen Taschen, stieß die Menschen von sich fort oder herrschte sie an. Auf der Straße hieb er mit seinem Spazierstock in die Luft und äußerte sich über das Wetter oder über das Obst; seine Kinder waren dann jedes Mal unglücklich, fühlten sich unwohl und peinlich berührt. »Komm weiter, Papa, alle Leute schauen schon«[12], sagten sie immer. Von Straßenhändlern nahm er Obst oder Süßigkeiten und gab sie seinen Kindern, die er im Ungewissen darüber ließ, ob er den Verkäufer auch wirklich bezahlte. Doch das tat er jedes Mal. Er war ein Exzentriker und auch ein wenig verrückt: »Seine Kinder konnten das bedrückende Gefühl, das er mit seiner komischen Art in ihnen auslöste, erst loswerden, bis sie jedes einzelne so alt waren, daß sie selbst komisch wurden.«[13]

Sie hatten alle Angst vor ihm und wurden durch ihn verwirrt. Wenn sie mit ihm spielten, wußten sie nie, wann das Spiel in einem Zornesausbruch enden würde, und wie weit er dabei gehen würde. Er zwang sie, Kartenspiele anzufangen, doch nach einigen Minuten brach seine Ungeduld durch und er sagte: »Spielt fertig, ich habe keine Zeit mehr.« Dann mußte das Kindermädchen sein Blatt übernehmen, und er ließ seine Kinder mit einem Spiel allein, das niemanden interessierte und keines von ihnen von sich aus begonnen hätte. Doch sie konnten es auch nicht abbrechen, da er immer wieder nachschaute, um zu sehen, wer Sieger wurde.

Besonders Leo hatte eine tiefe Abneigung gegen seinen Vater, hegte Ressentiments und wurde von einer nicht abklingenden Neurose, die mit seinem Vater verbunden war, geplagt. Er beschrieb ihn als verstockt, dominant, aggressiv und schlecht erzogen. »In seiner Jugend war er drei Winter lang in der Schule gewesen«, äußerte sich Leo über ihn. Einmal fuhr sein Vater mit ihm zum Zahnarzt nach Oakland und sagte ihm, er würde ein Geschenk bekommen, wenn er sich gut benahm. Leo verhielt sich untadelig. Auf dem Heimweg sahen sie einen Toten auf einem Platz liegen. Dies brachte Leo durcheinander, und er fragte erst zu Hause nach seinem Geschenk. Sein Vater sagte dann, er hätte ihm einen Kuchen oder Schokolade gekauft, doch Leo hätte sich nichts gewünscht. »Die Verletzung, die ich empfand, war nicht wiedergutzumachen«, schrieb Leo in seinem autobiographischen Buch *Journey into the Self.*

Gertrude räumte ein, daß ihr Vater »ein durchaus prächtiger Mensch (war) . . . von großer Körperfülle und großräumig denkend«, der seinen Kindern auf seine ganz eigene, seltsame Art ein Bedürfnis nach Freiheit vermittelte. Doch Gertrude machte sich nie viel aus ihm, obwohl sie ihm äußerlich sehr glich und spürte, daß sie von ähnlichem Temperament waren. Er verhielt sich ihr gegenüber nicht besonders freundlich, und er empfand sie nicht als die Art von Tochter, die er sich gewünscht hatte. »Sie war nicht einmal für ihren Vater sehr interessant«, schrieb Gertrude über sich selbst. Ihr Aussehen gefiel ihm nicht, und er fand, daß sie bei nichts gründlich genug vorging. Er wollte, daß sie sich um den Haushalt kümmerte, kochte und nähte. Doch nichts, was Gertrude jemals kochte, gelang wirklich. Allerdings hat sie es auch nicht oft versucht. Manchmal bat er sie, irgend etwas Häusliches für ihn zu erledigen, was sie jedoch nicht schaffte: »Und dann war er ganz ungeduldig weil sie das nicht konnte, weil sie nie, wie er es sah, bei irgend etwas wirklich gründlich vorging.«[14]

Meistens nahm er sie gar nicht wahr. Gewöhnlich tat sie abends und tagsüber, was sie wollte. Dann wieder verfiel er unversehens auf die Idee, daß sie an diesem Abend nicht ausgehen könnte, sondern zu Hause bleiben und ihrer Mutter Gesellschaft leisten sollte. Leo wies er in aller

Strenge und nachdrücklich an, auf Gertrude besser aufzupassen, da er für sie verantwortlich sei: »Du wirst dich einmal um sie kümmern müssen und du könntest durchaus gleich damit anfangen, je eher desto besser. Früher oder später wirst du das tun müssen, das sage ich dir.«[15]

Die Steins waren die einzigen reichen Leute in East Oakland. In diesem ländlichen Vorort von San Francisco lebten auch nicht viele andere Juden. Manchmal wurde Daniel Stein wütend, wenn er sah, daß sich Gertrude mit ärmeren Nachbarn in deren kleinen Häusern unterhielt und sagte dann, daß sie zu Hause bleiben und fleißig sein sollte. Es überrascht vielleicht nicht, daß Gertrude als erwachsene Frau später wenig Lobenswertes an Vätern fand:

> Es gibt gerade jetzt zu viel Bevaterung und es gibt keine Zweifel darüber Väter sind bedrückend ... es gibt den Vater Mussolini und Vater Hitler und Vater Roosevelt und Vater Stalin und Vater Lewis und Vater Blum und Vater Franco ...[16]

Immer wieder vertrat Gertrudes Vater seltsame Ideen über Essen, Gesundheit und Erziehung. Um bei einem Abendessen die eingeladenen Gäste mit dem Gehorsam seiner Kinder zu beeindrucken, zwang er Leo einmal, Karotten und Rüben zu essen – etwas, das Leo haßte und wovon er krank wurde. Leo versuchte seine Abneigung dann dadurch zu überwinden, daß er Karotten und Rüben aus dem Gemüsegarten riß und knabberte. Er litt lebenslang unter Verdauungsproblemen, für die er seinen Vater verantwortlich machte. Er unterzog sich schrecklichen Fastenkuren und Essensvorschriften mit Rohkost und wußte nie, wann er wirklich hungrig war.

Gertrude hatte immer einen gesegneten Appetit und sagte über ihren Vater und sein Verhältnis zum Essen:

> Er dachte immer gern darüber nach welches Essen gut für ihn war. Er dachte gern darüber nach was für jeden um ihn gut als Essen zu essen war. Er kaufte gern alle Arten von Essen, er mochte alle möglichen Gedanken über Essen, Essen war Leben für ihn.[17]

Daniel Stein war völlig launisch, impulsiv und unberechenbar, und in den Augen seiner Kinder fehlte ihm jede Glaubwürdigkeit. Manchmal war er der Meinung, sie sollten alle Rizinusöl einnehmen. Dann wieder fand er einen chinesischen Arzt richtig für sie. Manchmal brachte er »einen komischen blinden Mann mit, der eines von ihnen anschauen sollte«. »Manchmal war ihr Vater sehr religiös und das brachte für die

Kinder Komplikationen in ihrem Alltag.«[18] Meistens besuchten sie ganz normal den Unterricht in der Schule in ihrer Nähe. Doch plötzlich entschied ihr Vater, daß sie fließend Französisch und Deutsch sprechen sollten und stellte Privatlehrer für den Unterricht zu Hause ein.

In der eigenartigen Atmosphäre, die durch die Launen des Vaters und die Passivität der Mutter entstand, wandten sich Gertrude und Leo einander zu, um eine verbindliche Beziehung zu schaffen. Leo war Gertrudes bester Freund und der einzige Mensch in der Familie, zu dem sie ein Gefühl von Nähe empfand. Doch Leo sagte, daß sie zwar immer zusammen waren, sich jedoch nie ihre innersten Gedanken anvertrauten. Er leitete sie beim Lernen an, war eine unerschöpfliche Informationsquelle, half ihr und gewann so viel Vertrauen, wie er in sie hatte. Diese Beziehung gefiel ihr:

> Wenn man das jüngste Mädchen in einer Familie ist dann ist es besser einen zwei Jahre älteren Bruder zu haben, weil das alles zum Vergnügen macht, man geht überall hin und tut alles weil er alles für einen tut und mit einem tut was eine vergnügliche Art ist alles zu erleben ...[19]

Sie unternahmen lange Spaziergänge, schwammen in den Flüssen und Teichen und halfen den Bauern in der Nachbarschaft bei der Ernte. Sie lasen viel und ziemlich wahllos: Wordsworth, Scott, *Pilgrim's Progress* von Bunyan, alle Werke von Shakespeare, Kongreßberichte, Enzyklopädien, Mark Twain, Jules Verne, George Eliot, wissenschaftliche Bücher und historische Theaterstücke. Gertrude las die Bibel, um zu begreifen, was Ewigkeit ist. »Da war nichts. Natürlich war da Gott und er sprach aber es war nichts da über Ewigkeit.« Am liebsten hatte sie Bücher und Essen:

> Meine Kindheit stand ganz im Zeichen der Evolution ... mit Musik als Hintergrund für die Emotion und mit Büchern als Wirklichkeit und sehr viel frischer Luft als Notwendigkeit und sehr viel Essen als Erregung und Ausschweifung ... aber vor allem gab es Bücher und Essen, Essen und Bücher, beides ausgezeichnete Sachen.[20]

Gertrude ging in East Oakland zur Schule. Sie erinnerte sich an die »Hilf-wo-es-not-tut-Gesellschaft«[21], die von den Schülern erwartete, daß sie jeden Tag eine gute Tat vollbrachten und darüber berichteten. Weder sie noch Leo konnten sich jemals an eine gute Tat erinnern, die sie vorzuweisen hatten. Ihr Aufsatz über einen Sonnenuntergang in East Oakland wurde als Beitrag für einen Tag der Offenen Tür in der Schule ausgewählt. Später ging sie in die Highschool von Oakwood High und wurde dort für so gescheit angesehen, daß sie eine Klasse überspringen und von der unteren zweiten in die obere dritte Klasse einsteigen konnte.

Im Alter von acht Jahren sah sie in San Fransisco ein Gemälde über die Schlacht von Waterloo und war zutiefst beeindruckt. Sie sagte, daß sie daran den Unterschied zwischen einem Bild und Draußen erkannte:

> ... und das Draußen aus Luft besteht und ein Bild hat keine Luft, die Luft ist ersetzt durch eine flache Oberfläche, und alles in einem Bild das Luft nachahmt ist Illustration und nicht Kunst.[22]

Einige Jahre später sah sie 1886 Millets *Mann mit der Harke*, ebenfalls als Leihgabe in einer Ausstellung in San Francisco. Sie erwarb eine Fotografie des Bildes, und ihr ältester Bruder meinte dazu, daß das »eine höllische Harke« war. Gertrude sagte, sie erkenne an dem Bild, daß Frankreich »aus Boden, aus Erde« bestand. Die drei Jahre jüngere Alice B. Toklas, die den größten Teil ihrer Kindheit in San Francisco verbrachte, besuchte im Alter von neun Jahren dieselbe Ausstellung. Fünfzig Jahre später sahen Gertrude und Alice als verheiratetes Paar das Bild wieder, als Gertrude eine Vortragsreise in den Vereinigten Staaten unternahm. Beide waren schockiert, um wievieles das Bild in Wirklichkeit kleiner als in ihrer Erinnerung war.

Trotz ihrer farblosen Mutter und ihres furchteinflößenden Vaters empfand Gertrude ihre Kinderzeit bis zur Pubertät als glücklich. Leo jedoch hatte genügend unglückliche Erinnerungen, um »ein ganzes Dutzend Neurosen zu erzeugen«. Außer seinen äußerst unangenehmen Erinnerungen an seinen Vater gab es noch die Geschichte von einem Mädchen in seiner Schule, das ein Stück Klebeband über dem Mund hatte, weil es gekichert und geflüstert hatte, und die von einem anderen Mädchen, das ihm drohte, ihn zu einer Hexe zu bringen, wenn er sich schlecht benahm. Er litt unter dem, was er einen »Paria-Komplex« nannte: »Der Paria ist ein Mensch, dessen Liebe und Anteilnahme nicht erwünscht sind. Der Paria-Komplex ist der verrückte Glaube, daß dies der Fall sei.«[23] Er war schüchtern, verlegen, weil er ein Jude war und schloß nur schwer Freundschaften. Wenn ihn jemand beachtete, wurde er »so rot, daß ich fast Kopfschmerzen davon bekam«. Wenn Mädchen ihn interessierten, rannte er vor ihnen davon. Als auf einer Party Küßchenspiele veranstaltet wurden, sprang er aus dem Fenster, um sich nicht daran beteiligen zu müssen.

Seiner Meinung nach mußte er eine traumatische Geburt und spätere Entwöhnungszeit vom Stillen durchlebt haben, da er als erwachsener Mann Frauen gegenüber nie ritterlich oder romantisch sein konnte und ihm sogar schiere Höflichkeit schwerfiel:

> Jegliches erotische Verhalten ihnen gegenüber wurde rigoros unterdrückt und blieb in späteren Jahren Prostituierten vorbehalten, die meistens als nicht der realen Welt zugehörig betrachtet werden, sondern zur Welt der Phantasie, da im Verkehr mit ihnen keine der üblichen Pflichten einer erotischen Beziehung zustandekommt.[24]

Seine frühen sexuellen Empfindungen gegenüber Mädchen erschreckten ihn. In der Schule war ein kluges Mädchen namens Anna, das immer hervorragende Noten bekam. Leo ging auf Umwegen zur Schule oder nach Hause, um ihr nicht zu begegnen, da er ihr eigentlich unbedingt begegnen wollte. Das einzige Fach, in dem er gute Leistungen erzielte, war Allgemeinbildung. Er kannte einfach alle Antworten. Einmal mußte er mit Anna ein Team bilden, um in einem Buchstabiertest Wörter mit der Endung auf »-ible« oder »-able« richtig vorzutragen. Er machte alles falsch, sie hatte alle Wörter richtig. »Ich erinnere mich immer noch an das leise Lächeln, mit dem sie mir meinen verunglückten Teil zurückgab«, schrieb er Jahrzehnte später.[25] Gertrudes Erfolge als erwachsene Frau waren für ihn dann eine ähnliche Erniedrigung.

Weder er noch Gertrude fühlten sich ihren Brüdern oder ihrer Schwester verbunden. Sie mochten und respektierten Michael, doch er war älter und trat wie der älteste Sohn auf, der die Verantwortung hat. Bertha war »keine angenehme Person«, wie Gertrude sagte, »sie liebte natürlich gar nichts«.[26] Gertrude schlief mit ihr in einem Zimmer. »Es ist natürlich sich nicht um eine Schwester zu kümmern schon gar nicht wenn sie vier Jahre älter ist und nachts mit den Zähnen knirscht.«[27] Schließlich heiratete Bertha »einen Mann der nun ja sie heirateten eben«[28], und einer ihrer Söhne wurde Biologe in Rußland. Leos einzige Erinnerung als Erwachsener an sie besteht in der Situation, als sie als kleines Mädchen auf einem Nachttopf saß. Im Oktober 1941, als er fast siebzig Jahre alt war, träumte er, er wäre mit Bertha verheiratet, eine Vorstellung, die er unerträglich fand. In seinem Traum wollte sie mit ihm schlafen, doch er bestand darauf, sich in ein anderes Bett zu legen.

Der überaus fette Bruder Simon war »ein wenig einfältig«. Gertrude sagte, er hätte »eine sehr gute Nase und Stirn aber keine albernen Augen, und er aß gern«.[29] Als sie elf Jahre war, versuchte sie ihm beizubringen, daß Kolumbus 1492 Amerika entdeckt hatte. Jeden Morgen und Abend fragte sie ihn ab, doch er konnte sich das nie merken. Leo mochte er so wenig, daß er Leos Geige nahm und in die Scheune trug, damit sie nach Pferden stank. Nachdem er die Schule verlassen hatte, tat er sich schwer, eine Arbeit zu finden oder zu behalten. Er wollte gern Bauer werden. Sein Vater fand, daß er zu sehr aus dem Rahmen fiel und schrieb ihm am 13. Juni 1890 einen Brief unter gertrudischer Mißachtung der Regeln bei Satzbau, Grammatik und Interpunktion:

Lieber Simon
Du kannst beruhigt davon ausgehen daß solange du dein Denken nicht durch Beobachtung, Lesen, Studieren bildest und nicht lernst selbständig zu denken, dich sauber zu halten, alles bereitwillig anzupacken, maßvoll zu essen und zu trinken, in einem Wort, dein Denken muß erzogen und geübt und gestärkt werden um den Körper zu kontrollieren, denn sonst steht ein Mensch nur um Weniges höher als das niedrigste Tier, ein einfacher Bauernknecht zu sein ist sicher nicht sehr erstrebenswert, in diesem Land gehören erfolgreiche Bauern zu den klügsten und besten Männern die wir haben, viele unserer Präsidenten, Senatoren, Kongreßmitglieder und andere bemerkenswerte Männer aus allen Bereichen des Lebens sind auf Bauernhöfen aufgewachsen, doch sie waren und sind gescheite Männer, Verstand und Willenskraft machen den richtigen Mann aus, ich habe mich jahrelang erfolglos bemüht, dir diesen Umstand nahezubringen, doch ich hoffe immer noch, daß du dich ändern wirst, du bist noch jung, die Welt steht dir offen – dein Schicksal liegt in deinen eigenen Händen, jeder Mensch in diesem Land hat dieselbe und gleiche Chance wie jeder andere, wenn du also versagst, hast du das nur dir selbst vorzuwerfen, Du hast ausreichend Zeit und Gelegenheiten um dich zu verbessern, du darfst nicht vergessen, wenn du dich mit respektablen und intelligenten Männern und Frauen zusammentun willst, mußt du selbst auch so sein.
Dein Vater
D. Stein[30]

Simon wurde weder Bauer, noch bildete er seinen Körper oder Geist. Eine Zeitlang arbeitete er in einem Zigarrengeschäft in San Francisco. In seinen Taschen hatte er immer Süßigkeiten und Zigarren, um sie an Fremde zu verschenken. Nach dem Tod des Vaters unterstützte Michael ihn finanziell. Simon schrieb lakonische Briefe: »Das Keld muß ich diesmal ohne Aufschub haben. Ich will ungefähr $ 500 fünfhundert Dollars. Hertzlich Dein Brud. SDStein.«[31] Gelegentlich, jedoch sehr selten, war er etwas mitteilsamer. Ein Jahr nach dem Erdbeben von San Francisco im Jahre 1906, als Gertrude, Leo, Michael und dessen Frau Sarah mit ihrem Sohn Allan in Paris lebten, schrieb er:

> Mein lieber Allan, Mike, Sara, Gertrude und Leo
>
> Weil ich euch einen Langen Brief schuldig bin, erzähle ich euch, was ich gemacht habe, nach dem Feuer habe ich meinen alten Sport zum Fischen gehen wieder aufgenommen ich fand das einen sehr einsamen Sport weil ich allein gehen mußte, der Junge der sonst immer mit mir ging ist nach Ogden gegangen, daß ich die ganzen Köder selbst auslegen mußte hat wie ich finde meinen Beinen nicht gut getan, an einem Freitag hab ich also dreizig nette Stints gefangen, die habe ich Bulotti gegeben, hab ihm gesagt, daß ichs leit bin nix zu tun oder fast nix nähmlich fischen. Ich hab gesagt wieso kann ich den Zigarrenladen nicht machen. Er sagte der Zigarrenladen ist deiner wenn du willst Samstagfrüh war ich um fünf Uhr da und hab alles übernommen und nachgeschaut wieviel von was da ist Seit ich was zu tun hab sind auch meine Beine wieder besser ich schlaf wie ein Beby und meine Zeit hängt überhaupt nicht mehr durch. Mike hier ists sehr kalt in East Oakland schneits dann wohl, weißt du noch wie wir als Kinder von der Sontagsschule heimkamen und wenn wir fast beim Haus waren hast du und unsere liebe Mama mit Schneebällen nach uns geworfen? Allan schick ich ein paar Dollar damit er wie immer ein bißchen Spaß haben kann, dies mal hab ich das mit dem Laden selbst verdient, und ich denk oft daran, was du mir immer in meinen Dickschädel zu hämmern versucht hast, jetzt kann ich das Alles ganz gut überblicken. Efarung ist die beste Lehrmeisterin. Was für Zigarren raucht ihr denn so in diesem Land da drüben, ich verkauf von deiner alten Sorte ganz ordenlich, von den amerikanischen mein ich.
>
> Mrs. Moffitt gehts ganz gut und sie ist prima sie kümmert sich jedenabend um meine Bücher da gibts dann auch keine krummen Touren.

Ich glaub der Brief kommt ein bischen spät aber lieber spät als nie.
Mike, ich hab keine Sorgen, aber wenn es in meiner Abrechnung einen Überschuß gibt, dann wäre mir weil doch das Neue Jahr anfängt ein Scheck sehr recht.
Also Mike ich seh grad daß ein Kunde über die Strase kommt, also schließ ich mal, grüße euch alle ganz lieb. Immer der eure – Simon[32]

Der Zigarrenladen war auf die Dauer doch nicht das Richtige für Simon. Michael fand für ihn danach eine Stelle als eine Art Rangierer bei den Cablecars von San Francisco. Dort gefiel es ihm besser, und bis fast an sein Lebensende blieb er Rangierer, »um genau zu sein meistens nur am Sonntag oder wenn es sehr viel zu tun gab und schließlich wurde er so schwer daß er nicht mehr so lange stehen konnte, und dann hörte er auf«.[33]

1884 wurde Amelia Stein krank, Gertrude war damals zehn Jahre alt. Anfangs beklagte sie sich nur über Müdigkeit und »Diarrhöe«, schrieb jedoch ansonsten wie immer »alles in Ordnung« oder »ein wunderschöner Tag« in ihr Tagebuch. Doch im Sommer war sie bei ihren Schwestern in Baltimore, phantasierte nachts und konnte nicht schlafen. Die Diagnose lautete auf Krebs. Sie versuchte, weiterhin ihre Kinder zu versorgen und den Haushalt zu führen, hatte aber nicht mehr genügend Energie dafür. Sie hatte nie besonders viel auf sich geachtet und notierte nach wie vor die Ereignisse aus dem Alltagsleben ihrer Kinder – ihre schulfreien Tage, die Anschaffungen und besonderen Leistungen, doch das alles wirkte, als hätte sie es durch eine gläserne Scheibe wahrgenommen. Sie beklagte sich nicht, und man beachtete sie kaum, jeder hatte mit sich selbst zu tun.

Die Kinder lebten weiterhin ohne Aufsicht. Gertrude verrenkte sich den Fuß und blieb zu Hause, gab ein kleines Geburtstagsfest, bekam Rollschuhe, veranstaltete mit Leo Picknicks in den Bergen, erhielt samstags nach dem Rollschuhlaufen Geigenunterricht, fuhr mit Leo nach Oakland, um ein Paar Schuhe für sich zu kaufen. Die Zähne wurden plombiert, die Bücher aussortiert, man fuhr in den Grand Canyon, ins Theater von Oakland, um das Stück *Um die Welt in achtzig Tagen* anzuschauen, im Coliseum sah man *Onkel Toms Hütte* und im Tivoli Opera House *Daughters of the Regiment.* Zu ihrem Geburtstag schenkte Bertha ihrer Mutter einen Läufer aus Filz und Satin für ein Sideboard, mit

»niedlichen Pompons« verziert, die anderen Kinder schenkten ihr einen Kuchen mit ihrem Namenszug.

Bertha bekam Mumps, und Amelia, die selbst so krank war, behandelte sie mit knallroten Flanelltüchern, die »in Hopfensaft getaucht« waren. Die 50 Dollar teure Kuh brachte am Samstag, den 14. Januar 1885 ein Kälbchen auf die Welt, doch am Sonntag notierte Amelia »unserer Kuh geht es gar nicht so gut«, und am nächsten Tag starb das Tier um halb drei Uhr nachmittags. »Sie hat ein nettes Kälbchen zurückgelassen. Sie hatte eine Entzündung am zweiten Magen sie war eine hübsche Kuh wir hatten sie drei Jahre lang.« Leo und Simey gingen zum Metzger, um zuzuschauen, wie der Kadaver zerlegt wurde, doch Gertrude blieb mit Kopfweh zu Hause. Amelia verkaufte das Kalb für 15 Dollar und gab Simey das Geld.

Sie hatte jetzt nicht mehr die Kraft, den Haushalt zu führen. Immer wieder schrieb sie in ihr Tagebuch »es geht mir nicht besonders gut«. Sie suchte jeden Tag Dr. Fine oder Dr. Richter auf, die ihr »Galvanotherapie und Thermalbäder« verordneten. Sie wurde immer von Bertha begleitet. »Ich traue mich nicht, allein zu gehen«, schrieb Amelia. Die Familie zog in ein Haus in Oakland um, das in der Nähe einer Klinik lag und nicht so viel Aufwand erforderte.

Amelias Tagebuch wurde nun zu einer Aufzeichnung über Salzbäder, Elektrobehandlungen, Massagen und Gewichtsverlust. Am 14. Januar 1886 wog sie knapp fünfzig Kilo, die beinahe dreizehnjährige Gertrude wog 61. Die Kinder sorgten immer mehr für sich selbst. Gertrude und Leo gaben ihr Taschengeld für Bücher aus und verschwanden einmal für einige Tage ganz, weil sie in den Bergen zelteten. Sie »zogen einen kleinen Wagen und schliefen eng aneinandergedrängt«, hatten ein Gewehr und schossen Vögel und Kaninchen. »Wir waren damals herzlose Kinder und so leidenschaftliche Schützen, daß wir kein Mitgefühl für unsere Opfer hatten«, schrieb Gertrude.[34] Die Nächte waren wunderbar. »In anderen Landstrichen erscheint der Himmel als Fläche; hier hängt jeder Stern aus dem Blau herab, das hinter ihm liegt.«[35]

Im Jahr 1888, als Gertrude vierzehn war, starb ihre Mutter. Gertrude war darüber anscheinend nicht sehr bekümmert: »(wir) waren als sie starb bereits daran gewöhnt ohne sie auszukommen«, schrieb sie.[36] Trotzdem war ihre Mutter anscheinend die Stütze und Verbindung des Familienlebens gewesen, das nach ihrem Tod auseinanderfiel. Michael war an der Johns Hopkins Universität. Bertha übernahm die Leitung des Haushalts, kam damit jedoch nicht zurecht. Simey brachte sowieso nicht viel zustande. Es gab keine regelmäßigen Mahlzeiten, der Tisch wurde nicht mehr ordentlich gedeckt, und nach einiger Zeit aß jeder, was und wann es ihm oder ihr paßte. Gertrude und Leo unterhielten sich manchmal die ganze Nacht und schliefen tagsüber. Der Vater wurde »eine größere Sorge als er vorher gewesen war ... Bis jetzt hatten wir natürlich nicht die ganze Zeit an ihn denken müssen und jetzt hatte das An-ihn-Denken begonnen.«[37] Er wurde völlig exzentrisch, sagte tagelang nichts, war gereizt und unzufrieden und ließ seine Frustrationen an seiner Familie aus. Seine geschäftlichen Angelegenheiten wurden sprunghaft. Er ließ sich auf finanzielle Spekulationen ein und verlor Geld. Leo und Gertrude kauften als Sicherheit vor einem möglichen Ruin der Familie Bücher – Werke von Shelley in einem in grünes Saffianleder gebundenen Band, eine illustrierte Ausgabe von Thackeray.

Dieses chaotische Leben zu Hause verursachte Gertrude eine »Agonie des Erwachsenwerdens«. Sie hatte Panikanfälle und dachte, daß sie verrückt würde. Sie hatte dabei weniger Angst vor dem Tod, als davor, wahnsinnig zu werden, zusammenzubrechen. Ihre Kindheit erlebte sie als eine geregelte Zeit der Entwicklung und Ordnung. Erwachsen zu werden war mittelalterlich:

> Mittelalterlich heißt, daß das Leben und der Ort und die Saat die du pflanzt und deine Frau und Kinder, alles ungewiß ist. Sie können vertrieben werden oder fortgeholt werden, oder abgebrannt werden, oder zurückgelassen werden ...
> ... fünfzehn ist wirklich mittelalterlich und pionierhaft und nichts ist klar und nichts ist gewiß, und nichts ist sicher und nichts ist gekommen und nichts ist gegangen. Aber es könnte alles sein.[48]

Jahre später hörte Alice B. Toklas von Gertrudes Qualen in der Pubertät:

> Ich war schockiert, als sie mir über diese schlimmen Jahre erzählte, die sie hinter sich hatte. So etwas hatte ich noch nie gehört. Das sagte ich ihr. Ich sagte: »Wie schrecklich.« Sie sagte: »War das denn bei dir in dieser Zeit nicht so?« Ich sagte: »Nicht bei mir«, und sie sagte und sah mich dabei an: »Du Glückliche.«[39]

Gertrude verließ die Highschool und wußte nicht genau, was sie jetzt tun wollte. Michael fand, sie sollte Musikerin werden. Leo »absolvierte schnell drei Jahre Highschool innerhalb von sieben Monaten« und ging an die University of California in Berkeley, und

Natürlich war mein Vater sonst mit überhaupt nichts zufrieden und das war ganz natürlich ... Dann konnten wir eines morgens unseren Vater nicht aufwecken. Leo kletterte durch das Fenster hinein und rief uns zu er liegt tot in seinem Bett und so war es ... Dann begann unser Leben ohne Vater ein sehr angenehmes.[40]

Daniel Stein starb 1891 – drei Jahre nach seiner Frau. Der damals sechsundzwanzigjährige Michael wurde zum neuen Familienoberhaupt. Gertrude war siebzehn, Leo neunzehn. Da sie beide minderjährig waren, wurde Michael ihr Vormund: »... ich erinnere mich daß ich vor ein Gericht ging das einzige Mal das ich je dort war, um zu sagen daß wir ihn haben wollten«, schrieb Gertrude.[41] Michael hatte ein ziemlich klares Verantwortungsgefühl für seine Geschwister. Alice B. Toklas sagte dazu:

Ihm war klar, daß keiner von ihnen jemals Geld verdienen würde. Keiner war für eine Karriere im Geschäftsleben geschaffen. Und ihm fiel kein Beruf ein, in dem sie erfolgreich sein könnten.[42]

Daniel Steins finanzielle Angelegenheiten waren völlig ungeordnet. »Es gab so viele Schulden es war schrecklich«, schrieb Gertrude:

und dann fand ich heraus daß Gewinn und Verlust immer Verlust sind, das regte uns nicht so sehr auf wie das daß es Staatsschulden waren, aber Mike erklärte daß so etwas in einem Geschäft immer vorkomme und daß es in Ordnung war zumal wir in der Familie immer die Angewohnheit gehabt hatten niemals jemandem Geld zu schulden.[43]

Obwohl Daniel Stein ein wüstes Durcheinander hinterlassen hatte, erwies sich durch sein Testament, daß er 480 Acre Land besessen hatte, Grundbesitz in Baltimore und Kalifornien, Anteile an Straßenbahn-, Eisenbahn- und Bergbaugesellschaften, und, was am wertvollsten war, die Lizenz für ein noch nicht verwirklichtes Projekt, mit dem die einzelnen Straßenbahnlinien von San Francisco untereinander verbunden werden sollten. Michael verkaufte diese Lizenz an den Eisenbahntycoon Collis P. Huntington und übernahm eine Stelle in dem neugegründeten Unternehmen.

Sein Geschick bei der Verwaltung des Vermächtnisses von seinem Vater sicherte Gertrude und den anderen Geschwistern einen bescheidenen Lebensunterhalt. »Sie hatten alle einen sehr einfachen Geschmack«, sagte Alice, »daher konnten sie durchaus luxuriös leben.« Gertrude schilderte ihr Einkommen als gerade so hoch, daß sie »angemessen arm« blieben. Sie konnten reisen, Bücher und Bilder kaufen und waren für immer befreit von der Last, arbeiten zu müssen.

Ein Jahr lang lebten sie alle miteinander in einem Haus in San Francisco, »... dann gingen wir alle irgend wohin«.[44] Gertrude und Bertha zogen nach Baltimore zu Fannie Bachrach, der Schwester ihrer Mutter. Leo wechselte von Berkeley nach Harvard. Michael und Simon blieben in San Francisco, wo sie bei der Straßenbahn arbeiteten: Michael als Manager der vereinigten Market Street Railway Company, Simon als Teilzeitrangierer. Simon verbrachte als einziger den Rest seines Lebens in Kalifornien. Er starb dort im mittleren Alter, »noch immer fett und angelnd«.[45]

3
ALICES FRÜHE JAHRE

Ihre kleine zarte Nase ist zwischen ihren kleinen Augen
die zum Schließen taugen und sehr reizend sind[1]

Alice Babette Toklas verbrachte ihre Kindheit in San Francisco, auf der anderen Seite der Bay und von Oakland, wo Gertrude lebte. Sie wurde am 30. April 1877 im Haus ihrer Großeltern mütterlicherseits, Louis und Hanchen Levinsky, in der O'Farnell Street 922, drei Jahre nach Gertrude, geboren. (Als sie in Frankreich lebte, stand als Geburtsdatum der 30. Juni 1877 in ihren Dokumenten. Bei ihrer Ankunft erzeugte das einige Verwirrung bei den Behörden.)

Sie war das erste Kind und die einzige Tochter von Ferdinand und Emma Levinsky Toklas. Da sie einen Tag nach dem ursprünglich errechneten Geburtstermin auf die Welt kam, sagte ihr Vater, der gern schwache Witzchen machte, immer wieder zu ihr, daß sie es nie geschafft habe, das aufzuholen. »Während meiner Kindheit und Jugend«, sagte Alice, »habe ich das behütete Dasein meines Standes und meiner Umgebung geführt.«[2] Gertrude wuchs im rauhen und ungestümen Klima einer großen, eigenwilligen Familie auf; Alice war immer die kleine Dame.

In den auf Sanddünen errichteten Häusern der O'Farrell Street war der Traum vom Reichtum wahr geworden – solide Bürgerheime in einem eleganten Stadtteil. »Jeden Tag um neun Uhr früh verließen die Männer aus der O'Farrell Street ihre Häuser, um in der Innenstadt ihren Geschäften nachzugehen – sie trugen feines wollenes Tuch und glänzende Zylinder«[3] – die Levinskys, die Levys, die Nathans. Sie hatten sich hochgearbeitet, als Immigranten, die aus Städten und Dörfern in Mitteleuropa kamen, sich mit Gelegenheitsgeschäften und risikoreichen Unternehmungen durchgeschlagen hatten und jetzt gestandene Geschäftsleute waren.

»Ich war das Kind, das von Frauen aufgezogen und von Frauen beeinflußt wurde«, sagte Alice.[4] Während die Männer außer Haus waren und das Geld verdienten, blieb sie in der Gesellschaft ihrer Mutter, Tanten, Großtanten und ihrer Großmutter Hanchen Levinsky, die sie besonders verehrte. Hanchen Levinsky, »die auf entzückende Weise Blumen zu riechen und Datteln und Zucker zu essen pflegte«,[5] war gebildet, mochte alles, was mit Kultur zu tun hatte und spielte Klavier. »Durch sie fand ich dieses Leben normal«, sagte Alice. Sie hatte so kurze Beine, daß man die Pedale des Klaviers für sie extra einstellen mußte. »Alle Schwestern waren klein und dunkelhäutig, und wenn sie saßen, berührten ihre Füße den Boden kaum.«[6] Eine der Schwestern wurde Konzertpianistin, wurde wegen dieser Entgleisung enterbt und heiratete einen Offizier.

Alice erinnerte sich, daß »seit der Jugendzeit meiner Mutter im Haus meiner Großmutter Quartette und Trios gespielt wurden«.[7] Ein französischer Arzt spielte Geige, ein amerikanischer Architekt spielte Cello. Auch Alice hatte musikalisches Talent. Eine Französin gab ihr jeden Samstag Klavierunterricht, und ihre Großmutter nahm sie ins Tivoli Opera House mit, wo sie *Aida, Lohengrin,* Gilbert und Sullivan und die amerikanische Uraufführung der *Cavalleria Rusticana* erlebte. Alice hörte Luisa Tetrazzini, deren Kadenzen sie bewunderte. Bis sie Mitte Zwanzig war, wollte Alice Konzertpianistin werden, »dann stellte ich fest, daß alles, was ich tat, absolut fünftklassig war und gab daher auf«.[8] Statt dessen diente sie Gertrudes Talenten und Vorhaben.

Hanchen Levinsky war auch eine Sprachwissenschaftlerin. Alice erinnerte sich an sie, wie sie im Salon saß, französische und deutsche Bücher und Zeitungen las und einem Mädchen läutete, das alles wegtrug, nachdem es gelesen war. Hanchen brachte Alice Französisch und Deutsch bei. »Deutsch konnte ich zwar laut lesen, wußte jedoch nicht, was ich da eigentlich sagte. Ich las französische Theaterstücke und Romane, alles Klassische«, sagte Alice.[9]

Harriet Levy, Alices enge Jugendfreundin, wohnte direkt neben den Familien Levinsky und Toklas. (Durch sie lernte Alice schließlich auch Gertrude kennen.) Sie war nicht übermäßig von den kulturellen und intellektuellen Leistungen Hanchen Levinskys und ihrer Schwestern beeindruckt. Von ihrem Bett aus konnte sie Hanchens Interpretation des »Polnischen Tanzes« von Scharwenka und den Gesang von Alices Tante Foffie hören: »Sie mußte nur den ersten Ton von ›When the Tide comes in‹ anstimmen, und schon war der gesamte Strand mit Leichen übersät«, schrieb Harriet Levy. »In ruhigen Sommernächten verwirrte mich der heulende Winterwind, bis ich merkte, daß Flora das beschwipste Trinklied aus *Girofle Girofla* zum Besten gab.«[10]

Die Levinskys spürten die Last, etwas Besseres zu sein. Wenn Hanchen ihre Nachbarn besuchte, machte sie schnell klar, daß sie nicht lange bleiben konnte. »So viele Briefe aus Hamburg. All diesen Leuten muß ich noch schreiben«, sagte sie dann. Oder: »Viel Besuch, viel Besuch«.[11] »Auf gesellschaftliche Verpflichtungen ließ sie sich nicht leicht ein«, schrieb Harriet, »doch sie ließ bei jeder Begegnung unmißverständlich spüren, daß das Ungebildete zu vernachlässigen sei.«

Harriet Levy wäre gern Schriftstellerin geworden und liebte das Theater. Später verfaßte sie Theaterkritiken für eine Wochenzeitung mit dem Titel *The Wave* und gehörte zur Literatengruppe *The Spinners.* Als Mädchen schrieb sie einmal dem italienischen Schauspieler Ernesto Rossi und lobte ihn für seinen Othello. Da sie Hanchens Ruf als Fremdsprachenkennerin vertraute, ging sie mit seiner Antwort zu ihr, damit diese den Brief übersetzte:

> Bei dem Namen Rossi nickte sie ernsthaft, als wollte sie seine Existenz bestätigen. Dann rückte sie langsam ihre Brille gerade und las den Brief. *»Amore«*, sagte sie, als wäre dies das einzige Wort auf der ganzen Seite, »heißt Liebe. *Mio*«, dabei deutete sie auf das Wort, »bedeutet meine.« Damit gab sie den Brief mißbilligend zurück und setzte sich wieder wie vorher hin, an das Fenster mit dem Blick auf die Bucht, wo sie jeden Tag stundenlang saß, und ab und zu auf die Scheibe klopfte.[12]

Die Levinskys gerieten noch mehr in Distanz zu ihren Nachbarn, da es bei ihnen so häufig Begräbnisse gab. Immer wieder starb einer der entfernten Cousins, und Louis Levinskys patriarchales Bewußtsein »forderte, daß sie alle im Familiengrab bestattet wurden«.

Louis Levinsky, der Großvater von Alice mütterlicherseits, brach 1848 aus dem preußischen Exil nach Amerika auf, arbeitete kurz als Bauunternehmer in New Orleans, ging dann in den Westen und machte beim Goldrausch mit. Mit zwei Brüdern kaufte er eine Goldmine in Amador County, in der Nähe von Makelumne Hill, zwischen Happy Valley, Chili Gulch und Big Bar am Mokelumne River. Alice sagte, daß diese Mine »ganz und gar nicht gut war«. Doch die Levinskys waren Immigranten vom richtigen Schlag, daher eröffneten sie einen Gemischtwarenladen, in dem es Flanellhemden, Stiefel, Bowiemesser und alles mögliche andere gab, das man bei der Goldsuche brauchen konnte. Der Laden war so ertragreich, daß sie noch drei weitere in Sutter Creek, Dry Town und Rancheria eröffnen konnten. Die Familie lebte in Botellas, das wegen der vielen leeren Flaschen so hieß, die dort herumlagen. Später wurde der Ort in Jackson umbenannt.

1854 hatte Louis so viel verdient, daß er nach Hamburg zurückfahren und dort seine Kusine, die kulturbewußte Hanchen Lewig, heiraten konnte. Nach der Hochzeit segelten sie nach Amerika, blieben ein Jahr in Brooklyn, »um sie mit allen bekannt zu machen, mit denen sie zu tun haben würde« – Alices Mutter Emma wurde dort geboren –, dann reisten sie im Jahr 1856 zu dritt in den Westen. Als sie in

San Francisco ankamen, fand dort gerade eine öffentliche Hinrichtung statt. »Meine Großmutter fragte, warum die Kirchenglocken läuteten ... sie hat gedacht, sie wäre in eine Wildnis gekommen.«[13]

Hanchen Levinsky war es auch kein Trost, als sie Jackson mit seinen Flaschen, der Hitze und den Glücksrittern erreichten. Sie vermißte Europa und beklagte, daß es keine Schulen, Konzerthallen und Theater gab. Zehn Jahre blieb die Familie in Jackson, und Louis Levinskys Geschäfte gingen hervorragend. Dann kaufte er im San Joaquin Valley Land und wollte den Rest seines Lebens dort als Bauer verbringen, doch Hanchen bestand darauf, daß sie in die relative Zivilisiertheit von San Francisco zurückkehrten. Louis verpachtete sein Land und ließ den Straßenzug der O'Farrell Street errichten.

Alices Mutter Emma erbte weder Hanchens kulturelle Ambitionen noch den Pioniergeist des Vaters. In Alice gab es von beidem ein wenig. Alice schilderte ihre Mutter als »ernste Person ohne besondere ernste Interessen ... eine Stoikerin ohne eigene Willenskraft«, jedoch mit mehr Charakterstärke als Gertrudes Mutter. Sie kochte, nähte und gärtnerte gern und mochte ausgefallene Blumenarrangements. Alice erinnerte sich an ihre Gestecke aus Hopfenblüten und Gartenwicken und an den Geruch von Lilien, süßen Gräsern und Rosen, der das Haus durchzog.

»Sie war eine kleine Person und verfügte trotzdem über eine starke Präsenz, und sie hatte violette Augen. Ich erinnere mich an die violetten Augen.« (Bei anderen Gelegenheiten meinte Alice, sie wären von einem intensiven Blaugrün gewesen.) Als Alice klein war, erschienen sie ihr wundervoll und wie Wasser, und ihre Mutter sagte: »Ich glaube, du meinst, daß sie flüssig sind.« Emma Toklas kleidete sich hübsch, schätzte die neuesten kulinarischen Raffinessen – sie besaß eine Maschine zur Herstellung von Sahneeis –, ermunterte Alice bei deren Knopfsammlung und legte eine handschriftliche Rezeptesammlung an. »Alices

Kekse« nannte sie mit Kristallzucker bestäubte Vanillewaffeln, und in Portwein geschmorter Kapaun war Alices Lieblingsessen zum Geburtstag.

Der Vater von Alice, Ferdinand Toklas, kam 1865 im Alter von zwanzig Jahren von Polen nach Amerika. Er begann als Buchhalter bei den Oregon Woolen Mills in New York, zog dann jedoch in den Westen, da er sich selbständig machen wollte. In San Francisco begegnete er Emma Levinsky, heiratete sie 1875 und eröffnete in Seattle einen En-Gros-Handel, wo er »Trockenfrüchte, Modewaren, Kleidung, Teppiche, Stiefel, Schuhe, Hüte, Herrenmoden, Kurzwaren, Herrenwäsche und Koffer« verkaufte. In den 80er Jahren war er »einer der prominentesten und erfolgreichsten Kaufleute an der Küste«[14], eine vornehme Erscheinung, der allem gegenüber gleichgültig zu sein schien. Er arbeitete viel, war zuverlässig und ein hartgesottener Republikaner. Gelegentlich ging er gern zur Jagd und trank ab und zu auch einmal ein Glas Bier.

Als Kind sah Alice ihn nur selten. Er war auf Geschäftsreisen immer wieder zwischen Seattle und San Francisco unterwegs. Zuhause war er ein »ruhiger Mensch, der den Dingen gelassen gegenübertrat«.[15] Für Alice hatte er keine herausragende Bedeutung, da sie sich immer in der liebevollen Umgebung der Damen aufhielt, wo das Interesse vor allem Musik, Kochen, Blumenarrangements oder einer guten Lektüre galt. Alice hatte ein Kindermädchen mit Namen Maggie, eine Köchin hieß Nora. Besonders gern mochte Alice gerösteten Weizen mit Zucker und Sahne, Maismehl mit Zuckersirup und Eis mit Himbeergelee, Schlagsahne und geschlagenem Eiweiß.

Als Alice acht Jahre alt war, unternahm sie mit ihren Eltern ein Jahr lang die »Grand Tour« nach Europa. Als erstes fuhren sie nach Kempen in Schlesien, wo die Goldene Hochzeit der Eltern ihres Vaters stattfand. Ihr Großvater war ein polnischer Patriot, »der immer die Fahne hochhielt«, und ein erbitterter Feind der Deutschen und der Russen. Er schenkte der Familie ein Gemälde, das von ihm stammte und zeigte, wie polnische Kavalleristen russische Soldaten niedermetzelten, und Alice erschreckte er, als er ihr aus Grimms Märchen vorlas. Seine Gattin war eine »große, gutaussehende, beeindruckende Frau, die sehr lange Diamantohrringe trug. In ihr weißes, sehr hoch frisiertes Haar hatte sie künstliche Fliederblüten gesteckt«.[16] Die Eheleute wurden beide über achtzig Jahre alt und starben innerhalb von zwei Tagen.

Alice bekam für die Reise eine polnische Kinderfrau, die ihr das

Vaterunser auf polnisch beibrachte und eine Hymne mit dem Titel »Gott rette Polen«, die Alice bald wieder vergessen hatte. Sie freundete sich mit der Polin an und weinte sehr, als sie sich wieder trennen mußten. In Frankreich sahen sie zusammen das Begräbnis von Victor Hugo und saßen dabei in Lehnstühlen auf der Rue de Rivoli, obwohl »es auch die Champs Elysées gewesen sein könnten«.[17]

Die Familie besuchte Verwandte in England, Österreich, Ungarn und Deutschland. Alice trank ihr erstes Glas Champagner, tanzte Katjuscha in Pest und »Walzer mit den Töchtern unserer Gastgeber, Stephanie und Melanie, und dabei wurde mir ganz schwindlig, weil sie immer nur in einer Richtung tanzten«.[18] In Hamburg bekam sie bei einem Onkel ihrer Mutter, einem Arzt, der mit seiner Frau und seiner verwitweten Tochter lebte, ihr erstes Halbgefrorenes: »Ich erinnere mich an einen Nesselrode und an einen Himalaya.« Zwei schwarze Pudel saßen auf ihren Hinterbacken und schauten ihr beim Essen zu. In London ängstigte sie sich, als einer ihrer Cousins auf einem Balkon ohne Geländer schlafwandelte. Diese einjährige Reise war Alice zufolge das wichtigste Erlebnis ihrer Kinderzeit.

Nach ihrer Rückkehr nach San Francisco zog die Familie Toklas aus der O'Farrell Street 922 in ein anderes voll eingerichtetes Haus in der Nähe. Als Alice neun Jahre alt war, brachte ihr Vater sie eines Abends im August zu ihren Großeltern, wo sie über Nacht bleiben sollte. Am nächsten Tag holte er sie wieder ab und sagte: »Ich habe eine Überraschung für dich: Du hast einen kleinen Bruder, den Du Dir anschauen kannst.« – »Ist es Tommie?« fragte Alice. Tommie war ein Renaissancekopf aus Marmor, der ihrer Mutter gehörte und zu dem sich Alice »leidenschaftlich hingezogen fühlte«. »Nein, ich glaube nicht«, antwortete ihr Vater. »Du wirst schon sehen.«

> Als ich das kleine rotgesichtige Ding [Clarence] sah, wäre ich beinahe in Tränen ausgebrochen. Ich wollte meine Mutter küssen und ihr mein Entsetzen anvertrauen. Er sieht aus wie ein roter Hummer, sagte ich, wirst du ihn liebhaben? Sie nahm mich in ihre Arme und sagte: Nicht so wie dich, Liebling, du wirst immer an erster Stelle sein.[19]

Nachdem Clarence in ihre Welt eingedrungen war, ging Alice auf die Mädchenschule von Miss Lake. »Von Anfang an verband mich eine enge Freundschaft mit einem strahlenden, tatkräftigen, klugen Mädchen namens Clara Moore.«[20] Sie schworen einander »ewige Freundschaft«.

Das Haus der Moores stieß mit der Rückseite an das der Familie Toklas, und mit einem Korb, den sie über Rollen laufen ließ, schickte Alice aus ihrem Schlafzimmer Botschaften zu Clara. Sie lasen zusammen Bücher – *Little Women*, »ein öder, langweiliger englischer Roman«, *The Lamplighter* von Miss Cummins, eine Erzählung mit dem Titel *Honor Bright*, die Alice Jahre später vergeblich für Gertrude aufzutreiben versuchte, und auch *Great Expectations.* Alice war, wie auch Gertrude, Mitglied der Mercantile and Mechanics Library von San Francisco.

Als Kind lebte Alice in einer Welt mit Gouvernanten und allen möglichen Dingen für kleine Mädchen. Clarence hielt sie immer in sicherem Abstand und war lieber mit ihren Freundinnen zusammen. Eine von ihnen war Nellie Joseph mit ihrem »sarkastischen Humor«, eine andere Lilyanna Hansen, die Klavier spielte, und dann gab es noch Annette Rosenshine, eine entfernte Kusine, die Alice schließlich mit Gertrude zusammenbrachte. Annette hatte einen Wolfsrachen und näselte beim Sprechen. Ihre Mutter schämte sich dafür, ein so mißgestaltetes Kind geboren zu haben und war der Meinung, daß ihre »jugendliche Unkenntnis über Sex und eheliche Beziehungen« schuld an dem Wolfsrachen sei. Annette fühlte sich nicht geliebt:

> Ich begreife jetzt, wie sehr mich das getroffen und die ganzen Anstrengungen und nervösen Spannungen verursacht hat, unter denen ich gelitten habe. Das war für alle psychosomatischen Beschwerden in der Kindheit wie auch in späteren Jahren verantwortlich, und auch für meine andauernde Unzufriedenheit gegenüber allem, was ich getan habe.[21]

Die Jungen nannten sie »Spaltmaul«, und ihre Mutter verabreichte ihr jeden Tag ein Glas Sherry für ihre Nerven. Annette verehrte die drei Jahre ältere Alice: »Alles was sie tat, beeindruckte mich, besonders ihre Art, sich zu kleiden.« In ihren Phantasien sah sich Annette als wunderschöne Prinzessin namens Alice, die von ihrem eigenen Vater bewundert und geliebt wird.

Im Jahr 1890, als Alice dreizehn war, starb ihre Großmutter Hanchen. Im Jahr davor wütete eine Feuersbrunst im Geschäftsviertel von Seattle, und Ferdinand Toklas verlor Waren im Wert von 600 000 Dollar. Nach dem Tod von Hanchen willigte Emma Toklas ein, San Francisco zu verlassen und nach Seattle zu ziehen, damit Ferdinand sein Warenhaus wieder aufbauen konnte. Er fand ein Haus im reichen Teil der Stadt, mit Blick auf die Elliott Bay und die Olympic Mountains, ließ sein Warenhaus in großem Stil wieder neu errichten und stellte hundert Verkäufer und einen Werbeleiter ein. »Auf diesen mehr als 5000 m^2 ist im ganzen Nordwesten zweifellos nicht nur am meisten los, sondern wird auch der größte Umsatz gemacht«, schrieb eine Wirtschaftszeitung.[22]

Alice wurde auf eine private Mädchenschule unter Leitung von Miss Mary Cochrane geschickt. Im Musikunterricht zeigte sie hervorragende Leistungen, war jedoch schlecht in Mathematik. »In der Schule hatte ich eine gute Zeit ... wir hatten viel Spaß miteinander. Ohne allzu große Schwierigkeiten haben wir den Unterrichtsstoff gelernt und auch noch einiges an Erziehung mitbekommen.«[23] Ihre Ferien verbrachte Alice bei ihren Tanten und ihrem Großvater in San Francisco. Im Sommer 1892 nahm er sie auf eine Reise nach Südkalifornien mit. Sie waren mit einem leichten, vierrädrigen Wagen, zu Pferd, mit dem Maultier und in einem Einspänner unterwegs. »Es war sehr unterhaltsam, aber anstrengend. Meinen Großvater strengte es jedoch überhaupt nicht an.« Er wollte seine Kumpels aus alten Goldgräberzeiten noch einmal treffen, und einige von denen waren Spanier. Alice liebte alles Spanische leidenschaftlich. Gertrude sagte immer zu ihr: »Der einzige blinde Fleck bei dir ist da, wo es um Spanien und Spanier geht.«[24] Alice sagte dann: »Wo auch immer ich in Spanien vor einem Haus sitze, bin ich begeistert, begeistert ... Das Licht dort ist etwas Besonderes – dann die spanische Sprache – dieses wunderbare, gutturale Spanisch – und die Art der Menschen dort, sich zu bewegen.«

Alice wollte Konzertpianistin werden. Um die Aufnahmebedingungen der Universität zu erfüllen, nahm sie daher 1893 bei einer Suffragette namens Sarah Hamlin Privatunterricht in Trigonometrie und Algebra, und begann im Herbst ihr Musikstudium an der Universität von Washington.

Dort wurde Viola Startup ihre beste Freundin. Sie war die Tochter eines reichen Bauern und wollte eine Universitätsausbildung absolvieren, damit sie in der Highschool unterrichten konnte. Ihrem Vater waren ihre Vorstellungen zu ausgefallen, daher mußte sie für sich selbst sorgen:

> Sie war ziemlich tapfer. Sie war ungefähr dreiundzwanzig oder vierundzwanzig und auf eher herbe Weise sehr schön. Ihr Haar war vom strahlendsten Blond, das man sich vorstellen kann, sie hatte eine kräftige Gesichtsfarbe und dunkle Augen, und sie war eine erfahrene Frau vom Land. Man würde zwar nicht meinen, daß die Leute vom Land recht viel Erfahrung haben könnten,

Annette Rosenshine, 1897.
Fotografie von Arnold Genthe.

> doch bei ihr war das so – sie verdiente ihr eigenes Geld. Und das war es, worin ich mich verliebte – ich fand das ein wunderbares Abenteuer. Meine Mutter war an Viola Startup nicht besonders interessiert.[25]

Alice versuchte, ihr ihre Empfindungen für Frauen anzuvertrauen – für Lily, Nellie, für Viola –, doch ihre Mutter regte sich zu sehr auf und hörte nicht weiter zu.

Alice blieb nur ein Jahr auf der Universität. »Es wäre ein glückliches Jahr gewesen, wenn uns die Gesundheit meiner Mutter nicht solche Sorgen bereitet hätte«, sagte sie.[26] Wie Gertrudes Mutter war auch Emma Toklas an Krebs erkrankt. Sie wurde operiert, doch der Erfolg war gering. Ferdinand Toklas beschloß, daß die ganze Familie wieder nach San Francisco zurückkehren sollte:

> Die Möbel wurden verpackt, meine Mutter, mein Vater und ich und mein kleiner Bruder, die Pflegerin meiner Mutter und der Jagdhund meines Vaters fuhren mit dem Zug. Wir fanden ein Haus, ein einfaches Zuhause, wo es uns gutging.[27]

Alice erhielt ein »Dokument, das mich als Bachelor of Music auswies«,[28] doch die angegriffene Gesundheit ihrer Mutter beendete ihre Berufsausbildung und ihr gesellschaftliches Leben. »Ich kam überhaupt nie ›raus‹. Ich hatte keinerlei gesellschaftliche Erfahrungen, da meine Mutter zuerst so krank war und später starb. Daher entging mir all dies.« Ihre ersten Bemühungen um Unabhängigkeit endeten im Alter von achtzehn Jahren.

Als Alice nach San Francisco zurückkam, fand Annette Rosenshine sie mit ihren graugrünen, weit auseinanderliegenden Augen und dem glänzenden schwarzen Haar »strahlend, witzig und gewandt«. Im Haus trug sie ein graues Kleid mit einem »steifen, weißen Chiffon-*fichu*«. Als sie mit ihrem Vater in die Oper ging, erschien in der folgenden Morgenausgabe des *Chronicle* eine Bemerkung über das Kostüm und den Matrosenhut, die sie trug. Sie übernahm die Aufgabe, ihre Mutter zu pflegen und für ihren Vater und ihren neunjährigen Bruder Clarence den Haushalt zu führen. »Er war nie wieder so niedlich wie in diesem Alter«, sagte Alice. »Zwischen neun und vierzehn war er einfach entzückend.« Lange Zeit, nachdem sie nach Frankreich gezogen war und mit Gertrude zusammenlebte, stritten die beiden über das Testament des Vaters und brachen jeglichen Kontakt ab. Clarence beging 1937 im Alter von fünfzig Jahren Selbstmord.

Im März 1897 starb die Mutter von Alice. Sowohl im Haushalt der Familie Toklas wie auch bei den Levinskys gab es nun keine Frau mehr, doch es war unvorstellbar, daß deshalb wie im Steinschen Haus die Anarchie ausbrechen sollte. In der O'Farrell Street 922 lebte Alices verwitweter Großvater Louis mit seinem Bruder und einigen Cousins. Ferdinand Toklas betrieb seine Geschäfte weiterhin »ruhig und methodisch ... wie ein perfekt funktionierender Motor«. Louis Levinsky konnte die Familie Toklas davon überzeugen, bei ihm einzuziehen. Mit zwanzig Jahren wurde Alice die »verantwortliche Enkelin« in einem Haus, in dem außer ihr nur Männer lebten. Sie haßte die hohen Anforderungen, die an sie gestellt wurden. »Alles, was du tust, sollst du mit Grazie tun«, sagte ihr Vater zu ihr. »Eine Hausfrau sollte sich nie für ein Mißgeschick in ihrem Haushalt entschuldigen, denn wenn sie die Herrin des Hauses ist, gäbe es einfach kein Mißgeschick, eben weil sie die Herrin des Haushalts sei.«[29] Annette meinte, daß zu dem Zeitpunkt, als Alice zur Haushälterin ihres Großvaters wurde, ihr »Licht erlosch«.

Alice war das einzige weibliche Wesen in der O'Farrell Street 922 inmitten eines stetigen Stromes männlicher, meist ziemlich alter Cousins. Cousin Eugene, ein Rechtsanwalt aus Stockton, war eine der tonangebenden Autoritäten. Alice erhielt ein genau festgelegtes Budget, aus dem sie sämtliche Ausgaben für den Haushalt bestreiten mußte. Sie mußte die Speisenfolgen planen, alle Lebensmittel bestellen und sollte imstande sein, innerhalb kürzester Zeit ein komplettes Menü auf den Tisch zu bringen:

> Ich legte die Speisenfolge fest und mußte lernen, was als passend empfunden wurde, was sich mit anderen Gerichten vertrug, so wie ich es noch aus den besseren Tagen meiner Mutter in Erinnerung hatte ... und dann erinnerte ich mich wieder an die Menüs meiner Großmutter und dann ging ich schließlich zu den Leuten, bei denen meine Großmutter eingekauft hatte und die sagten »Oh, Fräulein, Sie brauchen uns nicht zu sagen, was wir machen sollen, das wissen wir schon«. Und mir war sehr genau klar, daß sie es eben nicht wußten, da ich überhaupt nicht mehr in denselben Verhältnissen wie damals lebte. Und daher sagte ich »Ich werde mich bei Ihnen melden, ich komme bei Ihnen vorbei«. Der Fischhändler Stevens vom Markt an der California Street sagte zu mir »Oh, Fräulein, kommen Sie ruhig herein. Wieviele Personen sind es denn in Ihrer Familie? Sagen

Sie mir einfach, für wieviele Sie etwas brauchen, und ich lasse es Ihnen dann bringen.« Und der Geflügelhändler hat dann ebenfalls gesagt »Ich weiß schon noch, was Ihre Großmutter bekam«. Und genau das konnte ich nicht gebrauchen, daher mußte ich dafür eine Lösung finden.[30]

Bei Tisch blieb Alice still, während sich die Männer über Politik und Wirtschaft unterhielten und sie gelegentlich für ihre Fähigkeiten als Hausfrau lobten. »Wenn ich dort zum Abendessen eingeladen war«, schrieb Annette Rosenshine,

nahm ich überaus deutlich die über dem Speisesalon lastende Atmosphäre von Verdummung wahr; der muffige Gestank der zahllosen Zigarren, die während dieser Gespräche nach dem Essen geraucht wurden, hing fest in Vorhängen und Teppichen und schien sich in die hölzernen Rahmen der Sessel zu fressen. Unterwürfig saßen Alice und ich dabei, schluckten unser Essen hinunter und unternahmen niemals den Versuch, eine Meinung zu äußern – dazu wurden wir auch nie ermuntert. Bei der ersten besten Gelegenheit entflohen wir schnell in das Zimmer von Alice, um uns wieder als die Persönlichkeiten zu etablieren, die dort unten verlorengegangen waren.[31]

Alice hatte auf einem schwarzen Schreibpult in ihrem Zimmer einen lebensgroßen Gipsabdruck, einen Frauenkopf, den sie »Die Unbekannte« nannte. Sie und Annette unterhielten sich und rauchten verbotene Zigaretten. »Sehr lobenswert«, sagte ihr Vater, als er sie rauchend antraf.

Die Männer in der O'Farrell Street 922 sahen in Alice nur die Haushälterin, die sie mit Essen und Behaglichkeit versorgte. Sie fanden sie eigenartig. Sie vermied Gespräche mit ihnen, schlüpfte durch eine Seitentür im Erdgeschoß aus dem Haus und ging ihren Freunden auf der Straße aus dem Weg. Sie stellte keine Forderungen an das Haus. Harriet Levy, die nebenan auf Nummer 920 wohnte, fand, daß sie in ihren grauen Kleidern und langen, vom Kragen bis zum Saum zugeknöpften Mänteln wie eine heimliche Nonne aussah.

Auch Harriet fühlte sich in ihrem Haus wie gelähmt. Ihre Mutter hatte falsche Goldzähne, die sie in ihrem Schmuckkästchen aufbewahrte, und ihr Vater schlief in einem roten Flanellhemd und dazu passenden Unterhosen. Ihre Mutter beharrte darauf, daß »kein Mädchen mit Selbstachtung mit einem Mann ein Restaurant betreten« würde, bezeichnete französische Restaurants als Bordelle und reiste mit Harriet jeden Sommer zu einer Heilquelle, deren Wasser sie dann trotz ihrer perfekten Verdauung trinken mußte. Harriets Arme nannte sie »Pfeifenstiele«, ihre Schulterblätter »Beile«, und »durch den Entzug ihrer Würdigung schloß sie bestimmte Körperbereiche als nicht vorhanden aus«.[32]

Harriet hatte weder beim Sex noch in der Liebe Glück. Wie Annette und Alice litt sie unter ihren Sehnsüchten. Dr. Brownell, der Hausarzt der Familie, machte sich an sie heran, als sie bei ihm die Arztrechnung begleichen wollte. Er sagte, daß er kein Geld wollte, daß das Leben voller Freuden sei und er ihr diese beibringen wollte. »Und seine kräftigen Arme umschlangen mich, und sein warmer Brustkorb preßte sich gegen mein Gesicht«, sagte Harriet, die schnell davonlief, weil sie Angst hatte.

Schlimmer als die Annäherungsversuche dieses Arztes waren ihre eigenen Sehnsüchte. An einem Samstagnachmittag sah sie beim obligatorischen Spaziergang mit ihrer Mutter und ihrem Vater auf der Market Street von San Francisco ein junges Mädchen, das sie kannten. Sie sprachen oft darüber, wie problematisch sie sei:

> In der Stadt war sie immer mit einer älteren Frau unterwegs, die einen schlechten Ruf hatte – eine große, dunkelhäutige Frau mit federndem Gang und großem Busen. Niemand konnte sie voneinander trennen. Da sie beide so unterschiedlich groß waren, nannte meine Mutter sie immer Palmblatt und Zitrone, nach den Symbolen, die beim Tabernakelfest durch die Synagoge getragen werden.
> Das Mädchen war schlank und wunderschön. Die feine Kontur ihrer Nase machte sie meinem Gefühl nach wie geschaffen für romantische Erlebnisse. Ihr Haar war von hellem Gold, und aus unglaublich blauen Augen kamen forschende Blicke, wenn sie die Straße entlangging. Sie trug hellgraue Kleider, niemals wärmere Farben ... Sie ging schnell und ich versuchte, sie zu überholen, doch bevor mir das gelang, bog sie in die Dupont Street ab und verschwand schnell in der engen Straße. Warum ich so bewegt war, hätte ich nicht sagen können.[33]

Auch Annette Rosenshine hatte Probleme. Sie empfand sich als zu unscheinbar für die Liebe – »verkrüppelt und unfähig, auf irgendeine liebevolle Geste zu reagieren«.[34] Sie ging vor Alice nach Paris und vertraute sich dort mit ihren Problemen Gertrude an:

> Ich wandte mich an sie, wie man sich – das habe ich Jahre später begriffen – an einen Analytiker wendet. Sex war ein unerforschtes Meer ... Die Ehe wurde als wichtigster Schritt angesehen ... Wenn man das erreicht hatte, lebte man ›glücklich bis ans Ende der Tage‹. Die Schwierigkeiten der psychologischen oder sexuellen Anpassung waren in der tragischen Verwirrung sowohl der Männer wie der Frauen unbekannt.

In Alice gärte die Revolution. Sie sehnte sich nach Erfahrungen, doch es gab keine Gelegenheiten. Sie wirkte wie die bescheidene Haushälterin, stellte das Essen auf den Tisch, bestellte die Vorräte, kümmerte sich um den Bruder. Doch sie floh, so oft es ihr möglich war – nach Chinatown, um dort Kleider, Schmuck und exotische Lebensmittel zu kaufen, und zu allen Parties, die es gab. Annette studierte am Mark Hopkins Institute. Sie lud Alice zum Mardi Gras-Fest ein. Alice ging als Carmen kostümiert dorthin, mit langen Ohrgehängen und einem aufregenden Kleid. Sie vergnügte sich an einem Tisch mit Künstlern und verwirrte Annette mit ihrem Gespür für ihre »kindische Knabberei an den Rändern der Bohème«.

In jedem Frühling fuhr Alice nach Monterey, ein Dorf an der Bay, das bei Künstlern und Schriftstellern recht beliebt war. Um diese Ausflüge zu finanzieren, verkaufte sie immer einige Kleidungsstücke, die ihren klapprigen Verwandten gehörten. »Ein Mantel, drei wollene Unterhosen und ein kaputter Küchenofen sicherten eine Woche Ferien.« Sie wohnte in der Pension von Senorita Bonifacio, einer ältlichen Spanierin, die in einem Lehmziegelhaus lebte, an dem sich eine goldene Rose um den Türstock rankte. Senorita Bonifacio erzählte, daß sie diese Rose mit General Sherman, dem Helden des Bürgerkriegs, gepflanzt hatte, als er noch ein junger Offizier war und ihr versprach, sie nach seiner Rückkehr zu heiraten, wenn diese Rose blühte. Man nannte die Rose die Sherman-Rose, und Besucher bezahlten einen halben Dollar, nur um einen Blick darauf werfen zu können.

Bei Senorita Bonifacio legte Alice ihre nonnenhafte Art ab, trug einen roten Mandarin-Mantel, seidene oder gebatikte Kleider und aufwendigen Schmuck, zum Essen ging sie alleine ins schicke Hotel Del Monte. »Wie eine Wilde« ritt sie auf einem Pferd über den Seventeen Mile Drive nach Carmel Beach, mietete einen vierrädrigen, offenen Einspänner für nachmittägliche Ausflüge am Meer entlang und durch die Pinienwälder. In einem Jahr fuhr sie mit Harriet, die an der Universität von Kalifornien studierte, nach Monterey. An ihrem letzten Abend gingen sie in *Louis'*

French Restaurant, bestellten sich Porterhouse Steak und Sekt und Alice stand auf dem Tisch und trank, wie Harriet erzählte:

> auf die ewige Verdammnis des Unholds aus dem San Joaquin Valley ... auf die Großväter, Onkels, deutschen Cousins und all die Unwägbarkeiten des Lebens, auf die Freiheit und das Streben nach Glück. Doch am nächsten Tag fuhr sie nach San Francisco zurück, nahm ihr klösterliches Leben wieder auf und diente ohne Anlaß zu Klagen ... ein weiteres Jahr lang.[35]

Im Jahr 1902 erkältete sich Großvater Levinsky. Es wurde eine Grippe daraus und innerhalb einer Woche starb er. Alice zog mit ihrem Vater und ihrem Bruder aus der O'Farrell Street aus und in ein kleineres Haus. Sie war auch dort immer noch die Hausfrau, doch waren die Anforderungen nicht mehr so hoch. Sie hatte mehr Zeit für sich selbst. Mit Harriet Levy ging sie in Chinatown zum Essen und besuchte den Bohemian Club, um dort »Sherry Cobblers« und neuartige alkoholische Getränke zu probieren:

> Wir gingen ins Theater, fuhren mit dem Auto, besuchten das Little Palace Café und das Hotel dort, das zu einer schicken Einkaufsmeile geworden war, wo man Kleider und Parfüms aus Paris bekommen konnte, wenn man sie sich leisten konnte und sogar auch dann, wenn einem das nicht möglich war.[36]

In einem Laden in Santa Barbara kaufte sie einen Silberfuchsmantel und aztekischen Schmuck und machte Schulden. Harriet, die eine Europareise gemacht hatte, versorgte sie mit Schilderungen einer Welt, die Alice nur aus den Romanen von Henry James kannte. Alice wollte unbedingt dorthin: »Schlimmstenfalls ist es einfach amüsanter, hinter einem Fenster in Paris zu sitzen und dort das Leben an sich vorbeiziehen zu lassen als es von einer Wohnung in San Francisco aus zu verfolgen.«[37]

Auch Sarah Samuels, die Freundin von Harriet Levy, war eine der jungen jüdischen Frauen aus San Francisco, die am Mark Hopkins Institut studierten und sich nach einem spannenden Leben sehnten. Sie trug aufwendige Kleidung und Schmuck und hatte ein sehr exaltiertes Benehmen – daher pflichteten ihr immer alle Leute bei, damit sie ihre Ruhe hatten. Sie sagte, daß ihr eine Wahrsagerin prophezeit hätte, sie würde einen Mann aus Baltimore »auf Rädern« kennenlernen und heiraten. Der Mann, den sie 1895 heiratete, Direktor der Omnibusgesellschaft und Finanzier seiner Brüder und Schwestern, war Michael Stein. Durch diese Verbindung – Harriet, die Freundin von Alice, war mit der

Schwägerin von Gertrude Stein befreundet – sollte Alice schließlich die Frau treffen, die bei der ersten Begegnung ihre Aufmerksamkeit ganz und gar fesselte – »wie dies in all den vielen Jahren der Fall war, in denen ich bis zu ihrem Tod mit ihr zusammen war und in all diesen leeren Jahren seither«.[38]

4
GERTRUDES ERSTE LIEBE

Ich mag Dinge, die sich drehen –
die Welt, auffliegende Waldhühner, Grammophonplatten und all das andere,
alles, was sich auf einer Kreisbahn bewegt

Nach ihrer unruhigen Jugend lebte Gertrude gern bei ihren liebenswerten Tanten in »Baltimore, dem sonnigen Baltimore«, wo sie 1892 im Alter von achtzehn Jahren hinzog. Sie »begann, ihre Einsamkeit zu verlieren«, war jedoch immer noch unsicher, was sie aus ihrem Leben machen sollte:

> Ich hatte Interesse für Biologie und ich hatte Interesse für Psychologie und Philosophie und Geschichte, das war alles ganz natürlich, wenn man aus dem neunzehnten Jahrhundert stammte mußte man Interesse haben an Evolution und Biologie, ich dachte gerne nach deshalb mußte ich Interesse haben an Philosophie und ich liebte es mir jeden anzuschauen und zu sprechen und zuzuhören deshalb mußte ich Interesse haben an Geschichte und Psychologie ...[1]

Ein Ereignis, das sie vor ihrer Abreise aus Oakland erlebt hatte – was mit, wie sie es nannte, der »Grundnatur« zu tun hatte – weckte in ihr den Wunsch, Psychologie zu studieren. Auf dem Weg zu einer Gesangsstunde sah sie, wie ein Mann mit einem Regenschirm auf seine Frau einschlug. Er wollte, daß sie ihn in Ruhe ließ. Die Frau war rot vor Zorn im Gesicht und redete heftig auf ihn ein. Die Szene blieb Gertrude im Gedächtnis. Sie verspürte das Bedürfnis, für ein derartiges Verhalten eine wissenschaftliche Erklärung zu finden.

1892 ging Leo nach Harvard, um dort Psychologie zu studieren, verlor jedoch bald den Überblick. Er schilderte sein Problem:

> ... es gäbe das gleiche, beinahe unwiderstehliche Bestreben, eines Tages die Wahrheit über die Schlacht von Vicksburg herauszufinden, dann wieder ginge es um die jüngst erfolgte Bestimmung des Zeitraums des zweiten Jesaijah, danach möglicherweise um Hertwigs Antwort auf Jennings Thesen, und

zum vierten um die Beziehung zwischen der erinnerten Zukunft und der Möglichkeit einer logisch abgeschlossenen Induktion ... Ich bin zu leicht zu verwirren. Wenn mich jemand etwas über die Gewohnheiten der Giraffen fragte, würde ich mich ziemlich sicher bemühen, etwas über ihre Anatomie, Physiologie und Embryologie herauszufinden. Unglaublich viel Zeit habe ich verschwendet, weil dumme Leute dumme Fragen gestellt und mein Denken auf Dinge gerichtet haben, um die es sich absolut nicht hätte kümmern sollen.[2]

Um in der Nähe von Leo zu sein, bewarb sich Gertrude in Radcliffe, das als Ableger von Harvard bekannt war. Sie verfügte nicht über die notwendigen formalen Qualifikationen und konnte die Aufnahmeprüfung in Latein nicht absolvieren. Daher ließ sie sich 1893 als Gasthörerin einschreiben (im selben Jahr begann Alice an der Washington University ihr Musikstudium). Sie studierte Philosophie und Metaphysik bei George Santayana, englische Literatur bei dem Dichter William Vaughn Moody, der ihr sagte »Ich wünschte, Sie überwänden Ihre Abneigung gegen die nötigeren Satzzeichen«[3] und bei William James hörte sie Psychologie.

William James war ein aufgeschlossener Mann und von Gertrude sehr angetan. Er interessierte sich auch später für ihre Arbeit und besuchte sie in Paris. 1910 schickte sie ihm ihr Buch *Drei Leben*. Er »las 30 oder 40 Seiten. Sie wissen, wie schwer es mir fällt, Romane zu lesen ... Ich werde mich eingehend damit befassen, wenn ich wirklich in der richtigen Stimmung dafür bin.«[4] Er starb im selben Jahr, ohne das Buch zu Ende gelesen zu haben.

Gertrude sagte, daß er ein sehr guter Lehrer war, für sie der einflußreichste in ihrer Collegezeit. »Ist das Leben lebenswert?« fragte sie in einem Aufsatz. »Ja, tausendmal ja, solange die Welt

Geister wie Professor James beherbergt.«[5] Seine Vorstellung, alles mit aufzunehmen – »weisen Sie nie etwas zurück«, sagte er –, einer »beständigen Gegenwart« und eines »ständig fließenden Bewußtseins« trugen zur Ausformung ihres späteren Schreibstils bei. In *Principles of Psychology* schrieb er:

Bewußtsein ist nichts Angebundenes, es fließt ... sogenannte Unterbrechungen halten den Fluß der Gedanken, der sie denkt, genausowenig auf wie sie die Zeit und den Raum unterbrechen, in denen sie sich ereignen.[6]

Gertrude und Leo, 1897.

Gertrude untersuchte in einem besonderen Projekt für ihn das automatische Schreiben. Sie band ihre Probanden in einer Art Apparat fest, machte sie müde und lenkte sie ab, und forderte sie dann auf, von den Stiften, die sie in Händen hielten, spontan einfach alles schreiben zu lassen. Sie wollte herausbekommen, was das Unterbewußtsein eingab. Fünfzig Frauen und einundvierzig Männer bildeten eine Probandengruppe:

> Viele meiner Klienten kamen aus Neu-England, und die gewohnte Selbstunterdrückung, die intensive Befangenheit, die morbide Angst davor, »sich gehen zu lassen«, die alle eine so herausragende Rolle im Wesen der Neu-Engländer spielen, bildeten ein ständiges Hindernis.[7]

Ihre Ergebnisse, der »normale motorische Automatismus« und der »entwickelte motorische Automatismus: Eine Studie über den Charakter in seiner Beziehung zur Aufmerksamkeit«, gingen in zwei Artikel der in Harvard herausgegebenen *Psychological Review* ein.

Gertrude war eine gesellige Studentin. Sie lebte in einer Pension mit einer »sehr guten Pensionswirtin«, deren Ehemann

> saß am Tischende und er konnte schlechte Beleuchtung nicht leiden ... Er sagte nichts Komisches ... ich glaube er führte eine Stellenvermittlung, wir wußten es damals nicht und doch mußten wir es gewußt haben oder vielleicht nicht.[8]

Sie war Mitglied in der Theatergruppe des »Faulenzerklubs« und Sekretärin des Philosophenclubs von Radcliffe. Mit Leo nahm sie an größeren Picknicks teil, unternahm Ausflüge mit dem Fahrrad oder Boot und ging in die Oper. Sie besuchte mit ihrem Forscherkollegen Leon Solomons Konzerte des Boston Symphony Orchestra, und war an den Samstagabenden mit Freundinnen unterwegs. »Wir sagten immer, wenn wir einmal Probleme mit einem Mann bekommen, wird Gertrude auf den höchsten Ast eines Baumes klettern und sich auf den Kerl fallen lassen«, soll eine gesagt haben.[9] Gertrude trug ihr Haar hoch frisiert, kümmerte sich nicht um ihre Figur – es gab Zeiten, in denen sie fast 100 Kilo wog – und trug lockere, bequeme Kleidung. Sie konnte weder Zeichnen noch Nähen und verfügte über keinerlei häusliche Fertigkeiten, galt jedoch als hervorragende Gesprächspartnerin.

Doch in diesem Studentinnenleben fehlte etwas. »Bücher, Bücher«, schrieb sie in einem Aufsatz,

> und kein Ende. Nichts als mich selbst, um meine hungrige

> Natur zu nähren. Nichts als verstaubte Bücher gibt man mir ... sie spürte daß sie etwas menschliche Sympathie haben mußte. Ihr leidenschaftliches Sehnen weckte in ihr die Angst um die Standhaftigkeit ihres eigenen Denkens ... Ihre Wünsche und Sehnsüchte waren schon morbid. Sie spürte daß das ein Ventil finden mußte. Etwas mußte sich in ihrem Leben ändern, oder sie wäre nicht mehr in der Lage, die wilden Stimmungen, die sie jetzt so häufig überfielen, im Zaum zu halten.[10]

Leo wechselte sein Studienfach von Philosphie zu Geschichte und unternahm dann im Jahr 1895 eine Weltreise mit seinem Cousin Fred Stein, dessen Vater das Vorhaben finanzierte. Gertrude, die nun zum ersten Mal für eine längere Zeit von ihm getrennt war, arrangierte für den folgenden Sommer ein Treffen mit ihm in Europa.

In Japan genoß Leo »den ersten Blick auf den Fujiyama nach neun stürmischen Tagen auf See, in denen alle Bullaugen geschlossen blieben; die wunderbare Fahrt am ersten Abend an Land durch die mit Papierlaternen erleuchteten Straßen von Yokohama«.[11] In Kyoto verbrachte er zwei Monate damit, sich japanische Druckgrafik anzusehen und als Sammler zu erwerben. Er fuhr nach Kanton, erlebte dort die »geheimnisvollen, schlau, auf fast grimmige Weise intelligent aussehenden Menschenmassen«, saß in Ceylon unter einem Upasbaum und fand die Straßen von Colombo »kiplingesk«. Doch zwischen Ägypten und Italien wurde er Freds überdrüssig, und im März 1896 schrieb er aus dem Mena House Hotel in Kairo an Gertrude:

> Noch nie in meinem Leben habe ich mich so gründlich gelangweilt, so unerträglich dumm, auf so alberne Weise erschöpft gefühlt ... Ich bin froh, daß diese Geschichte bald vorüber ist ... Ich habe schon gedacht, daß ich ein noch langweiligerer Kerl bin, als ich es bereits unter Beweis gestellt hatte.[12]

Sarah Stein sagte dazu, daß sie seinen Bruder Simon zu ihm schicken werde, damit er wüßte, wie ein wirklich langweiliger Mensch sei.

Auch Gertrude war voller Unrast. Sie wußte nicht, welche Laufbahn sie einschlagen sollte. William James riet ihr zu Philosophie oder Psychologie. Für Philosophie brauchte sie höhere Mathematik, für die sie keine Begabung hatte, und für Psychologie war ein Abschluß in Medizin erforderlich. »Eine Ausbildung in Medizin öffnet alle Türen, das hat Oliver Wendell Holmes mir gesagt und das sage ich dir«, schrieb sie.[13]

Sie dachte, daß sie sich eventuell auf Nervenkrankheiten von Frauen spezialisieren könnte und wurde am neueröffneten Johns Hopkins-Institut für Medizin in Baltimore angenommen. Vier Töchter von Gründungsmitgliedern hatten das Kapital für diese Universität gesammelt. Sie bestanden darauf, daß Frauen dasselbe Recht haben solten, dort Medizin zu studieren. In späteren Jahren äußerte sich Alice über Gertrudes Fehlentscheidung für diese Laufbahn:

> William James fand, sie sollte die Psychologie des Abnormalen studieren – wenn es etwas gab, das sie verabscheute, so war es das Abnormale – sie konnte niemals kranke Frauen in ihrer Umgebung ertragen ... wir hatten zwei verrückte Vermieterinnen.[14]

Bevor sie sich an der Johns Hopkins-Universität einschrieb, traf sich Gertrude im Sommer 1896 mit Leo in Europa. Seit ihrer Kindheit war das ihre erste Auslandsreise. Während sie diese Reise vorbereitete, schrieb ihr Bruder Michael:

> Laß mich sofort wissen, welche Mittel du vor deiner Abreise noch benötigst. Und sorge auch dafür, daß deine und Leos Rechnungen (Zimmer, Miete etc.) vorher noch geregelt werden, damit alles vorbereitet ist ...
>
> Mach's gut -
> in Liebe dein Bruder
> Mike[15]

Auf der *Red Star* segelte sie nach Antwerpen. Ein ganzes Jahr hatte sie Leo nicht gesehen:

> Ich erinnere mich daß ich als sich das Schiff der Küste näherte große Angst hatte ich könnte ihn wenn ich ihn sähe nicht wiedererkennen. Schließlich kann man sich nie erinnern wenigstens ich kann mich nie erinnern wie jemand den jemand wirklich kennt aussieht und deshalb erkennt man ihn vielleicht nicht wenn man ihn sieht ... Nun als ich meinen Bruder sah war es eine Überraschung für mich aber ich wußte ganz sicher daß es mein Bruder war.[16]

Sie verbrachten ihre Ferien mit Ausstellungsbesuchen und Spaziergängen, doch dann kehrte Leo mit Gertrude an die Johns Hopkins-Universität zurück. Nach seiner »Weltumrundung« verspürte er so etwas wie Orientierungslosigkeit, daher »versuchte er es eine Weile mit Biologie«. Er hatte Magenbeschwerden, und Gertrude schrieb Michael und Sarah

Etta Cone (Mitte) und Claribel Cone (rechts) mit einer Freundin auf einem Schiff, Mai 1903.

Stein Anfang 1897, daß sie »seinen Haushalt führen und ihn nach den neuesten medizinischen Erkenntnissen pflegen« wollte. Sarah Stein antwortete ihr:

> [Michael] möchte, daß du dich dazu entschließen könntest, bei den Bachrachs oder anderen sympathischen Leuten zu wohnen, solange du in Baltimore bist, da ihm nicht ganz klar ist, wer sich um den Haushalt kümmern soll, während du im College bist und Leo studiert, und er wundert sich besonders darüber, daß du Geld für Möbelkäufe ausgibst, bevor du sicher weißt, daß dir so ein Haushalt wirklich Spaß machen würde.
> Deine Finanzen sehen nach der Zahlung von August, die du für deine Studiengebühren brauchen wirst, so aus: 300 Dollar auf die Hand, dazu 150 Dollar am 1. September – aus den 5% von der Mkt. Str. und 300 Dollar am 1. Oktober aus den 6% Omnibus, danach nichts mehr bis zum 10. Januar.[17]

Ihr wäre es viel lieber gewesen, wenn Gertrude ihr unabhängiges Leben aufgegeben hätte, seßhaft und wie sie Hausfrau und Mutter geworden wäre:

> Wohl nichts, was einem das Glück bescheren kann, ist mit der Freude vergleichbar, die eine Mutter durch ihr erstgeborenes Kind erleben kann, und auch die Todesangst, die sie vom Moment der Geburt an durchlebt, scheint das nicht beeinträchtigen zu können, deshalb, meine teure und geliebte Schwägerin, sieh zu, daß du heiratest, denn auf der ganzen Welt sind Babies das Schönste – (auch wenn Leo nicht dieser Ansicht ist).

Gertrude und Leo mieteten ein Haus in der East Middle Street 215. Sie hingen Leos japanische Holzschnitte und Drucke an die Wände, stellten eine Haushälterin namens Lena Lebeder ein, die die beiden Hunde Jack und Rags mitbrachte, und gingen gemeinsam auf »Streifzüge«. Sie kauften Grafik, Bücher, Schränke, Tische, Stühle, Kisten, Bronzemörser, Messingleuchter, Heiligenfiguren aus Holz oder Terrakotta, Satinvorhänge, venezianisches Glas, Elfenbeindolche und »einen griechisch-römischen Dyonysus-Kopf (wo gehören die y's hin?) aus Marmor«.[18]

In ihren ersten beiden Studienjahren an der medizinischen Fakultät erzielte Gertrude gute Benotungen: eine 1 in Anatomie, 1,5 in normaler Histologie, Pathologie und Bakteriologie, 2 in Physiologie, Pharmakologie und Toxikologie. Arthur Lachmann, ein befreundeter Chemiestudent, erzählte, daß sie bei jeder Lösung, die sie im Labor benutzte, durcheinander geriet, und als sie ein Modell des Gehirns eines menschlichen Embryos anfertigen sollte, gestaltete sie ein phantastisches Gebilde, bei dem die Wirbelsäule unter dem Kopf des Embryos verdreht war. Er schilderte sie als dickliche und schlaffe Frau, die immer Sandalen trug und »ein Lachen so breit wie ein Beefsteak« hatte.

Leo wandte sich von der Biologie der Kunstgeschichte und Philosophie zu und verbrachte viel Zeit in der Walters-Kunstgalerie. An Samstagabenden waren er und Gertrude unter den Gästen im Salon der beiden reichen amerikanischen Schwestern Claribel und Etta Cone, deren Familie die meisten Textilfabriken in den Südstaaten gehörten. Die Gespräche in diesen Salons drehten sich im weitesten Sinn um Kunst. Gertrude und Leo übernahmen diese Form von gesellschaftlichem Leben, als sie 1903 in Paris zusammen in die Rue de Fleurus zogen.

Die Schwestern Cone waren ihr Leben lang Sammlerinnen. Sie sammelten Gemälde, Textilien, Plastiken, antike Möbel, Kästen, Grafik und Schmuck.[19] Claribel, die zehn Jahre älter war als Gertrude, arbeitete als Wissenschaftlerin in der Pathologie an der Johns Hopkins-Universität. Sie wurde eine der ersten Ärztinnen in den Vereinigten Staaten, doch da sie körperlichen Kontakt nicht gut ertragen konnte, hörte sie nach der Behandlung ihres ersten Patienten als praktizierende Ärztin auf. Sie wog rund 130 Kilo und hatte mißgebildete Daumen.

Etta kümmerte sich um das Haus und um ihre Schwester. Auf Reisen buchte Claribel immer ein Einzelzimmer für sich allein. »Etta, jede Nacht ist so wichtig wie jede andere in meinem Leben, und ich muß es bequem haben«, sagte sie.[20] Wenn sie ins Theater gingen, belegte Claribel zwei Plätze in der ersten Reihe – einen für sich und einen für ihre Utensilien. Etta saß weiter hinten. Etta bewunderte Gertrudes »wunderbaren Kopf und Gesichtszüge, ihre aufregende Stimme, ihr natürliches, erfrischendes Lachen, ihren großartigen und wirklich positiven Willen zu herrschen«.[21] Sie tippte Gertrudes erste Arbeiten und fühlte sich *de trop*, als all diese Aufgaben auf Alice übergingen.

Gertrude schrieb 1908 unter dem Titel *Two Women* ein Porträt von Claribel und Etta, das niemand veröffentlichen wollte. Es beginnt so:

> Oft sind sie zu zweit, beide Frauen. Sie waren zu zweit, zwei
> Frauen. Sie waren zu zweit, beide Frauen. Es waren zwei Frauen
> und sie waren Schwestern. Sie lebten beide. Sie waren oft
> zusammen damals wenn sie lebten. Sie waren sehr oft nicht

zusammen wenn sie lebten. Eine war die Ältere und eine die Jüngere ...

Sie machten einige Dinge. Die Ältere tat einige Dinge. Die, die älter war, blieb lebendig. Sie tat einige Dinge. Sie machte weiter als Lebendige. Sie war eher eine als jede andere. Sie tat einige Dinge. Sie lebte weiter als Lebendige. Sie machte das, sie lebte weiter als Lebendige. Sie blieb lebendig. Sie tat dieses, sie blieb lebendig.

Nach einiger Zeit erkannte Leo, daß er

in einem Labor mit nichts weiterkommen konnte und hatte eines Tages einen großartigen Einfall zu ästhetischen Fragen – ungefähr in der Art dessen, was (Benedetto) Croce später veröffentlicht hat – ich gab die Biologie auf und entschloß mich, für einige Jahre nach Florenz zu ziehen.[22]

Zwei Jahre lang machte er sich »intensiv mit der italienischen Kunst des 15. Jahrhunderts vertraut, mit den Werken des Piero della Francesca, Paolo Uccello, Domenico Veneziano, Andrea de Castagno und dem frühen Sienese«. In Florenz traf er oft mit dem Kunsthistoriker Bernard Berenson zusammen und nutzte dessen hervorragende Bibliothek mit kunsthistorischer Literatur. »Er ist ein guter Mann, auch wenn er der Meinung ist, daß außer ihm niemand sonst in Italien etwas über italienische Malerei weiß«, schrieb Leo.[23] Dann beschloß er, eine Biographie von Mantegna zu verfassen, da es »über ihn kein neueres Buch in englischer Sprache gibt«. Doch bald fand er heraus, daß zur selben Zeit noch zwei Bücher über Mantegna geschrieben wurden. Er »entdeckte den Pragmatismus«, wollte eine intelligible Haltung zur Identität entwickeln und die Heiligen Schriften lesen.

Nachdem Leo Baltimore verlassen hatte, verstrickte sich Gertrude in ein unerfreuliches Dreiecksverhältnis und verließ die Pfade der akademischen Gelehrsamkeit. Sie zog in ein kleines, zweistöckiges Reihenhaus aus roten Backsteinen, mit breiten weißen Stufen. »Eines aus einer ganzen Zeile gleichartiger Häuser, die so dicht standen wie eine Reihe Dominosteine, die ein Kind umgeworfen hat.«[24] Gertrude lebte dort mit der Studentin Emma Lootz, die die unteren Räume bewohnte. Gertrudes Wohnzimmer war das große Zimmer im Stockwerk darüber. Elizabeth Sprigge, die erste Biographin von Gertrude, berichtet, was Emma Lootz in einem Gespräch über Gertrude geäußert hatte:

In dem einen Haus war Leo der Herr, in diesem war es

> Gertrude. Sie hatte mehr Geld als ich, und alles war so geregelt, wie es ihr recht war ... Einmal sorgte sich Gertrude sehr um ihre Gesundheit. Sie meinte, daß mit ihrem Blut etwas nicht in Ordnung wäre, und engagierte einen Leichtgewichtler, der mit ihr boxen sollte. Der Kronleuchter in meinem Zimmer schwankte dann immer ...[25]

Regelmäßig besuchte Gertrude die zwei Absolventinnen des Bryn Mawr-Colleges, Mabel Haynes und Grace Lounsbery, in ihrer Wohnung in Baltimore, um mit ihnen Tee zu trinken und sich zu unterhalten.

Sie waren praktisch veranlagte, athletische Frauen, »Aktivität und keine Verträumtheit«. Mabel Haynes hatte eine Affäre mit May Bookstaver, einer anderen Bryn Mawr-Studentin, die Gertrude als »aufrechte Gestalt ... amerikanische Version der ansehnlichen jungen Engländerin ... ein klein wenig brutal« beschrieb.[26] Nach einiger Zeit hatte auch Gertrude ein Verhältnis mit May Bookstaver, das Verwirrung und Unruhe in ihr auslöste und sie in ihrer Arbeit behinderte. Um diese Qualen zu vertreiben, schrieb sie 1903, nachdem sie sich mit Leo in Paris niedergelassen hatte, in ihrem ersten Buch *Q.E.D.* über dieses Dreiecksverhältnis. Am 24. Oktober 1903 beendete sie den Roman, setzte »FINIS« unter die letzte Zeile und legte das Manuskript in einen Schrank. Sie sagte, daß sie es dann dreißig Jahre lang vergessen hatte und niemandem davon erzählte. Mit Sicherheit hat sie Alice nichts davon gesagt. 1932 grub sie es wieder aus und zeigte es ihrem Agenten William Bradley und dem Schriftsteller Louis Bromfield. Man erwog eine Veröffentlichung des Textes, entschied sich jedoch dagegen, da es in dem Buch um lesbische Liebe geht. Danach las Alice B. Toklas das Manuskript und zerstörte »in einem Anfall« alle Briefe, die Gertrude von May Bookstaver erhalten hatte, weil Gertrude diese wortwörtlich in ihr Buch aufgenommen hatte.

Der Roman war ein ehrliches Porträt der Liebesaffäre, in dem nur die Namen verändert waren.[27] Die Affäre begann mit der Anziehungskraft und viel Gerede von Gertrude über bürgerliche Moral, Tugend und Leidenschaft. Gertrude erklärte May, daß »das bürgerliche Ideal, wonach man gütig, würdig, ehrlich und genügsam sein, Aufregungen meiden und Heiterkeit kultivieren sollte, ein Ideal ist, das mich anspricht«.[28] Sie war der Überzeugung, daß körperliche Passion, um überhaupt etwas wert zu sein, eine Idealisierung des anderen beinhalten müßte. May sagte zu ihr: »Du hast so viel Angst, dein moralisches Gefühl zu verlieren, daß du nicht willens bist, es durch etwas Gefährlicheres mitzuschleppen als durch eine schlammige Pfütze.«[29]

Gertrude gestand May, daß sie »Leidenschaft in ihren vielen vermummten Erscheinungen« fürchtete, sie nicht verstand und diese auch keine Realität für sie hatte. »Deshalb kann auch ein so nachdenkliches und energisch geformtes Gesicht wie das deine fast ärgerlich ungelebt und jugendlich und auf eine fast alberne Weise glücklich und zufrieden aussehen«, sagte May zu ihr. Gertrude räumte ein, sie sei »hoffnungslos feige, ich hasse das Risiko, mich selbst oder einen anderen zu verletzen. Alles, was ich möchte, ist, unendlich lange meditieren und denken und reden.«[30] Doch dann läßt May ihre Finger »leicht um [Gertrudes] Lippen ... spielen«, und als Gertrude einmal die Sterne betrachtete und über Ehrlichkeit sprach, fühlte sie sich plötzlich »heftig auf Augen und Lippen geküßt«.[31] Sie war teilnahmslos und wußte nicht, ob sie das richtig interpretierte. »Ach ... ich habe nur nachgedacht«, sagte sie. »Hast du jemals lange genug aufgehört zu denken, um überhaupt zu fühlen?«[32] fragte May. Von diesem Moment an gab es diese Affäre für Gertrude und weder Nachdenken noch Reden halfen ihr.

Mabel Haynes Anspruch auf May Bookstaver bestand schon länger, und sie unterstützte die Freundin auch finanziell. Sie bezahlte ihre Schulden und Rechnungen und ihre Reisen nach Europa. Sie nahm May gegenüber eine besitzergreifende Haltung ein, die Gertrude ablehnte und verabscheute. Obwohl Gertrude wußte, daß sie ihre Beziehung mit May vor Mabel verheimlichen mußte, war ihr der Grund dafür doch nicht ganz klar. Sie verabredeten sich heimlich in Restaurants und Museen und zu Spaziergängen in der Stadt. Als Gertrude dann May in New York besuchte, trafen sie sich in der Wohnung einer Freundin, die nicht zu Hause war. Zum ersten Mal in Gertrudes Leben »passierte etwas, ... an dessen Anfänge sie keine deutliche Erinnerung hatte. Sie fand erst zu sich am Ende einer leidenschaftlichen Umarmung«.[33]

Gertrude mußte viel über Moral nachdenken. Im weiteren Verlauf der Affäre fühlte sie sich in einer »unwissenden« Unmoralität gefangen. »... aber mir war ja auch nie daran gelegen, eine Heldin zu sein. Andererseits ... lege ich es auch nicht darauf an, Feigheit zu kultivieren«, schrieb sie.[34] Sie hoffte, eines Tages eine Moral zu finden, die »dem Druck wirklichen Begehrens standhalten kann«.[35] Dieser Tag kam 1907, als sie Alice begegnete. In ihrer eigenen Familie fand sie keine brauchbaren moralischen Vorbilder. Leo schrieb ihr über Nächte, die »mich hundertfünfzig Francs für Sekt und Essen und die Dame zwischen Mitternacht und sechs Uhr morgens kosten«. Sarah schilderte in ihren Briefen die Freuden der Mutterschaft und ihren Arzt, den Gertrude ihrer Meinung nach »liebend gern kennengelernt« hätte und der Mädchen gegen »Selbstmißbrauch« mit Vorträgen und »*sehr* starker Medizin behandelte, um ihre Empfindungen zu zerstreuen«.[36] Er sagte, daß in Fällen von langjähriger derartiger Praxis nur die Entfernung der Eierstöcke helfen könnte. Sarah wollte, daß Gertrude diesen Arzt heiratete, »wenn du das möchtest und noch keine andere Verpflichtung eingegangen bist«.

Als May Bookstaver nach Baltimore kam, wohnte sie bei Mabel Haynes. May und Gertrude ließen ihre Verbindung nicht erkennen, als sie zu dritt beisammen waren. Bei einem Streit mit May über Mabel sagte May zu Gertrude, daß sie auf allem herumtrampele, ohne sich durch das, was sie so brutal zerstöre, verändern oder beeinflussen zu lassen. Gertrude bat um Geduld:

> Es ist wohl kaum zu erwarten, daß eine solche Umwertung aller Werte, eine so vollständige Abkehr von den allgemein gültigen Überzeugungen, wie ich sie in letzter Zeit durchgemacht habe, ohne zahlreiche heftige Begleiterscheinungen ablaufen dürfte.[37]

Gertrude begann, die »aufgebauschte und komplexe Welt« geteilter Gefühle zu hassen und sehnte sich nach

> offensichtlicher, oberflächlicher, sauberer Einfachheit ... ich war immer der Überzeugung, daß noch so viel Räsonieren nicht weiter hilft bei der Entscheidung, was richtig und möglich für einen ist. Wenn man nicht von Anfang an eine Theorie der Pflicht hat, ist alles möglich, und keine Regel von Richtig und Falsch hält mehr stand. Man muß entweder irgendeine Theorie anerkennen oder aber seinem Instinkt glauben oder sich der Meinung der Welt anschließen.[38]

Endlich suchte sie das Gespräch mit Mabel und erfuhr die Wahrheit über Mabels Beziehung mit May. Gertrude ging zornig und verletzt nach Hause und wollte die Affäre sofort beenden, doch das gelang ihr nicht. Auch May war wütend, als sie von der Begegnung erfuhr: »Wenn du nicht völlig selbstsüchtig wärst, hättest du dich beherrscht, um mir das zu ersparen«, schrieb sie an Gertrude.

Im Sommer 1901 fuhren Mabel und May zusammen nach Europa. Gertrude blieb zurück und wartete auf die gelegentlich eintreffenden Briefe. »Der Schmerz leidenschaftlicher Sehnsucht war sehr schwer zu ertragen.« Trost fand sie in »der Wahrnehmung, daß der Himmel noch immer so blau und die Landschaft so grün und schön war... Wieder und wieder vergrub sie ihr Gesicht im kühlen Gras, um inmitten ihrer krankhaften Verzagtheit ihr Lebensgefühl zurückzugewinnen.«[39] An Mabel schrieb sie: »Ich bin jetzt davon überzeugt – und denke, Du bist es ebenfalls –, daß meine Gefühle für Dich echt und loyal sind... Daß ich Angst davor habe, daß Du mich aufgibst, leugne ich nicht, aber noch mehr Angst habe ich davor, daß ich der Anlaß zu ernstlichem Verdruß sein könnte.«[40] May antwortete:

> Ruhig, Kleines, ... ach, Du dummes Kind, begreifst Du denn nicht, daß Du das einzige auf der Welt bist, was mir überhaupt irgend etwas wirklich oder lohnend erscheinen läßt. Mir ging es diesen Sommer sehr schlecht. Mabel las einen meiner Briefe an Dich, und das brachte sie völlig durcheinander. Sie sagte, sie hätte ihn gefunden, aber das kann ich kaum glauben. Sie fragte mich, ob Du an mir interessiert seist, und ich sagte ihr, ich wüßte es nicht – und wirklich, Liebste, ich weiß es nicht. Sie fragte mich nicht, ob ich an Dir interessiert sei.
> Die Sache hat sie völlig durcheinander gebracht, sie war eifersüchtig auf jeden meiner Gedanken, und ich konnte nicht einmal einen Augenblick finden, um mich mit Dir allein zu fühlen. Aber bitte, sag bitte nichts mehr von wegen Dich aufgeben. Du bist gar keine Last für mich, wenn Du mich nur nicht verläßt.[41]

Gertrude versuchte, Mabel nicht zu treffen, doch als sie sich – was nicht zu vermeiden war – wieder begegneten, verbrachten sie viel Zeit in Mabels Zimmer in einer Atmosphäre »schweigend intimer Vertraulichkeit«, ihre Küsse schienen die »letzten Mauern der Keuschheit zu erklettern«. Gertrude versuchte, das alles in einem Brief zu beenden: »›Die Situation scheint völlig aussichtslos‹, schrieb sie, ›wir sind sehr viel gefühlskälter und verstehen einander weniger als zu irgendeinem Zeitpunkt unserer ganzen Bekanntschaft.‹«[42] May wurde ohnmächtig, als sie den Brief erhielt. Gertrude sah sie dann zufällig einmal auf der Straße und erkannte, wie viel sie ihr bedeutete.

Die Situation hatte sie alle in der Hand und wurde zu einem komplizierten, unbewußten Spiel. Es gab Auseinandersetzungen, Versöhnungen und Verzweiflung. Gertrude war »traurig vor Sehnsucht und krank vor Verlangen«. Mabel kam dazu, als Gertrude und May sich unter einer

Laterne küßten und machte eine Eifersuchtsszene. Gertrude merkte, daß sich May nicht zwischen ihnen entscheiden konnte oder wollte:

> »Hat sie noch immer nicht gelernt, daß Dinge nun einmal passieren, und sie nicht groß und stark genug ist, sich ihnen entgegenzustemmen«, rief sie aus. »Kann sie die Dinge nicht sehen, wie sie sind, und nicht, wie sie sie machen würde, wenn sie Kraft genug hätte, was sie eben nicht hat.
> Ich fürchte, das kommt sehr nahe an den Zustand der Ausweglosigkeit heran.«[43]

Die Affäre dauerte ingesamt drei Jahre, und ihre Nachwirkungen beschäftigten Gertrude noch 1907, als sie Alice begegnete. Sie leistete nichts in ihrem Studium. Ihre Lehrer

> stellten *ihr* Fragen, obwohl es, wie sie zu ihren Freundinnen sagte, doch recht töricht war, ausgerechnet ihr Fragen zu stellen, da so viele Studenten voller Eifer und Begier waren, Fragen zu beantworten. Jedoch stellten sie ihr von Zeit zu Zeit immer wieder Fragen, und was sollte sie nur tun, sagte sie, sie wußte die Antworten nicht, und die Professoren glaubten ihr nicht, daß sie sie nicht wußte, sie glaubten, daß sie nicht antworte, weil sie sie nicht einer Antwort werthielt.[44]

Die medizinische Fakultät benotete ihre Studenten nach einem numerischen Prinzip. Eins war die beste Note, vier bedeutete »nicht bestanden«. In ihrem letzten Studienjahr war Gertrude, die ehemalige Superstudentin, die einzige unter den vierundfünfzig Studenten, die eine schlechtere Note als Drei erhielt. Sie erhielt eine Vier in Ophthalmologie, Otologie und Dermatologie, eine Fünf in Laryngologie, Rhinologie und Geburtshilfe.

Sie sagte, daß sie dem Professor für Geburtshilfe dafür dankte, daß er sie hatte durchfallen lassen:

> Sie glauben gar nicht, wie dankbar ich Ihnen bin. Ich habe solch Beharrungsvermögen und so wenig Initiative, daß ich mich, wenn Sie mich nicht hätten durchfallen lassen, sehr wahrscheinlich, nun ja, nicht gerade der praktischen Medizin, aber doch immerhin der pathologischen Psychologie zugewandt haben würde, und Sie können sich gar nicht vorstellen, wie wenig mich die pathologische Psychologie interessiert und wie mich die ganze Medizin langweilt.[45]

Andere Studentinnen waren der Meinung, sie hätte »der Frauenfrage

Schaden zugefügt«. »Aber Gertrude, Gertrude, bedenke doch, es geht um die Frauenfrage. Und Gertrude Stein antwortete, du weißt nicht, was es bedeutet, wenn man sich langweilt.«[46]

Ihre Behauptung, glücklich zu sein, daß ihr ein Leben der praktischen Medizin erspart geblieben ist, stammt aus den 30er Jahren, als sie von sich selbst als Schriftstellerin überzeugt war. Vorher fiel ihr Versagen mit ihrer emotionalen Verwirrung und ihrem Unglücklichsein zusammen und bewirkte in ihr dieselbe Ruhelosigkeit und Unsicherheit wie bei Leo.

Im Sommer 1902 trafen sich Leo und sie in Italien, danach fuhren sie nach London und mieteten sich am Bloomsbury Square 20 ein. Leo kaufte sein erstes Ölbild, ein Gemälde von William Steer. Er fühlte sich ein wenig wie ein Desperado, denn »Ölbilder waren etwas für reiche Leute«. Sie besuchten Bernard und Mary Berenson in ihrem Landhaus in Surrey und lernten Bertrand Russell kennen, »einen jungen, genialen Mathematiker«, wie Leo ihn bezeichnete. Russell war mit Frau Berensons Schwester Alys verheiratet. Berenson fand, daß Gertrude »in ihren scheinbar völlig ohne Nähte gefertigten Kleidern wie der Proto-Semit aussah, eine Statue der Chaldäer oder aus Ur«.[47] Er hatte Angst, daß sie wegen ihres Leibesumfangs umkippen könnte, und ihm fiel auf, daß sie in der Sonne sehr schwitzte. Das vorherrschende Gesprächsthema war Amerika: »Die ganze Zeit unterhalten wir uns über Amerika und England«, schrieb Leo. »Die Hauptfrage ist, warum es irgendwelche vernünftigen Gründe dafür geben kann, nach Amerika zurückzufahren.« Gertrude brachten diese Gespräche auf die Idee zu ihrem Buch *The Making of Americans*, das schließlich tausend, von Alice gewissenhaft abgeschriebene Seiten umfassen sollte, und in dem sie über sich selbst schrieb, über Identität, die menschliche »Grundnatur« und »jede Art von Männern und Frauen und alles was in ihnen sein kann«.

Gertrude wollte ein Jahr in Europa bleiben und mit May nur brieflich Kontakt halten. Doch als Leo im Dezember 1902 nach Paris ging, fühlte sie sich einsam und niedergeschlagen. Ihre Tage verbrachte sie im Lesesaal des British Museum. Sie wollte dort die englische Literatur vom 16. Jahrhundert bis zur Gegenwart kennenlernen. In kleinen grauen Notizbüchern schrieb sie die Titel von Büchern auf, die sie lesen und kaufen wollte, und notierte daraus auch solche Passagen, die ihr gut gefielen. Sie las Romane, Tagebücher, Briefsammlungen, Biographien, Autobiographien und gewichtige historische Romane wie *Decline and Fall of the Roman Empire* von Gibbons. Lyrik oder Bücher über Bücher las sie nie.

Vom frühen Morgen bis abends war sie im Lesesaal und verließ das Museum nur, um etwas zu essen. In der übrigen Zeit wanderte sie durch Londons Straßen und hatte Heimweh, war ängstlich und einsam:

> Es gibt im menschlichen Geist keine beherrschendere und instinktivere Leidenschaft als das Bedürfnis nach dem Land, zu dem man gehört ... Es kommt die Zeit, da nichts auf der Welt so wichtig ist wie ein Atemzug im eigenen besonderen Klima. Und wenn es der letzte Pfennig wäre, man würde ihn hingeben für eben jene Rückfahrkarte.
>
> Eine Amerikanerin im Winternebel von London kann dieses leidenschaftliche Bedürfnis, diese verzweifelte Sehnsucht in ihrem ganzen Ausmaß verspüren. Das bleierne Gewicht des Nebels dort und der rauchbeschwerten Luft, der Himmel, der nie auch nur für einen Augenblick die klare blaue Ferne andeutet, die zum gewohnten täglichen Gefährten geworden ist, die trübe Sonne, Mond und Sterne, die wie gemalte Imitationen an der Decke eines verräucherten Raumes aussehen, die durchnäßten, dunstigen, elenden Straßen und die Frauen in besudelten, ausgefransten Röcken, die Gesichter aufgedunsen und mit Pickeln, der ekelhafte Schmutz wie in sie hineingerieben, bis er zum natürlichen Bestandteil ihrer häßlichen Außenansicht geworden ist, all das wird Tag für Tag eine trostlosere Last, die einen hoffnungslos erdrückt.[48]

Fünf Monate hielt es Gertrude in der düsteren Isolation Londons aus. Im Februar 1903 fuhr sie dann zurück nach New York, voller Sehnsucht nach Sauberkeit, Offenheit und Freundlichkeit; die Doppeldeutigkeiten und ständig notwendige Wachsamkeit beim Leben in London wollte sie nicht mehr. Doch sie war schnell wieder in ihre Affäre mit May verstrickt. Das machte sie verzweifelt, denn »ihre Pulse schlugen unterschiedlich«, und sie spürte, daß diese Unvereinbarkeit von Anfang an bestanden hatte. Sie lebte im »Weißen Haus« an der Ecke 100ste Straße und Riverside Drive – einem Gebäude aus der Kolonialzeit, das einen Rosengarten hatte. Die Wohnung teilte sie mit drei anderen Studentinnen von der Johns Hopkins-Universität – Mabel Weeks, Harriet Clark und Estelle Rumbold Kohn. Sie ging viel spazieren, las, machte sich Notizen für Bücher und schrieb Briefe an Freunde, kaufte ein Landschaftsgemälde von Schilling, Porzellan und Druckgrafik, und sie analysierte sich selbst und ihre Freunde.

Im Frühling wollte sie sich dann wieder aus den Verflechtungen ihrer Dreiecksbeziehung befreien und fuhr zu Leo nach Paris. Es sollten nur Ferien werden, doch von diesem Zeitpunkt an wurde Paris ihre neue Heimat.

5
DIE RUE DE FLEURUS

Die Erde dreht sich um und um aber irgendwo muß man sitzen[1]

Als Leo im Winter 1902 nach Paris zog und Gertrude allein in London zurückließ, hatte er noch nicht die Absicht, sich in Frankreich fest niederzulassen. Er wollte Bilder anschauen. Er war einunddreißig Jahre alt, hatte auf interessante, aber letztlich unbefriedigende Weise die Welt bereist und sich in Geschichte, Philosophie, Biologie, Kunstgeschichte und als Autor von Biographien versucht, dies alles jedoch wieder verworfen. Einen Menschen, der Gertrudes Platz einnehmen konnte, hatte er nicht gefunden, und er war der Meinung, daß sie schließlich später einmal zusammen in Amerika leben würden. An ihre gemeinsame Freundin Mabel Weeks schrieb er:

> Wenn Amerika doch nicht so weit weg und das Klima in den für uns möglichen Gegenden nicht so kalt wäre. Das sind wohl meine Hauptsorgen in Bezug auf mein Heimatland, obwohl ich meine, daß sie nicht sehr schwer wiegen. Eines Tages werde ich mich dazu entschließen, daß ich ihnen gewachsen bin, und dann werden Gertrude und ich uns nach Connecticut oder Duxbury oder sonstwohin zurückziehen und dort bis ans Ende unserer Tage glücklich sein.[2]

Es blieb nicht aus, daß er auch in Paris wieder auf eine neue Berufung stieß, die ihm widerfuhr, als er mit dem jungen Pablo Casals, der gerade eine Konzertreise unternahm, zu Abend aß. (Ein Jahr zuvor hatte Casals Sarah und Michael Stein in San Francisco kennengelernt. Vor einem Konzert verletzte er sich an einer Hand, und Sarah Stein half seinem Manager Raymond Duncan, dem Bruder von Isadora Duncan, bei der Suche nach einem Masseur. Daraufhin traf sich Casals in Paris mit Leo. Einmal wöchentlich aßen sie zusammen zu Abend und gingen spazieren.) Leo sagte zu Casals, er spürte, wie er »innerlich zu einem Künstler heranreifte« und daß »der Gärstoff bildlicher Vorstellung zu arbeiten begann«.[3] »Als ich in das Hotel zurückkam, entfachte ich ein kräftiges

Feuer, zog mich ganz aus und begann, mein eigenes Spiegelbild zu zeichnen«, sagte Leo.[4] Danach zeichnete er eine Woche lang Statuen im Louvre ab, spürte, daß er seinen richtigen Weg gefunden hatte, entschloß sich, in Paris zu bleiben und schrieb sich wie viele andere Amerikaner an der Académie Julian ein.

Dann brauchte er ein Atelier. Sein Onkel Ephraim Keyser, der einen Moustache hatte, eine Glatze bekam und Bildhauer für Büsten und Cherube war, hatte gerade selbst erst ein Atelier gefunden. Er nannte Leo eine gute Adresse mit einem günstigen Mietpreis in der Rue de Fleurus 27.

Die Rue de Fleurus ist eine kurze Straße beim Boulevard Raspail, auf dem linken Seineufer, nicht weit vom Jardin de Luxembourg. Das von G. Pasquiet gebaute Haus mit der Nummer 27 war damals sieben Jahre alt. Ein Torweg führte auf einen kleinen gepflasterten Hof, auf der linken Seite lag die Hausmeisterwohnung, rechts war eine Wohnung, die zwei Stockwerke umfaßte. Zwischen Küche und Eßzimmer lag ein kleiner Flur. Die beiden Schlafzimmer und das Bad lagen im oberen Stockwerk. Das an die Wohnung angebaute Atelier war so konzipiert, daß es Licht von einem nach Norden gelegenen Fenster bekam. Im Frühling schrieb Leo an Mabel Weeks:

> Was planst du für den Sommer? Glücklicherweise muß ich mich nicht entscheiden. Ich habe mein Haus, mein Atelier und meine Fechtschule schon für den ganzen Sommer fest eingeplant und auch eine Köchin eingestellt, die mir heute früh keine Eier zum Frühstück kochen wollte, da Karfreitag ist.[5]

Hélène, die Köchin, konnte sehr gut gebratenes Huhn und Lamm in Madeirasoße zubereiten.

Leo machte sich jetzt daran, den Kunstmarkt kennenzulernen. Er kaufte Graphik und ein kleines Bildnis »einer Frau in Weiß mit einem weißen Hund auf einem grünen Rasen« von Raoul du Gardier. Doch die zeitgenössischen Arbeiten, die er sich ansah, interessierten ihn nicht besonders, die älteren Bilder waren zu teuer und nicht das, was er suchte. »Ich habe ein Abenteuer gesucht«, schrieb er an Mabel Weeks.[6]

Er schrieb Gertrude und bat sie zu kommen und bei ihm zu leben. Den Sommer des Jahres 1903 verbrachten sie gemeinsam in Rom, Florenz, Fiesole und Siena, wo sie sich Gemälde anschauten. Sie trafen sich mit Etta und Claribel Cone und hatten viel Spaß zusammen. »Gertrude und Schwester C sind gekommen«, notierte Etta in ihrem Reisetage-

Das Atelier in der Rue de Fleurus 27, 1913.

buch. »In Fiesole gab es ein Dinner an der table d'hôte und alle waren sehr betrunken ... Gertrude und ich lagen auf dem Bett und haben geraucht ... Gertrude ist sehr witzig.«[7] Dann fuhr Gertrude mit Leo zurück in die Rue de Fleurus und schrieb ihren Roman *Q.E.D.* über ihre Affäre mit May Bookstaver.

Sie schrieb im Atelier, in dem Leo nie arbeitete. »Ich zog zu ihm und ließ mich dort nieder«, sagte Gertrude, »und ziemlich bald begann ich zu schreiben, und dann nahm er woanders ein Studio und wir lebten dort zusammen bis neunzehnhundertvierzehn.«[8] Vormittags ging Leo in die Kunstschule, nachmittags besuchte er die Klasse für Modellzeichnen.

Noch 1904 hatte sich Gertrude nicht entschlossen, ob sie die Vereinigten Staaten verlassen sollte. Sie sagte Leo, sie müsse unbedingt mindestens einmal im Jahr nach Amerika fahren, wenn sie weiterhin bei ihm in Paris leben sollte:

> Ich habe gesagt, daß sie sich vielleicht daran gewöhnen könnte, doch Gertrude ist von Natur aus dogmatisch und sagte nein, so war sie eben, und das war ihre Art, und so mußte es dann sein. In dem Jahr fuhr sie dann nach Amerika, einunddreißig Jahre später wieder. Niemand kann sagen, was wirklich wesentlich ist.[9]

Erst als Alice in die Rue de Fleurus 27 kam, begann die Wohnung nach Bienenwachs und Lavendel zu duften. Doch das Zuhause von Gertrude und Leo wurde schon bald berühmt. Mit Gertrudes geruhsamen Tagen war es vorbei. »In unserem amerikanischen Leben«, schrieb sie in ihrem zweiten Roman *Fernhurst*,

> wo es keine Einschränkungen durch Bräuche gibt und es unser Recht ist unsere Berufung so oft zu wechseln wie wir den Wunsch und die Gelegenheit dazu haben, ist es eine allgemeine Erfahrung daß unsere Jugend sich über die ganzen ersten neunundzwanzig Jahre unseres Lebens erstreckt und erst mit Dreißig finden wir schließlich die Berufung für die wir uns als geschaffen empfinden und für die wir gern kontinuierliche Arbeit aufwenden.[10]

1904 wurde sie dreißig Jahre alt, das Schreiben war ihre eindeutige Berufung und die Arbeit, für die sie sich einsetzen wollte.

Sie gewöhnte sich an, nachts zu arbeiten und saß dabei an einem langen Florentiner Tisch. Licht gaben karbidweiße Gaslampen an der Decke, ein gußeiserner Ofen erwärmte den Raum. Sie schrieb in Schulhefte oder auf Notizpapier, mit einer spinnenartigen Handschrift und meistens mit Bleistift. In ihren frühen, kurzen und stilistisch unklaren Arbeiten befaßte sie sich, um ihren Schmerz und ihre Verwirrung zu vertreiben, mit den Aspekten der aussichtslosen und enttäuschenden Liebesgeschichte mit May Bookstaver. Ihr Stil war ungewöhnlich, auf eigenartige Weise rhythmisch, mit wenig Erzählerischem und Dialogen, jedoch noch nicht so dicht und gewagt wie in ihrer späteren Entwicklung. Auch in *Fernhurst* schrieb sie wieder über eine Dreiecksbeziehung, formte die ihr entsprechende Figur so wie sie selbst auch war, fast wie einen Mann. Den Pessimismus, den sie in Bezug auf die verwickelten Beziehungen der Menschen untereinander hegte, übernahm sie auch für ihr drittes »Frühwerk« *Drei Leben*, in dem sie psychologische Porträts von drei Frauen aus Baltimore entwirft, die das Leben als hart empfinden.

Gertrude wollte, daß die geistigen Prozesse der Figuren aus ihren Geschichten ihren Schreibstil bestimmen sollten. Sie wollte Neues in der Literatur erreichen und in ihrem Schreiben »an der vordersten Linie ihrer Zeit« stehen. Und sie wollte unbedingt den menschlichen Charakter analysieren. Als Epigraph für das Buch wählte sie den Satz: »Donc je suis un malheureux et ce n'est ni ma faute ni celle de la vie.«[11] (Also bin ich ein Unglücklicher, und das ist weder mein Fehler noch der des Lebens.) Jahre später sagte sie, daß eine der Erzählungen mit dem Titel *Melanctha* »der erste eindeutige Schritt aus dem neunzehnten Jahrhundert hinaus und in das zwanzigste Jahrhundert in der Literatur« war.[12] Der Text handelt von einer schwarzen Amerikanerin, die als Kind abgelehnt wurde und eine Liebesgeschichte mit einem Arzt erlebte, der sie verließ. Während sie die Geschichte schrieb, hatte Gertrude nicht sehr viel Selbstvertrauen, und von Leo kam kein einziges lobendes Wort. Im Tonfall ihrer Geschichte schrieb sie an Mabel Weeks:

> Ich befürchte daß ich nie den großen amerikanischen Roman schreiben kann. Da ich nicht weiß, wie man mit geringer Deckung auf Hausse und Baisse spekuliert, bin ich gezwungen mich mit Niggern und Dienstmädchen und ganz allgemein dem fremden Bevölkerungsanteil zufriedenzugeben. Leo hat ja gesagt daß in Lovetts Buch keine Kunst liegt [ein amerikanischer Freund, der mit Gertrude und Leo in Harvard studiert hatte] und danach war er böse und wollte mir nicht mehr sagen daß in meinen Büchern sehr wohl Kunst ist daher ging ich ziemlich

> unglücklich zu Bett doch mir ist das egal es ist nichts von Tschaikowskys Pathéthique oder Omar Kayam oder Wagner oder Whistler oder White Man's Burden oder Grüner Rupfen in meinen zumindest nicht in den jetzt geschriebenen. Dey ist sehr einfach und sehr ordinär und ich glaube nicht daß sich das breite Publikum in Amerika dafür interessieren wird. Ich bin sehr traurig Mamie.[13]

Gertrude stand mittags auf, Hélène machte ihr dann das Frühstück. Leo malte tagsüber, abends saß er in dem Studio im Erdgeschoß, das vom Boden bis zur Decke voller Bücher war, las dort oder schrieb Briefe an Freunde. Er und Gertrude kauften große, schwere, dunkle Renaissance-Möbel. Sie erwarben ein Buffet aus der Zeit Heinrich IV. mit geschnitzten Adlern, Frauenstatuetten aus Terracotta des 17. Jahrhunderts, italienische Keramik, Druckgraphik, Gemälde – vor allem Gemälde – und ziemlich viel Trödel. Gertrude war eine leidenschaftliche Sammlerin. Mabel Dodge sagte:

> es war ihr egal, ob etwas nach dem *bon goût* war oder nicht, solange es ihr gefiel, und wenn ihr etwas Spaß machte, liebte sie es aus genau diesem Grund. Dadurch wagte sie einiges in einer snobistischen Periode der Kunst. Sie flog auf diese Miniaturspringbrunnen aus Alabaster, wo zwei kleine Tauben auf dem Rand saßen und die von Touristen gekauft wurden, und sie hatte eine Schwäche für Erinnerungsbroschen mit Mosaiksteinchen.[14]

Im Lauf der Jahre sammelte sie Glaskugeln, apokalyptische Bilder von Heiligen, Tiere aus Muscheln und Federn, Biedermeierdamen aus Papier mit Flitter, eine Goldmine in einer Flasche, Hufnägel, Kieselsteine, pfeifenförmige Zigarettenspitzen, Muscheln aus dem Meer, Knochenstücke, Knöpfe, Zündholzschachteln.

»So war Paris der Ort«, sagte Gertrude, »der denjenigen von uns entsprach, die die Kunst und Literatur des zwanzigsten Jahrhunderts schaffen sollten, natürlich genug.«[15] Schriftsteller und Maler wurden wie feine Herren behandelt, die Mieten waren billig, und das Essen war gut. »Den Luxus verachteten wir, außer wenn jemand anderer dafür bezahlte, und wir bekamen, was wir uns am meisten gewünscht hatten. Dadurch führten wir ein zufriedenstellendes Leben«, schrieb Leo. Ein festes Einkommen reichte wesentlich länger als in Amerika. Gertrude und er hatten jetzt so viel Geld, daß sie sich alles kaufen konnten, was sie

Die Wohnung von Michael und Sarah Stein in der Rue Madame, 1907. Von links nach rechts: Michael und Sarah Stein, Henri Matisse, Allan Stein und Hans Purrmann.

haben wollten, waren aber noch nicht so reich, daß sich die Finanzbehörden für sie interessiert hätten.

Gertrude gefiel, daß sie in der englischen Sprache eingeschlossen war und in ihrer gesamten Umgebung französisch gesprochen wurde. Sie bemühte sich nicht, Französisch zu lernen und las auch selten etwas in dieser Sprache:

> Was mir all die Jahre so gefallen hat, war gerade, daß ich von Leuten umgeben war, die kein Englisch können. Ich war dadurch mit meinem Englisch und meinen Augen viel intensiver allein. Ich weiß nicht, wie es sonst hätte möglich sein können, daß Englisch mir so eins und alles wurde. Und keiner von allen konnte ein Wort von dem lesen, was ich geschrieben hatte, die meisten wußten nicht einmal, daß ich überhaupt schrieb. Nein, ich lebe gern inmitten von so sehr vielen Menschen und bin ganz allein mit meinem Englisch und mir selbst.[16]

Sie ging auch gern in den Louvre, döste dort ein und wachte dann vor den Gemälden wieder auf.

Verwandte und Freunde aus Amerika wurden von Paris angezogen. Im Dezember 1903 trafen Michael und Sarah Stein mit ihrem Sohn Allan ein. Sarah Stein wollte am gesellschaftlichen Leben der europäischen Salons teilnehmen. Als ihr Sohn drei Jahre alt war, hatte sie in San Francisco im College wieder Kurse in Literaturgeschichte und Kunst belegt. Sie war eine kräftige Frau mit einem ausgeprägten eigenen Standpunkt und fühlte sich oft nicht besonders gesund. Da bei der Geburt ihres Sohnes ihr Uterus verletzt worden war, mußte sie Operationen unter Chloroformnarkose ertragen, die ihr Übelkeit erregten und von denen sie schließlich Rückenschmerzen und Depressionen bekam. Häufig verbrachte sie den halben Tag im Bett. In allen Details schilderte sie Gertrude die einzelnen Entwicklungsschritte und Sätzchen ihres Sohnes, schickte ihr Löckchen von seinem Haar, und hielt seine Fortschritte in einem ausführlich beschrifteten Fotoalbum fest.

Ihren Ehemann, Michael Stein, kannten alle als Mr. Sarah Stein. Seine Tätigkeit bei der Eisenbahngesellschaft gab er auf, als er feststellte, daß er genügend Geld besaß, um von den Dividenden seiner verschiedenen Industriebeteiligungen in Europa angenehm und stilvoll leben zu können. Wie Gertrude fiel es auch ihm schwer, morgens früh aus dem Bett zu kommen, sein Tag begann immer erst etwas später. Sarah sagte, daß sie ihn immer mehr liebgewann und ihn nicht als schwachen oder faulen Menschen ansah. »Mike, das Bübchen, der schläfrige, träge, unentschlossene, verwirrende Mike ... er braucht mich in jeder Minute, die er für mich übrig haben kann«, erzählte sie Gertrude.[17]

Sarah und Michael Stein mieteten eine Wohnung in der Rue Madame 58, in der Nähe der Rue de Fleurus, in einer umgebauten protestantischen Kirche. Ihr Wohnzimmer, der ehemalige Unterrichtsraum, war zwölf mal vierzehn Meter groß. Wie Leo und Gertrude war auch Sarah eine engagierte Sammlerin. In San Francisco kaufte sie orientalische Kunst, chinesische Bronzen und japanische Holzschnitte, in Paris dann persische Teppiche und, nachdem Leo sich dafür stark gemacht hatte, Arbeiten von Cézanne, Renoir, Picasso und später sehr viel von Matisse.

1905 mietete auch Etta Cone eine Wohnung in der Rue Madame. Bei ihrer Vermieterin, Madame Vernot, nahm sie Klavierunterricht, mit Allan Stein ging sie im Jardin de Luxembourg spazieren, nachmittags erledigte sie Einkäufe mit Gertrude oder besuchte den Louvre, die kleinen Galerien oder die Modesalons.

In ihren Tagebüchern schrieb Etta über Gertrudes »außerordentliche Eigenschaften«: »... mit Gertrude über ihr Lieblingsthema gesprochen: die zwischenmenschlichen Beziehungen der Geschlechter. Sie ist wirklich interessant.«[18]

Gertrude konnte nicht Schreibmaschine schreiben, daher erklärte sich Etta bereit, *Drei Leben* abzuschreiben. Als Gertrude sie einmal besuchte, »kopierte Etta das Manuskript getreulich Buchstaben um Buchstaben, um nur ja nicht den Inhalt zu erfassen und dadurch eine Taktlosigkeit zu begehen. Nachdem sie Erlaubnis erhalten hatte, den Text auch zu lesen, fuhr sie mit dem Abschreiben fort.« Gertrude schrieb diese Skrupelhaftigkeit dem Umstand zu, daß Etta aus Baltimore kam, das »dafür bekannt [ist], daß seine Einwohner sehr diskret und gewissenhaft sind«.[19]

Leo war der erste aus der Familie Stein, der sich als Sammler ernsthaft für moderne Kunst zu interessieren begann. Im Frühling 1904 war Bernard Berenson in Paris. »›Kennen Sie Cézanne?‹ fragte er [Leo]. Ich sagte, nein. ›Nun, dann schauen Sie ihn sich an.‹ Wo? ›Bei Vollard in der Rue Lafitte.‹« Leo und Gertrude gingen daraufhin zu Ambroise Vollard in dessen muffigen kleinen Laden, der vollgestopft war mit Bildern. Vollard holte Bilder von Cézanne hervor: einen Apfel, einen Akt, eine große Leinwand mit dem Ausschnitt aus einer Landschaft, eine kleinere Landschaftsansicht aus der Umgebung von Aix-en-Provence, die beiden Geschwistern gut gefiel. Gertrude berichtete Mabel Weeks, wieder in ihrem *Melanctha*-Stil:

> Wir machen Geschäfte. Wir verkaufen japanische Drucke um einen Cézanne zu erwerben zumindest tun wir das das heißt Leo probiert es aus. Er mag es kein Stück und macht schrecklich viel Getue weil er genügend Geld dafür fordern muß aber ich nehme an daß wir den Cézanne bekommen ... Das ist Leos Kennerschaft. Es ist ein prima Bild wirklich.[20]

In der Rue Lafitte gab es auch die Confiserie von Fouquet, »wo man sich an herrlichen Honigkuchen und Nußpralinen laben und hin und wieder mal anstatt eines Bildes Erdbeermarmelade im Glas kaufen konnte«[21].

Berenson erzählte den Geschwistern Stein von dem reichen Amerikaner Charles Loeser, der in Florenz lebte und eine Sammlung von Cézanne-Bildern besaß, die er getrennt von seinen übrigen Bildern hielt. Im Sommer besuchten ihn Gertrude und Leo daraufhin, um diese Bilder zu sehen. Leo war so beeindruckt, daß er »wie ein Kolumbus« nach Paris zurückfuhr, »der die Segel hißt, um eine Welt jenseits der Welt zu entdecken«.

Im Oktober 1904 wurde im Grand Palais der zweite Herbstsalon eröffnet. Diese Herbstsalons wollten im Gegensatz zu den eher konservativen Frühlingssalons neue und innovative Künstler unterstützen. Leo »betrachtete immer wieder jedes einzelne Bild ganz genau, wie ein Botaniker, der die Flora eines unbekannten Landes studiert«.[22] Er sagte, daß ihm diese Gemälde die ästhetischen Grundlagen der modernen Kunst vermittelten. Zum ersten Mal sah er Arbeiten von Toulouse-Lautrec und kaufte von ihm das Bild *Le Divan*. Dann erwarben er und Gertrude *Perseus und Andromeda* von Delacroix. Für ein Bild gaben sie dabei nie mehr als 300 Francs aus.

Im Herbst dieses Jahres sagte ihnen Michael, daß sie eine unerwartete Gutschrift von 8000 Dollar auf ihren Konten hätten. »Da wir dies als verbrecherische Verschwendung betrachteten, gingen wir sofort zu Vollard«, sagte Leo. Sie sahen alle Bilderstapel durch und kauften schließlich zwei Gauguins – *Drei Frauen aus Tahiti* für Leo und für Gertrude *Sonnenblumen*. Wir »fanden sie greulich, aber schließlich liebten wir sie«, sagte sie.[23] Sie kauften noch zwei Fassungen der *Badenden* von Cézanne und

Gertrude vor ihrem Atelier in der Rue de Fleurus, 1907.

zwei weitere Renoirs. Gertrude verlangte, daß immer zwei Bilder erstanden wurden, da sie sich nicht ganz einig werden konnten, welche ihnen gefielen. »Vollard gab noch einen Maurice Denis dazu, *Mutter und Kind*, damit das Maß voll war«, sagte Leo.

Sie hatten danach noch immer Geld übrig und kauften damit einen Bonnard und einen Vuillard, doch beim Mittagessen wurde Leo ganz aufgeregt durch die Überlegung, ein großes Porträt von Cézanne zu erwerben. Gertrude war einverstanden. Ein Porträt von Cézannes Frau Hortense hatte es ihnen beiden sehr angetan. Sie diskutierten darüber, während sie bei Fouquet Honigkuchen aßen und nahmen das Bild dann in einem Taxi mit nach Hause. Es bekam einen Platz in dem Atelier, wo Gertrude nachts arbeitete. Sie sagte, daß es ihren Stil beeinflußte, in dem sie *Drei Leben* abfaßte, da Cézanne sein Porträt Schicht um Schicht aus Farben aufgebaut hatte, und sie ihre Charaktere aus ihren sich ständig wiederholenden Sätzen geschaffen hatte.

Gertrude kam später als Leo zur modernen Kunst, blieb jedoch länger mit ihr verbunden. Sie war Sammlerin, Kennerin, Freundin und als Künstlerin auch Gefährtin vieler der großen Künstler der Moderne. Leo beurteilte ihr Werk nach formalen Kriterien. An Cézanne näherte er sich über die italienische Malerei des vierzehnten Jahrhunderts an. Mantegnas *Kreuzigung* war sein Lieblingsbild im Louvre. Er sah darin eine »Art Vorläufer von Cézanne durch seinen Farbenreichtum ... Ich war auf Cézanne gut vorbereitet«, schrieb er. Das *Porträt von Madame Cézanne* erschien ihm als natürliche Weiterentwicklung aus dem neunzehnten Jahrhundert, da Farbe, Form und Inhalt der Komposition untergeordnet waren. Für Gertrude war dies ein revolutionäres Bild. Sie erkannte darin, was sie selbst vorhatte. Sie sagte, daß sie die Bedeutung von Ordnung und Struktur im Verständnis des neunzehnten Jahrhunderts zerschlagen, alte Seh- und Darstellungsgewohnheiten abschütteln und eine neue Kunst entstehen lassen wollte. Sie sagte, daß es in Cézannes Bild kein Zentrum gab, das ein Organisationsprinzip schuf. Die Komposition *war* bereits das Bild:

> Cézanne vermittelte mir ein neues Gefühl für Komposition. Ich war von dieser Art der Komposition besessen ... Wichtig war nicht nur der Realismus in den Charakteren, sondern auch der Realismus der Komposition. Als Realität hatte das noch niemand wahrgenommen, bis ich auftauchte, doch ich hatte es hauptsächlich von Cézanne. Auch Flaubert hatte ein wenig

> Empfinden in dieser Richtung, doch keiner von ihnen hat es deutlicher als Einheit gestaltet, wie auch kein anderer Maler außer Cézanne dies getan hat.[24]

Melanctha schrieb Gertrude nachts, im Angesicht des Porträts von Madame Cézanne, das vor ihr an der Wand hing. Die Geschichte hatte keinen eigentlichen Anfang, Mittel- oder Schlußteil. Gertrude fand, daß dies der tatsächlichen Wahrnehmung der Realität durch die Menschen viel mehr entsprach, einer vielgestalten, »andauernden Gegenwart«. »Immer und immer. Muß die Hymne der Wiederholung schreiben«, sagte sie.

Im folgenden Jahr besuchten Gertrude, Leo, Sarah und Michael Stein, Claribel und Etta Cone den *Salon d'Automne.* »Die Wände waren mit Bildern bedeckt«, sagte Claribel,

> die für mich damals wie ein Aufstand der Farbe wirkten – scharf und verblüffend, roh hingeworfen und unharmonisch, Verrenkungen und Übertreibungen – primitive und einfache Kompositionen wie von einem Kind. Wir standen vor einem Porträt – ein bärtiger Mann, grübelnd, angespannt, in kräftiger, elementarer Farbgebung, mit grünen Augen ... der Bart blau, das Gesicht in Rosa und Gelb. Mir erschien es grotesk. Wir fragten uns, ob man diese Dinge ernst nehmen sollte ... Als wir uns in dem Saal umsahen, entdeckten wir unsere Freunde, die nachdenklich vor einem Bild standen: eine Frau mit einem Hut, der ganz eigenartig verdreht auf ihrem Kopf saß – ein derber Entwurf mit verrückten Farben.[25]

Louis Vauxcelles, Kunstkritiker des *Gil Blas*, entdeckte mitten unter all dem eine traditionell gearbeitete Bronzestatuette und sagte: »Tiens ... Donatello au milieu des fauves!«

König der Fauves, der wilden Tiere, war Matisse. Die Steins verehrten sein Gemälde *La Femme au Chapeau*, ein Porträt seiner Frau, die als Putzmacherin arbeitete, um ihren Ehemann und ihre Kinder zu unterhalten. Gertrude wollte das Bild kaufen. Es erschien ihr »vollkommen natürlich und sie konnte nicht begreifen, weshalb alle so wütend darüber waren«.[26] Für Leo war es »das, auf das ich gewartet hatte, ohne es zu wissen ... brillant und kräftig als Bild, doch als Malerei das scheußlichste Geschmiere, das ich je gesehen hatte«. Sarah Stein wollte es erwerben, weil es ihrer Mutter ähnelte.

Matisse wollte 500 Francs für das Bild. Gertrude und Leo boten 450.

Madame Matisse sagte ihrem Mann, er sollte auf den restlichen 50 Francs bestehen, da sie damit Winterkleidung für ihre Tochter kaufen konnte. Madame Matisse saß gerade mit einer alten Gitarre Modell im Atelier, als das *petit bleu* der Steins eintraf, mit dem sie bestätigten, daß sie die geforderten 500 Francs bezahlen wollten.

Das Engagement der Steins fiel in eine schwierige Phase in der Laufbahn von Matisse, als er kein Geld hatte. Innerhalb kurzer Zeit kauften Gertrude und Leo *Le Bonheur de vivre*, *Nu bleu*, einen Abguß seiner Plastik *L'esclave*, das *Portrait de Margot* und die *Landschaft bei Collioure*. Die Wände der Wohnung in der Rue de Fleurus waren bald dicht bedeckt mit Werken von Matisse. Und die Steins waren sowohl Freunde wie auch Mäzene. Gertrude mochte den Hasenpfeffer, den Madame Matisse ihnen zubereitete, und auch ihren guten Geschmack bei französischen Landweinen. Und Matisse »arbeitete jeden Tag und jeden Tag und jeden Tag, und er arbeitete schwer«, wie sie schrieb.[27]

Doch die loyalste Bewunderin von Matisse war Sarah Stein. »Sie weiß mehr über meine Bilder als ich selbst«, sagte der Künstler über sie. Lange nachdem Gertrude und Leo das Interesse verloren hatten, kaufte sie nach wie vor Bilder von Matisse. Sie erwarb ein Selbstporträt, ein Porträt von Madame Matisse, ein Stilleben mit dem Titel *Rosa Zwiebeln*, ein *Blaues Stilleben* und den *Jungen Seemann*. Ihre Wohnung in der Rue Madame war eine Huldigung an Matisse. Annette Rosenshine, die vor Alice nach Paris ging und im selben Haus wie Sarah ein kleines Zimmer in einer der oberen Etagen mietete, sagte, Matisse

> fand Trost, indem er seine Probleme und Unsicherheiten immer bei Sarah Stein abladen konnte, in der Gewißheit, daß ihm voller Gefühl und Sympathie Verständnis entgegengebracht wurde ... Als die Steins dann später wieder nach Amerika zurückgekehrt waren, korrespondierte er mit Sarah, erzählte ihr von seiner Arbeit, und er blieb ihr über all die Jahre immer gewogen.[28]

Er gab Sarah Stein Malunterricht, und im Winter 1907 half sie ihm, eine Malklasse einzurichten, die kurze Zeit bestand. Sie war darin die eifrigste Schülerin, doch als ihr klar wurde, daß sie nur wenig Talent hatte, gab sie das Malen auf und schloß sich den Christian Scientists an.

Wenige Wochen nachdem Gertrude und Leo das Bild *La Femme au Chapeau* von Matisse gekauft hatten, erwarben sie ihr erstes Bild von Picasso. Der ziegenbärtige Kunsthändler Clovis Sagot, der Skandale und ein Lakritzzeug mit Namen Zan mochte, hatte in der Rue Lafitte eine kleine Galerie. »Wenn man sich mit ihm über moderne Kunst unterhielt, unterbrach er das Gespräch immer wieder, um sich ein Stück Zan zwischen die Zähne zu schieben und diesen Genuß zu preisen«, schrieb Leo. »Dann redeten wir wieder über die neueste Ausstellung, den neuesten Skandal in der Kunst, die Aussichten auf die Zukunft.« Sagot schilderte Picasso als denjenigen, der »es wirklich bringt« und stellte ihn bei sich aus. Picasso war vierundzwanzig Jahre alt und wie auch Matisse immer in Geldschwierigkeiten. Gertrude und Leo kauften ein »Bild mit einem Marktschreier mit Frau und Kind und Affe«. Später hieß es *Akrobatenfamilie mit Affe*. Sagot zeigte den Geschwistern auch ein Bild von einem nackten Mädchen mit einem Korb voller roter Blumen. Leo gefiel es, doch Gertrude haßte es. Sie fand, das Mädchen hätte Füße wie ein Affe, daher bot Sagot an, das Oberteil abzuschneiden und so zu verkaufen. Gertrude und Leo stritten sich über das Bild. »Er wollte es haben, und sie wollte es nicht im Haus dulden.«[29] Leo erzählte es Gertrude, während sie gerade zu Abend aß. »Jetzt hast du mir den Appetit verdorben«, sagte sie.

Matisse war ein häufiger Gast in der Rue de Fleurus. Gertrude sagte, daß aus diesem Grund die Salons an den Samstagabenden eingeführt wurden, da so viele Leute die Bilder sehen wollten: »Matisse brachte Bekannte mit, jeder brachte jemanden mit, sie kamen zu jeder beliebigen Zeit, und es begann unerträglich zu werden, und so fing es mit den Samstagabenden an.«[30]

Die unterschiedlichsten Besucher kamen zu diesen Salons: junge Maler, Schriftsteller, Sammler, Kunsthändler, viele Freunde, Verwandte und Bekanntschaften. Vollard bezeichnete die Steins als »die gastfreundlichsten Menschen der Welt«: »Leute, die als Snobs dorthin kamen, verspürten bald ein unbehagliches Gefühl, da sie im Haus von Fremden so viele Freiheiten genießen konnten. Nur diejenigen, die sich wirklich für Malerei interessierten, kamen gern wieder.«[31]

Amerikaner waren neu in Paris, und der Ruf der Steins als exzentrische Persönlichkeiten und Sammler seltsamer moderner Kunst breitete sich rasch aus. Man wollte die Bilder von Renoir, Gauguin, Degas, Matisse und Cézanne sehen, die dicht an dicht an den Wänden der Wohnung hingen. Nach einiger Zeit begann Gertrude, die Bilder aus den Rahmen zu nehmen, da sie die Bilderrahmen als zu einengend empfand.

Sarah Stein übernahm die Idee, einen Salon zu führen. Bei ihr fanden die Treffen samstagnachmittags statt, damit die Besucher vom einen zum anderen Haus gehen und die jeweils neuesten Erwerbungen bewundern konnten. Harriet Levy sagte: »In maßgeschneiderten Kleidern und mit antikem Schmuck angetan saß Sarah auf dem Sofa und erklärte allen, wie großartig Matisse war.«[32]

Damals waren sowohl Gertrude als auch Leo Zigarrenraucher, beide trugen Kleidung aus braunem Cordsamt und dazu Sandalen mit gondelartigen Spitzen, die Isadora Duncans Bruder Raymond entworfen hatte. Gertrude färbte ihre Sandalen schwarz und trug sie im Winter mit dicken Wollstrümpfen. Sie mochte Westen aus Japanseide, im Winter hatte sie eine Kopfbedeckung aus Filz, im Sommer eine aus Stroh. Wegen ihrer Aufmachung wurden sie und Leo einmal aus dem Café de la Paix hinausgeworfen. Beide hatten ein herzliches Lachen. Leo konnte Isadora Duncan ganz gut imitieren, Mabel Weeks beschrieb das als »zu schön um burlesk zu wirken«:

> Er war sehr verspielt, sehr verbindlich, wie bei einem Flirt. Sowohl Männer als auch Frauen mochten ihn, und er war ein guter Gesellschafter ... Er war nicht auffallend freundlich – manchmal eigentlich sogar richtiggehend grausam, wenn er Leute lächerlich machte, deren Argumente ihm mißfielen. Er fand, daß Zärtlichkeit ein sehr wichtiges Element von Zuneigung und Kameradschaft war, doch verstand er Zärtlichkeit nur in einem sehr begrenzten Rahmen und räumte ein, daß sie ihm durchaus abging ... Gegenüber jemandem, den er nicht kannte, benahm er sich oft wie ein Schulmeister. Ungeduldig war er mit Leuten, deren intellektuelle Fähigkeiten er nicht als anregend empfand.[33]

»Ich erläuterte und erklärte«, sagte Leo. »Menschen kamen und so erläuterte ich, denn es liegt in meiner Natur, zu erläutern.«[34] Da er Schwierigkeiten mit seiner Verdauung hatte, setzte er sich immer so, daß er die Füße auf einem Bücherregal hochlegen konnte. Er dozierte über Renoirs absolutes Farbgefühl, denn Farbe »ist das Herz der Kunst«, über den ausgeprägten Intellekt und die Beherrschung bei Degas, und über Cézannes Umgang mit Raum. Während Leo erklärte und erläuterte, war Gertrude die Beobachterin. Ihr Schweigen, ihre Erscheinung und ihr unvermitteltes Lachen beeindruckten die Besucher. Sie beobachtete die Charaktere und das Verhalten der Menschen, brachte sie in formale Abfolgen und ein »charakteriologisches System«

Pablo Picasso: Porträt von Gertrude Stein, 1905/1906.

für ihren Roman *The Making of Americans*, der über jeden handeln sollte, der jemals gelebt hatte. Alice sagte später einmal: »Gertrudes damalige Arbeit über das, was sie die ›Grundnatur‹ nannte, war gründlich. In jeder Minute des Tages befaßte sie sich mit Vergleichen und Ähnlichkeiten und Unterschieden.«[35]

Gertrude mochte Picasso, als er zu Besuch kam. Sie fand, er war wie ein »gutaussehender Schuhputzer . . . Er war schmächtig, dunkel, lebhaft, hatte sehr große Augen und war von heftiger, aber nicht grober Natur. Er saß beim Essen neben Gertrude Stein, und sie faßte nach einem Stück Brot. Er riß es ihr heftig aus der Hand und sagte, das ist mein Stück Brot. Sie lachte, und er machte ein verlegenes Gesicht. Das war der Beginn ihrer Zuneigung.«[36] Nach dem Abendessen begann Leo, Picasso seine Sammlung von japanischen Holzschnitten zu zeigen. Gertrude schrieb, daß Picasso jedoch leise zu ihr sagte:

> Ihr Bruder ist sehr nett, aber er ist wie Havilland und alle anderen Amerikaner und zeigt einem japanische Holzschnitte. Mir gefallen sie gar nicht, nein ganz und gar nicht. Wie ich schon sagte, verstanden sich Gertrude und Picasso vom ersten Augenblick an.[37]

Mehr als Leo kaufte Gertrude Arbeiten von Picasso. Ihr Lieblingsbild unter diesen ersten Ankäufen war *Knabe, ein Pferd führend*, ein großes Bild mit einer nackten Figur und einem Pferd vor einem rosa Hintergrund. Freunde wie Claribel und Etta Cone, Mabel Weeks und Mabel Luhan Dodge, die auch zu den Gästen in der Villa Curonia bei Fiesole gehörten, regte sie ebenfalls dazu an, Bilder von Picasso zu kaufen.

Gertrude und Picasso wurden enge Freunde. Sie stritten sich, als sie zwei Bilder mit Firnis überzog, ohne ihn zu fragen, oder wenn ihr seine Freundinnen nicht gefielen, doch in der Anfangszeit waren solche Streitigkeiten schnell beigelegt. Gertrude sagte: »Wenn ein menschliches Wesen mehr in seinem Verhältnis zur Welt existiert als in dem zu sich selbst ist es nah daran ein Genie zu sein.«[38] Sie war der Meinung, daß sie selbst und Picasso dafür die besten Beispiele wären, die sie kannte. Sie spürte, daß sie seine Schwächen verstand. Sie sagte, daß er jedem seiner Impulse nachgab, da er nie »nein« zu etwas sagen konnte, daß er in seinem Verhältnis zum Erfolg und in seinen Phantasien kindisch war, daß er »kein überaus leidenschaftliches Wesen« hatte, und daß er seiner Geliebten, Fernande Olivier, als Frau gleichgültig gegenüberstand: »Er pflegte zu sagen, er habe einen schwachen Charakter und lasse andere die Entscheidungen treffen; so ist es, es genügte ihm, seine Arbeit zu tun, Entscheidungen sind ganz unwichtig, wozu sie fällen.«[39]

Picasso lebte im Bateau Lavoir, einem Atelier in der Rue de Ravignan am Montmartre. Viele seiner Freunde brachte er zu den Abenden bei Gertrude in der Rue de Fleurus mit: seine Freundin Fernande Olivier, seinen besten Freund, den Dichter Max Jacob, und Guillaume Apollinaire, der dann seine neuesten Gedichte vortrug. »Oh, wie schlecht hat er seine eigenen Verse vorgetragen, und wie gern er immer rezitierte ...«, sagte Fernande. »Es war klar, daß er seine Gedichte mit überwältigender Übertreibung präsentierte, und trotzdem haben sie uns gefallen.«[40]

Apollinaires Geliebte Marie Laurençin war die einzige Künstlerin in der Runde. Nach jedem Streit mit Apollinaire zog sie wieder zu ihrer Mutter. Deren Wohnung war weiß, einfach und konventionell eingerichtet. Nach der Affäre mit Maries Vater, ihrer einzigen, gestattete Madame Laurençin keinem Mann, sie dort zu besuchen. Marie Laurençin machte gerade eine Ausbildung bei der Porzellanmanufaktur Sèvre, als sie Braque kennenlernte und durch diesen dann Picasso und Apollinaire. Von ihnen allen fühlte sie sich an den Rand gedrängt. »Da mich der Genius von Männern einschüchtert«, schrieb sie, »fühle ich mich mit allem Weiblichen äußerst wohl.«[41] Nach dem Ersten Weltkrieg wurde sie eine erfolgreiche Malerin, Illustratorin und Designerin.

Auch Gertrudes Freundinnen aus Baltimore kamen zu ihren Salons.

Picasso sagte über sie: »*Ils sont pas des hommes, ils sont pas des femmes, ils sont américains.* (Es sind keine Männer, es sind keine Frauen, es sind Amerikaner).«[42] Claribel Cone bezeichnete er als »Kaiserin«. Eine Miss Mars und eine Miss Squire waren ein Paar; beide malten Aquarelle und gingen gern in die Pariser Cafés. Miss Mars färbte ihre Haare manchmal dunkelrot, beide Frauen trugen sehr viel Make-up. Gertrude schrieb eine Erzählung über sie mit dem Titel *Miss Furr and Miss Skeene.*

Picasso wollte Gertrude porträtieren. Im Winter 1905/1906 kam sie dafür insgesamt 80- bis 90mal zu ihm. Meistens ging sie zu Fuß quer durch Paris in sein chaotisches Atelier im Bateau Lavoir. Dort saß sie ihm Modell in einem maroden alten Lehnsessel, dem ein Bein fehlte; sie trug Kleidung aus braunem Cordsamt und ihre Korallenbrosche. Im Atelier war es so kalt, daß die Teereste vom Abend davor in den Tassen gefroren. Fernande Olivier las aus La Fontaines Tierfabeln vor. Gertrude sprach darüber, daß man das neunzehnte Jahrhundert umbringen müsse und über Kunst, deren Inhalt die Komposition war. Die Schwestern Cone kamen vorbei und kauften Skizzen, die Picasso ausrangiert hatte, ein Aquarell und eine Radierung, alles zusammen für 20 Dollar.

Im Frühling entwarf Picasso Gertrudes Kopf. »Ich kann dich nicht mehr erkennen, wenn ich schaue«, sagte er. Mit Fernande verbrachte er den Sommer in Gosol in Spanien. Gertrude und Leo fuhren wieder in das italienische Fiesole. Als Picasso nach Paris zurückkehrte, malte er Gertrudes Gesicht aus dem Gedächtnis, maskenhaft, ihre Augen blicken aus dem Hintergrund der Maske hervor. Gertrude schätzte dieses Bild ihr ganzes Leben lang sehr. »Ich war mit meinem Porträt zufrieden und ich bin es noch immer, für mich bin das ich, und es ist die einzige Wiedergabe meiner Person, die für mich stets ich sein wird.«[43]

Als Freunde meinten, daß Gertrude in Wirklichkeit gar nicht so aussähe wie auf dem Bild, sagte Picasso, das sei »völlig einerlei, sie wird schon noch so aussehen«. Leo gefiel das Porträt überhaupt nicht. Seiner Meinung nach wurde das ganze Gemälde durch die Tatsache, daß Picasso den Körper nicht dem zuletzt gemalten Kopf angepaßt hatte, stilistisch uneinheitlich. Dieses Porträt markierte bei Leo den Beginn seiner gänzlichen Ablehnung der Arbeiten von Picasso und Gertrude. Bald darauf bezeichnete er beider Bemühungen als »ungeheuerlichen Schund« und »Hämorrhoiden«, beschwerte sich über »kubistisch-futuristische Magenverderber« und lehnte Gertrudes Werke derart grundlegend ab, daß sie im Gegenzug daraufhin ihn ablehnte.

6
ALICE BEGEGNET GERTRUDE

Ein einziger Mischmasch, Köder und naß

Alices Vater schlief, als San Francisco 1906 von dem großen Erdbeben erschüttert wurde. »Los, steh auf, die Stadt brennt«, rief Alice ihrem Vater zu.[1] Das Erdbeben ereignete sich am 18. April, einem Mittwoch, um 5.13 Uhr morgens, es dauerte 48 Sekunden. Alice sah, wie die Kronleuchter »hin und her schwankten« und an einigen Häusern der Putz herunterbrach. Das Haus der Familie Toklas wurde nicht sehr beschädigt, obwohl die Dachkamine herunterstürzten und die Wasserrohre brachen. Das Gebäude bestand aus Gestein aus Vermont und stand auf einem der sicheren, felsigen Hügel im Westen von San Francisco.

Sandmassen, die unter den Fundamenten in Bewegung geraten waren, quetschten die städtischen Gas- und Wasserleitungen zusammen. Dreihundert Hauptwasserleitungen und 2300 Zuleitungsrohre brachen. »Vater kümmerte sich überhaupt nicht um das ausströmende Gas«, sagte Alice. Wegen geborstener oder eingestürzter Schornsteine brachen Brände aus, und innerhalb der ersten halben Stunde erhielt die Feuerwehr 75 Alarmmeldungen.

Nachdem Alice als Schutz vor Plünderern das Familiensilber im Garten vergraben hatte, machte sie sich auf die Suche nach Nahrungsmitteln und Zigaretten. Sie sah, wie Menschen auf kleinen Öfen auf den Gehsteigen Essen zubereiteten. Gegen neun Uhr vormittags rief sie bei Annette Rosenshine an. Sie versuchten, mit einem Taxi in die Montgomery Street zu fahren, um den Zustand von Annettes Atelier in Augenschein zu nehmen. Der Fahrer sagte ihnen, daß sämtliche öffentlichen Verkehrsmittel für Krankenhäuser und Verwundetentransporte belegt seien. Dreihundert Menschen waren ums Leben gekommen, dreihundert wurden vermißt.

Die Stadt wurde unter Kriegsrecht gestellt, die Armee sprengte brennende Häuserblocks im unteren Bereich der Stadt, um die Brände unter Kontrolle zu bekommen, und aus San Andreas und Sausalito wurde Wasser herantransportiert. Die Menschen türmten ihre Habseligkeiten auf Stühle und Karren und schleppten sie aus den brennenden Stadtvierteln zum Golden Gate Park und auf Plätze in der Stadt. Die Metropolitan Opera aus New York gab gerade ihr erstes Gastspiel in San Francisco, und Caruso wurde gesehen, wie er in einem Bademantel durch die Straßen ging.

Drei Tage nach dem Erdbeben besuchten Alice und Annette Freunde in Oakland und in Berkeley, auf der anderen Seite der Bay. Alice sehnte sich nach einem heißen Bad und wollte Sarah Bernhardt in Racines *Phädra* sehen. Sie nahm große Nelkensträuße zu ihren Freunden mit (durch die Hitze der Brände waren sie vorzeitig aufgeblüht) und benutzte eine Fähre, die von einem provisorischen Kai abging. Von dem Fährboot aus sah sie, wie beschädigt die Stadt war, die zerstörte Ansicht der Häuserfronten zur Wasserseite hin, und daß die Wahrzeichen der Stadt verschwunden waren. In ihrem Wunsch, San Francisco zu verlassen, wurde sie durch all dies nur noch bestärkt. »Es war klar, daß es sich verändern würde«, sagte sie.[2]

Sarah und Michael Stein fuhren aus Paris nach San Francisco zurück, um die Beschädigungen an ihrem Eigentum zu inspizieren. Sie waren Eigentümer eines Blocks mit schindelgedeckten Zweifamilienhäusern in der Lyon Street, im selben Bezirk, wo Alice lebte, und die Einkünfte aus diesen Häusern bildeten die Basis des Familieneinkommens. »Unsere Häuser sind im Grunde in Ordnung«, schrieb Sarah an Gertrude, »doch die Schornsteine sind gebrochen und müssen vielleicht von Grund auf neu gebaut werden. Das würde bedeuten, daß die Wände aufgerissen werden müssen.«[3] Um ihre Freunde in San Francisco zu beeindrucken, brachte sie Souvenirs aus Paris mit: ihre Kleider, »sie erregen immer so viel Aufsehen«, und drei Bilder von Matisse, darunter auch das Porträt von Mme. Matisse mit einem grünen Strich in ihrem Gesicht. »Seit der erregenden Kunde, daß solches Zeug sich in der Stadt befindet, bin ich äußerst populär«, schrieb sie.

Harriet Levy, deren Haus das Feuer zerstört hatte, nahm Alice und Annette mit, als sie sich die Bilder anschaute. »Mrs. Stein hat Alice und mich überaus freundlich empfangen«, schrieb Annette,

> und schien sehr erfreut zu sein, daß sie uns mit der Kunst aus Frankreich bekanntmachen und die drei Bilder zeigen konnte, die sie mitgebracht hatte, und die die ersten waren, die von diesem Künstler in Amerika zu sehen waren. Unsere Initiation war ein Porträt auf einem fleckigen Hintergrund. Auf der

Henri Matisse: Portrait à la Raie Verte, 1905.

rechten Seite des Kopfes befand sich ein grüner Klecks, gegenüber ein knallroter und malvenfarbener Fleck. Doch die Krönung des ganzen war ein grüner Strich, der mitten auf der Stirn begann und dann über die Nase und die Lippen auf dem Kinn endete. Das war grotesk und aufgrund meiner Ausbildung am Mark Hopkins Kunstinstitut in San Francisco erschien es mir als verrückte Karikatur eines Porträts. Ein anderes Bild zeigte einen dicklichen, verrenkten, kleinen Akt, der mir wie ein fettes, unästhetisches Monster vorkam, und so gut wie nichts mit den Zeichnungen zu tun hatte, die wir beim Aktzeichnen anfertigten. Der schrecklichen Dinge letztes war dann ein kleiner Kopf, über und über mit Flecken bedeckt, einige Stellen der Leinwand wiesen keinerlei Farbe auf. Sprachlos und verwirrt glaubte ich, daß diese Gemälde die in Frankreich geschätzte zeitgenössische Kunst waren.[4]

Angeregt durch das Porträt von Matisse und die Berichte über das Leben in den Salons erzählte Alice Sarah von ihrem Wunsch, nach Paris zu gehen. Zwei Tage später lud Sarah Alice und Harriet ein, mit ihr zusammen zurück nach Paris zu reisen. Alice hatte jedoch kein Geld, fühlte sich noch für ihren Bruder Clarence verantwortlich und war nicht in der Lage, sich ihrem Vater anzuvertrauen. Mit der »ganzen Befangenheit eines Polen«, wie Alice das nannte, bezeichnete er Sarah als »deutsches Denkmal«.[5] Harriet wollte auch nicht unbedingt mit Sarah fahren. Sie fand sie eingebildet und herrisch. Alice schlug vor, daß statt ihrer Annette reisen sollte. Also brach dann Annette mit Sarah auf, sozusagen als Kundschafterin für Alice, die die Reise später zu einem günstigeren Zeitpunkt unternehmen wollte.

Zwei »ungewöhnliche Erscheinungen in Sandalen« holten Annette am Gare St. Lazare ab, »eine kleine, dicke Frau und ein großer, dünner Mann mit Bart«. Zum Abendessen war sie in der Rue de Fleurus 27 und wurde danach in ihre Pension begleitet – ein kleines Zimmer oben in dem Haus, in dem Sarah lebte. Leo holte sie am nächsten Morgen um neun Uhr ab und ging mit ihr in den Louvre.[6]

Annette war überaus angetan von Gertrudes »dynamischem Magnetismus«, ihrer »inneren Vornehmheit«, der »Kraft in der Schönheit ihres hervorragenden Kopfes«, ihrem »ansteckenden Gekicher«, ihrem »tiefen, schallenden Lachen« und so weiter. Wie auch Alice, die nach ihr eintraf, hörte schon Annette beim Anblick von Gertrude Glocken »mit einem tiefen, ernsten Ton« erklingen, und sie schilderte Alice in ihren Briefen ihre Eindrücke.

Gertrude arbeitete gerade an den Charakterstudien für ihr Buch *The Making of Americans.* Jeden Nachmittag kam Annette um vier Uhr zu psychoanalytischen Sitzungen von eher ungewöhnlicher Art in die Rue de Fleurus. Sie sagte, daß sie sich wie eine Fallstudie fühlte. In diesen Sitzungen zeigte sie Gertrude sämtliche Briefe von Familienangehörigen und Freunden. Sie sagte, daß Gertrude eine »Leidenschaft für Briefe« hatte. Ungefähr ein Jahr vor ihrem Zusammentreffen gewann Gertrude auf diese Weise durch ihre Briefe einen ersten Eindruck von Alice. Sie kam zu der Ansicht, daß Alice gern kontrollierte und eine »alte Jungfer Meerjungfrau« mit »edlerem Wesen aber einem niedrigeren Ideal« als Annette war.

Eines Tages versuchte Annette, Gertrude von ihrem inneren Aufruhr bei der ersten Begegnung mit einem Homosexuellen zu erzählen:

> Ich war unfähig, ihn zu beschreiben oder zu schildern, was er gesagt hatte oder weitere Details zu dieser Begegnung zu beschreiben außer meinem Schock angesichts dieser Erfahrung. Ich erinnere mich noch sehr lebhaft daran, wie Gertrude an diesem Tag war; sie war guter Stimmung und sagte ausgelassen »keine Erinnerung, kein Bewußtsein«[7]

Diese Bemerkung machte Annette betroffen, »diese auffallende Geschichte mit dem Bewußtsein«, doch ihrer Meinung nach fand Gertrude nicht heraus, wo oder warum sie so blockiert war. »Sie kümmerte sich wenig um meine seelische Verkümmerung oder Unfähigkeit, auf irgendeine liebevolle Geste einzugehen.« Diese Blockade löste sich bei Annette erst zwölf Jahre später nach intensiven Analysen mit einem Dr. Godwin Baynes aus Zürich; und dann »kamen all die verdrehten, mißgestalteten Emotionen in einem großen Durcheinander in meinem kleinen Etwas heraus«.

Sie empfand Gertrude auch nicht als Hilfe in sexuellen Fragen. »Meine viktorianische Unwissenheit erhielt wenig Hilfe oder Aufklärung.« Gertrude sagte, daß Sex »ein individuelles Problem [sei], das jeder Mensch auf seine Art selbst zu lösen habe«. Sie riet Annette, jeden Abend über jeden Tag und die Begegnungen, die sie mit Menschen hatte, nachzudenken und zu versuchen, ihre eigenen Reaktionen zu verstehen.

Nach vier Monaten dieser täglichen Sitzungen mit Gertrude befand sich Annette in einer miserablen Verfassung. Ihre Mutter und ihre Schwester, die in Europa Ferien machten, waren zutiefst schockiert und forderten sie auf, mit ihnen zurück nach Hause zu fahren. Annette fühlte sich zu abhängig von Gertrude und konnte sie nicht verlassen. Sie schrieb ihrem Vater und bat ihn um seine Erlaubnis zu bleiben und war auch weiterhin Gertrudes Versuchsperson, bis im September 1907 Alice eintraf.

Noch 1907 war San Francisco in einem prekären Zustand. Es gab keine Infrastruktur in der Stadt, die Krankenhäuser reichten nicht aus, Fälle von Beulenpest und anderen ansteckenden Krankheiten traten auf. Mehr als jemals zuvor hatte Alice den Wunsch fortzukommen. Ihr Bruder Clarence war 21, sie selbst war jetzt dreißig Jahre alt. »Wie alle guten Kalifornier wollte ich nach Paris gehen ... Ich würde dann schon sehen, was in Paris los war«, sagte sie.[8] Doch sie hatte Schulden und kein Geld. Großvater Levinsky hatte ihr nach seinem Tod ein Viertel seines Vermögens vermacht, doch das Geld war noch nicht eingetroffen. Harriet Levy hatte 1000 Dollar auf der Wells Fargo Bank. Sie erklärte sich einverstanden, Alice zu begleiten und ihr das Geld zu leihen. Alice sagte ihrem Vater, daß sie fortgehen würde. »Er sagte nichts dazu, sondern seufzte nur.«[9] Sie verließ ihre Heimat und kam nie zurück.

Während der Überfahrt im September 1907 las Alice in den Briefen von Flaubert und unterhielt sich mit einem »vornehmen älteren Herrn, einem Kommodore«. Harriet fand, daß sie dabei zu persönlich war. »Ein überaus kompromittierender Brief« von diesem Herrn lag dann bei Alices Bank an der Place Vendôme für sie bereit, als sie nach Paris kam. »Es war ausgeschlossen darauf zu antworten«, sagte sie. Sie warf den Brief in einen Teich in den Tuilerien.

Mit Harriet stieg sie erst im Hotel Magellan ab, das in der Nähe der Avenue du Bois de Boulogne lag. Nellie Jacott empfahl sie dort. »Ihr habt eine Empfehlung gebraucht, weil es ein kleines Haus war.« Alice gefielen die Alleen der Boulevards sehr gut, und sie fand, daß die Pariser ausgesprochen intelligente Gesichter hatten, fragte sich jedoch, warum so viele Menschen Schwarz trugen.

An ihrem ersten Tag sagte Harriet: »Jetzt besuchen wir die Steins.« Sie schickte ein *petit bleu* in die Rue Madame und teilte mit, daß sie auf dem Weg seien. So kam Alice in das große Wohnzimmer von Sarah Stein mit den ausladenden Möbeln, riesigen Fenstern, großen Perserteppichen, den unzähligen Gemälden und mit Gertrude:

Sie war eine goldfarbene Erscheinung, von der Sonne der Toskana gebräunt und mit einem goldenen Schimmer in ihrem warmen braunen Haar. Sie trug ein Kostüm aus Kordsamt in einem warmen Braunton, dazu eine große, runde Korallenbrosche. Wenn sie – sehr wenig – sprach oder – ziemlich viel – lachte, hatte ich das Gefühl, daß ihre Stimme aus dieser Brosche kam. Ihre Stimme war anders als die von allen anderen – tief, voll, samtig wie ein kräftiger Alt, wie zwei Stimmen. Sie war stämmig und schwer mit zierlichen schmalen Händen und einem herrlich geformten und einzigartigen Kopf.[10]

Gertrude sprach nicht viel, obwohl sie wie ein Buddha lächelte. »Nur ein feines Lächeln.« Ihre Augen spiegelten für Alice den Reichtum ihres inneren Lebens wider. Alice vernahm den Klang von Glocken – ein sicheres Zeichen dafür, daß sie sich in der Gegenwart eines Genies befand. Dies widerfuhr ihr nur dreimal in ihrem Leben. (Die anderen beiden Male ereigneten sich bei Picasso und bei dem Philosophen Alfred North Whitehead.) Sie fühlte sich wie ein Kind, als sie Gertrude begegnete, deren Erfahrungen viel tiefgreifender gewesen sein mußten als ihre eigenen:

Ich hatte damals nur die Erfahrungen einer viel jüngeren Frau. Vom Alter her war ich nicht viel jünger. Ich war nur zwei Jahre und einige Monate jünger. Doch man konnte das unglaubliche Leben erkennen, das sie bis dahin geführt hatte ... Ein ungeheures Lebensgefühl. All die Erfahrungen der Vergangenheit verliehen jeder neuen einen unglaublichen Reichtum – das gehört zu einem Genie.[11]

Leo kam ebenfalls zum Abendessen. Auch er war eine goldfarbene Erscheinung, obwohl er im Unterschied zu Gertrude einen goldenen Bart hatte. Er fragte Harriet, ob sie eine Monetanhängerin sei, und sie wußte zwar nicht, was er damit meinte, verneinte jedoch. Alice schaute ins Leere. Als sie aufbrach, nahm Gertrude sie beiseite und lud sie ein, am nächsten Nachmittag bei ihr in der Rue de Fleurus vorbeizuschauen, damit sie gemeinsam im Jardin de Luxembourg spazierengehen könnten.

Alice verspätete sich. Harriet wollte unbedingt im Bois de Boulogne zu Mittag essen. Mit der Bedachtsamkeit, die Gertrude später einmal lieben sollte, schickte Alice ein *petit bleu* und entschuldigte sich im voraus:

> Als ich in die Rue de Fleurus kam und an die wirklich große Ateliertür im Hof klopfte, öffnete mir Gertrude Stein persönlich. Sie war in ganz anderer Stimmung als am Tag zuvor. Sie hatte mein petit bleu in der Hand. Sie lächelte nicht mehr so wie am Tag zuvor. Sie war jetzt eine Rachegöttin, und ich fürchtete mich. Ich wußte nicht, was geschehen war oder was geschehen würde ...
> Nachdem sie einige Male um den langen Florentiner Tisch herumgegangen war, der durch zwei kleinere an den Schmalseiten noch länger wirkte, blieb sie vor mir stehen und sagte: »Jetzt verstehen Sie. Es ist vorbei. Es ist nicht zu spät, um spazierenzugehen. Sie können sich die Bilder ansehen, während ich mich umziehe.«[12]

Beklommen betrachtete Alice die Bilder, die bis unter die Zimmerdecke an den Wänden hingen. Sie sah zwei Gauguins, den Toulouse-Lautrec, kleinere Gemälde von Derain und Delacroix, viele Aquarelle von Cézanne, große Bilder aus der Harlekin-Periode von Picasso, zwei Reihen mit Bildern von Matisse, »von allem etwas«. Sie sah sich die schweren toskanischen Möbel an, die sie in den folgenden Jahren so gut kennenlernte, weil immer sie sie abstaubte. Gertrude kam besser gelaunt zurück und lachte wieder aus ihrer Brosche. Sie gingen in den Jardin de Luxembourg. Gertrude sagte: »Alice, schauen Sie die Herbstfarben der Rabatten an«, und Alice schaute, ging jedoch auf Gertrudes vertrauliche Anrede nicht ein und nannte sie nicht »Gertrude«. Gertrude fragte sie, welche Bücher sie während der Überfahrt gelesen habe und ob Flaubert bereits ins Englische übersetzt wäre, da sie keine andere Sprache sprechen oder lesen wollte. In der Nähe des Boulevard St. Michel gingen sie in eine Konditorei, wo man laut Gertrude die besten Kuchen und das beste Eis auf dem ganze linken Seine-Ufer bekam. Sie lud Alice ein, am nächsten Samstag mit Harriet zum Abendessen zu kommen, und die Maler und Schriftsteller kennenzulernen, die dort später wie immer auftauchen würden.

Als Alice wieder im Hotel war, erzählte sie Harriet von dem Spaziergang, den Kuchen, dem Eis. Sie erwähnte nicht die »Rachegöttin«, die sie durch ihre halbstündige Verspätung gereizt hatte, nicht die Glocken, die sie gehört hatte, und auch nicht, was all dies zu verheißen schien.

Am Samstagabend öffnete ihnen Leo die Tür. Er trug Sandalen und braunen Kordsamt. Alice fand ihn liebenswert und unvergleichlich ele-

Alice B. Toklas im Jahr 1906.
Fotografie von Arnold Genthe.

gant. »Als er später Zwistigkeiten mit Gertrude Stein wegen der Bilder von Picasso und ihrem Schreiben hatte, wurde er unvernünftig und unerträglich«, sagte sie.[13] Hélène hatte ein einfaches, aber köstliches Essen zubereitet. Ständig kam sie in das Zimmer und füllte neue Kohlen in den großen gußeisernen Ofen. Auf dem Renaissancestuhl saß Alice so hoch, daß sie mit ihren Füßen den Boden nicht berühren konnte, daher zog sie ihre Füße auf den Sitz hoch.

Wieder war sie von Gertrude fasziniert. Für den Alltag hatte Gertrude einen braunen Kimono, außerdem einen als »Gala«, zu dem sie eine schwere, lange Lapislazulikette aus China und um die Taille eine Kette mit Korallen trug. Alice war

> beeindruckt von ihrer Gegenwart und ihren wunderbaren Augen und ihrer herrlichen Stimme – einer unglaublich herrlichen Stimme. Ich kenne niemanden, der eine derart schöne Stimme hat, mit einer solchen Resonanz und Fülle. Sie war wie der Gesang eines sehr empfindsamen Mezzosoprans. Wenn sie sprach, war ihre Stimme so schön wie die einer Sängerin.[14]

Harriet sah die Steins als »personifizierte Autorität«. Sie sagte über sie: »Trotz meiner Zuneigung für die beiden haßte ich sie, weil ich nie den Mut fand, ihnen zu sagen, sie sollten sich zum Teufel scheren, was ich so oft gern getan hätte.«[15] Kurz darauf traf auch Picasso ein, »sehr dunkel, schwarzhaarig, eine Locke hing über einem seiner herrlichen, leuchtenden schwarzen Augen, die alles sahen«. Zum zweiten Mal in dieser Woche hörte Alice die Glocken klingen.

Picasso kam mit Fernande, und sie trafen zu spät ein, weil Fernande noch auf ein Kleid gewartet hatte, das sie bei der Eröffnung des Salon des Indépendants am nächsten Tag tragen wollte.

Dieser Abend wurde, so fand Alice, einer der wichtigsten in ihrem Leben. Nach dem Abendessen ging man ins Studio, und Gertrude setzte sich in einen hohen toskanischen Renaissancesessel, ihre Füße ruhten auf einigen Satteltaschen. Das Zimmer war voller Ungarn und Amerikaner, die unbedingt die Maler kennenlernen, Leo lauschen und die Bilder anschauen wollten. Deutsche waren damals nicht besonders beliebt, da sie ständig etwas kaputtmachten. Braque war da und Apollinaire, Marie Laurençin, Miss Mars und Miss Squire. Ethel Mars hatte ihre Lippen orange geschminkt und erklärte Alice, wie man Make-up auftrug.

Gertrude rief Alice und machte sie mit Matisse bekannt. Alice fand, daß er wie ein deutscher Gelehrter aussah: ein »mittelgroßer Mann mit rötlichem Bart und Brille. Er war von sehr beweglichem, wenn auch etwas schwerem Äußeren, und er und Miss Stein schienen in lauter Anspielungen zu reden.«[16]

Als Alice ging, hatte sie auch eine Einladung für die Vernissage am nächsten Tag. Sie nahm Harriet mit, und sie begegneten dort wieder den Gästen vom Samstagabend. »Es war wirklich die Bohème, genau wie man's in der Oper sehen kann.« Als Alice erschöpft vor einem Bild von Braque und einem von Derain saß, spürte sie, wie sich eine Hand auf ihre Schulter legte, und sie hörte das Lachen aus der Brosche. »Weil ihr die ganze Geschichte direkt vor eurer Nase habt«, sagte Gertrude. Alice konnte nur zwei seltsame Bilder mit ziemlich hölzernen Figuren erkennen. Gertrude amüsierte sich sehr über ihre Verblüffung. »Ja, ja, sagte sie und lachte immer noch und »verschwand schnell in der aufgeregten und laut schwatzenden Menge«.[17] Doch sie kam bald zurück und fragte Alice, ob sie bei Fernande Olivier Französischstunden nehmen möchte, da Fernande sich von Picasso trennen wollte und Geld brauchte.

Alice sagte zu. Eine ihrer ersten gemeinsamen Unternehmungen brachte Gertrude und Alice daher im Pferdeomnibus quer durch Paris zu Picassos Atelier im Bateau Lavoir. Dort roch es nach Hunden und Ölfarben, und Alice fand alles ziemlich schmutzig. Picasso nannte sie »die Miss Toklas ... mit kleinen Füßen wie eine Spanierin und Ohrringen wie eine Zigeunerin und einem Vater, der König von Polen ist wie die Poniatowskis«. Alice fand seine Gemälde verwirrend:

> Ein riesengroßes Bild war gegen die Wand gelehnt, ein merkwürdiges Bild in hellen und dunklen Farben, das ist alles, was ich darüber sagen kann, von einer Gruppe, einer riesengroßen Gruppe, und daneben ein anderes in einer Art Rotbraun von drei Frauen, viereckig und in Positur, alles recht zum Erschrecken.[18]

Sie hörte zu, während sich Gertrude und Pablo unterhielten. Sie fand, daß die Art, wie sie ihre Namen aussprachen, »Gertrude« und »Pablo«, die enge Bindung zwischen ihnen ausdrückte. Dann besuchten sie Fernande, und damit begann die lange Kette der Bekanntschaft von Alice mit den »Ehefrauen von Genies«.

Jeden Morgen gingen Harriet und Alice zu Fernande zum Französischunterricht. Harriet sagte, daß Fernande nur auf ihr Geld aus war. Sie hatten keine gemeinsamen Themen, und die Unterhaltung war in jeder

Sprache gleich mühsam. Sie sprachen über die Steins und über Pudel. Fernande sprach über französische Pudel, Alice über solche aus San Francisco, und Harriet, die Pudel haßte, blieb stumm. Jeden Tag fragte Gertrude Alice, ob Fernande ihre Ohrringe getragen hätte. Dies war für sie ein Zeichen für Picassos finanzielle Situation. Wenn Fernande sie nicht trug, waren sie im Pfandhaus und das bedeutete, daß Picasso Geldprobleme hatte.

Alice und Harriet wurden bei den Steins zu »Gästen ersten Ranges«, als man feststellte, daß sie das Erdbeben überlebt hatten und Harriets Haus dabei zerstört worden war. »Jedes Gefühl einer Unzulänglichkeit, eines Zusammentreffens mit einer intellektuellen Welt, die nicht unsere war, verließ uns«, sagte Harriet.[19] Immer wieder mußten sie ihre Geschichte erzählen. »Ich fürchte, wir müssen auf unser Erlebnis mit dem Erdbeben noch etwas drauflegen, wenn wir unsere Stellung behalten wollen«, sagte Harriet zu Alice. »Wir könnten ja unter dem Haus begraben gewesen sein«, antwortete Alice.

Nach einigen Wochen ihres Aufenthaltes in Paris wollten sie eine wohnlichere Umgebung als ein Hotelzimmer. Alice fand im *Figaro* eine Anzeige, in der ein Monsieur de Courcy ein Stockwerk seines Hauses an zwei respektable Personen vermieten wollte. Er lebte in einem Steinhaus in der Rue de la Faisanderie, in der Nähe des Bois de Boulogne, war ein junger Mann und erwies sich als überaufmerksamer Vermieter. Er erzählte, daß seine Mutter gerade Freunde besuchte, die im Loire-Tal lebten, jedoch bald wieder zurückkommen würde. Er verköstigte Alice und Harriet mit Meeresfrüchtesalat, Eis aus wilden Himbeeren und Wein von der Loire, spielte ihnen abendliche Konzerte mit Klavierkompositionen von Chopin vor, ließ Unmengen Blumen in ihre Zimmer bringen und nahm sie mit in die *Folies Bergère*, wo man das, was man laut Alice »nicht verstanden hatte, glücklicherweise nicht verstanden hatte«.[20]

Gertrude machte all dem ein Ende. Sie kam zum Mittagessen und gelangte zu der Überzeugung, daß Madame de Courcys immer weiter andauernde Abwesenheit nur dadurch zu erklären sein konnte, daß ihr Sohn ihr nichts von seinen Untermieterinnen erzählt hatte. Sie traute Monsieur de Courcys Absichten nicht. Sie bestand darauf, daß Alice und Harriet in ein Hotel in der Nähe der Rue de Fleurus umzogen. Monsieur de Courcy war empört. »Aber ich habe gedacht, daß Sie hier ganz zufrieden waren«, sagte er immer wieder. »Ganz zufrieden – sogar glücklich – mit allem. Meine Mutter wird enttäuscht sein ... Was soll ich ihr denn sagen?« Harriet lächelte still vor sich hin, und auch Alice gab keine Erklärungen ab.

Während sie im Hotel de l'Univers am Boulevard St. Michel auspackten, kam Gertrude mit Blumen für Harriet und Pralinen für Alice. Sie lobte sie für ihren Umzug und wies darauf hin, daß sie jetzt nur noch zwanzig Minuten durch den Jardin de Luxembourg bis zur Rue de Fleurus zu gehen hätten. »Das war der Beginn meiner Freundschaft mit Gertrude, und ich begann, sie Gertrude zu nennen«, sagte Alice.[21]

Alice begann, sich in der Rue de Fleurus nützlich zu machen. Sie ging jeden Tag dorthin. Gertrude unterhielt sich mit ihr über *The Making of Americans.* Sie vertraute ihr ihre Theorie von der Grundnatur und abhängig unabhängigen und unabhängig abhängigen Charakteren an. Sie gab Alice einige Seiten aus ihrem Werk zu lesen, das gerade im Entstehen war. Alice las:

> Das Stärkste in jedem einzelnen ist die Grundnatur in ihnen. Andere Naturen sind in fast allen Männern und in fast allen Frauen gemischt mit der Grundnatur in ihnen. Manche Menschen haben es in sich Angreifer zu sein. Manche Menschen haben es in sich mehr oder weniger aus der Mischung einer anderen Natur in sich oder anderer Naturen mit der Grundnatur in ihnen zu sein. Es gibt zwei Arten Männer und Frauen, diejenigen mit abhängig unabhängigen Naturen in sich, diejenigen mit unabhängig abhängigen Naturen in sich. Diejenigen der ersten Art gestatten denjenigen die sie brauchen immer auf irgendeine Art sie zu lieben, die zweite Art hat es in sich, daß sie Macht über andere nur dann haben, wenn diese anderen bereits ein wenig begonnen haben sie zu lieben, andere die sie lieben geben solchen die Stärke zu beherrschen.[22]

Alice fand das alles sehr aufregend. Aufregender als alles, was bisher gewesen war – sogar aufregender als die Bilder von Picasso.

Zu der Zeit, als Alice in Paris eintraf, hatte Gertrude bereits viele Schreibhefte mit Notizen zu ihrem Buch gefüllt, das tausend Seiten lang werden sollte, keine Kapitel hatte und Sätze enthielt, die zwanzig Zeilen lang waren, und in dem sie

> ausbrach aus dem unvermeidlichen Erzählen des Folgens von allem und jedem auf etwas des Aufeinanderfolgen-Müssens als folgen müssen auf irgend etwas des Darin-Bestehens von allem

> und jedem nämlich der emotionale und der tatsächliche Wert von allem was zählt daß alles Anfang und Mitte und Ende hat . . .[23]

Dieses Buch machte laut Gertrude den Unterschied zwischen amerikanischer und englischer Literatur aus. Die englische Literatur entsprach ganz dem neunzehnten Jahrhundert, die amerikanische war das zwanzigste, und Gertrude spürte, daß sie amerikanische Literatur des zwanzigsten Jahrhunderts schrieb.

Alice fing damit an, alles abzutippen. Erst schrieb sie alles bisher Verfaßte ab, dann nach und nach das, was in jeder Nacht neu entstand. Sie ging nun jeden Morgen in die Rue de Fleurus, wenn Gertrude noch schlief. (Gertrude arbeitete von elf Uhr nachts an, ging jedoch am liebsten zu Bett, bevor die Morgendämmerung so hell war, daß die Vögel mit ihrem morgendlichen Gesang begannen. Es war ihr immer wieder ein schreckliches Ärgernis, wenn jemand frühmorgens Teppiche im Hof ausklopfte.)

Alice brachte sich selbst das Schreiben auf einer abgenutzten Blickensdorfer-Schreibmaschine bei:

> Die Schreibmaschine hatte einen Rhythmus, machte eine ganz eigene Musik, ich meine nicht das Schreiben, sondern die Schreibmaschine. In diesen komplizierten Satzfolgen ließ ich selten etwas aus. Und ich wurde ziemlich flink. Natürlich war meine Liebe zu Henry James eine gute Vorbereitung für die langen Sätze.[24]

Sie entwickelte eine Technik »à la Gertrude Stein, wie das Spielen von Bach«. Und sie konnte nur Gertrudes Arbeiten tippen, nichts anderes. Sie war einer der wenigen Menschen, die Gertrudes Handschrift entziffern konnten – Gertrude selbst war dazu nicht immer imstande. Alice sagte, daß dies eine sehr glückliche Zeit in ihrem Leben war, »wie lebendige Geschichte . . . ich hoffte, das würde immer so bleiben«.

Durch diesen Liebesdienst erfuhr Alice alles über Gertrude und ihre Arbeit. So wie sie in den kommenden Jahren alles über die Bilder in der Rue de Fleurus erfuhr, weil sie sie immer abstaubte:

> Ich sage immer, man kann nicht sagen, was ein Bild eigentlich ist oder wie ein Gegenstand eigentlich ist, wenn man ihn nicht jeden Tag regelmäßig abstaubt, und man kann nicht sagen, wie ein Buch ist, wenn man es nicht abtippt oder die Korrekturen liest. Dann ruft es einen besonderen Eindruck hervor, den man durch die bloße Lektüre nie erhält.[25]

Mit Alice diskutierte Gertrude gern über ihre Charakteranalysen, sie mochte die Spaziergänge mit ihr durch Paris, bei denen sie Gedanken wälzten, Urteile fällten und Ereignisse beobachteten, die dann in das einflossen, was sie an diesem Tag schrieb. Wenn sie schrieb, »geschah dies ohne Zögern, sie arbeitete so schnell wie ihre Hand sich bewegen konnte, und in den Manuskripten gab es keine Korrekturen«, sagte Alice.[26]

Alices Begeisterung für lange Sätze, für die Grundnatur und das Partizip Präsens, wie auch ihre Liebe und ihr Lob kamen für Gertrude zu einem wichtigen Zeitpunkt. May Bookstaver heiratete im August 1906 einen »gestandenen Mann« namens Charles Knoblauch. Einige Monate später ehelichte Mabel Haynes einen österreichischen Armeehauptmann mit Namen Heisig. Leo, der bisher immer Gertrudes Mentor, Freund und Unterstützer gewesen war, interessierte sich nicht für ihre Arbeit. Er bezeichnete seine Schwester als barbarisch in ihrem Umgang mit der Sprache und sagte, daß sie kein ordentliches, korrektes Englisch schreiben konnte.

Seine Verbitterung kam vor allem aus fehlgeschlagenen Ambitionen. Die Malerei gab er genauso wieder auf, wie er bisher schon alles wieder aufgegeben hatte. Gertrude spürte, daß er erst über Malerei sprechen und sie analysieren mußte, bevor er anfangen konnte zu malen, und daß er sich aus allem wieder herausredete. Er wurde auch langsam taub, und das erschien ihr wie eine metaphorische Umsetzung der Tatsache, daß er ihr nicht zuhören wollte. Sein fehlender Glaube an sie sollte »ihn für mich zerstören«. Sie begann, sich gegen ihn zu wehren, während er weiterhin bei den samstäglichen Salons auftrat und sie schweigend dabeisaß. Sie vertraute ihm ihre Vorstellungen nicht mehr an. Der endgültige Bruch zwischen den beiden ereignete sich erst 1913, sechs Jahre, nachdem Alice nach Paris gekommen war, doch es war ein Prozeß einer langsam fortschreitenden Zerrüttung.

Also kam Alice gerade zur rechten Zeit, hörte Glocken erklingen, hatte tiefen Respekt vor Gertrude und wußte, daß sie ein Genie und die aufregendste Schriftstellerin aller Zeiten war. Gertrude sehnte sich nach amerikanischem Essen, daher bereitete ihr Alice Gerichte nach kalifornischem Geschmack zu – Hühnerfrikassee, gebratenen Truthahn mit einer Füllung aus Pilzen, Kastanien, auch Austern, Maisbrot, und Apfel- und Zitronenkuchen. Alice versuchte alles zu besorgen, was Gertrude sich wünschte. Annette Rosenshine, die ins Abseits gedrängt wurde, war der

Meinung, daß Alice die »strahlende Persönlichkeit gefunden hatte, die ihrer Talente würdig war«, und daß sie ihre »Effizienz und Schlauheit« nutzen konnte, um Gertrudes weitere schriftstellerische Karriere voranzutreiben: »In der Vergangenheit hatte sich sowohl in ihrer Freundschaft mit Harriet Levy als auch mit mir gezeigt, wie wichtig es für sie war, die Fäden in der Hand zu halten, doch wir, ihre Püppchen aus San Francisco, waren zu inkonsequent.«[27]

Gertrude und Alice gingen überall zusammen hin und waren bald als Paar bekannt. Ein bemerkenswertes Ereignis war »Rousseaus Bankett«. Es begann damit, daß Leo sagte, er wollte hören, wie Rousseau auf seiner Geige spielte. Fernande Olivier griff die Idee auf und lud Rousseau ein, bei einem Abendessen ihm zu Ehren in Picassos Atelier zu spielen. »Ich werde die Steins einladen und Braque und Apollinaire und Marie Laurençin«, sagte sie.[28] Die Neuigkeit machte die Runde, und schließlich wollten so viele Leute kommen, daß aus dem Abendessen ein Abendpicknick wurde. Alice kaufte sich für das Fest einen neuen Hut: ein Riesending aus schwarzem Samt mit gelbem Phantasieschmuck. Fernande bestellte bei dem Feinkosthändler Félix Potin das Essen. Sie selbst kochte eine Unmenge *riz à la valençienne* als Beilage. Geplant war, daß sich die Gäste zum Apéritif in einem Café am Montmartre treffen und dann gemeinsam zum Abendessen gehen sollten.

Als Gertrude, Leo, Alice und Harriet in das Café kamen, war Marie Laurençin betrunken. »Sie fiel immer wieder Guillaume Apollinaire in die Arme und rutschte wieder aus seinen Armen heraus, und Apollinaire setzte sie auf ihren Stuhl, nur damit sie gleich darauf wieder in seinen Armen lag«, erzählte Alice.[29] Er schlug sie und hinterließ einen roten Striemen auf ihrem Gesicht. Dann kam Fernande völlig verzweifelt ins Café und sagte, daß Potin das Essen nicht geliefert hatte (es kam am Mittag des folgenden Tages). Alice versuchte zu helfen, konnte jedoch so schnell kein Telephon finden, und als sie schließlich eines fand, war der Laden geschlossen. Sie zog mit Fernande los und beide kauften, was sie auftreiben konnten. Inzwischen kamen die Gäste aus dem Café ins Atelier und tranken dort weiter. Die meisten wurden entsetzlich betrunken.

Frédéric, dem das Café gegenüber dem Atelier gehörte, kam mit seinem Esel Lolo. Marie Laurençin sang alte französische Volkslieder, fiel in die Marmeladentörtchen und bestand darauf, jeden Gast zu küssen. Sie wurde nach Hause zu ihrer Mutter verfrachtet. Apollinaire stand auf dem Tisch und rezitierte eine poetische Eloge auf Rousseau. Rousseau schlief ein, ein Wachslicht tropfte auf seinen Kopf und begann zu brennen. Er wachte auf und spielte unendlich langweilige Musik auf seiner Geige. Als die ersten Gäste miteinander rauften, beschützte Leo Rousseau und dessen Geige, Braque beschützte die Skulpturen.

Apollinaire wollte, daß Alice die Nationalhymne der Indianer vorsingen sollte. Sie sagte, daß die ihrer Meinung nach wohl keine hatten. Harriet sang ihr Collegelied von der Universität von Berkeley:

Oski wow wow
Whisky wee wee
Ole Muck I
Ole Berk-keley i
California
Wow!

Ein Mann namens Maurice Cremnitz zeigte, was ein Delirium tremens bedeutet, indem er ein Stück Seife verzehrte, Lolo fraß ein Telegramm, ein Schachtel Zündhölzer und die gelben Verzierungen von Alices Hut. »Die unglaubliche Menge Reis«, sagte Alice, »war wirklich köstlich.«

Für Alice unterschied sich dies alles sehr deutlich von den musikalischen Soirées bei Hanchen Levinsky und dem »wohlerzogenen Leben meiner Klasse«. Sie verbrachte immer mehr Zeit mit Gertrude. Oft verließ sie die Rue de Fleurus erst um Mitternacht, weil sie mit Tippen, Zuhören und Kochen voll ausgelastet war. Harriet erklärte, daß sie sich Sorgen machte, wenn Alice so spät noch allein durch die Straßen von Paris ging. Harriet blieb dadurch auch zu viel alleine, war verlassen in einer großen Stadt, und dadurch entstanden bei ihr Probleme mit ihren Gefühlen und mit Gott.

Bald litt sie an einer Art hysterischer Lähmung und verfiel in einen Zustand, in dem sie nicht mehr gehen konnte. Erholung von ihren Problemen fand sie in Gott. Sarah Stein machte sie mit der Christlichen Wissenschaft bekannt. Eines Abends saß Harriet allein mit Sarah zusammen unter einem Bild von Matisse »mit einer Frau mit einem überaus riesigen Busen, so voluminös, daß man sich dagegen wehrte«. Harriet hatte dieses Bild nie direkt anschauen können, doch Sarah las gerade ein Gedicht von Rabindranath Tagore laut vor und

> von der Macht des Geistes emporgehoben schaute ich auf den Matisse. Mit dem Bild war etwas geschehen. Ich schaute nicht

mehr länger auf die schweren, übertriebenen, vulgären Brüste. Statt dessen erlebte ich eine Erleuchtung, so großzügig, so universell ... es bewegte mich, wie mich noch nie etwas bewegt hatte ... Es war Liebe.[30]

Kurze Zeit nach diesem Erlebnis erwarb Harriet von Matisse sein Gemälde *Mädchen mit grünen Augen*, als das Bild noch feucht und unsigniert war.

Harriet vertraute sich mit ihren Problemen Gertrude an. »Gertrude erklärte Harriet, daß ihr – Harriet – nichts anderes übrigbliebe, als sich umzubringen.« Harriet nahm diesen Rat schweigend auf, ging alleine in ihr Hotel zurück und ließ neben dem Bett von Alice eine Nachricht zurück mit der Bitte, sie am folgenden Morgen nicht zu wecken. »Ich schlief ein«, sagte Alice,

und las gerade in einem der dreißig Bände über das Leben von George Sand, die ich in einem Bücherantiquariat in der Rue Vaugirard gefunden hatte. Es war recht früh, als Harriet mich mit wiederholten Rufen weckte: Alice, komm sofort. Ich zog meinen Morgenmantel an und lief in Harriets Schlafzimmer. Sie saß aufrecht in ihrem Bett, ihre kleinen Augen waren heller als je zuvor. Ich habe Gott gesehen, sagte sie mit schwacher Stimme. Er kam als Wassertropfen vom Himmel zu mir. Ich freue mich so sehr für dich, wollte ich gerade sagen, doch sie unterbrach mich mit einer Handbewegung. Geh zu Gertrude, sagte sie, und bring sie sofort her.[31]

Gertrude konnte nicht viel ausrichten. Sarah Stein schaltete sich ein und sagte zu Gertrude, sie würde »ihre Beteiligung an der Errettung von Harriet nicht dulden«. Einige Zeit traf Harriet nur Sarah und andere Angehörige der Christlichen Wissenschaft; Alice und Gertrude konnten sich völlig ungestört treffen und einander besser kennenlernen.

Auch Annette Rosenshine war allein. Gertrude war seit der Ankunft von Alice nicht mehr an ihr interessiert, und die nachmittäglichen Sitzungen fanden nicht mehr statt. Annette belastete es, daß sie Gertrude ein Jahr lang alle Briefe von Alice gezeigt hatte. Sie spürte, daß ihre Freundschaft dadurch beeinträchtigt wurde. Eines Tages erzählte sie Alice bei einem Spaziergang im Jardin de Luxembourg davon. Alice sagte nichts und ging einfach weiter. Doch später sprach sie von Annette nur noch als dem »Miststück«.

Alice fühlte sich durchaus noch verantwortlich für Harriet. Sie lebten

In Venedig, 1908.

schließlich nach wie vor zusammen, und Harriet hatte die Reise nach Paris ermöglicht. Für den Sommer des Jahres 1908 mietete Michael Stein die Villa Bardi in Fiesole für sich, Sarah, ihren Sohn Allan, Gertrude und Leo. Gertrude schlug vor, daß Alice und Harriet die nahegelegene Casa Ricci mieten sollten, in der sie im Jahr zuvor mit Leo gewohnt hatte. Alice willigte gleich ein. Es sollte ein folgenschwerer Urlaub werden.

7
DIE ANDEREN WERDEN VERDRÄNGT

Wir können keine Kisten mit Obst und Pflaumen herumtragen. Das sage ich.

Während der Zugfahrt nach Florenz war es heiß, und Hitze konnte Alice nicht gut vertragen. (Hitze, hohe Gebäude, Bomben und Trittsteine gehörten zu den Dingen, die sie weinerlich und reizbar machten.) In der Toilette zog sie ihr Korsett aus und warf es aus dem Fenster. Es war kirschrot und Harriet sah, wie es vorbeiflog. Die Fahrt von Florenz nach Fiesole, wo Gertrude sie erwartete, war dann erfrischender.

Gertrude wollte mit Alice die Toskana erkunden, die steilen Hügel, die Plätze und die römischen Ruinen. Es war eine romantische Landschaft. Die Villa von Alice lag hoch oben auf den Hügeln, mit einem Blick über das Arnotal, in der Ferne waren die Dome und spitzen Türme von Florenz zu erkennen. Jeden Morgen erledigte Alice die Schreibarbeit für Gertrude, dann fuhren sie nach Florenz, um in einer Bibliothek neue Bücher auszuleihen oder um einkaufen zu gehen. Alice kaufte handgefertigte Stiefel und Schuhe, einen toskanischen Tisch, Stühle und eine *credenza*, einen kleinen Tisch, der für Brot und Wein bei der Eucharistiefeier gedacht war, eine Andeutung des religiösen Gesinnungswandels, den sie später vollziehen sollte.

In Florenz aßen sie mit Claribel und Etta Cone zu Mittag. »Dr. Claribel war freundlich und vornehm, was man von Miß Etta nicht sagen konnte«, sagte Alice, die wegen Ettas Interesse an Gertrude eifersüchtig war. Obwohl Etta *Drei Leben* abgetippt hatte, war sie jetzt überflüssig geworden. »Hat meine Nachfolgerin ihre Pflicht auf meinem Platz erfüllt, den sie sich angeeignet hat? Manchmal bin ich neidisch«, sagte sie zu Gertrude.[1]

In Settignano besuchten sie Bernard Berenson in seiner Villa *I Tatti*, und gingen zum Tee in die Villa Gamberaia zu Miß Florence Blood und ihrer Freundin, der Prinzessin Ghyka, die mit Napoleon III. und mit Natalie Barney ins Bett gegangen war. Die Korallenkette von Alice zerriß, Alice bewunderte die Grotten und Becken.

Sie besuchten die Städte auf den Hügeln der Toskana. Ihr Hotel in Perugia war ein ehemaliger Palast, in den Schlafzimmern schmückten Jagdszenen die Wände. Bei Sonnenuntergang gab es viele Glühwürmchen, Feuerfliegen, lärmende Mauersegler und Schwalben in den Tälern. Zum Abendessen wurden »perfekte Scampi und *fritto misto*« serviert. In Assisi gingen sie zur Kathedrale hinauf. Alice trug ein Batik-Baumwollkleid, Gertrude einen Rock aus Kordsamt, eine Seidenbluse und einen Strohhut, den eine Frau aus Fiesole gehäkelt hatte. In der Gluthitze gingen sie spazieren, und Alice zog unter einem Busch ihre seidene Unterwäsche und ihre Strümpfe aus. »Mehr konnte ich nicht tun«, sagte sie. Nach vielen Stunden kamen sie zur Kathedrale, in der Alice verständlicherweise beten wollte.

Doch meistens unternahmen sie lange, »unvergeßliche Wanderungen«. Gertrude ging gern meilenweit in der Mittagssonne. Wenn sie müde wurde, streckte sie sich auf dem Boden aus und starrte in die Sonne. Sie sagte, daß sie davon einen freien Kopf bekäme. An einem dieser glühend heißen Tage packte Alice Sandwiches ein, und zusammen gingen sie auf den Berg, auf dem sich, wie sie sagte, der heilige Franziskus und der heilige Dominikus begegnet waren. Gertrude und Alice rutschten auf der trockenen Erde des steilen Pfades aus. Gertrude zog ihre Sandalen aus und riet Alice, das ebenfalls zu tun. Je höher sie kamen, desto schöner wurde der Blick über das Tal. Oben hielten sie ihr Picknick in den Wolken ab.

Auf einem dieser Ausflüge machte Gertrude Alice einen Heiratsantrag. Es war ihr Wunsch, »meine Braut zu gewinnen«. Das Gespräch begann mit einer Unterhaltung über die unterschiedliche Art der Hitze an den verschiedenen Orten, an denen sie gelebt hatten. Dann sagte Gertrude: »Heute bin ich sehr glücklich.« Sie fragte Alice, ob ihre Freundinnen in San Francisco sie geliebt hatten. Von diesen Geschichten wußte sie einiges, da sie alle Briefe von Alice an Annette gelesen hatte. »Haben dich Nelly und Lilly nicht geliebt?« fragte Gertrude. Sie hatten Alice nicht so geliebt, wie es Gertrude für die Zukunft vorschwebte. Gertrude sollte der Ehemann sein, Alice die Ehefrau. Alice sollte sich liebend unterordnen. »Eine Ehefrau hängt an ihrem Gatten das sagt Shakespeare eine liebende Ehefrau hängt an ihrem Gatten das tut sie.«[2] Doch vor allem, und das war der Kern der Vereinbarung, gab es Begehren. »Wenn alles gesagt ist ist man an das Bett gefesselt«, schrieb Gertrude.

Die Hitze, die Emotionen und ihr Glück brachten Alice einfach zum Weinen. Harriet zählte pro Tag dreißig naß geweinte Taschentücher. »Jeden Tag weinte sie über die neue Liebe, die in ihr Leben gekommen war«, sagte Harriet, die nicht besonders fröhlich war und spirituelle Erlebnisse hatte, an denen der Mond und eine Nachtigall beteiligt waren; und sie litt auch wieder unter einer durch Hysterie bedingten Unfähigkeit zu gehen.

Gertrude lud Alice ein, mit ihr und Leo in der Rue de Fleurus zu leben, doch Alice lehnte das ab. Es war schwierig, Harriet zu verlassen, die sich in einer fremden Stadt derart abkapselte und nur die fragwürdige Unterstützung ihrer Bekannten von der Christlichen Wissenschaft hatte. Bei ihrer Rückkehr nach Paris fand Alice für sich und Harriet eine Wohnung in der Rue de Saint-Pères, nah bei der Rue de Fleurus. Sie stellte die Möbel auf, die sie in Florenz gekauft hatte, nähte Vorhänge und Kissenbezüge, gab Marie Enz, dem schweizerischen Dienstmädchen, noch Anweisungen, ließ Harriet dann allein dort zurück und verbrachte die meiste Zeit mit Gertrude.

Sie begann ihre Karriere als Gertrudes Herausgeberin, Gehilfin, Sekretärin, Haushälterin, Liebhaberin, Ehefrau und Freundin. Kein Verleger wollte *Drei Leben* herausbringen. Man fand das Buch zu unkonventionell, zu literarisch, zu ungewöhnlich. May Knobloch, ehemalige Bookstaver, tat 1908 die amerikanische Privatdruckerei Grafton Press auf, die bereit war, auf Gertrudes Kosten zu einem Preis von 660 Dollar 1500 Exemplare herzustellen. Der Eigentümer, Mr. F. H. Hitchcock, schickte Gertrude im Januar 1909 die Fahnenabzüge. »Meine Lektoren teilen mit, daß einige ziemlich derbe grammatikalische Schnitzer darin sind, die vielleicht beim Abtippen entstanden sind.« Er bot an, für einen geringen Aufpreis die Korrekturen vorzunehmen. Er war möglicherweise der Meinung, daß Gertrude nicht gut genug Englisch sprach oder wenig Erfahrung im Schreiben besaß. Alice mußte prüfen, daß jede einzelne Wiederholung und grammatikalische Abweichung genauso dastand, wie Gertrude sie verfaßt hatte.

Nach der Veröffentlichung schickte Mr. Hitchcock wieder einen Brief: »Ich möchte ganz offen sagen, daß Sie meiner Meinung nach ein sehr eigenartiges Buch geschrieben haben, und daß es schwer sein wird, die Leute davon zu überzeugen, daß es ernst gemeint ist.«[3] Er befürchtete, daß Gertrudes stilistische Eigenheiten als Unfähigkeit seines Unternehmens ausgelegt werden würden. Der *Boston Morning Herald* fand es außerordentlich, der *Kansas City Star* schrieb: »Die Originalität der Erzählweise ist bemerkenswert.« Sarah Stein gefiel es sehr gut, und sie war sehr bewegt, H. G. Wells sagte, daß er anfangs von dem seltsamen Stil abgestoßen war, das Buch dann jedoch »mit tiefer Bewunderung und Freude« gelesen habe, und in Zukunft voller Neugier und Spannung auf Gertrudes Namen achten werde. Leo sagte, daß es keine Kunst sei.

Alice half beim Vertrieb des Buches, verschickte 78 Freiexemplare an Kritiker und Freunde und sammelte alle Besprechungen in einem Heft. Doch trotz ihrer Bemühungen verkaufte sich der Band nicht gut. Ein Jahr nach der Veröffentlichung waren erst 73 Exemplare verkauft.

Gertrude und Alice nannten sich jetzt Lovey und Pussy. Alice war Pussy. Es war ihnen egal, wer zuhörte, da ihnen ihre Zuneigung wichtiger war als das, was vielleicht irgend jemand dachte oder sagte.

Als Alice an einem Sonntagabend im Jahr 1908 gerade das Abendessen vorbereitete, kam Gertrude in die Küche, schwenkte ein kleines Notizbuch und sagte, daß sie das jetzt sofort lesen mußte. Sie hatte ihr Essen gern lauwarm, Alice mochte es heiß. Alice setzte sich und las. Die Erzählung mit dem Titel *Ada* handelte nur von Alice und ihrer idyllischen Beziehung zu »jemandem«, der sie liebte. »Ich begann es und glaubte, sie wolle sich über mich lustig machen«, sagte Alice, »und protestierte ... Schließlich las ich alles und war ganz hingerissen. Und dann aßen wir.«[4]

Es war das erste der Porträts, die Gertrude über Menschen schrieb, die sie kannte. In *Making of Americans* schrieb sie über jeden, der jemals gelebt hatte. In ihren Porträts schrieb Gertrude über alle, die sie kannte. Alice arbeitete an *Ada* mit und es wurde eine gemeinsame Liebeserklärung daraus. Es begann mit einer Schilderung, wie gut Alice als Tochter gewesen war und wie sie sich um ihre Mutter gekümmert hatte; nach dem Tod ihrer Mutter

> führte [sie] dann das Haus für ihren Vater und kümmerte sich
> um ihren Bruder. Da waren viele Verwandte die bei ihnen
> lebten. Die Tochter mochte sie nicht bei ihnen leben haben und
> sie mochte sie nicht bei ihnen sterben haben.[5]

Sie ging fort, und ihr Vater wartete auf ihre Rückkehr. Sie schrieb ihm »zarte Briefe«, doch sie kam nie zurück – da sie »jemanden« traf, der sie liebte: »Sie kam dazu glücklicher zu sein als sonst irgend jemand der dann lebte.« Alice krönte dies mit einer Liebeserklärung am Ende der Erzählung, in ihrer eigenen Handschrift, doch im Stil von Gertrude:

Beben war ganz Leben, Leben war ganz Lieben, jemand war dann die andere: Sicherlich liebte diese eine diese Ada dann. Und sicherlich war Ada in ihrem ganzen Leben glücklicher im Leben als sonst irgend jemand der jemals leben konnte, lebte, lebt und jemals leben wird.[6]

Das Glück hat seine Schattenseiten, eine davon war Harriet. Sie wußte nicht genau, was sie wollte, wie Gertrude in einem weiteren ihrer Porträts ausführte:

Sie sagte sie hätte keine Pläne für den Sommer. Niemand interessierte sich dafür, ob sie irgendwelche Pläne für den Sommer hatte. Das ist nicht die ganze Geschichte dieser Sache, manche interessierten sich für diese Sache bei ihr daß sie keine Pläne für den Sommer hatte. Sie interessierte sich für diese Sache bei ihr daß sie keinerlei Pläne für den Sommer hatte. Manche denen sie über diese Sache erzählte interessierten sich für diese Sache. Ihre Familie interessierte sich für diese Sache bei ihr daß sie noch keinerlei Pläne für den Sommer gemacht hatte. Andere interessierten sich für diese Sache, ihr Damenschneider interessierte sich für diese Sache und ihre Putzmacherin ... Manche die sich nicht für diese Sache bei ihr interessierten daß sie noch keinerlei Pläne für den Sommer gemacht hatte hätten sich für diese Sache interessiert daß sie noch keinerlei Pläne für den Sommer gemacht hatte wenn sie Pläne für den Winter gemacht hätte ...

Was wäre ihr Plan für den Sommer. Sie hatte eben keinen Plan für den Sommer. Sie schaffte es nicht wirklich einen Plan für den Sommer zu machen und der Sommer würde ein Sommer sein und dann wäre da ein Winter. Sie würde keinen Plan für den Winter haben und manche würden sie fragen was ihr Plan für den Winter wäre. Es gäbe dann keinen Sommer mehr. Es gäbe dann einen Winter ...

Sie konnte niemandem zu Beginn des Winters sagen daß sie keinen Plan für den Winter hatte weil sie dann wüßte daß Winter war und sie wüßte dann daß das was sie dann tat ihr Plan für den Winter war, jeder eine konnte das wissen, irgend einer konnte das wissen, sie konnte wissen daß das was sie im Winter tat der Plan war den sie für den Winter ausführte. Dann sollte also das Ende des Sommers kommen und sie antwortete dann auf nichts wenn irgend jemand sie fragte was ihre Pläne für den Winter waren.[7]

Auf diese Art ging es über mehrere Seiten. Der Kern des ganzen bestand darin, daß Harriet weder für den Sommer noch für den Winter irgendwelche Pläne entwickelt hatte. Sie schien sich in eine Art melancholischen Rückzug begeben zu haben. Sie war allein in einer Mietwohnung in Paris, begegnete Gott in Form von Wassertropfen, hatte sehr wenig Geld und ihre Mitbewohnerin hatte sich in eine Frau verliebt.

Sie schrieb an ihre Freundin Caroline Helbing in San Francisco und lud sie zu einem Besuch nach Paris ein. Caroline war dabei, den Mann zu heiraten, mit dem sie seit 25 Jahren verlobt war, doch sie erklärte sich einverstanden, vorher noch eine Urlaubsreise zu unternehmen. Im Winter 1909 traf sie in Paris ein, und das nahm Alice und Gertrude für eine Zeit einen Teil der Last ab.

Als Caroline nach Hause fuhr, brachte Alice sie zu dem Zug, der zum Hafen fuhr, und auf dem Weg dorthin sagte sie:

Caroline, Liebe, du mußt dafür sorgen, daß Harriet nach ihrer Rückkehr nach Amerika nicht mehr nach Paris kommt, weil es bereits besprochen ist, daß ich zusammen mit Gertrude und Leo in der Rue de Fleurus wohnen werde. Das habe ich schon vermutet, sagte Caroline, du kannst dich auf mich verlassen. Daraufhin küßte mich Caroline, und ich verabschiedete sie am Zug.[8]

Im Juli 1910 mußte Sarah Stein nach San Francisco, weil ihr Vater wegen eines Gehirntumors im Sterben lag. Sie trat die Schiffsreise mit Michael, Allan und Harriet an. Harriet schrieb dann aus San Francisco an Alice, daß sie ihre Wohnung in Paris auflösen und Harriets Bilder sorgfältig verpacken sollte, vor allem das *Mädchen mit blauen Augen* von Matisse und eine Landschaft von Harry Phelan Gibb. Dann sollte sie das alles mit den in Florenz gekauften Möbeln nach Amerika schicken, da sie nicht mehr zurückkommen würde.

Annette Rosenshine war ein Jahr zuvor nach Hause zurückgekehrt. Ihre Beziehung zu Alice war gespannt. Alice ließ keinerlei Konkurrenz bei Gertrudes Aufmerksamkeit und Zeit zu. Sarah Stein sagte zu Gertrude:

wenn man sie mit Alice zusammen sieht, wirkt das recht anstrengend – einfach weil Alice ihr so weh tut, und ich merke, daß ich innerlich zu Annette halte, obwohl ich sehr zurückhaltend bin, wenn ich danach darüber spreche, und das ist doch wohl auch richtig so, oder nicht?[9]

Annette verbrachte ihre letzte Nacht in Paris bei Sarah, die darüber schrieb:

Von halb acht bis Mitternacht hing sie tatsächlich mit aller Kraft an mir, und dieses Gefühl blieb die ganze Nacht über. Letzte Nacht träumte ich von ihrem Schrei: »Ich bin weg, Sally, oh . . .«, als der Zug losfuhr.[10]

Als Gertrude sich verabschiedete, konnte Annette »wenig Gefühl in ihrem Gesichtsausdruck oder in ihren Worten entdecken«. Auf der Überfahrt war Annette krank, und als sie in San Francisco war, sagte ihre Mutter, daß sie immer noch seufzte. Sie schrieb fast täglich an Gertrude, »der hellste Punkt meines täglichen Lebens war der Rettungsanker, den die Briefe von Gertrude darstellten«.[11]

Sie begann, mit schwererziehbaren Kindern zu arbeiten, fing eine intensive Therapie an, änderte ihren Namen in Rhodes, schrieb an C. G. Jung, kämpfte mit ihren Schuldgefühlen, ihrer Introvertiertheit, Unterdrückung und der Bedeutung ihrer Träume. Danach wurde ihr die Kunst ein Mittel, um sich selbst auszudrücken. Sie gestaltete Figuren, die einzelne Aspekte ihrer Persönlichkeit verkörperten.

Alice zog bei Gertrude ein und hatte ihre früheren Bindungen gelöst. Ihre Mutter war tot. Sie sah ihren Vater nie wieder, obwohl sie ihm liebevolle Briefe schrieb und ihm telegrafierte, wenn sie Geld brauchte. Für ihren Bruder empfand sie keine besondere Zuneigung.

Harriet und Annette waren wieder in San Francisco. Sie hatte ausschließlich die Beziehung mit Gertrude, und die Menschen, die sie jetzt kennenlernte, waren Gertrudes Freunde. Im Lauf der Zeit jagte sie diejenigen davon, die Gertrude bedrohlich nahe kommen konnten oder ihren gewohnten Tagesablauf störten.

Anfangs war Leo mit dem Einzug von Alice einverstanden. Er räumte sein Atelier, um ihr ein eigenes Zimmer zu geben, und ging oft aus dem Haus, damit sie und Gertrude ungestört sein konnten. »Das war sehr rücksichtsvoll von ihm«, sagte Gertrude. Er reiste viel und war »zusehends mehr beeindruckt von der überragenden Bedeutung der Ernährung und Sexualität in der Entwicklung der menschlichen Persönlichkeit«. Diese Überzeugung – und vielleicht auch Gertrudes neue Liebesgeschichte – brachten ihn dazu, selbst eine Affäre zu beginnen: mit Nina Auzias, wegen ihrer Gefälligkeiten bekannt als die »Seele vom Montparnasse«, die Straßensängerin und Künstlermodell war.

1910 schrieb er an Mabel Weeks und erklärte ihr, daß er Nina möglicherweise nicht gerade leidenschaftlich liebte, jedoch äußerst gefesselt von ihr sei:

> Sie könnte eine Schwester von Jakobus dem Jüngeren auf Corregios Fresko im Dom zu Parma sein, und in ihren strahlenden Momenten sieht sie dem Engel auf seiner Darstellung der Madonna mit dem heiligen Hieronymus außerordentlich ähnlich.[12]

Leo fand Ninas Augen »absolut unergründlich«, im Unterschied zu Gertrudes Erkenntnissen über die menschliche Natur, obwohl einige seiner Freunde der Meinung waren, daß sie bedrohlich und überwältigend wirkte.

Nina Auzias war die Tochter eines Mathematikprofessors aus der Provinz. Sie rebellierte zu Hause, ging mit achtzehn Jahren nach Paris, »tat sich mit einem sozialistischen Arbeiter zusammen« und wurde Straßensängerin, um für sie beide den Lebensunterhalt zu verdienen. In der Kälte verlor sie ihre Stimme und begann daher, als Aktmodell für Künstler zu posieren, was zu einigen Affären führte. 1905 sah sie Leo zum ersten Mal im Jardin de Luxembourg. Sie fand, daß er wie die ägyptische Statue eines schönen Riesen aussah und war sicher, daß er der Mann ihrer Träume war.

Vier Jahre später traf er sie im Atelier eines Freundes, als sie gerade nackt auf einer Seifenschachtel kniete, und ihre Hände in einer flehenden Pose der Anbetung erhoben hatte. Kurz darauf sah sie Leo beim Billardspiel und streckte ihm die Zunge heraus. Er fragte sie, vielleicht hinterlistig, ob sie auch für ihn nackt posieren würde. Sie weigerte sich und sagte, daß sie nicht gut genug gebaut wäre, eine Überlegung, die sie in der Vergangenheit bis dahin nicht gestört hatte. Er überredete sie und strapazierte ihre Nerven dann jedoch aufs Äußerste, als er beim Zeichnen ständig vor sich hin pfiff. Dann sagte er: »Ja, es stimmt, du hast eine ziemlich schlechte Figur und bist überhaupt nicht anregend.« Plötzlich lief Nina

> zu ihm hin, nahm seinen Kopf und küßte ihn. Ohne ein Wort stand er auf und spuckte auf den Boden. »Das war zuviel«, sagte ich. »Nein, ich will nicht mehr Modell stehen. Ich bin zu häßlich. Ich gehe jetzt.«[13]

oben: Mabel Dodge in der Villa Curonia, 1912.
unten: Leo und Nina.

Leo schilderte ihr Verhalten als »überaus verzweifelten Versuch einer Verführung«.[14] Einige Monate später forderte er sie wieder auf, für ihn zu posieren. Sie erinnerte ihn daran, was er gesagt hatte. »Ja, das stimmt«, sagte Leo.

> Aber du kannst mich als psychologisches Modell besuchen. Ich meine das ernst. Du hast eine Menge Erfahrungen und hast mir viel zu erzählen. Das alles interessiert mich sehr, und ich werde viel mehr bezahlen als für ein normales Modell. Komm morgen.[15]

Er bot ihr eine Bezahlung, die viermal so hoch war wie beim Modellstehen, daher gingen die Sitzungen weiter:

> Sehr würdevoll und ruhig saß ich auf dem Sofa. Er saß nicht weit von mir entfernt. Und während ich nur auf die gegenüberliegende Wand schaute, begann ich ihm von meinen phantastischen Abenteuern zu erzählen, wie eine moderne Scheherazade bei ihrem modernen Sultan.

Leo fand ihre Abenteuer unwiderstehlich und war bald im »vollkommenen Strudel einer tragikomischen Romanze gefangen«. Im Bett sagte er zu Nina, als sie ihn danach fragte, daß er sie liebte, doch hatte er Schwierigkeiten, das von sich aus spontan zu sagen. Sie sagte ihm ständig, daß sie ihn liebte.

Sie war 26 Jahre alt, als Leo ihr 1909 begegnete, und sie hatte zu der Zeit mit drei anderen Männern eine Affäre. Einer von ihnen, ein englischer Künstler, hatte »sieben Jahre lang zahllose schlechte Porträts von ihr gemalt«. Ein anderer, M. R., drohte andauernd, Leo und sich selbst umzubringen, falls sie ihn verließe. Der dritte – der eher im Hintergrund war –, verspürte Mordgelüste bei der Aussicht, daß sie M. R. wegen eines anderen als ihm selbst verlassen könnte. Leo beriet sie beim Fortgang ihrer Affären und holte sich einen Teil ihrer Liebe für sich selbst. Im Juli 1910 schrieb er ihr:

> Ich hoffe sehr, daß es möglich sein wird, in diesem Sommer mindestens einen Monat gemeinsam zu verbringen. Ich denke nicht, daß ich zu einer so leidenschaftlichen Liebe wie R. oder B. usw. fähig bin, nicht weil ich zu sehr Seele und zu wenig Fleisch bin, sondern eher weil diese Elemente nicht richtig miteinander gemischt sind.[16]

1910 sah er in Nina »eine der großen Wahrheiten seines Lebens«, doch er litt schrecklich unter Schlaflosigkeit und Verdauungsproblemen. Er begann, Zucchini mit geriebenen Walnüssen zu essen, hungerte zwölf Tage lang, und versuchte es dann mit der Fletcher-Methode. Diese Diät hatte ein Ernährungsspezialist namens Horace Fletcher, der »Moses des Kauens« entwickelt, und er empfahl, jeden Bissen zweiundvierzigmal durchzukauen.

Nina versicherte Leo, daß er besser war als ihre anderen Männer und bot sogar an, sich von diesen zu trennen. Doch Leo wollte, daß sie dablieben. Er wollte nicht, daß Nina von ihm abhängig wurde oder die ganze Zeit bei ihm war. Er mußte hören, daß er der beste und intelligenteste von allen war. Er fand es aufregend, von ihren Abenteuern mit anderen Männern zu erfahren, und er war beeindruckt von der Inspiration, die sie seiner Meinung nach für diese darstellte. Vor Gertrude brüstete er sich damit, daß Nina eine Affäre mit einem Komponisten hatte:

> ... er schreibt ihr jeden Tag. Er kann nur im Glanz ihrer Augen existieren. Wenn sie ihn nehmen würde, hätte er eine richtige Inspiration und würde die Musik der Zukunft schreiben.[17]

Leo glaubte nur zu gerne, daß die Frau, mit der er ein Verhältnis hatte, über die Kraft verfügte, einen Mann groß zu machen. Und er erklärte die ihm fehlende Fähigkeit zur Hingabe eher zurückhaltend:

> In Wahrheit ist es so, daß ich, wenn ich egoistischer wäre, dich ganz für mich allein haben möchte, doch da ich weiß, wie wenig ich dir bieten kann, habe ich immer die Angst, daß du sehr viel mehr verpassen würdest, wenn ich mich zwischen dich und dein Geschick stelle.[18]

Er wendete sich Nina zu, nachdem sich Gertrude mit Alice verlobt hatte. Gertrude erwählte sich eine Ehefrau, die monogam, zielbewußt, häuslich, voller Zuneigung und äußerst besitzergreifend war. Leo entschied sich für eine Frau, die sich, wie er in seinen Ambitionen, weit verströmte.

Gertrude wandte sich von Leo ab, um selbst überleben zu können, da er ihrem Werk geringschätzig gegenüberstand. Er hatte nicht ein einziges gutes Wort dazu zu sagen, da jeder Erfolg oder jede innere Sicherheit von Gertrude sein Versagen und seine Selbstzweifel nur noch verstärkten. Er sagte, ihr Schreiben hätte nur mit ihr zu tun und nichts mit Literatur. »Er sagte nicht die Sache sei es ich sei es. Wenn ich nicht da wäre um da zu sein mit dem was ich tat ... dann wären die Dinge die ich tat nicht das was sie sind.«[19]

Je mehr Leo kritisierte, desto mehr entfernte sich Gertrude. Und je weiter sie sich entfernte, desto kritischer wurde er. Er sagte, daß er ihre Arbeit nicht verstehen würde, und daß sie keine zehn Sekunden lang logisch denken könnte: »Sie weiß nicht, was Worte bedeuten. Sie hat nicht viel Phantasie, aber jede Menge Gefühle, und natürlich ihren Wahn, das heißt, sich selbst. Sie hält sich selbst für ein Genie.«[20]

Die Frage, wer nun ein Genie war, wurde zu einem dauernden Streitpunkt. Gertrude stellte fest: »Das einzige dabei war daß ich es war die das Genie war, es gibt keinen Grund dafür, aber ich war es, und er war es nicht.«[21] Leo stimmte dem nicht zu: »Gertrude und ich sind genau das Gegenteil. Sie ist von Grund auf dummm und ich bin von Grund auf intelligent.«[22] Gertrude sagte, daß seine fehlende Wertschätzung ihrer Arbeit »der Anfang vom Ende [war] und wir waren immer zusammen gewesen und jetzt waren wir überhaupt nicht mehr zusammen. Nach und nach sahen wir uns gar nicht mehr.«[23]

Leo kämpfte auch mit Picasso. Eines Abends nahm er Picasso mit in das Eßzimmer in der Rue de Fleurus und sagte ihm, was er von seiner Arbeit hielt. Picasso kam wütend aus dem Zimmer, ging zu Gertrude und Alice und sagte: »Er läßt mich nicht in Ruhe. Er war es doch, der zu mir gesagt hat, daß meine Malerei wichtiger sei als die von Raffael. Warum kann er mich dann nicht bei dem in Ruhe lassen, was ich jetzt tue?« Leo knallte die Tür zwischen den beiden Zimmern zu, kam dann doch herein, um den Streit fortzusetzen. Gertrude »warf Bücher auf den Boden, um ihn zu unterbechen«.

Gertrude verbündete sich mit Picasso. »Ich stand damals mit meinem Verständnis für ihn allein da«, sagte sie, »vielleicht weil ich das gleiche in der Literatur ausdrückte.«[24] Sie spürte, daß sie beide versuchten, »geschaute Dinge nicht so auszudrücken, wie man sie kennt, sondern so, wie sie sind, wenn man sie sieht, ohne sich zu erinnern, daß man sie betrachtet hat.« Sie sagte, daß das, was sie produzierten, nichts mit Realismus zu tun hatte oder mit »erinnerten Dingen« oder »Rekonstruktionen aus dem Gedächtnis«. Sie zerlegten die Bestandteile der Wirklichkeit und setzten sie auf ihre äußerst individuelle Weise wieder zusammen. Sie spürte, daß sie diese subjektive Ausdrucksform zur Avantgarde des zwanzigsten Jahrhunderts machte. Sie waren seine Chronisten und arbeiteten in einer Zeit, als der »Glaube an die Wirklichkeit der Wissenschaft zu schwinden begann«.

Alice stimmte dem zu. Sie hörte sowohl für Gertrude wie auch für Picasso Glocken erklingen. Leo haßte das alles, er haßte den Kubismus und er haßte Gertrudes Porträts aus Worten. Es verletzte ihn, daß Gertrude sich abkehrte von ihm, nicht länger seine Schülerin sein wollte, ihren Wert höher als seinen einschätzte und eine Partnerin gefunden hatte, die sie vorzog. Und je mehr sie Leo ausschloß, ihre Bedeutung als Schriftstellerin betonte und alles Alice anvertraute, desto mehr verlor er sein Selbstwertgefühl und schlug auf sie ein. Er spürte, daß er kein *métier* hatte, nicht schreiben konnte, kein Geschick als Unterhalter hatte und in seiner Ablehnung des Kubismus allein dastand.

Gertrude formulierte ihre Loslösung von Leo in ihrer Arbeit. Er »glaubte immer weiter an das was er sagte wenn er stritt und ich begann es nicht interessant zu finden«, schrieb sie. Seine Kritik an ihrer Arbeit »zerstörte ihn« für sie. Sie beschrieb den Bruch zwischen ihnen beiden in einem ihrer Wortporträts mit dem Titel *Two: Gertrude Stein and Her Brother*:

> Sie dachte indem sie eine andere war wie sie war als er war wie er einer war. Laute kamen aus ihr und sie kannte diese Sache. Laute waren aus ihm gekommen und sie hatte diese Sache gekannt. Sie dachte indem sie eine andere war als er beim Herauskommen von Lauten aus ihr als aus ihm. Sie dachte indem sie eine andere war. Sie dachte darüber nach eine andere zu sein. Sie dachte über diese Sache nach. Sie hatte Lautes das aus ihr kam. Sie kannte diese Sache. Sie hatte Lautes gehabt das aus ihr herauskam. Sie kannte diese Sache. Er hatte Lautes gehabt das aus ihm herauskam, sie kannte diese Sache. Aus ihm kamen Laute, sie kannte diese Sache. Jeder eine von den zweien war anders als der andere von ihnen. Jeder eine von ihnen kannte diese Sache. Sie war anders als er indem sie eine war die lebte. Sie kannte diese Sache. Sie war anders als er indem Laute aus ihr herauskamen. Sie dachte diese Sache. Sie dachte in dieser Sache. Sie hatte Lautes das aus ihr herauskam. Sie dachte in dieser Sache. Sie hatte Laute die aus ihr herauskamen. Sie war anders als er. Sie hatte Laute die aus ihr herauskamen. Sie war anders indem sie eine war die eine war. Sie kannte diese Sache. Sie war anders indem sie eine war aus der Laute herauskamen sie war indem sie jene war anders als jede andere. Sie war eine aus der Laute herausgekommen waren, sie war als jene anders als jede andere.
>
> Sie war eine aus der Laute herauskamen. Dies war eine Sache

die sie war. Laute kamen aus ihr, Laute waren aus ihr gekommen, vielleicht würde Lautes aus ihr kommen.
Sie war anders anders als jede andere indem sie eine war aus der Laute gekommen waren. Sie war eine aus der Laute kamen. Sie war eine aus der Laute gekommen waren. Sie war anders als jede andere gewesen. Sie könnte vielleicht, diese Sache ist nicht sicher, sie könnte vielleicht auch weiter anders als jede andere sein. Sie könnte dann nicht anders als jede andere sein. Sicher war sie anders als jede andere. Sie war anders als der andere, als der andere von ihnen zweien.
Er war anders als sie. Er war ein völlig anderer. Er hatte Laute die aus ihm kamen. Er hatte Laute gehabt die aus ihm gekommen waren. Er würde Laute haben die aus ihm kamen. Auf eine Weise war er anders als jeder andere indem Laute aus ihm kamen. Sicher war er anders als sie, er war anders als die andere von ihnen zweien. Er hatte Laute die aus ihm kamen. Er hatte Laute gehabt die aus ihm gekommen waren. Einige Laute würden aus ihm kommen. Er war auf eine Weise anders als jeder andere indem er einer war aus dem Laute kamen.
Lautes das aus ihr kommt, Lautes das aus ihm kommt, ist vollständig ist etwas das ganz und gar diese Sache ist ist ganz und gar Lautes das aus ihr kommt, ist ganz und gar Lautes das aus ihm kommt.
Lautes das aus ihm kommt ist ganz und gar diese Sache ist ganz und gar das Laute das aus ihm kommt. Lautes das aus ihr kommt ist ganz und gar diese Sache, ist ganz und gar das Laute das aus ihr kommt.
Lautes das aus ihm kommt ist etwas das wenn es sehr oft kommt diese Sache ist das Laute ist das aus ihm kommt. Lautes das aus ihr kommt und sehr oft kommt ist jene Sache ist das Laute das aus ihr kommt.
Lautes, das aus ihm kommt ist jene Sache ist Lautes das aus ihm kommt. Lautes das aus ihm kommt ist jene Sache die Sache …

Das setzte sich über 147 Seiten fort. Verlegern gefiel der Text nicht besser als er Leo zusagte. Sie packten Gertrudes Porträts in ein Paket und schickten es an sie zurück. Mr. A. C. Fields von Clifford's Inn schrieb aus London:

19. April 1912
Sehr verehrte gnädige Frau,
Ich bin nur einer, nur einer, nur einer. Nur ein Mensch, nur einer zur Zeit. Nicht zwei, nicht drei, nur einer. Nur ein Leben zum leben, nur sechzig Minuten pro Stunde. Nur ein Paar Augen. Nur ein Hirn. Nur ein Mensch. Da ich nur einer bin, nur ein Paar Augen habe, nur eine Zeit habe, nur ein Leben habe, kann ich Ihr Manuskript nicht drei- oder viermal lesen. Nicht einmal einmal. Nur ein Blick, nur ein Blick genügt. Kaum ein Exemplar ließe sich hier verkaufen. Kaum eins. Kaum eins. Vielen Dank. Ich schicke Ihnen das Manuskript eingeschrieben zurück. Nur ein Manuskript mit einer Post.
Mit besten Grüßen,
A. C. Fields[25]

Mabel Dodge machte Alice für den Bruch zwischen Gertrude und Leo verantwortlich:

> Alice Toklas betrat die *ménage* der Steins und wurde ihr Hausmädchen. Immer bediente sie jemanden, besonders Gertrude und die Freunde von Gertrude. Sie war perfekt darin, Aufträge auszuführen und war bereit, durch ganz Paris zu rennen, um ein bestimmtes Parfum aufzutreiben oder sonst eine Kleinigkeit, die jemand haben wollte ... Doch siehe da! Schon hatte sie Leo beiseite geschoben. Niemand wußte genau, wie es gekommen war, und dann fuhr er nach Florenz, und von diesem Zeitpunkt an setzt meiner Meinung nach seine extreme Neurose ein ... Davor hatte er durch seine Schwester einen menschlichen Kontakt mit dem Leben.[26]

In Florenz wanderte Leo ziellos zur Villa Curonia in Arcetri, wo Mabel Dodge lebte. Er sprach immer sehr nah in ihr Ohr. Da er selbst schwerhörig war, dachte er, jeder andere Mensch sei das ebenfalls. Als sie gemeinsam im ihrem großen Salon (den sie als »gran salone« bezeichnete) ein Puzzle legten, sagte er: »Ich finde, dieser Winkel ist für eine Verbindung empfänglich«, und schob ein Puzzleteil an den richtigen Platz. »Die ganze Zeit hat er so geredet«, sagte Mabel Dodge. »Langweilig, fand ich damals. Doch er hatte Kummer wegen Gertrude und Alice.« Leo erzählte Mabel von der Atmosphäre in der Rue de Fleurus, nachdem Alice eingezogen war:

> Er hatte es immer ganz besonders geschmacklos gefunden, wenn er mitansehen mußte, wie der Schwächere den Stärkeren zum

Sklaven machen kann, wie es auch hier geschah. Alice tat alles, um Gertrude Aufwand abzunehmen – die ganze Hausarbeit, das Abschreiben mit der Schreibmaschine, sie sprach mit Leuten, die vorbeikamen und wimmelte die Unerwünschten ab, beantwortete Briefe – sie wurde zur antreibenden Kraft des gesamten Haushalts, und Gertrude wurde immer hilfloser und ungeschickter darin, und hatte immer weniger Interesse, irgend etwas selbst zu tun ... er hatte beobachtet, wie Bäume in genau der gleichen Weise von Efeuranken erdrückt wurden.[27]

Leo ging nicht mehr zu den Einladungen am Samstagabend. »Ich würde lieber drei Teufel in meinem Leib beherbergen als über Kunst zu sprechen«, schrieb er an Mabel Weeks.[28] Daher übernahm Gertrude den Vorsitz, und Alice kümmerte sich um die Ehefrauen. Die Atmosphäre in der Rue de Fleurus wurde frostig. Gertrude und Leo sprachen nicht mehr miteinander und tauschten gereizte Mitteilungen aus. Leo schrieb einmal:

Ich habe dir schon einmal gesagt, daß ich es als nicht sehr angenehm empfinde, wenn ich die Treppe herunterkomme oder morgens nach Hause zurückkehre und sehen muß, daß im Flur das Licht brennt. Du hast damals gesagt, das sei versehentlich passiert. Wenn du es aus dem Grund absichtlich anläßt, weil du nicht im Dunkeln nach oben gehen willst oder sonstwas, werde ich versuchen, mich daran zu gewöhnen, doch wenn es reine Nachlässigkeit ist, möchte ich dich bitten, deinem Gedächtnis etwas auf die Sprünge zu helfen.[29]

Man stritt sich über die Gasrechnung und die Rechnung der Wäscherei, über die Post und über ein Bild, das Leo aus Gertrudes Schlafzimmer holte und wegen des Geldes, das Gertrude aus dem Verkauf der japanischen Drucke erhalten sollte. 1913 suchten Gertrude und Alice nach einer neuen Wohnung in Paris. Sie überlegten, ob sie in eine Wohnung einziehen sollten, von der aus man die Gärten des Palais Royal sehen konnte. Dann löste Leo die Probleme, indem er in die Villa di Doccia in Settignano bei Florenz zog. »Es wird einige Tage dauern«, schrieb er an Nina, »bis die Teppiche gelegt und die Schränke wieder zusammengebaut sind.« Er nahm die Renoirs und die Bilder von Matisse, Gertrude behielt die Gemälde von Cézanne (bis auf ein Stilleben mit Äpfeln, das Leo unbedingt haben wollte) und von Picasso.

Gertrude und Alice beschlossen, daß sie ihn nie wieder sehen wollten.

Erinnerst du dich daran, wie wir beschlossen haben, daß wir, wenn er gekommen wäre, tatsächlich hätten ausrichten lassen, daß er nicht vorgelassen wird. Erinnerst du dich daran, daß wir entschieden haben, daß wir ihn so oft wie wir wollten unterhalten hatten und daß wir ihm wenn er jetzt gekommen wäre gesagt hätten daß wir ihn nicht empfangen würden. Erinnerst du dich daran.[30]

Leo versuchte es mit Gesten der Versöhnung, wurde jedoch abgewiesen. Für Gertrude war der Bruch absolut, und sie sprach nie wieder mit ihrem Bruder. Sie traute seiner emotionalen Einstellung und deren Auswirkungen auf sie selbst nicht. Sie war die Künstlerin, er war der Kritiker, und was sie wollte, war keine Kritik, sondern Lob – das sie von Alice überreichlich erhielt.

Ohne Gertrude war Leo von Nina abhängig. 1912 beschrieb er seine Beziehung mit ihr als »Sturmwind der Leidenschaft«, dessen Basis »absolutes Vertrauen, wirkliche Aufrichtigkeit, umfassende Toleranz und unbeschränktes Wohlwollen, Zuneigung und tiefste Wertschätzung« waren.[31] Mabel Dodge sagte, daß Leo und Nina eine dieser eigenartigen Verbindungen darstellten, die dem Außenstehenden ein Rätsel sind, deren Realität jedoch nicht zu leugnen ist. Sie fand, daß Leo nur deshalb ständig darüber nachdachte, weil er so wenig andere Bezugspunkte hatte.

Auch Gertrudes frühere Freunde bekamen zu spüren, daß mit der Ankunft von Alice ein neuer Wind wehte. Mabel Weeks setzte unter einen Brief an Gertrude einmal die Nachbemerkung: »Lies das nicht Alice vor. Wenn ich nicht weiß, daß ich nicht manchmal ausschließlich an dich schreiben kann, macht es keinen Spaß zu schreiben.«[32]

Mabel Dodge mochte Alice nicht und fand, daß sie Gertrude von ihren Freunden fernhielt. Gertrude besuchte sie 1911 gemeinsam mit Alice in der Villa Curonia. Mabel war eine Förderin der Künste, hielt sich Pfauen im Garten, nannte ihren Hund Climax, ihren Affen Madame Bovary und ihre weiße Katze Princess. An der von Zypressen und Rosenbüschen gesäumten Auffahrt stand eine antike Statue des Atlas, der die Weltkugel auf seiner Schulter trug. In der Villa gab es einen fast dreißig Meter langen Salon mit venezianischen Leuchtern, Hunden und Statuetten aus Porzellan. Es gab steinerne Treppen, weite Bogengänge, eine Terrakottaplastik von Jesus, eine lebensgroße gotische Madonna, dreieinhalb Meter hohe Spiegel, flämische Wandteppiche, einen Altar mit einer chinesischen Kwannon aus Terrakotta aus der Zeit der Han-Dynastie, florentinische Öllampen und rote Vorhänge.

Mabel war viermal hintereinander verheiratet, hatte unzählige männliche und weibliche Geliebte, und lud sich gern die unterschiedlichsten Gäste in ihre Villa ein. »An Sommerabenden, bevor man zu Bett ging«, schrieb sie,

> brachte Domenico [ein Bediensteter] riesige Tabletts mit in Scheiben geschnittenen Wassermelonen und ganzen Weintrauben zu uns – und die undeutlichen Gruppen der Frauen, die im Licht der Dämmerung von den reifen Früchten aßen, wirkten so kostbar wie einst die Königin von Saba im Kreise ihrer Dienerinnen.[33]

Eines Abends, als Gertrude und Alice dort waren, kam auch André Gide zum Abendessen. »Es war ein ziemlich langweiliger Abend«, sagte Gertrude. Alice erinnerte sich daran, daß Gide sich leise mit Mabel unterhielt, die lang ausgestreckt auf einem ihrer Sofas lag, während die ebenfalls eingeladene Mina Loy mit einem imaginären Partner tanzte.

Nachts schrieb Gertrude zwischen Mitternacht und Morgendämmerung am *Portrait of Mabel Dodge at the Villa Curonia*. Sie arbeitete in dem Zimmer neben Mabels Schlafzimmer. Alice erhielt ein kleines Zimmer neben dem von Gertrude, damit sie frühmorgens aufstehen und alles abtippen konnte. Mabel sagte, daß Gertrude und Alice jeden Tag gleichermaßen zufrieden waren mit dem, was Gertrude in der Nacht zuvor verfaßt hatte, und daß sich Gertrude an nichts davon erinnern konnte, wenn sie mittags aufstand.

Mabels damaliger Ehemann, der Architekt Erwin Dodge, war gerade in Amerika. Mabel hatte ein Techtelmechtel mit dem 22jährigen Hauslehrer ihrer Kinder, der gerne Fußball spielte und »lange Glieder und hinreißende Schultern« hatte. Mabel trug ein langes weißes Gewand aus Seide und einen weißen Turban, ihr Schlafzimmer war ganz in Weiß gehalten und der 22jährige schob sie zu dem

> weißen, weiß verhangenen Bett – bis wir, die Arme umeinander geschlungen, dort lagen – weißes Mondlicht – weißes Leinen – und der weißblonde Junge, den ich so süß fand wie frisches Heu und Honig und Milch.[34]

Mabel sagte:

> Ich kann nicht, ich kann nicht, ich kann nicht ... und so blieben wir für unendlich lange Zeit liegen – während Gertrude auf der

anderen Seite der Wand des Zimmers schrieb, im Schein der Kerzen saß wie eine große Sybille, im Schatten des roten und goldenen Damasts, der locker vor den Wänden hing.

Eine Menge heftigen Gestöhns fand seinen Weg in Gertrudes Porträt von Mabel Dodge:

> So viel Gestöhne hat nicht so viel Raum wenn es so viel Anfangen gibt. So viel Gestöhne hat nicht so viel Raum wenn das Aufhören kleiner wird. So viel Gestöhne ...[35]

Mabel gefiel das Porträt. Sie ließ 300 Exemplare drucken, in geblümtes Florentiner Papier binden und verteilen. Sie hielt es für ein »erfolgreiches Meisterwerk«, und auch wenn sie nicht alles darin verstand, so »verstehe schon manchmal ich selbst mich nicht, sei es bei Vergangenem oder bei Zukünftigem«. Leo bezeichnete das Porträt als »verdammten Blödsinn«.[36] Er sagte, daß er Mabel Dodge ganz gut kannte, und das Porträt »vermittelt mir überhaupt nichts«. »Mabel Dodge matsch patsch« war seine Meinung dazu.

Mabel war eine energische und effektive Publizistin. Sie war die wichtigste Propagandistin der 1913 in New York veranstalteten *Armory Show*, in der zeitgenössische europäische Kunst in Amerika präsentiert wurde. In einem Artikel für *Arts and Decoration* über die Armory-Ausstellung beschrieb sie Gertrudes Sprache als außerordentlich rhythmisch und akzentuiert, so feinsinnig aufgebaut wie die Kompositionen von Picasso und »auf der Spur der verborgenen und inneren Natur der Natur«.

Mabel wurde von Gertrudes Fettleibigkeit und ihrem Appetit und Dampf angezogen, und in dem ihr eigenen glühenden Stil schrieb sie:

> Sie liebte Steaks, und ich mochte es, sie vor fünf Pfund zentimeterdickem, gebratenem Fleisch sitzen und, mit starken Handgelenken Messer und Gabel schwingend, es mit Gusto verspeisen zu sehen, während Alice wie eine Katze zierlich ein Scheibchen aß ...

Gertrude war erstaunlich. Pfunde und abermals Pfunde auf ihr Skelett gepackt – nicht die wogende Sorte, sondern massives, schweres Fett ...

In dem heißen Toskanasommer trug sie gewöhnlich eine Art Kimono aus braunem Kord und kam in vollem Schweiß daher, das Gesicht kochend vor Hitze. Und wenn sie sich dann setzte und sich mit ihrem breitrandigen Hut mit seinem verblaßten dunkelbraunen Band fächelte, strömte sie ringsum mächtigen Dampf aus. Wenn sie aufstand, löste sie ungeniert ihr Kleid, da wo es an ihren massiven Beinen klebte. Und doch war sie mit all dem keineswegs abstoßend. Im Gegenteil, sie war entschieden attraktiv in ihrer gewaltigen *ampleur*.[37]

Alice wurde von Mabel als düster, schmeichlerisch und matt geschildert. »So zurückhaltend, daß niemand sie besonders beachtete, weil man sie nur für ein stilles, malerisches Wesen im Hintergrund hielt.« Mabel beschrieb sie als

> schmal und dunkel, mit schönen, von langen Wimpern verhangenen Augen – und sie hatte eine herabhängende jüdische Nase, und ihre Lider hingen wie die Winkel ihres roten Mundes herab, und ihre Ohrläppchen hingen unter ihrem schwarzen, aufgesteckten hebräischen Haar, unter dem Gewicht von langen, schweren orientalischen Ohrringen noch tiefer herab.[38]

Mabel fand, daß Alice in ihren Batik-Kleidern aussah wie eine Gestalt aus dem Alten Testament. Sie übertrug ihr einige Aufgaben – Besucher vom Bahnhof abholen oder sich mit Gästen zu unterhalten, während sich Mabel ankleidete. Sie sagte, daß Alice »barbarische Ketten und Geschmeide« trug und ständig ihre Fingernägel manikürte. »Jeden Morgen polierte Alice eine Stunde lang ihre Nägel – sie waren ein Fetisch für sie.« Eines Morgens sagte Mabel beim Frühstück zu ihr: »Ich kann dich eigentlich nicht verstehen. Was macht dich zufrieden? Was macht dich so beständig?« Alice antwortete: »Nun, ich glaube, das sind meine Gefühle für Gertrude.«[39]

Eines Tages entstanden im Sommer 1912 bei einem Mittagessen Probleme. Mabel meinte, daß Gertrude während der Arbeit an dem Porträt »sich mir anzunähern schien«. Mabel reagierte darauf wie bei einem Flirt, obwohl ihr »Feuer entfacht war« für den Duft, die Berührungen und die Glieder des weißblonden jungen Mannes:

> Gertrude saß mir gegenüber auf Edwins Stuhl und warf mir einen Blick quer über den Tisch zu, daß es mir vorkam, als würde die Luft zwischen uns von einem elektrisch geladenen stählernen Band zerschnitten – ein Lächeln erreichte mich darauf – so mächtig – Himmel! Ich erinnere mich noch *heute* ganz genau daran!

Alice verließ die Tafel und ging auf die Terrasse hinaus. Gertrude »sah ihr überrascht, aufmerksam nach, und als sie nicht zurückkam, stand sie auf und folgte ihr«. Gertrude kam allein zurück. »Sie möchte jetzt nichts essen«, sagte sie zu Mabel, »sie leidet heute unter der Hitze.«

Gertrude und Alice in den 20er Jahren.

»Von da an begann Alice, Gertrude und mich voneinander fernzuhalten – *poco poco*.« Mabels Freundschaft mit Gertrude ging zu Ende. Das Ende war, das spürte sie ganz deutlich, »Alices endgültiges und erfolgreiches Bestreben, Gertrude von mir zu entfernen – das war ihr Einfluß und ihr Wunsch, und ich vermißte meine fröhliche fette Freundin wirklich sehr.«

Für Alice bestand das »elektrisch geladene stählerne Band« nur zwischen ihr und Gertrude. Und niemand sonst sollte ihr zu nahe kommen.

8
EHE

Cow, cow, coo coo coo

Sex schmiedet stählerne Bande, und Gertrude hat in dem Stapel von Manuskripten, von denen die meisten bis nach ihrem Tod unveröffentlicht blieben, sehr viel über die Freuden geschrieben, die sie mit Alice erlebte. Sie nannte sie Vögelchen, Kätzchen, Pussy, Baby, Königin, Cherubim, Törtchen, Krebs, Frauchen, Daisie und ihre kleine Jüdin. Gertrude war König, Ehemann, Männe, Dicker Berg und Dickmeier. Sie schrieb über ihre Liebe zu Alice. »Sie ist für mich sehr wichtig. Meine Süße. Sie bedeutet mir alles ...«

> Ich staune über mein Baby. Ich staune über ihre Schönheit ich staune über ihre Perfektion ich staune über ihre Reinheit ich staune über ihre Zartheit. Ich staune über ihren Liebreiz ich staune über ihre Eitelkeit ... ich staune über ihren Fleiß ich staune über ihren Humor ich staune über ihre Intelligenz ich staune über ihre Schnelligkeit ich staune über ihren Scharfsinn ich staune über ihre Süße ich staune über ihre Feinheit, ich staune über ihre Großzügigkeit, ich staune über ihre Kuh.«[1]

Kühe, so vermuten einige Stein-Spezialisten, sind Orgasmen. Gertrude bezieht sich in ihren Schlafzimmerstücken mehrfach darauf und auch auf Cäsars, die mit Kühen etwas zu tun haben, allerdings ist nicht ganz klar, was. »Kühe sind sehr nett. Sie sind zwischen Beinen«, schrieb Gertrude.[2] Kühe gefallen sowohl Gertrude wie auch Alice außerordentlich:

> Eine Kuh ist gekommen es gefällt ihm und sie ist zufrieden da eine Kuh gekommen und gegangen ist ... Und nun eine kleine Szene mit einer Königin die wegen einer Kuh zufrieden ist die gekommen ist und geschickt wurde und gesehen wurde. Eine liebe sehr liebe Königin.[3]

Cäsars sind anscheinend das, was Kühe brauchen. »Haben Cäsars eine Aufgabe. Ja ihre Aufgabe ist eine Kuh. Werden sie ihre Aufgabe bei der Kuh erfüllen. Ja jetzt und mit Vergnügen.«[4] Eine ihrer Erzählungen,

A Book Concluding As A Wife Has A Cow. A Love Story, bezeichnete Gertrude als ihr *Tristan und Isolde*:

> Es haben wie es geschehend habend habend, es geschehend haben wie geschehend, es haben müssen wie es geschieht. Geschehend und es haben wie geschehend und es geschehen lassen müssen wie es geschieht, und meine Frau hat eine Kuh wie Nu, meine Frau hat gerade eine Kuh wie Nu, meine Frau hat gerade eine Kuh wie Nu, meine Frau hat eine Kuh wie Nu und hat eine Kuh wie Nu und hat eine Kuh und hat gerade eine Kuh nun, meine Frau hat eine Kuh und nun. Meine Frau hat eine Kuh.[5]

Es war nicht so einfach, in *A Sonatina Followed By Another* das Wesen von Kühen zu erklären:

> Alle von uns verehren eine Kuh. Wie. Durch Bekanntmachen und Herstellen und Ausdehnung.
> Wie.
> Sie kennen Pfeifen. Ein Schäfer hat Pfeifen. Die hat er. Und ich habe sie auch.
> Ich erwähne dies und jenes, es stimmt für ein Kätzchen und eine Katze, daß dieses jenes ist und jenes ist dieses und mit einem Kuß wird man schläfrig. Wer Fräulein, wir.
> Warum vermißt uns, wer tut uns ab.
> Wir küssen uns.
> Sehr gut.
> Ihr geht es sehr gut.
> Und wegen der Kuh die erwähnt wird irgendwie. Eine Kuh wird irgendwie erwähnt.
> Dank euch Römer Cäsaren und alle.
> Ich sage es dir und ich sage es dir ich sage es dir wie ich meine kleine Jüdin liebe. Ich sage es dir und ich sage es dir. Ich sage es dir und ich sage es dir. Ich sage es dir.
> Wie kann ich hier und dort sein und ich sage es dir ich sage es dir ich liebe meine kleine Jüdin. Wie kann ich sein und ich finde wirklich fein ich finde fein ihr Haar und sie ganz fein meine kleine Jüdin. Ich liebhaber sie auch meine kleine Jüdin. Und sie wird die Erkältung ertragen haben die geheilt ist, sie ist geheilt sie ist geheilt und eine Kuh wie kann eine Kuh folgen Nu eine Kuh kann folgen Nu weil ich habe eine Kuh. Ich hatte

eine Kuh du hast eine Kuh, du hast eine Kuh, du hast eine Kuh

Nu.

Sie ist so eine Frau. Sie kann sehen.

Und ein Lob für mich.

Und ein Lob für mich sie ist schläfrig ein Lob für mich und womit lobe ich sie ich lobe sie mit einem Kuß.

1. Immer süß.
2. Immer wahr.
3. Immer willkommen.
4. Immer Frau.
5. Immer selig.
6. Immer ein erfolgreicher Apotheker zweiter Klasse und wir wissen was das heißt. Wer lobt sie für all das ein Ehemann mit einem Kuß und wie soll er sein immer noch mehr voller Liebe eine Hilfe und ein Held für seine Frau. Und wann ist er heldenhaft, gut wir wissen wann.

Gewinn mit einem Huhn schön wie eine Eule schön wie eine Eule gewinn mit einem Huhn. Und das Huhn bin ich und sie ist so schön wie eine Eule. Es kämpfen Siki und Capridinks capridinks ist schön und blinzelt, blinzelt vom Schlaf und blinzelt von Liebe. Capridinks. Capridinks ist meine Liebe und mein Kaninchen.[6]

1913 zog Leo aus der Rue de Fleurus aus. Als Alice auftauchte, erschien sie ihm »wie von Gott gesandt«, da sich durch sie die Loslösung zwischen Gertrude und ihm »ohne Explosion« vollziehen konnte. »Ich hoffe, daß wir alle weiterhin glücklich sind und dabei vergnügt unsere jeweiligen Orangen auslutschen können«, schrieb er seiner Schwester bei seinem Auszug. Jedem, der es hören wollte, erzählte er, daß Gertrudes Schreiben »dummes Gewäsch« sei, »unintelligentes Gebrabbel« und »reiner Quatsch«. »Wie alle Kinder und Verrückten unterhält sie sich ausschließlich mit sich selbst.«[7] Ihr Schreiben und ihr Selbstvertrauen machten ihn wütend. Selbstbewußt vertrat sie ihren eigenartigen Prosastil, widersetzte sich Leo mittels und in diesem Stil. Leo schrieb gereizte Briefe an Mabel Weeks:

Gertrude weiß, daß sich alles verändert, und daß, je mehr es sich verändert, alles beim alten bleibt. Sie weiß auch, daß die Menschen wiederholen, um auf etwas zu bestehen. Nichts von all dem ist analysiert oder ausgearbeitet, sondern nur einfach in paradoxer Schlichtheit und Babysprache verfestigt. Das ist eine der ältesten Geschichten beim Schreiben und hat es schon lange vor jedem Buch gegeben ... Als Jesus Wahrlich Wahrlich sagte, beharrte er, doch wenn er Wahrlich Wahrlich, Wahrlich, Wahrlich, Wahrlich, Wahrlich, Wahrlich, Wahrlich, Wahrlich, Wahrlich gesagt hätte, dann hätte jemand von den Zuhörern gerufen: ›Sagt Mr. Jesus, daß er das schon mal gesagt hat‹ ... Vielleicht sind mit Noahs Sintflut alle Narren untergegangen, der Samen ist jedenfalls erhalten geblieben.«

Mabel Dodge meinte, daß die extreme Phase seiner Neurose nach seinem Auszug aus der Rue de Fleurus begann:

> Vorher war er nicht sehr neurotisch. Er war sehr mit sich selbst beschäftigt und einfach auf seine Art ein komischer Kauz, der Sandalen trug, meistens Nüsse aß und an seiner langen klobigen Nase heruntersah.[8]

Nach der Trennung von Gertrude bemächtigte sich seiner eine Art Depression und Zorn. Von Prahlerei versank er in Verzweiflung. Nichts gelang ihm. Es gab die Beziehung mit Nina, zu der er sich jedoch nicht wirklich entschließen konnte:

> Ich werde dich für allezeit mehr lieben als jede andere Frau. Doch ich weiß nicht, wie die Liebe, die in bestimmten Momenten mehr als nur eine Knospe war, sondern wirklich blühte, verschwunden ist. Und jetzt weiß ich nicht, wann oder wie sie wieder erwachen wird. In jedem Fall vergeht die Zeit. Ich sehe die Zukunft nicht in rosigen Farben.[9]

Die Liebe von Gertrude und Alice wuchs und blühte und glich von Tag zu Tag immer mehr einer Rose. »Es geschah ganz einfach daß sie verheiratet wurden ... Sie hatten den Anschein. Den Anschein wovon. Den Anschein zu lieben.«[10] Sie schrieben einander jeden Tag Briefchen, die sie mit »DD« und »YD« unterzeichneten« (Darling Darling und Your Darling), beschworen ihre Zuneigung, besprachen alles miteinander, »einschließlich individuelles Gefühl« und verwendeten viel Energie darauf, gemeinsam einen äußerst geselligen, angenehmen und streßfreien Lebensstil zu verwirklichen. Ihr Glück und ihre Gepflogenheiten bestimmten allein sie selbst, und füreinander bedeuteten sie alles. »Es ist uns eine Lust jeden Tag die Arbeit jenes Tages zu tun ...«, schrieb Gertrude:

> ... uns das Haar zu schneiden und keine blauen Augen haben

Zu Hause. Fotografie von Man Ray.

zu wollen und vernünftig und gehorsam zu sein. Zu gehorchen und keine Haare zu spalten. Dies ist unsere Pflicht und unsere Lust.

Jeden Tag stehen wir auf und sagen wir sind heute wach. Damit meinen wir daß wir früh auf sind und daß wir spät auf sind. Wir essen unser Frühstück und rauchen eine Zigarre ...[11]

»Ich kann gar nicht enttäuscht sein«, schrieb sie, »wenn ich so viel habe mich glücklich zu machen. Ich weiß alles was ich bin zum Glücklichsein, es gilt glücklich zu sein und glücklich bin ich. Ich bin so völlig glücklich daß ich es erwähne.«[12] Und sie erwähnte es. Sie erwähnte es und erwähnte es und erwähnte es.

Als Gertrude und Alice die Rue de Fleurus für sich allein hatten, verwendeten sie viel Zeit und Geld auf Verschönerungen der Wohnung. Sie warfen den gußeisernen Ofen aus dem Arbeitszimmer und ließen einen offenen Kamin aufmauern. Die Gaslampen wurden entfernt und die Wohnung elektrifiziert. Zwischen Arbeits- und Wohnzimmer wurde ein Korridor angelegt, alle Zimmer erhielten neue Tapeten und Einrichtungsgegenstände. Sie suchten bequeme Sessel aus, um die Möbel zu ersetzen, die Leo nach Florenz mitgenommen hatte. An Kahnweiler verkauften sie drei Bilder von Picasso und erwarben drei Gemälde von Juan Gris, weil Leo die Renoirs bekommen hatte. Gris war jetzt siebenundzwanzig Jahre alt, er lebte mit seiner Frau Josette im Bateau Lavoire. Er war erst spät zum Kubismus gekommen, und Gertrude fand, daß er Ordnung und Klarheit in diesen Stil brachte. Sie kaufte die Bilder *Glas mit Flasche*, *Buch und Gläser* und ein kubistisches Bild mit dem Titel *Rosen*.

Alices Tagwerk bestand darin, Gertrude zu dienen, die gern las, schrieb, spazierenging, Auto fuhr (das lernte sie 1916) und sich unterhielt. Alles andere machte sie nervös. Alice war Sekretärin, Köchin, Verlegerin, Haushälterin und Schutzengel. Sie kümmerte sich um alles, was mit Stricken, Nähen, Haushalt, Staubwischen, Schreibmaschineschreiben zusammenhing, sie bestellte Bücher aus Mudies Leihbücherei in London, vervollständigte die Etymologien bestimmter Begriffe, korrigierte Dichterzitate, die Aussprache spanischer Wörter, verbesserte Gertrudes Französisch, sorgte dafür, daß immer genügend Akazien, Rosen und Tulpen im Haus waren, sie ging ans Telefon, ordnete die Post, trug Gertrudes Tasche und brachte pünktlich alle Mahlzeiten auf den Tisch. Für Urlaubsreisen packte Alice die Koffer. Während der Einladungen an den Samstagabenden unterhielt sich Gertrude mit den schöpferisch tätigen Männern, Alice leistete den Ehefrauen Gesellschaft oder zeigte ihnen die Küche. Und natürlich beaufsichtigte sie die Zubereitung der Mahlzeiten. Essen war für Gertrude äußerst wichtig. »Bei einem Menü sollte es eine Steigerung und einen Höhepunkt geben«, schrieb Alice. »nähern Sie sich diesem vorsichtig an. Einer wird reichen.«[13]

Ihr ganzes Leben lang sammelte Alice Kochrezepte. In ihren polnischen Knödeln wurden saure Sahne, Quark, Butter, Eier und Mehl verarbeitet. Hartgekochte Eier servierte sie mit Schlagsahne, Trüffeln und Madeirawein. Einen jungen Hasen kochte sie in einem Viertelliter Sekt mit Cognac, fettem, salzigem Schweinespeck, Trüffeln, Sahne, Butter und anderen Zutaten. Omelettes mit Hühnerleber bestanden aus sechs Eiern und Cognac, eine Ente wurde mit fettem Rindfleisch und Haselnüssen gefüllt, Äpfel ließ man in Rum ziehen, es gab in Kirschwasser flambierte Bananen, aus Eiern, Bitterschokolade, Puderzucker, Sahne und Cointreau wurde eine Schokoladencreme gebraut, und gegen Koliken, verdorbenen Magen, Übelkeit, Stechen, Leberbeschwerden, Probleme beim Urinieren, Schwindelgefühl, Rheuma, Kurzatmigkeit oder Würmer empfahl Alice eine Mixtur namens Vespetro, die aus zwei Pfund Zucker, zwei Vierteln Brandy, drei geschnittenen Zitronen, Engelwurz, Veilchenwurzel und Koriander bestand. Die samstäglichen Salonabende wurden ausführlich vorbereitet, man kaufte Kuchen und kochte einen »himmlischen Punsch, der süßlich und fad schmeckte, es jedoch unglaublich in sich hatte«.[14] Zu diesem Punsch servierte Alice kleine gewürzte Zuckerkekse. »Sie ist sehr wichtig für mich ... Meine Süße. Sie ist alles für mich«, schrieb Gertrude, die von allen häuslichen Pflichten befreit war und sich auf ihr Werk konzentrieren konnte. Alice hatte das Glück, daß Gertrudes Zeit nicht ausschließlich von ihrer Genialität in Anspruch genommen wurde. Es war noch genug für sie übrig, und auch für gemeinsame Reisen, Besuche bei Freunden und Einkaufsbummel.

Sie machten oft Ferien und reisten monatelang durch Europa. Alice mochte Spanien besonders gern. Dorthin unternahmen sie in den Jahren 1912/1913 eine lange Reise. Alice verzichtete auf ihre Batikkleider und Perlenbänder und legte sich ihre »Spanische Verkleidung« zu: ein langes, schwarzes Kleid, lange, schwarze Handschuhe und einen schwarzen Federhut mit Blumen von der Sorte, die der Esel Lolo gern fraß, und die die Dorfkinder immer anfassen wollten.

Gertrude wurde für einen Bischof gehalten. An ihrem kleinen Finger trug sie einen Ring mit einem Bergkristall, den die Menschen zu küssen versuchten. Vor der Kathedrale von Burgos lief ein kleines Mädchen mit grünen Augen hinter ihnen her und sagte »Einen Penny, bitte, lieber Herr«. Alice nutzte die Aufmerksamkeit, die sie erregten, um größtmöglichen Komfort und Service zu bekommen. »Die Baronin«, sagte sie, falls ihre Zimmer keine schöne Aussicht hatten oder ein Essen nicht gut genug war, »ist nicht zufrieden.«[15]

Alice liebte Avila wegen seiner Kathedrale, düsteren Mauern, gepflasterten Straßen, ausgezeichneten Restaurants und Konditoreien. Zu Gertrude sagte sie: »Ich bin hingerissen von Avila und schlage vor, daß wir hier bleiben.«[16] Doch Gertrude sagte, daß sie dort nicht arbeiten konnte. Christentum und religiöse Hingabe zogen Alice an. Nach Gertrudes Tod trat sie im Alter zum Katholizismus über und lebte lange in einem Konvent in Italien.

In Madrid gingen sie vormittags meistens in den Prado. Sie wohnten in einem Hotel ganz in der Nähe, an der Calle San Geronimo. Alice besuchte zum erstenmal in ihrem Leben einen Stierkampf. Zu dem Kartenverkäufer sagte sie: »Ich muß die allerbesten Plätze in der ersten Reihe im Schatten unter der Loge des Präsidenten haben.«[17] Gertrude sagte ihr rechtzeitig, wann sie nicht hinschauen sollte, weil die Pferde auf die Hörner genommen wurden. Doch Alices spanisches Lieblingsspektakel war La Argentina, eine Flamencotänzerin aus Buenos Aires, die eigentlich Antonia Marcé hieß. Sie tanzte in einem traditionellen Kostüm und trug einen Kamm aus Schildpatt in ihrem Haar. Alice und Gertrude gingen immer wieder zu ihren Auftritten. Sie inspirierte Gertrude zu einem Gedicht mit dem Titel *Susie Asado*. Alice fand sie genauso gut wie Isadora Duncan und Nijinsky. »Das Publikum war still, gefesselt, und begann zu toben, als der Tanz vorüber war«, sagte Alice, die das aufregender als das russische Ballett fand.

Sie kamen spät in ihr Hotel zurück und mußten über den auf dem Fußboden schlafenden Portier steigen, der sich in eine Decke gerollt hatte. Sie kauften sehr viel in den Antiquitätenläden ein – Apothekergefäße und arabischen Schmuck – und ließen noch zusätzliche Gepäckstücke anfertigen, um alles mit nach Paris nehmen zu können. Sie fuhren nach Toledo und zum Escorial, erlebten religiöse Prozessionen und sahen Bilder von El Greco. In Cuenca gab es Wild zum Abendessen, und Gertrude schlief bei geschlossenen Fenstern, da sie sich vor dem steil ins

Tal abfallenden Hang fürchtete. Alice schlief in dem stickigen Zimmer schlecht. Auch in Cordoba konnte sie wegen der Hitze nicht schlafen. Gertrude holte eine Schüssel mit kaltem Wasser und einen Badeschwamm, und Alice erfrischte sich während der ganzen Nacht mit kaltem Wasser. Auf der Reise stach fortwährend die Sonne. In Sevilla war es, wie Alice sagte, »sehr heiß und ich aß unzählige Portionen Eis den ganzen Tag über, wovon Gertrude Magenbeschwerden bekam«.[18] Vielleicht waren sie in ihrem »Anschein zu lieben« zu weit gegangen. Danach hatte Gertrude einen Kolitisanfall und konnte überhaupt nichts essen, obwohl sie in einem Hotel abgestiegen waren, das Matisse wegen seines ausgezeichneten Essens empfohlen hatte.

»Wir waren völlig in Granada verliebt«, sagte Alice. Ihr gefielen die Zigeuner besonders gut, die »in ihren weiten Röcken und mit ihren wiegenden Schritten wunderbar tanzten und gingen«. In Spanien war einfach alles in Ordnung für sie. Sie mochte es lieber als Frankreich, empfand es als ihre geistige Heimat. »Egal, wo ich in Spanien vor der Haustür sitze – ich finde es einfach aufregend, aufregend.«[19] Ihr gefielen das Licht, die Art, wie die Spanier sich bewegten und ihre herrlichen gutturalen Stimmen. Gertrude vermittelte in ihren Texten eine eigenständigere Sicht des Landes. Sie schrieb über Spanien:

> Eine kleine Pfanne, das ist um es zu erfreuen, ein klein wenig
> was ein Punkt ist um zu zeigen jene Koinzidenz einem
> lebhaften Boot es sind dort nahezu Orte. Das ist niemand rührt.
> Alles am Ort spielt Garten. Kleiner Schirm. Nicht gesammelt
> und geräumig überhaupt nicht so alt. Und mehr Ort haben das
> beschau es. Das beste Beispiel ist Mostrich. Ein kleines Ding. Ein
> klein wenig nicht alt schloß.[20]

Sie arbeitete in Hotelzimmern. Sie durchlief ihre, wie sie es nannte, »*Zarte Knöpfe* und frühe Spanien- und Porträts- und Stücke-Phase«. Begegnungen und Ereignisse des Alltags inspirierten sie. In Madrid gab es in einem Café eine Sängerin, die Preciosilla hieß. Gertrude schrieb ein Porträt über sie:

> Preciosilla. Bitte sei bitte sei werde, bitte werde naß, naß
> natürlich, natürlich vom Wetter ... in leeren sicheren Losen, ein
> einziger Mischmasch, Köder und naß ... Getoastete Susie ist
> meine Eiskrem.[21]

Gertrude wollte ihre Arbeiten unbedingt veröffentlichen. Ihre Manuskripte stapelten sich im Schrank. Nachdem sie in *The Making of Americans* die Geschichte von jedem und in ihren Porträts die Geschichte von irgendwem geschrieben hatte, wollte sie in *Zarte Knöpfe* die Geschichte von irgend etwas schreiben. Sie sagte, daß sie sich »ganz der Schwierigkeit stellen mußte, wie man das Gesehene mit dem Hören und Zuhören zusammenbringt«. Für sie war dies ihr »erster bewußter Kampf mit dem Problem der Korrelation von Gesehenem, Gehörtem und Gefühltem und gleichzeitig dem Ausschluß des Rhythmus«. Sie sagte, daß sie versuchte, nur im Sehen zu leben und dies nicht mit der Erinnerung zu vermischen, Zuhören und Sprechen sollten auf ein Minimum reduziert, Farbe und Bewegung eingearbeitet werden:

> ORANGE
> Ein Typ oh oh neu neu nicht nein nicht Kneuender Kneuender von alter Schau Beefsteak, weder weder.
> RHABARBER
> Rhabarber ist Barbara nicht Barbara nicht Bank in Bündeln
> Spielzeugs nicht wild und lächerlich nicht an kleinen Orten
> nicht in Gemüse und Müßiggang nicht in Falte Kohle Alter bitte
> nicht.[22]

Gertrude fand es, wie sie sagte, am aufregendsten, daß die Worte, die das, was sie sah, zu dem machten, was sie sah, Worte waren, die für sie in exakter Beziehung zu der Sache standen, was sie ansah, »doch so gut wie nie etwas mit dem zu tun hatten, wie die Wörter waren, die diese Sache beschrieben«.

Derartige Erregung machte es schwer, verstanden zu werden, und es gab reichlich Verwirrte, die meinten, daß mit Zarten Knöpfen Klitorides gemeint waren. Andere waren der Ansicht, daß es marinierte Pilze wären. Eher prosaisch war die Auffassung, daß das Buch seinen Titel einfach durch Gertrudes Spaß an Knöpfen erhalten habe. Gertrudes Handschrift wurde beim Schreiben dieser Texte ziemlich wüst. Doch im Gegensatz zu *Drei Leben* und dem *Portrait of Mabel Dodge* fand *Zarte Knöpfe* einen Verleger.

Der Mann, der für diesen literarischen Stapellauf verantwortlich war, hieß Carl Van Vechten. Mabel Dodge hatte ihm 1912 ein Exemplar ihres Porträts von Gertrude gegeben. Er las es voller Begeisterung und ging dann im Juni 1913 mit einem Empfehlungsschreiben von Mabel zum Abendessen in die Rue de Fleurus. Hélène kochte ein eigenartiges Mahl aus einer Vielzahl von Vorspeisen, auf die dann ein süßes Omelette folgte. Van Vechten wurde ein lebenslanger Freund. »Es war auf allen

Seiten Liebe auf den ersten Blick«, sagte Alice, »und der Beginn einer langen, seltenen Freundschaft, unbeschreiblicher Loyalität auf seiner Seite, vollständiger Abhängigkeit auf der Seite von Gertrude Stein.«[23]

Nach seinem Besuch in der Rue de Fleurus schrieb Carl Van Vechten seiner Freundin, der Schauspielerin Fania Marinoff:

> Gestern abend war ich zum Abendessen bei Gertrude Stein. Sie ist eine wunderbare Persönlichkeit. Ich wünschte, du könntest sie kennenlernen. Eines Tages wirst du das ... Ihre Wohnung ist voller Picassos, und sie zeigte mir Zeichnungen, darunter auch einige von Männern mit erigierten Tom-Toms, die viel größer waren als meiner.[24]

Carl Van Vechten war groß und stämmig, hatte vorstehende Zähne und porzellanblaue Augen. Er kleidete sich wie ein Dandy, und seine Ehefrau Ann, von der er getrennt lebte, hatte Gertrude zuvor von ihrem »tragischen Eheleben« erzählt. Nach der Scheidung heiratete er Fania Marinoff, obwohl er auch Affären mit Männern hatte. Das Eheleben im Hause Van Vechten war eine Abfolge aus stürmischen und ruhigen Phasen. Die New Yorker Wohnung des Paares war wie ein Bazar, mit einer Büste von Paul Robeson von Epstein, einem Selbstporträt von de Chirico und einem Haufen Volkskunst und Spielzeug aus Mexiko.

Carl Van Vechten betreute Gertrude und tat alles, was ihm möglich war, damit ihr Werk gedruckt, verlegt, veröffentlicht und aufgeführt wurde. Er half ihr, weil er an ihre Bedeutung glaubte. Er war ein begeisterungsfähiger Mann, ein eklektischer Dilettant mit einer Liebe für die Avantgarde. 1913 war er Musikkritiker der *New York Times*. Er war Fotograf, verfaßte mehr als zwanzig Bücher, darunter auch Romane, und förderte jede Art von Negerkunst. Seine Vorlieben galten, wie er selbst sagte, »dem Ausgefallenen, dem Reizvollen, dem Blendenden«.[25]

Ab 1913 traten Gertrude und Van Vechten in einen regen Briefwechsel miteinander. Auch Alice schrieb Van Vechten, jedoch weniger häufig. Fünfzehn Jahre lang schrieb er Alices Namen falsch und nannte sie Miß Taklos. (Viele andere Freunde buchstabierten in ihren Briefen an Gertrude den Namen von Alice verkehrt. Sie nannten sie Toklus oder Tocklass oder Taclos.) Gertrude verbesserte diesen Fehler nicht, obwohl sie selbst schrieb, daß ein falsch geschriebener Name bedeutete, die Identität eines Menschen zu verleugnen.

Van Vechten fand für *Zarte Knöpfe* einen Verleger – den mit ihm befreundeten amerikanischen Dichter Donald Evans, der seinen eigenen Verlag unter dem Namen Claire Marie führte und »Neue Bücher für einen ausgefallenen Geschmack« verhieß. Evans formulierte in seiner Werbung:

> Claire Marie glaubt, daß es in Amerika nur siebenhundert zivilisierte Menschen gibt. Claire Marie publiziert nur Bücher für zivilisierte Menschen. Claire Marie hat nicht einmal den Hintergedanken – das ergibt sich aus diesen Prämissen –, wirtschaftlich zu arbeiten.

Mabel Dodge, die sich gerade in den Vereinigten Staaten aufhielt, versuchte, Gertrude von einer Veröffentlichung beim Verlag Claire Marie abzubringen. Sie sagte, der Verlag sei absolut drittklassig, dekadent und hätte einen schlechten Ruf. Im März 1914 schrieb sie einen warnenden Brief an Gertrude:

> Ich meine, es wäre schade, bei ihm zu veröffentlichen, wenn das in der öffentlichen Meinung die Vorstellung schüren könnte, daß in der ganzen Bewegung des Kubismus, mit der alle dich verbinden, etwas Degeneriertes und Entkräftetes und Dekadentes liegt.

Doch Mabel Dodge war bei Gertrude und Alice selbst in Verruf geraten; sie hatten genug von den Berichten über ihre erotischen Abenteuer und Ehedramen, und Gertrude blieb bei Claire Marie, obwohl sie keinen Pfennig Geld von diesem Verlag bekam.

Im Juni wurden tausend Exemplare von *Tender Buttons* (Zarte Knöpfe) gedruckt und in kanariengelbes Papier gebunden. In seinem Werbematerial schrieb Evans:

> Textlicher Zusammenhang und Abfolge sind ihrer letzten Fesseln ledig, jeder Satzteil steht für sich und hat keine Verbindung mit seinem Vorgänger oder Nachfolger. Die erste Lektüre bewirkte eine Art Schaudern.[26]

Derartige Werbung zog die Leserschaft nicht gerade an. Der Kritiker der *Chicago Tribune* wurde sich nicht klar darüber, »ob mit ›Tender‹ ein Ruderboot gemeint ist, ein Waggon mit Heizmaterial, der an eine Lokomotive angehängt wird oder eine menschliche Gefühlsregung ausgedrückt werden soll«. Ein anderer Kritiker beschrieb das Werk als »eine Art Wunderland oder Lunapark für jemanden, der nicht allzu viel zu tun hat«. Max Eastman meinte weniger respektvoll, daß es wie das wirre Gerede eines Verrückten wirkte. Die *Detroit News* schrieben, daß jemand nach der Lektüre einiger Auszüge Lust bekommen könnte, das Gebäude der Dime Bank eigenhändig zur Seite zu schieben. Der *Commercial Advertiser* schrieb:

> Die neue Steinsche Art beruht auf dem, was man in Deutschland als ›Wortsalat‹ bezeichnet, ein Stil, den vor allem verrückte Leute praktizieren ... Einen Wortsalat richtet man an, indem man sich in einen dunklen Raum setzt, am besten in den stillen und geheimnisvollen Stunden zwischen Mitternacht und Morgengrauen, und seine Finger selbständig schreiben läßt, was sich gerade so ergibt.

Der Autor der *New York Post* fragte sich, ob Gertrude Haschisch genommen hatte. Kein einziger Kritiker behauptete, *Zarte Knöpfe* verstanden zu haben, doch alle fanden es ganz anders als jedes andere Buch, und Gertrude wurde als literarische Kubistin bezeichnet, obwohl ihre Gefolgschaft sehr klein war. Den Menschen fiel es leichter, kubistische Gemälde anzuschauen als *Zarte Knöpfe* zu lesen. Diskussionen über mehrfache Perspektiven in kubistischen Bildern und mehrfache Standpunkte in Gertrudes Arbeiten schienen nur wenige zu interessieren.

Carl Van Vechten tat alles Erdenkliche, um Gertrude bekannter zu machen. In der Augustausgabe von *Trend* schrieb er, daß »Worte durch ihr Hirn brausen und aus ihrem Stift fließen«, daß das Buch unwiderstehlich, sensibel, frisch und von majestätischem Rhythmus war, und Gertrude selbst sei eine »massive Gestalt, eine Frau vom Format eines Rabelais, mit einem herrlich nachdenklichen Gesicht, in dem das Denken das Thema beherrscht«.

Im Juni 1914 besuchte der Verleger John Lane Paris, in Sarajevo wurde der habsburgische Thronfolger Erzherzog Ferdinand ermordet. John Lane sagte, daß seine Frau Camille Gertrudes frühes Werk *Drei Leben* gern gelesen hätte und daß Gertrude, sollte sie im Juli nach London kommen, mit einem Vertrag rechnen könnte. Alice fand, daß Camille Lane wie ihre französische Klavierlehrerin aus San Francisco aussah, und daß das wohl etwas Gutes verhieße. Alice hatte bereits bei den meisten Londoner Verlegern versucht, sie zur Publikation von *Drei Leben* zu bewegen. Alle hatten gesagt, daß sie nichts damit anfangen könnten.

Gertrude versicherte Mabel Dodge, daß sie ihr Bestes tun wollte, um in London wie ein Genie auszusehen. Sie trug einen kurzen Cordrock, eine weiße Seidenbluse, Sandalen und einen kleinen Hut. Mabels Londoner Freundin Muriel Draper sagte, daß Gertrude beschattet wurde von Alice, »die stets in eine Art pseudoorientalische Gewänder gehüllt war, mit klirrenden Armreifen, klimpernden Ketten und Ohrringen, die ebenso groß und oval waren wie ihre riesigen Augen«.[27]

Gertrude und Alice wollten nur einige Wochen in London bleiben. Überall sprach man über den Krieg. Alice hörte, wie ein Redakteur der *Times* sagte: »In diesem Jahr werde ich keine Feigen in der Provence essen können.« Anfangs schenkten sie der Möglichkeit eines Krieges in Europa nicht viel Aufmerksamkeit. Sie gingen mit Begeisterung einkaufen und besuchten Freunde. In Paris war es ihnen nicht gelungen, eine dreiteilige Sitzgarnitur als Ersatz für die Stühle zu finden, die Leo mit nach Florenz genommen hatte, daher hatten sie sich für maßgearbeitete Stühle und eine Couch entschieden – passend für die füllige Gertrude und die kurzen Beine von Alice.

Dann suchten sie sehr sorgfältig nach einem Chintzbezug für die Möbel, der zu all ihren Bildern passen sollte.

Für zehn Tage fuhren sie nach Cambridge und wohnten dort bei der Mutter ihrer Pariser Freundin Hope Mirlees. Gertrude mochte das Essen, das wunderbare Wetter und das Haus, in dem sie gut arbeiten konnte. Alice litt unter der englischen Art zu frühstücken:

> Diese mühselige Unterhaltung, bis man seinen Kaffee bekommt, nach einer Mahlzeit, von der ich nichts esse – daher muß ich sitzenbleiben und freundlich schauen und versuchen, etwas zu sagen und auf den Kaffee warten, der erst eine halbe Stunde, nachdem man sich an den Tisch gesetzt hat, serviert wird.[28]

Bei einem Abendessen, zu dem Mrs. Mirlees zu Ehren von Gertrude und Alice einlud, lernte Alice den Philosophen Alfred North Whitehead kennen. Zum dritten und letzten Mal in ihrem Leben hörte sie die Glocken erklingen, die ihr die Anwesenheit eines Genies anzeigten. Sie sagte, daß er ein äußerst gütiges Lächeln hatte und so bescheiden war, wie es nur Genies sind.

Am Vormittag des 31. Juli suchte Gertrude das Büro von John Lane am Bodley Head auf; als sie es wieder verließ, hatte sie eine Vereinbarung mit ihm getroffen, daß er *Drei Leben* veröffentlichen wollte. Alice wartete auf sie und schaute sich in der Zwischenzeit die Schaufenster an. Am späteren Nachmittag fuhren sie mit dem Zug von Paddington nach Wiltshire und besuchten dort die Whiteheads. Aus dem geplanten Wochenendbesuch wurde ein Aufenthalt von insgesamt elf Wochen, da Großbritannien in genau diesen Tagen Deutschland den Krieg erklärte.

Alfred North Whitehead las mit – wie Alice es nannte – »ruhigem Ernst« jeden Tag die neuesten Zeitungsmeldungen über den Krieg laut vor. Gertrude weinte und konnte es nicht glauben. Alice sagte: »Es ist wahr, wirklich, wirklich, wirklich. Das sagt nicht nur eine Zeitung, das sagen alle Zeitungen.«[29] Gertrude mochte unangenehme Dinge nicht und hatte sich angewöhnt, so etwas nicht zu glauben und sich nicht daran zu erinnern. Whitehead las ihnen etwas über die Zerstörung von Louvain vor. »Wo ist Louvain?« fragte Gertrude Alice. »Weißt du es nicht?« sagte Alice. »Nein, und es ist mir auch egal«, sagte Gertrude. »Aber wo ist es?«

Wegen Reisebeschränkungen konnten sie nicht nach Paris zurückkehren. »Erinnerst du dich, es war der 5. September, als wir von Giftgas hörten«, schrieb Gertrude. »Erinnerst du dich, daß wir am gleichen Tag erfuhren, daß keine Reisegenehmigung mehr erteilt würde?« Aus Amerika ließen sie sich Geld schicken – Alice von ihrem Vater, Gertrude von ihren Verwandten in Baltimore. John Lane sagte, daß er jetzt nur Kriegsliteratur veröffentlichen konnte, jedoch hoffte, daß bald alles wieder anders würde.

Als die deutsche Armee gefährlich nahe vor Paris lag, weigerte sich Gertrude, aus dem Bett aufzustehen. Sie blieb liegen, die Augen geschlossen, konnte jedoch nicht schlafen. Sie sagte, daß sie sich Sorgen um Mildred Aldrich machte. Mildred Aldrich war eine in Paris lebende amerikanische Journalistin, die sagte, daß sie Gertrudes Werk zwar nicht ganz verstand, jedoch sicher sei, daß Gertrude genau wüßte, was sie tat. Als Gertrude und Alice sie kennenlernten, lebte sie im obersten Stockwerk eines Wohnblocks am Boulevard Raspail. Sie ließ oft versehentlich ihren Schlüsselbund in den Lichtschacht des Treppenhauses fallen, wenn sie sich abends von ganz oben verabschiedete. Sie hatte eine Unmenge Kanarienvögel. Eine Freundin hatte sie gebeten, auf ihren Kanarienvogel aufzupassen. Eine zweite Freundin meinte, daß der sich vielleicht langweilen könnte und brachte noch einen zur Gesellschaft. Bald hatte Mildred Aldrich sehr viele Vögel. Als sie sie alle verschenkte, gestand sie Alice, daß sie Kanarienvögel immer gehaßt hatte.

Drei Monate vor Kriegsausbruch hatte die damals 61jährige Mildred Aldrich gesagt, daß sie Ruhe, Stille und völligen Frieden suchte. In Huiry, einem Weiler rund reißig Meilen vor Paris, fand sie ein Bauernhaus mit offenen Dachsparren und einer Hecke aus Haselsträuchern. Von ihrem kleinen Garten aus konnte sie das Marnetal überblicken: Kornfelder und

Felder mit Zuckerrüben, Obstgärten und Spargelbeeten. Aus ihrem Haus beobachtete sie im September des Jahres die Schlacht an der Marne. Sie sah, wie die Engländer und die Franzosen gegen die Deutschen kämpften, und sie sah die Niederlage der Deutschen. Sie sah das Artilleriefeuer, die Rauchwolken, Bomben, Feuer und die toten Soldaten. Ihr Buch *A Hilltop on the Marne*, das 1915 erschien, wurde siebzehnmal aufgelegt.

Bertrand Russell kam einige Male bei den Whiteheads vorbei und unterhielt sich über Pazifismus. Gertrude diskutierte heftig mit ihm. Sie beharrte darauf, daß die Deutschen den Krieg nicht gewinnen konnten, da sie ein rückständiges Volk seien. Sie sagte, daß sie zwar Methode, aber keine Organisation hätten. Alice ging in das Schlafzimmer von Gertrude hinauf und teilte ihr die Neuigkeit von der Niederlage der Deutschen an der Marne mit. Sie sagte, Paris sei gerettet, die Deutschen ziehen sich zurück. Gertrude glaubte es nicht und sagte: »Erzähl mir so etwas nicht.« Dann weinten beide vor Erleichterung.

Nach mehreren Wochen Wartezeit konnten sie die erforderlichen Papiere bekommen und die Heimreise antreten. Alice packte so hastig die Koffer, daß sie einen Teller aus Wedgewoodporzellan zerbrach, weil sie eine schwere Malachitschale darauf stellte. Am 17. Oktober 1914 kamen sie in Paris an. Paris war »wunderbar und unversehrt«, sagte Gertrude, doch viele ihrer Freunde waren fort. Derain und Braque waren eingezogen worden. Picasso sagte: »Am 2. August 1914 habe ich Braque und Derain zum Gare d'Avignon gebracht. Wir haben uns nie wieder gefunden.« Matisse bekam mit seinem schlechten Augenlicht eine Tätigkeit bei der Bewachung der Eisenbahnbrücken. Apollinaire, der eine polnische Mutter und einen italienischen Vater hatte, war zwar nie Franzose geworden, meldete sich jedoch freiwillig als Artillerieoffizier. Marie Laurençin hatte einen Deutschen geheiratet und lebte in Spanien. Kahnweilers Galerie war geschlossen, alle seine Bilder als Besitz eines feindlichen Ausländers beschlagnahmt. Es gab Verdunkelungen, Benzin- und Lebensmittelknappheit und Zeppelinalarm. Als Alice vor Angst zitterte, deckte Gertrude sie mit einer Decke zu. Alice sagte, sie hätte entdeckt, daß Knie so aneinanderschlagen können wie das in Romanen und Gedichten immer beschrieben wurde. Die chintzbezogenen Sitzmöbel wurden 1915 aus London geliefert.

9
DER ERSTE KRIEG

trau einem kalten Bissen vom Sauren
nützlich in einer Notlage

Paris war für Gertrude und Alice während des Krieges zu gefährlich, einsam und zu teuer. Im Frühling 1915 entschlossen sie sich, nach Mallorca zu fahren, weil sie dachten, daß es dort friedlich, billig, spanisch und sonnig sein müßte. Gertrude war etwas knapp bei Kasse und verkaufte daher ihren letzten Matisse, *La Femme au chapeau*, für viertausend Dollar an Sarah und Michael Stein, die wegen des Krieges an die französische Riviera gezogen waren. Sie hatten im Sommer 1914 neunzehn Bilder aus ihrer Matisse-Sammlung an eine Ausstellung in Berlin ausgeliehen, und als der Krieg erklärt wurde, konnten sie sie nicht zurückerhalten.

Gertrude und Alice fuhren mit dem Zug nach Barcelona, dann per Schiff auf die Insel. Es gab das Gerücht, daß ihnen angeblich ein deutsches U-Boot folgte. Alice sah ständig und überall Deutsche. Anfangs wohnten sie und Gertrude im Hotel Mediterraneo, mit Blick über den Hafen und auf die Kathedrale. Dann erzählte ihnen der Briefträger von einer Villa in Terreno, direkt außerhalb von Palma, die zu vermieten sei. Sie gehörte einem pensionierten Offizier und lag auf einem Hügel über dem Meer, mit einer Terrasse voller Nelken und Rosen. Im Garten gab es Mandel- und Feigenbäume, Mandarinen, Granatäpfel und viel Gemüse.

Sie stellten fest, daß auf der Insel Bekannte von ihnen waren: ein amerikanischer Maler namens William Cook und seine bretonische Frau Jeanne, ein schwedischer Herzog und der französische Konsul mit seiner Frau. Als William Cook 1916 nach Paris zurückging, arbeitete er als Taxifahrer, da er kein Geld mehr hatte, und er brachte Gertrude in seinem Renaulttaxi das Autofahren bei.

Gertrude und Alice zogen in ihre Villa und kauften einen Hund, einen *Mallorcan Hound*, rotbraun mit schwarzen Streifen. Sie nannten ihn Polybe, nach dem Pseudonym von Solomon Reinach, einem Autor der Tageszeitung *Le Figaro*. Der Hund Polybe hatte einen unersättlichen

Appetit auf Kot. Gertrude und Alice legten ihm einen Maulkorb um, wurden vom russichen Diener des englischen Konsuls jedoch dafür kritisiert. Ohne Maulkorb jagte Polybe Schafe und Ziegen. Alice schimpfte ihn dann, doch er jaulte die ganze Zeit, und ein Nachbar warf einen Zettel auf die Terrasse und drohte, den Hund umzubringen, wenn der Lärm so weiterginge. Polybe hatte die nette Angewohnheit, auf einem Stuhl zu sitzen und an großen Blumensträußen zu riechen, die Alice auf dem Markt kaufte und in den Vasen arrangierte. Schließlich mußten sie den Hund fortgeben. Gertrude erwähnte ihn in Stücken, die sie damals schrieb, wie *Truthahn und Knochen und Essen und es gefiel uns. Ein Stück*, das zwölf Seiten und siebzehn Szenen hatte. Sie schrieb über ihn:

> *Menorca und Hunde.*
> Ich mag einen Hund was leicht zu verstehen ist da ich nie die Gewohnheit auszugehen hatte außer am Sonntag. Nun gehe ich jeden Tag aus.[1]

Sie erwähnte in dem Stück auch anderes: »*Genevieve und Baumwolle.* Ich mag keine Baumwollschlüpfer. Ich ziehe Wolle oder Leinen vor. Ich räume ein daß Leinen klamm ist. Wolle ist warm. Ich glaube ich ziehe Wolle vor.«[2] Die sechste Szene trägt die Überschrift *Ein Wasserhahn.*

Weder Gertrude noch Alice wollten etwas mit den Deutschen auf der Insel zu tun haben. »Wir haben geschworen, mit keinem Deutschen zu reden«, schrieb Gertrude in *All Sunday*, einem weiteren ihrer mallorquinischen Gedichte. Die deutsche Gouvernante von einem ihrer Nachbarn ließ bei jedem Sieg der Deutschen die deutsche Flagge wehen. Gertrude und Alice rächten sich, indem sie die amerikanische Flagge über ihrem Haus hißten, sobald ein Sieg der Alliierten gemeldet wurde, »aber ach, um jene Zeit waren die Alliierten nicht sehr siegreich«, sagte Gertrude.

Sie lebten ganz für sich, hatten wenige Besucher und führten ein harmonisches, häusliches Leben. Gertrude änderte ihre Gewohnheiten und begann, tagsüber zu arbeiten. Sie stand um neun Uhr auf, Alice um halb acht. An den meisten Tagen kaufte Alice die Lebensmittel auf dem Markt von Palma. Sie kaufte Melonen, Hummer und Hühnchen zum Abendessen. Es gab keine Erbsen, jedoch sehr viel Rote Bete, die Gertrude sehr gern aß. Ihre bretonische Köchin Jeanne Poule versuchte, Alice beizubringen, wie man Tauben umbringt, indem man sie erstickt. Sie sagte, daß sie viel besser schmecken würden, wenn man sie auf diese Weise tötete und daß es auch sehr viel menschlicher war, als ihnen die

Mit Auntie und Kriegsmaterial, 1917.

Kehle durchzuschneiden. Jeanne zeigte es Alice auf dem Markt, und eine empörte Menschenmenge versammelte sich. Jeanne bezeichnete sie als Heuchler, da sie viel Geld dafür bezahlten, um zuzuschauen, wie Stiere bei den Stierkämpfen getötet wurden, dann jedoch das Fleisch der toten Tiere aßen. Sie erklärte Alice ein Rezept für erstickte Tauben – sie wurden mit Speck und Butter geschmort, und auf einem Bett aus Croutons und pürierten Pilzen mit Madeirasauce serviert.

Gertrude und Alice unternahmen lange Spaziergänge auf der Insel. Als Proviant für die Picknicks packte Alice Eier, Salat, Gemüse, dunkles Brot und geschmuggelten Tabak ein. Sie hatte panische Angst vor Eidechsen, bezeichnete sie als Krokodile und weinte, was Gertrude wiederum irritierte. Und sie litt sehr unter der Hitze, dem Wind und den Unannehmlichkeiten des Lebens auf Mallorca. In den Sommermonaten schlief sie unter einem Moskitonetz neben einem elektrischen Fächer. Gertrude befestigte den Fächer wieder, als er abgebrochen war. Sonntags gab es keinen Strom, und die Butter war immer ranzig, daher verwendeten sie keine mehr. Gertrude hielt die Bewohner von Mallorca für »einen ziemlich dummen Haufen degenerierter Piraten mit einer schrecklichen Sprache«. Der Winter war unbehaglich, windig und regnerisch, der Rauch der Holzfeuer zog über die Mauern, und das Haus mußte neu gestrichen werden.

Nachmittags las Gertrude Alice sämtliche Briefe der Königin Victoria vor. Alice hatte von Madame Matisse stricken gelernt und während sie zuhörte, strickte sie jetzt Strümpfe und Hemden aus schottischer Wolle für die französischen Soldaten. Sie stellte fest, daß sie gleichzeitig strikken und lesen konnte. Gertrude hatte bei ihrem Lesestoff einen sehr universellen Geschmack und entwickelte eine Leidenschaft für Autobiographien von Missionaren und für die Kriegstagebücher englischer Offiziere. Eines ihrer Lieblingsbücher war *Forty One Years in India* von Lord Roberts. Alice bestellte die Bücher bei Mudies Leibücherei in London. »Es war meine angenehme Pflicht, die Liste der Bücher aufzustellen und diejenigen zu verpacken, die wieder zurückgegeben wurden«, sagte sie.[3]

Sehr selten unternahmen sie Ausflüge aufs Festland. Um Winterkleidung und Wollstrümpfe zu kaufen und ihre Zähne untersuchen zu lassen, fuhren sie nach Barcelona. Dort gab es einen amerikanischen Zahnarzt, anscheinend den einzigen in ganz Spanien. Er kümmerte sich auch um die Zähne des spanischen Königs. Mit William Cook als ihrem

Gast fuhren sie nach Valencia und erlebten dort eine vergnügliche Woche mit Bauernfesten und Stierkämpfen. Sie sahen fünf der besten Kämpfe mit den Stierkämpfern Gallo, Gallito und Belmonte. Gertrude sagte, daß dies das einzige war, was sie den Krieg vergessen ließ. Das spanische Königspaar war ebenfalls bei den Stierkämpfen, doch die Königin wandte sich bei den blutigen Szenen ab.

Meistens gingen Gertrude und Alice jedoch völlig in ihrer Arbeit und ihrer Zweisamkeit auf, »sie mit einem Stück Leinen und er mit einem Stück Papier«.[4] Die Rollen polarisierten sich in die eines Ehemannes und einer Ehefrau. In der Verwendung der Begriffe »Ehemann« und »Ehefrau« und »er« und »sie« zeigte sich die beiderseitige Verteilung der Pflichten: Gertrude war diejenige, die Anweisungen und Schutz gab, Alice sollte dienen und erfreuen. Gertrude schrieb über diese eigene Welt. Sie sagte, daß sie Theaterstücke schrieb, die jedoch möglicherweise Gedichte waren. Es ist nicht immer einfach, das Genre ihrer Arbeiten zu bestimmen. Der Krieg und die vielen Zurückweisungen durch Verleger machten sie manchmal mutlos. Carl Van Vechten versuchte, sie wieder aufzumuntern:

> Dein Name erscheint ziemlich häufig in den hiesigen Zeitungen. In Amerika bist du so berühmt wie jede andere Gestalt der Geschichte – und wenn Du hierher kommen würdest, hättest Du vermutlich einen ebenso großartigen Empfang wie beispielsweise Jenny Lind [eine beliebte schwedische Sopranistin].[5]

Gertrude antwortete:

> Leider werde ich alle drei Monate traurig. Ich mache so viel fesselnde Literatur mit so attraktiven Titeln und selbst wenn ich so beliebt wie Jenny Lind sein könnte wo oh wo ist der Mann der alles von mir nacheinander veröffentlicht. Vielleicht begegnet er Dir eines Tages. Er kann das alles so billig und einfach machen wie er will aber ich hätte es so gern daß es gemacht wird. Leider.[6]

Aufzuhalten war Gertrude nicht, nur weil sie keinen Verleger hatte. Sie schrieb für sich selbst, das »linierte Papier« und für Alice, die jedes Wort abtippte und morgens die Kühe, Cäsars und ehelichen Freuden der vergangenen Nacht wiederbelebte. Gertrudes Lobgesänge auf die Freuden des Sex wurden unverhüllter. Sie schrieb über Küsse und Klebrigkeit, bevorzugte Stellungen und das Bett. »Lifting Belly«, dessen Thema

Virgil Thomson mit »die privaten Angelegenheiten« bezeichnete, ist ein fünfzigseitiges Ruhmesgedicht auf dies alles:

Am liebsten mag ich den Bauch hochheben ...
Den Bauch hochheben ist im Bett
Und das Bett ist ganz bequem gemacht ...
Den Bauch hochheben
So hoch
Und in der Richtung.
Genau
Und machend
Eine Kuh
Komm raus ...
Ich sage den Bauch hochheben und dann sage ich Bauch hochheben und Cäsars. Ich sage Bauch hochheben sanft und Cäsars sanft. Ich sage wieder Bauch hochheben und wieder Cäsars. Ich sage Bauch hochheben und ich sage Cäsars und ich sage Bauch hochheben Cäsars und Kuh komm raus. Ich sage Bauch hochheben und Cäsars und Kuh komm raus ...
Bauch hochheben hoch.
Das schätze ich mehr und mehr.
Komm raus Kuh.[7]

Gertrude mochte auch solche Kühe recht gern, die auf den Wiesen weiden. Sie sagte, daß sie ihr ein angenehmes Gefühl von Ruhe, Frieden und sanfter Gelassenheit vermittelten. Doch Alice war der Mittelpunkt ihrer Welt. Die Außenwelt mochte sich im Kriegszustand befinden, in ihrer eigenen Welt herrschte Seligkeit:

Kleines Gericht von Köstlichkeit das
Meine Frau ist und alles.
Und ein perfekter Ball.[8]

Oder

küss mich küss mich ... ich werde dich mich klebrig küssen lassen[9]

In ihren Rollen als Schriftsteller und Gehilfin setzten Gertrude und Alice ihre Bemerkungen, Unterhaltungen, Streitgespräche und Flirts der Tage und Nächte fort. Leben und Literatur waren eine Einheit.

Manche Gedichte von Gertrude hatten einen Anflug von Sadomasochismus. Unterwürfigkeit, Dominanz und demütige Bitten klangen durch:

Sie werden mir Anordnungen geben oder nicht. Sie werden mir

sagen was Sie am liebsten haben. Sie werden fordern was Sie
sich wünschen ... Ich sehe was Sie sich wünschen, Sie fordern/
wünschen sofortigen Gehorsam und Sie werden ihn bekommen.
Ich werde nie streiten. Ihr kleinster Wunsch soll mein Gesetz
sein ... Wenn Sie ehrbar sein wollen reden Sie mich an mit Sir.
Ich finde viel Gefallen an Ja Sir.[10]

Gertrudes Schreiben brach alle Regeln. Die Strukturen waren eigenartig, es gab freie Wortspiele. Ein Stück mit dem Titel »One Sentence« ging über dreißig Seiten und bestand fast nur aus Feststellungen mit einer Länge von einer Zeile. Die Chancen für eine Veröffentlichung waren gering. Van Vechten versuchte immer wieder, Gertrudes Arbeiten bei Verlegern in New York unterzubringen, erreichte jedoch nicht sehr viel. »Ich weiß, daß ich wesentlichere Dinge vollbringe als die meisten meiner Zeitgenossen und das Warten auf Veröffentlichungen geht mir auf die Nerven«, schrieb ihm Gertrude.[11] Sie war 42 Jahre alt, es war Krieg, und ihre literarischen Zukunftsaussichten waren unklar. In den Ablehnungsschreiben der Verleger hieß es dann: »Diese seltsamen Studien kann ich wirklich nicht veröffentlichen« oder »Ich habe nur einen Teil gelesen, da es mir völlig sinnlos erschien, weiterzulesen, weil ich einfach überhaupt nichts verstanden habe«.[12]

Auch Alice war nicht immer ganz zufrieden mit dem, was ihre Geliebte verfaßte. Ablenkende und unlogische Randbemerkungen schlichen sich in den getippten Text ein: »Das kannst du nicht in einem Buch schreiben« oder »das sagt doch gar nichts« oder »Miss Toklas ersucht Roberts ihr freundlicherweise per Einschreiben – jeweils als Einzelsendung – 1 Ivory Seife zu senden und eine gute Gesichtsseife die Roberts empfehlen kann«.[13] Alice machte sich auch Sorgen, weil Gertrudes Schreiben kein Geld einbrachte. Als ihr Konto leer war, schickte sie ihrem Vater ein Telegramm: »Laß mir drahtlos Geld anweisen – ich brauche mehr Geld.« Er schrieb ihr zurück: »Das ist doch keine Art zu leben, weil du von deiner Zukunft lebst. Du wirst eine Lösung finden müssen.«[14] Gertrude versprach ihr: »Eines Tages werden wir reich sein. Du wirst schon sehen ... und dann geben wir Geld aus und kaufen alles einen Hund einen Ford Briefpapier Pelze einen Hut viele Taschen.«[15] Doch meistens war das Leben angenehm.

S ist für Süße Süße und Süße
Y ist für You und U ist für mich und wir sind so glücklich wie
glücklich sein kann.[16]

Sie schürte das Feuer und gestand ihre Selbstsucht in ihren Texten:

> Du meinst daß ich es zu kalt mache. Nun gut um sicher zu sein ich bin selbstsüchtig ich sitze vor dem Feuer. Ich sollte dir wirklich den besten Platz geben nur möchte ich nicht gerne wechseln.
>
> Du Liebes du bist so süß zu mir.[17]

Tatsachen, Gemeinplätze, Geheimnisvolles und Verrücktes vermischte sich in Gertrudes Wortspielen:

> Ich möchte zurückgehen. Cook kennt jeden. Ich werde Fett auf mein Gesicht tun macht es dir etwas aus. Ein Fortdauern Rundheit macht einen Schimmer ... Schals haben Haare. Fahrräder sind Blödsinn und eine seidene Nacht hat Sterne ... Was tust du mein Schatz. Fett von meinem Gesicht wegnehmen meine Liebe.[18]

Nach einiger Zeit sehnten sich beide nach ihrem Zuhause. Sie machten sich Sorgen um ihre Freunde und waren abgetrennt von ihrem gewohnten Leben. Alice war wegen des Wetters gereizt – die große Hitze im Sommer, Wind und Regen im Winter, und wegen der fehlenden Annehmlichkeiten des Lebens. Die Gruppe der Pariser Künstler war zerstreut, die Zukunft erschien unklar und unabsehbar. Picassos Geliebte Eva – mit der er seit 1912 zusammen war – hatte Tuberkulose und lag im Sterben. Er schrieb Gertrude, das Leben sei eine Hölle, er könnte nicht arbeiten und verbrachte die Hälfte seiner Zeit in der Metro, wenn er zwischen dem Pflegeheim und seiner Wohnung hin- und herfuhr. Der Krieg forderte seinen Preis. Braque war verwundet, Juan Gris mußte verarmt und krank in Coullioure bleiben, Apollinaire war Brigadier in einem Artillerieregiment, Leo unterzog sich in den Vereinigten Staaten einer Psychoanalyse, es war völlig unsicher, wie die Welt nach dem Ende des Krieges aussehen würde.

Als die Franzosen 1916 in der Schlacht bei Verdun siegreich waren und den deutschen Vormarsch auf Frankreich aufhalten konnten, fuhren Gertrude und Alice zurück nach Paris. Sie reisten mit Dampfer und Zug und kamen im Juni in der Rue de Fleurus an. Sie beschlossen, sich wie ihre Freundin Mildred Aldrich als Helferinnen zu engagieren.

Als sie eines Tages die Rue des Pyramides entlanggingen, stieg direkt neben ihnen eine Amerikanerin in Uniform aus einem Ford-Transporter. »Genau das«, sagte Alice zu Gertrude, »werden wir auch machen. Du wirst zumindest das Auto fahren, ich erledige das Übrige.«[19] Die Frau arbeitete für den American Fund for French Wounded, eine Organisation, die in ganz Frankreich Medikamente an französische Krankenhäuser verteilte. Sie nahm Gertrude und Alice mit zu ihrer Direktorin, Mrs. Isabel Lathrop.

Bei dem Treffen mit Gertrude und Alice trug Isabel Lathrop ein pinkfarbenes Kleid, einen dazu passenden Hut und eine Perlenkette. »Trotz ihrer lockeren Aufmachung hatte sie ein sehr gutes Verhältnis zur Arbeit«, sagte Alice. Mrs. Lathrop sagte ihnen, daß sie sich am besten dadurch nützlich machen konnten, wenn sie mit einem Lastwagen Krankenhäuser belieferten. Sie bat Alice, in der Zwischenzeit eine Liste all der Dinge aufzustellen, die an die Krankenhäuser weitergegeben wurden.

Gertrude nahm ihrerseits Fahrstunden bei William Cook in seinem Taxi und schrieb ihrem Cousin in New York, er möchte ihr doch einen Ford-Lieferwagen besorgen. Während sie auf die Ankunft des Wagens wartete, verfaßte sie Gedichte über den Krieg. Zwei davon wurden in *Life* veröffentlicht, obwohl in dieser Zeitschrift zuvor Parodien auf *Zarte Knöpfe* erschienen waren. Gertrude erklärte dem Herausgeber, daß ihre eigentliche Arbeit witziger wäre, und daß er sie veröffentlichen sollte. Er druckte ein Gedicht über Woodrow Wilson und eines über den Krieg. Gertrude publizierte die Gedichte dann 1928 in einem Band mit dem Titel *Useful Knowledge.*

Im kalten Winter des Jahres 1916 war Heizmaterial knapp. Gertrude und Alice konnten das Atelier nicht heizen. Mit ihrer Fähigkeit, immer wieder Menschen dazu zu bringen, ihr einen Gefallen zu erweisen, erzählte Gertrude einem Polizisten im Viertel von ihrem Problem. Am Abend kam er dann in Zivilkleidung mit zwei Säcken Kohle über der Schulter. »Von dann an«, sagte Gertrude,

> tat er alles für uns, putzte unsere Wohnung, fegte den Kamin und brachte uns hierhin und dorthin und in dunklen Nächten, wenn die Zeppeline kamen, war es angenehm zu wissen, daß er irgendwo da draußen stand.[20]

Im Februar 1917 kam der Ford. Er wurde in eine Spezialwerkstatt gebracht und dort zu einem richtigen Lastwagen umgebaut. Als Gertrude und Alice damit eines Tages nach Paris hineinfuhren, blieb er zwischen zwei Straßenbahnwagen auf den Schienen stehen und mußte wieder flottgemacht werden. Am nächsten Tag schafften sie es gerade bis auf die Champs-Elysées und blieben dann wieder stehen. Fußgänger sammelten sich um sie. Dann sagte ein älterer Chauffeur: »Kein Benzin mehr.« Jemand hielt einen vorbeifahrenden Militärkonvoi auf. Soldaten versuchten, aus einem übergroßen Tank Benzin in den Ford umzufüllen. Schließlich kaufte Alice in einem Haushaltswarenladen einen Kanister mit Benzin.

Das war der Anfang von Gertrudes Fahrkünsten. Sie lernte es nie, richtig die Spur zu halten oder rückwärts zu steuern, und es gab darüber immer wieder »heftige Diskussionen« mit Alice. Das Auto tauften sie Auntie (Tantchen), nach Gertrudes Tante Pauline, die mit Solomon, dem Bruder von Gertrudes Vater, verheiratet war und »sich immer in dringenden Fällen wunderbar und in anderen Fällen recht gut benahm, falls man ihr hinreichend schmeichelte«. Auntie sah eher aus wie ein bunt zusammengewürfeltes Gefährt als wie ein solides Automobil. Sie hatte hölzerne Räder mit Fahrradreifen. Die Windschutzscheibe war in der Mitte durchgeschnitten, damit Luft durchzog. Gertrude hatte die »fürchterliche Angewohnheit, sich zu unterhalten und dabei das Fahren zu vergessen«. Und sie kümmerte sich auch nicht um Alices sorgsame Hinweise. Wenn die Landkarte anzeigte, daß Avignon auf der rechten Seite lag, Gertrude jedoch links besser gefiel, dann fuhr sie eben nach links.

Alice wollte, daß sie lernte, das Auto auseinanderzunehmen und es dann wieder zusammenzubauen, doch Gertrude weigerte sich. Bald war sie bei allen Automechanikern in ganz Frankreich bekannt. Auntie mußte ziemlich häufig angekurbelt werden. Wenn Gertrude selbst kurbelte, sagte sie: »Ich schlag ihn in Stücke. Ich schlag ihn in Stücke.« Sie brachte immer wieder Männer, die gerade vorbeigingen, dazu, ihr beim Kurbeln zu helfen oder die Reifen zu wechseln oder die Zündkerzen zu reinigen. Mrs. Lathrop beklagte sich, daß ihr nie jemand bei diesen Dingen half. Gertrude sagte, das läge daran, weil Mrs. Lathrop so tüchtig aussah. Sie jedoch sähe nicht so tüchtig aus, sie war gutgelaunt, sie war Demokratin und wußte genau, was sie erledigt haben wollte:

> Wenn man sich so verhält, sagte sie, dann hilft einem jeder und bei allem. Wichtig ist nur, betont sie immer, daß einem der Sinn für Gerechtigkeit tief im Blut steckt. Dann tut jeder alles für den andern.[21]

Mit dieser Haltung war sie seit ihrer Kindheit immer gutgefahren. Denn ihr war es, wie sie selbst einräumte, auch immer recht gewesen, möglichst nichts zu tun.

Mrs. Lathrop schickte sie nach Perpignan, ziemlich weit in Südfrankreich in der Nähe der spanischen Grenze, um dort ein Depot für die Verteilung von medizinischen Hilfsgütern an Krankenhäuser zu eröffnen. Im März 1917 fuhren sie los, bewaffnet mit einem Guide Michelin für Hotels und Restaurants und unzähligen Landkarten. Gertrude fuhr in Wollsocken und Sandalen, die über den Knöcheln geschlossen wurden. Als sie einen schneebedeckten Hügel hinunterfuhren, hatten sie eine eher heftige Begegnung mit einer Schar Enten. »Gertrudes Fähigkeiten als Fahrerin schlossen das Unerwartete nicht ein«, sagte Alice. Dann blieben sie im Schnee stecken. Später war Alice sicher, daß sie auf der falschen Straße waren. »Falsch oder richtig«, sagte Gertrude, »wir fahren weiter.«[22]

Alice plante die Route nach den gastronomischen Verheißungen der Hotels und Restaurants in ihrem Führer. *En route* sammelte sie Rezepte. Auntie fuhr nicht schneller als dreißig Meilen pro Stunde, daher kamen sie zum Mittag- oder Abendessen oft zu spät, und man mußte ihnen zu unüblichen Zeiten noch etwas kochen. Am ersten Abend blieben sie in Seaulieu und stiegen dort im Hôtel de la Côte d'Or ab. Sie aßen Brotsuppe, Schinkenkroketten und in Pfirsichschnaps und Zucker flambierte Pfirsiche. Alice fand das ein einfaches, aber köstliches Essen. Wegen seiner Kleidung hielt sie den Hotelbesitzer für einen Deutschen. Er war früher tatsächlich einmal kaiserlicher Chefkoch in Potsdam gewesen.

In Lyon aßen sie mittags im Restaurant La Mère Fillioux. Es gab frische Forellen aus den Seen von Hochsavoyen, in Butter gedünstet, dazu Artischockenherzen mit getrüffelter *foie gras*, Kapaun in Weißwein gedämpft und Kalbsbrühe mit *quenelles*, danach *tarte Louise*. Unter dem Hunger und den Entbehrungen des Krieges hatten sie wahrlich nicht zu leiden.

In Perpignan wohnten sie in einem kleinen, ruhigen, freundlichen Hotel. Ein Brief von Mildred Aldrich lag bereits da: »Ich bin wirklich stolz auf euch. Denke an euch, wie ihr im Schneesturm über die Pässe fahrt. Jetzt habe ich das Gefühl, daß es nichts gibt, was ihr nicht schaffen könnt.«[23] Sie holten vom Bahnhof die bereits eingetroffenen Vorräte für die Krankenhäuser und verwandelten einen bisher als Festsaal genutzten Raum des Hotels in ein Lager mit Büro und Depot zur Materialverteilung.

Im Hotel gab es katalanisches Essen. Eine ihrer Lieblingsnachspeisen hieß Millason, eine Mischung aus Maismehl, Zucker, Eiern, Butter und

Orangenwasser, die in Öl herausgebacken und mit Zucker bestreut serviert wurde. Das erinnerte sie an das gebackene Maisbrot im amerikanischen Süden und tat ihnen gut. Sie mochten auch die kleinen Hummer gern, die in einer Sauce aus Weißwein, Basilikum, Fenchel, Safran, Cayennepfeffer, Knoblauch und Tomatenpüree zubereitet wurden. Außerdem gab es Wildschweinbraten in einer Sauce aus geriebener Zitronen- und Orangenschale mit Gelee aus Preißelbeeren, oder junge Enten mit Spargel, Butter, Zitronensaft und Sahne.

Es machte ihnen Spaß, ihre Arzneimittel, Decken und Lebensmittelpakete an die Krankenhäuser in der Region zu verteilen. Alice sagte, das wäre wie ein ununterbrochenes Weihnachtsfest. Sie kümmerte sich um die ganze Lagerhaltung und die Schreibtischarbeit. Jede Woche schickte sie einen Bericht über ihre Aktivitäten an das Pariser Büro des American Fund for French Wounded, viele dieser Berichte wurden im *Weekly Bulletin* der Stiftung veröffentlicht. Alles, was mit Büros zu tun hatte, war die Aufgabe von Alice. Gertrude fand Büros abscheulich und weigerte sich, irgend etwas mit Beamten zu tun zu haben. Doch da sie die Fahrerin war, lauteten sämtliche Wagenpapiere auf ihren Namen.

Da sie für ihre Tätigkeit mehr Benzin brauchten, ging Alice mit diesem Anliegen zum Bürgermeister von Perpignan. Der Bürgermeister sprach Alice mit Mademoiselle Stein an, doch das schien belanglos zu sein, denn in gewisser Weise war sie das ja auch. Doch dann sagte er: »Mademoiselle Stein, meine Frau möchte Sie unbedingt kennenlernen und hat mich gebeten, Sie zum Essen zu uns einzuladen.«[24] Alice mußte nun erklären, daß sie nicht Mademoiselle Stein war, daß Mademoiselle Stein im Auto saß, weil sie keine Geduld hatte und keine Büroräume betreten und warten und Leuten irgend etwas erklären wollte. Doch sie gingen beide zu der Einladung zum Abendessen und bekamen eine sehr gute Suppe. Die Ehefrau des Bürgermeisters kam aus Bordeaux, und die Suppe aus Bordeaux blieb für Alice »die Suppe, nach der ich alle anderen Suppen beurteile«.[25]

Um Gelder für den American Fund aufzutreiben, ließ Alice sich und Gertrude mit Auntie vor dem Geburtshaus von Marschall Joffre, dem Oberbefehlshaber der französischen Armee, in Rivesaltes in der Nähe von Perpignan, fotografieren. Von dieser Aufnahme wurden in den Vereinigten Staaten tausend Postkarten gedruckt und verkauft.

Alice und Gertrude nahmen immer bereitwillig Soldaten mit, die zu Fuß unterwegs waren. Sie bezeichneten diese Soldaten als ihre militärischen Patensöhne. Ihre Pflicht als militärische Patentanten war es, immer wieder auf die Briefe zu antworten, die sie erhielten und den Männern alle zehn Tage ein Lebensmittelpaket zu schicken. Alice war der Meinung, daß die Soldaten die Briefe lieber hatten als die Pakete. Einmal verwechselte sie die Adressaten für Antwortbriefe. Sie bat einen Soldaten, dessen Mutter tot war, und der ihr alles über seine Ehefrau erzählt hatte, seine Mutter von ihr zu grüßen, und einem anderen, der zwar eine Mutter, aber keine Ehefrau hatte, richtete sie Grüße an seine Ehefrau aus. »Ihre Antwortbriefe waren richtig vorwurfsvoll«, schrieb sie.[26]

Wenn sie in Stimmung war, schrieb Gertrude Gedichte. Manchmal schrieb sie im Auto, oder im Hotel, oder auch auf einem Feld. Ein Sprechgedicht mit dem Titel *Wieder Arbeit* hatte in lockerer Form mit ihrer Tätigkeit im Krieg zu tun:

Der Wind weht.
Und das Automobil geht.
Kannst du Bretter raten.
Holz.
Kannst du Reifen raten.
Fässer.
Kannst du Mädchen raten.
Zofen.
Kannst du Botschaften raten.
In der Tat.
Dann ist noch Fleisch zu kaufen.
Wir haben Spargel so gern.
Dies ist ein Interview.
Soldaten machen gern Theater.
Laß ihnen ihren Willen.
Das wollen wir ja auch.
Wir sind weder mächtig.
Noch munter.
Wir sind glücklich.
Prächtig.
Am Morgen.
Wir glauben an den Morgen.
Nicht wahr.[27]

Als Amerika im April 1917 in den Krieg eintrat, schnitten Gertrude und Alice Bänder mit dem Stars-and-Stripes-Muster in Streifen und verteilten sie an verwundete Soldaten.

Im Herbst rief Mrs. Lathrop sie wieder nach Paris zurück. Alice gab Gertrude ein halbes Hähnchen, damit sie unterwegs keine Hungeranfälle bekam. Gertrude aß mit einer Hand und steuerte mit der anderen. Auf dem Heimweg gab es allerlei Mißgeschick mit Auntie. Es war sehr heiß, und Gertrude, die die Hitze mochte, sagte, daß sie sich wie ein Pfannkuchen fühlte – »Hitze von oben und Hitze von unten und dann noch einen Wagen ankurbeln!«[28]

In Nevers begegneten sie amerikanischen Soldaten. Gertrude war sehr aufgeregt und unterhielt sich mit allen. Sie wollte wissen, aus welchem Staat und aus welcher Stadt jeder kam, wie sie hießen, wie alt sie waren und was sie gern mochten. Zwei Männer halfen ihr, das Auto zu reparieren. Sie nannte sie California und Iowa, da sie aus diesen Bundesstaaten kamen. Daraus entstand ihre Idee zu einer Geschichte der Vereinigten Staaten, »mit Kapiteln, in denen Iowa anders ist als Kansas, und Kansas anders als Nebraska usw«. Sie begann, daran zu arbeiten, der Text wurde dann in *Useful Knowledge* abgedruckt.

In Paris blieben sie nur wenige Tage, gerade so lange, daß Auntie gründlich gewartet werden konnte. Alice lud einige amerikanische Krankenschwestern und Helfer des Fonds, die in Paris auf Urlaub waren, zum Mittagessen ein. Sie kochte Fleischbällchen aus Kalbsleber, Kneppes genannt. Es gab Stromsperren, Fleisch, Butter und Eier waren streng rationiert. Mrs. Lathrop teilte mit, daß der nächste Einsatzort Nîmes sei, wo sie ein Depot eröffnen und die drei Departements Gard, Bouches-du-Rhônes und Vaucluse versorgen sollten.

Alice trug jetzt immer eine Offiziersjacke mit vielen Taschen und einen Bauarbeiterhelm, Gertrude hatte sich einen Militärmantel und einen Kosakenhut zugelegt. Braque begegnete den beiden in Avignon:

> Sie sahen äußerst merkwürdig aus ... ihre verrückte Aufmachung erregte dermaßen die Neugier der Vorübergehenden, daß eine große Menschenmenge zusammenlief und man ziemlich derbe Scherze über sie machte. Die Polizei kam dann und bestand darauf, unsere Papiere zu überprüfen. Sie waren zwar ganz in Ordnung, doch ich muß sagen, daß ich mich ziemlich unbehaglich gefühlt habe.[29]

In Nîmes stiegen Gertrude und Alice im besten Hotel ab, das sich jedoch in einem beklagenswerten Zustand befand. Der Besitzer war im Krieg gefallen, der Geschäftsführer war beim Militär und das Abendessen bestand in der Regel aus einem armseligen Weißfisch, der seinen Schwanz im Maul hatte.

Auntie wurde zu einem Krankenwagen umfunktioniert und diente jetzt dazu, verwundete Soldaten vom Bahnhof zum Krankenhaus zu befördern. Gertrude und Alice arbeiteten mit den Krankenschwestern vom Roten Kreuz zusammen. Zigaretten waren knapp, und verwundete Soldaten rauchten die Füllungen aus den Matratzen der Krankenbetten. Alice gelang es, geschmuggelten Tabak aus Marseille zu beschaffen. Sie und Gertrude kauften ziemlich viel auf eigene Kosten, was sie den Soldaten zugute kommen ließen.

In Nîmes war ein amerikanisches Regiment stationiert, und sie freundeten sich mit einigen der jungen Soldaten an. Das war ihre Verbindung zu Amerika. Einer dieser jungen Soldaten, W. G. Rogers, blieb bis zu Gertrudes Tod in Briefwechsel mit ihr. Sie nannten ihn Kiddie. Er gehörte zur Sanitätseinheit von Nîmes, hatte kein Geld und interessierte sich für römische Ruinen. Gertrude und Alice luden ihn zum Tee in den Speisesaal ihres Hotels ein. Sie stopften ihn mit Kuchen voll, und Gertrude fragte ihn aus wie ein Polizist, der einen Gefangenen verhört – nach seinem Geburtsort, seinen Eltern, dem Beruf seines Vaters, nach seinem College und seinen Lehrern, wie er in die Armee gekommen sei und ob dies sein erster Aufenthalt in Frankreich war, nach seinen Plänen für die Zeit nach dem Ende des Krieges. Er fand, daß Gertrude wie Stonehenge war, mit einem Lachen wie Donnergrollen.

Nach dieser Befragung sagte ihm Alice, daß man die römischen Ruinen, die er so gern besichtigen wollte, schwer mit dem Zug erreichen konnte und er eingeladen sei, während seines zehntägigen Aufenthalts mit ihr und Gertrude unterwegs zu sein. Er müßte sich an bestimmte Regeln halten, beispielsweise das Auto reparieren, wenn dies nötig sei. Er dürfte sich nicht einmischen. Er müßte im Auto auf dem Boden sitzen, auf einem Kissen neben Alice, die Füße auf dem Trittbrett, damit Gertrude genauso viel Platz hatte als wenn er nicht dabei wäre. Sie müßten immer bei Einbruch der Dämmerung zurück im Hotel sein, da Gertrude nicht bei Dunkelheit fahren wollte.

Sie nahmen Kiddie auf Besichtigungstour durch die ganze Provence mit und bezahlten alles für ihn. Er saß auf einem Kissen, in der halbgeöffneten Tür, die Knie unter das Kinn gezogen, und dadurch war zwar Alice beengt, nicht aber Gertrude. »Miss Toklas«, sagte Kiddie, »widmete praktisch ihr ganzes Leben als erwachsene Frau dem Bemühen, jede Unbill von Gertrude Stein fernzuhalten.«[30] Je genauer er die beiden kennenlernte, desto mehr fragte er sich, »wessen Licht da unter wessen Scheffel gestellt wurde«. Denn im Lauf der Jahre entwickelte sich in der Beziehung zwischen Gertrude und Alice ein Paradox: was nach außen wie ein Dienen von Alice im Interesse von Gertrude wirkte, war ihre Art, Kontrolle auszuüben.

Zum Weihnachtsfest 1917 gab es im Hotel einen Tanzabend für britische Soldaten, die zu einem Genesungsurlaub in Nîmes waren. Gertrude und Alice tanzten mit den Männern. »Wir haben uns sehr bemüht, daß alles fröhlich war, aber die britische Armee war nicht sonderlich nett«, sagte Alice. Durch den weiteren Vormarsch der Alliierten wurden die Nachrichten über den Kriegsverlauf etwas angenehmer. Gertrude schrieb einige kürzere Arbeiten. Eine mit dem Titel *Have They Attacked Mary He Giggled: A Political Caricature* wurde in der Zeitschrift *Vanity Fair* veröffentlicht. Nach dem Krieg brachte Gertrude ein Heft dieser Ausgabe zu Shakespeare and Company, dem Buchladen und der Leihbücherei von Sylvia Beach in Paris. Sylvia Beach bezeichnete den Text als »dieses Ding mit dem schrecklichen Titel«.[31]

In all den Kriegsjahren waren Gertrude und Alice von den Menschen abgeschnitten, die sie kannten. Claribel Cone saß im Regina Palast-Hotel in München fest, erst nach dem Ende des Krieges hörte man wieder etwas von ihr. Leo war in New York, »psychoanalysierte und ließ sich psychoanalysieren, philosophierte und streifte umher«.[32] Carl Van Vechten lebte jetzt fest mit Fania in New York und erzählte Gertrude, daß er Leo gelegentlich sah, »auf Ausstellungen von modernen Künstlern, und immer spricht er, aber nie mit mir. Er scheint ziemlich sicher zu sein, daß er mich nicht leiden kann. Warum, weiß ich nicht.«

Sowohl Braque als auch Apollinaire hatten Kopfverletzungen erlitten. Apollinaire hatte eine »echte junge Dame« geheiratet und lebte in einer kleinen Wohnung am Boulevard St. Germain. Sarah und Michael Stein waren nach wie vor in Südfrankreich, doch als in der Nähe der Rue de Fleurus im Jardin de Luxembourg geschossen wurde, organisierte Michael, daß zwei Bilder von Cézanne und Matisse aus dem Besitz von Gertrude verpackt wurden, ließ sie auf 40 000 Dollar versichern und nach Nîmes schicken und wies Gertrude an, sie im Crédit Lyonnais aufzubewahren.

Picasso hatte nach dem Tod von Eva einige Liebesaffären und heiratete dann die russische Ballettänzerin Olga Koklova. Zur Feier seiner Hochzeit schickte er Gertrude ein kleines abstraktes Bild. Jahre später kopierte er es für Alice auf einen Möbelstoff, und sie stickte die Muster aus, »und das war der Beginn meiner Stickarbeiten«. Sie bezog zwei kleine Louis-quinze-Stühle mit diesen Stickereien, Picasso sagte ihr dabei, welche Farben sie bei den Seidenfäden verwenden sollte.

Als die Deutschen am 11. November 1918 die Kapitulationserklärung unterzeichnet hatten, weinte Alice vor Freude. »Beherrsch' dich bitte«, sagte Gertrude, »du hast kein Recht, mit einem verheulten Gesicht den Franzosen gegenüberzutreten, deren Söhne jetzt nicht mehr getötet werden.« Am folgenden Tag fragte Mrs. Lathrop sie in einem Telegramm, ob sie Deutsch sprachen. Wenn ja, dann sollten sie das Depot schließen, nach Paris zurückkehren und von dort ins Elsaß fahren, um die Zivilbevölkerung beim Wiederaufbau zu unterstützen. »Gertrude«, sagte Alice, »sprach ein flüssiges, fehlerhaftes Deutsch ... ich versuchte, mich an das fehlerfreie Deutsch zu erinnern, das man mir beigebracht hatte.«[33]

Sie blieben kurz in Paris, kauften fellgefütterte Fliegerjacken und dicke Pullover und brachen dann ins Elsaß auf. Auf der Fahrt trat ein Pferd, das eine Militärküche zog, nach Auntie. Ein Schutzblech brach ab, die Werkzeugkiste fiel herunter, und die Lenksäule wurde verbogen:

> Wir fuhren weiter, immer über die verschlammte Straße, und bergauf und bergab, und Gertrude Stein hielt das Steuerrad umklammert ... Wir hatten vorher nie so gründlich begriffen, wozu Schutzbleche dienen, aber als wir in Nancy anlangten, wußten wir es.[34]

Alice war »über und über voller Schlamm« und zum Abendessen gab es nur zwei hartgekochte Enteneier. Am folgenden Tag wurde das wieder wettgemacht durch eine Quiche aus Schinken, Speck, Eiern und Sahne. Doch dann brach das Gebläse des Autos, und Gertrude versuchte erfolglos, es mit einer Haarnadel zu reparieren.

Im Elsaß schlugen sie ihr Hauptquartier in der Schule von Muhlhouse auf und fuhren von dort in alle umliegenden Dörfer, wo sie an jede Flüchtlingsfamilie zwei Wolldecken, Unterwäsche, Wollstrümpfe für Kinder und Babyschuhe verteilten. Meistens baten sie den Dorfpfarrer, ihnen zu helfen. Die Menschen kehrten jetzt in ihre zerstörten Häuser zurück. Das Elsaß war ein Schlachtfeld. »Es war nicht entsetzlich, es war fremdartig«, sagte Gertrude. »Wir waren an zerstörte Häuser, sogar an zerstörte Städte gewöhnt. Das hier war anders. Es war eine Landschaft. Aber sie gehörte nirgends hin.«[35]

In den Geschäften fand Alice eine Menge Lebensmittel: echten Kaffee, große Schinken, Milch und Süßigkeiten. Gertrude sagte ihr jedoch, sie sollte trotzdem keine Würste kaufen. »Das könnte Claribel sein«, meinte sie. Gertrude schrieb das Sprechgedicht *Akzente im Elsaß. Eine vernünftige Tragödie.* Darin erwähnte sie den teuren elsässischen Wein, und daß man trockene Kartoffeln essen mußte, doch das Hauptthema war ihre Liebe zu Alice:

Laß mich dich willig umarmen und küssen.
Kein Gebirg kein Bock keine Fenster.
Kein Geflüster keine Locke kein Ginster.
In mir eene meene Muh
Du bist meine Liebe und dir sag ich's zu.[36]

Als die Jahreszeit der »Orangenblüten und Störche« angebrochen war, schlossen sie ihr Depot und fuhren »über Metz, Verdun und Mildred Aldrich«. Mildred hatte das ganze Geld, das sie mit ihrem Buch *A Hilltop on the Marne* verdient hatte, für die Pflege von verwundeten Soldaten ausgegeben. Alice sagte: »Sie hat es dem Hügel zurückgegeben, durch den sie es verdient hat.«

Gertrude und Alice erhielten den Orden Reconnaissance Française für ihre Arbeit. Auf den Seiten von Auntie übermalten sie das Zeichen des Roten Kreuzes und die Aufschrift »American Fund for French Wounded«. Paris hatte sich verändert. »Die Stadt war wie wir selbst trauriger als bei unserer Abreise«, sagte Alice. Gertrude und Picasso stritten sich – »keiner von beiden vermochte je ganz genau zu sagen, weshalb eigentlich« – und sprachen ein Jahr lang nicht mehr miteinander.[37] Apollinaire starb zwei Tage vor der Kapitulation an der Kopfwunde, die er 1916 erhalten hatte und an spanischer Grippe. Matisse war mit seiner Familie nach Nizza gezogen. Juan Gris war krank. Daniel Kahnweilers Sammlung kubistischer Gemälde, die während des Krieges von der Regierung beschlagnahmt worden war, wurde für sehr wenig Geld verkauft. Niemand interessierte sich mehr für den Kubismus. Leo kehrte dünner, schwächer, taub und voller Ablehnung sich selbst gegenüber aus den Vereinigten Staaten zurück:

Bedauerlicherweise waren meine ersten Versuche mit der Psychoanalyse unbefriedigend, auf jeden kleinen Fortschritt

> folgte ein ebenso großer Rückfall. Wenn das nicht so gewesen wäre, hätte ich drüben vielleicht eine ganz erfolgreiche Zeit verbringen können.[38]

Er konnte nur in kleinen Schüben arbeiten – einmal einen Artikel über Cézanne schreiben, oder über Kunst diskutieren – »und das ist soviel wie nichts«, sagte er über seine Anstrengungen.

Er und Nina waren während des Krieges getrennt. Sie konnte die notwendigen Papiere für die Einreise in die Vereinigten Staaten nicht beschaffen. Er bat sie in einem Brief vom 19. September 1915, ihn zu heiraten. Er sagte, daß das ganz offiziell sein könnte, oder aber auch nicht, wenn ihr das lieber wäre. Er sagte, daß er sie ehrlich und von ganzem Herzen liebe, und daß sie die Richtige sei. Er schickte ihr auch Geld. Sein Einkommen betrug damals 1000 Dollar monatlich. Er gab ihr 600 Dollar, und sie bat immer noch um mehr. Dadurch hatte er nicht mehr genügend für sich selbst, nachdem er die Miete für Settignano, die Versicherungen für seine Bilder und die Rechnungen für seine Analysen bezahlt hatte. Er bat sie, sich Arbeit zu suchen, und sie nahm ihm diese Bitte ziemlich übel.

Er sagte zu Nina, daß er sich die meiste Zeit über wünschte, tot zu sein, oder zumindest nicht am Leben, »da es weder angenehm noch produktiv« ist. Im Dezember 1917 schrieb er ihr über die anderen Frauen in seinem Leben – eine junge verheiratete Dreiundzwanzigjährige, die sagte, daß sie ihn küssen und drücken wollte. Eine große schlanke Frau, »die androgynste Frau, die jemals etwas von der Liebe verstanden hat«, und

> noch ungefähr fünfzehn Frauen und gleich viele Männer, die mich im Moment interessieren, doch das würde jetzt zu lange dauern, vor allem, da ich trotz dieser ganzen Galaxis immer wieder zu dir zurückkehre, meine Geliebte, die einzige, die ich liebe, die ich liebe, liebe.

1921, als Leo fünfzig Jahre alt war, heirateten sie schließlich. Im Dezember 1919 schrieb er an Gertrude und wollte das Zerwürfnis zwischen ihnen beilegen. Er sagte ihr, daß seine »Gefühle von Spannungen« verschwunden waren, und er freundschaftliche Gefühle für sie hege. Er sagte, er hätte festgestellt, daß seine Verdauungsstörungen rein neurotische Symptome waren, und daß er während der ganzen Zeit in Amerika versucht hatte, diese Neurose zu heilen:

> Aber es ist verdammt schwer, so etwas zu heilen und so wie die

Dinge lagen, war ich bis vor kurzem völlig verzweifelt. Dann ... beschritt ich einen Weg, der zu einer Besserung führte. Diese brachte schließlich eine Erleichterung und Vereinfachung in meinen Beziehungen zu Dingen und Menschen mit sich und schuf einen Zustand, der es mir ermöglichte, an dich zu schreiben.

Die »Familienromanze«, wie man sie nennt, steht fast immer im Mittelpunkt einer Neurose, so wie du ja auch Magenbeschwerden bekamst, wenn wir uns stritten. Ich konnte also ziemlich genau feststellen, inwieweit sich eine Besserung vollzog, indem ich darauf achtete, inwieweit es mir möglich war, so zu schreiben, wie ich es jetzt tue.[39]

Doch Gertrude hatte keine Lust auf eine Rückkehr zu Streitgesprächen, Verdauungsstörungen und zur »Familienromanze«. Sie beantwortete Leos Brief nicht. Man konnte sowieso nicht mehr so leben wie vor dem Krieg. Sie und Alice hatten ihre Konten bei der Bank überzogen. Für die Hilfeleistungen im Krieg hatten sie viel von ihrem eigenen Geld ausgegeben. Sie hatten Röntgenapparate gekauft, Verbandsmaterial, Decken, Woodbine-Zigaretten und fünftausend Thermometer. Vor dem Krieg, sagte Alice, »gaben wir das Geld aus ohne zu wissen, was wir eigentlich taten«. Jetzt mußten sie sparen. Sie hatten keine Köchin oder Hausangestellte, und sie gingen jeden Morgen in die Markthallen, um ihre Einkäufe zu erledigen. Alice sagte, daß sie »wie die Zigeuner leben [wollen], unsere Besuche in den Prachtgewändern der Vorkriegszeit machen, und den vielen Freunden, die wir sehen müssen, einen *pot-au-feu* vorsetzen«.[40] Doch die meisten Freunde waren nicht mehr da. »Jeder war unzufrieden und rastlos. Es war eine rastlose und unruhige Zeit.«[41]

Die Welt mochte rastlos sein, doch die Beziehung zwischen Alice und Gertrude verlief auf ruhigen Pfaden. Am Tag der großen Siegesparade durch den Arc de Triomphe standen sie bei Sonnenaufgang auf und gingen zu Fuß zu Jessie Whitehead, die ein Hotelzimmer mit einer hervorragenden Aussicht auf die Feierlichkeiten hatte. »Es war ein wunderbarer Tag«, schrieb Gertrude,

Alle Welt war auf der Straße, Männer, Frauen, Kinder, Soldaten, Priester, Nonnen, wir sahen zwei Nonnen, denen die Leute halfen, auf einen Baum zu klettern, damit sie etwas sehen konnten ...

Nun marschierten sie alle durch den Arc de Triomphe. Gertrude

Stein dachte daran, wie ihre Gouvernante ihr einst – als kleines Kind in den Ketten rings um den Arc schaukelnd – gesagt hatte, daß keiner unter dem Bogen durchgehen dürfe, weil nach dem Deutsch-Französischen Kriege 1870/71 die Deutschen dort durchmarschiert seien. Und jetzt marschierten alle hindurch, die Deutschen ausgenommen ...

Doch schließlich näherte sich all das seinem Ende. Wir wanderten die Champs-Elysées auf und ab und der Krieg war vorbei und die Stöße eroberter Kanonen, die zwei große Pyramiden bildeten, wurden entfernt und wir hatten wieder Frieden.[42]

10
BERÜHMTE MÄNNER UND FRAUEN

Man kann ein Museum sein oder man kann modern sein aber nicht beides

Nach dem Krieg war Auntie in Paris nicht als Zivilfahrzeug zu gebrauchen und durfte nicht in den Bois de Boulogne. Sie sah aus wie ein Leichenwagen aus zweiter Hand und blieb ziemlich häufig stehen. 1920 brach sie schließlich vor dem Palais Luxembourg ganz zusammen und blockierte den Eingang, als man gerade auf die Ankunft des Premierministers Raymond Poincaré wartete. Polizisten zogen Auntie auf die Seite.

Gertrude und Alice fuhren zur Ford-Vertretung und bestellten einen neuen Zweisitzer. Als sie zum erstenmal mit dem Auto unterwegs waren, stellte Alice fest, daß es nackt war und meinte damit das Auto. »Es hatte nichts auf dem Armaturenbrett, weder Uhr noch Aschenbecher noch Zigarettenanzünder. Godiva war Gertrude Steins Antwort.« Gertrude fand Gefallen daran, in Godiva zu sitzen und zu schreiben, während Alice Besorgungen und Einkäufe erledigte. Die Geräuschkulisse der Straße war eine Inspiration für sie. Die Bewegung der anderen Autos war für sie wie der Rhythmus eines Satzes, wie eine Stimmgabel oder ein Metronom. Sie schrieb in diesem Rhythmus und Tonfall. Die Texte *Mildreds Thoughts*, *The Birthplace of Bonnes*, *American Biography* und *One Hundred Prominent Men* entstanden in Godiva. Gertrude fand *Mildred's Thoughts* das gelungenste dieser Autostücke.

Sie stellte auch fest, daß ihr eigener Rhythmus, wenn sie in der Badewanne plantschte, ihr dabei half, das zu sagen, was sie sagen wollte. Als sie und Alice später einen Hund hatten, sagte sie, daß sein Rhythmus beim Wassertrinken ihr den Unterschied zwischen Sätzen und Absätzen deutlich machte: Absätze sind emotional, Sätze dagegen nicht. Sie vermittelte dies in ihrem Buch *How to Write* im Abschnitt »Sätze und Absätze«:

> Was also sind Absätze. Ein Satz hofft daß Sie sehr zufrieden und glücklich sind. Er ist selbstsüchtig. Sie haben es gern, wenn man sie mitnimmt. Um einen Satz kann man sich kümmern. In der

Minute in der Sie eine Menschenmenge zerstreuen haben Sie einen Satz. Sie waren Zeugen davon sogar wenn Sie es nicht aufgehalten haben. Da gibt es keinen Absatz. Wenn er einen anderen Vater hätte hätte er einen.[1]

Auch Kühe und die klingenden Kuhglocken inspirierten Gertrude. Der amerikanische Autor Bravig Imbs erzählte, wie er Gertrude einmal auf einem Feldschemel in einer Wiese sitzen sah. Sie gab Alice Anweisungen, wie sie eine Kuh mit einem Stock von der einen Seite der Wiese zur anderen treiben sollte. Dann schrieb Gertrude in ihr Schreibheft. Danach klappte sie ihren Schemel zusammen, ging in eine andere Ecke der Wiese und gab Alice ein Signal, damit diese die Kuh von neuem von hier nach da scheuchte.

Bravig Imbs lernte die beiden 1926 kennen. Ungefähr in dieser Zeit freundete sich Gertrude mit rund einem Dutzend junger Männer – Schriftstellern und Malern – an. Am Ende lag sie mit allen im Streit. Imbs kam mit einem Empfehlungsschreiben des Malers Pavel Tschelitschev. Bevor er zu Gertrude vorgelassen wurde, fragte ihn Alice erst einmal aus. Er sagte über Alice: »Sie war sowohl Sieb wie auch Beschützerin; sie bewahrte Gertrude vor den Langweilern, und die meisten Leuten mußten sich erst einmal von ihr prüfen lassen, bevor Gertrude ein längeres Gespräch mit ihnen begann.« Er sagte, daß die Grade der Vertrautheit sorgfältig bemessen und genauestens beachtet wurden, »wenn man daher den ersten Grad an Bedeutung erlangte – das war eine Einladung zum Mittagessen –, war man von dieser Ehre ganz überwältigt«.[2] Die höchste Stufe des Vertrauens war ein Streit. Nachdem Gertrude einige Kurzgeschichten von Imbs gelesen hatte, meinte sie zu ihm, daß er zwar wirklich brillant sei, aber doch bitte keine Sätze verwenden sollte, die wie Krücken wirkten. »In meinem eigenen Schreiben«, sagte Gertrude,

habe ich Sätze und Rhythmen und literarische Obertöne und den ganzen anderen Unsinn zerstört, um direkt zum Zentrum dieses Problems der Kommunikation in der Intuition vorzustoßen. Wenn die Kommunikation stimmt, ist Leben in den Worten, und das ist das ganze Geheimnis der guten Literatur: man schreibt Worte auf das Papier, die tanzen und weinen und Liebe machen und kämpfen und küssen und Wunder vollbringen.[3]

Imbs erzählte, daß Gertrudes Lachen das gewinnendste und ansteckendste Lachen war, das er je gehört hatte. »Es begann ganz plötzlich, mit einem sehr hohen Ton und schwang dann immer tiefer hinunter in Wellen reinster Freude. Es kam direkt aus dem Herzen.«

Kurz nachdem sie Godiva gekauft hatten und im Verkehrsgewühl auf dem Boulevard St. Germain, in der Nähe der Kirche St. Germain des Prés, steckengeblieben waren, beobachtete Alice, wie sich Gertrude vor einem Herrn verbeugte, der seinen Hut gezogen hatte und sich vor ihr verbeugte. »Ich sagte zu ihr: Wer war das? und Gertrude antwortete: Leo ... Ich sagte: Nicht möglich. Und sie sagte: Doch, es war Leo.«[4] Das war die einzige Begegnung der beiden nach 1913. Gertrude fuhr nach Hause und schrieb eine Erzählung mit dem Titel *How She Bowed To Her Brother.*

Am 5. März 1921 heirateten Leo und Nina in Italien. Dann begann er, »im Bauch seines Gehirns« ein Buchprojekt mit dem Titel *Others, Do They Exist?* zu wälzen. Es sollte die »Morphologie des irrationalen Glaubens« behandeln. Er fand, daß er zum falschen Zeitpunkt geheiratet hatte und empfand seine fortschreitende Taubheit als Segen. Er war »fast leidenschaftlich gern Vater«, meinte jedoch, daß ein tauber Vater wie der Vater einer lebenden Puppe wirkte. Meistens wachte er mit dem Wunsch auf, tot zu sein, und er sagte, daß Sex für ihn immer mit Konflikten verbunden war.

Gertrude und Alice unternahmen mit Godiva häufig Ausflüge und Picknicks. In Versailles pflückten sie Veilchen, Osterglocken in Fontainebleau, Hyazinthen und Vergißmeinnicht im Wald von St. Germain. Für diese Ausflüge bereitete Alice zwei Arten von Mahlzeiten zum Mitnehmen vor. Einmal Hühnchen in Weißwein und Paprika, außerdem hartgekochte Eier mit Pilzfüllung, dazu als Nachspeise Windbeutel mit Sahne und einer Füllung aus gezuckerten Himbeeren. Das zweite Picknickmenü bestand aus getoasteten Sandwiches mit Roastbeef, Sauerrahm, Senf, Petersilie und Schalotten, Salatblättern gefüllt mit Bries und in Sherry gekochten Trüffeln, als Nachspeise waren dann karamelisierte Äpfel im Teigmantel geboten, mit Puderzucker bestäubt.

Gertrude wurde zu dick und mußte Diät halten. Alice schloß sich ihr einfach aus dem Grund an, weil sie das tun wollte, was Gertrude tat. Da Alice sehr dünn war und nie viel aß, verlor sie bald jeden Appetit. Darüber wie auch über viele andere Eigenheiten von Alice lachte Gertrude. Wenn Alice zu besitzergreifend wurde, provozierte und reizte Gertrude sie ganz gern. Alice sagte dann zu den Gästen beim Abendessen, daß Gertrude einen ihrer albernen Tage hatte. Gertrude trank auch

Gertrude und Alice in Godiva.

nichts Alkoholisches mehr, hörte auf zu rauchen und salzte ihr Essen nicht mehr. Der Arzt riet, ihre Gewohnheiten beim Arbeiten zu ändern und nicht mehr bis spät in die Nacht zu schreiben. Alice konnte nicht aufhören zu rauchen. Als Kettenraucherin bevorzugte sie bis zum Alter von 86 Jahren die Marke Pall Mall und stieg dann auf Filterzigaretten um.

Alice war die brüske und rücksichtslose Managerin von Gertrudes Leben. Sie bewachte, förderte und beschützte Gertrude. Besuchern fiel Gertrudes Fähigkeit zu entspannen auf. Alice konnte das nicht. Sie stand um sechs Uhr morgens auf und putzte, da sie der *femme de ménage* im Umgang mit dem Porzellan und all den zerbrechlichen Dingen nicht traute. Sie sagte, sie konnte einer Angestellten gegenüber gewalttätig werden, die etwas zerbrach, und sie hatte zu zahlreichen Köchinnen und Hausmädchen ein ziemlich schlechtes Verhältnis, da es ihr keine recht machen konnte.

Annette Rosenshine reiste in den zwanziger Jahren wieder nach Paris und bemerkte, wieviel Macht Alice inzwischen über Gertrude hatte. Als sie zum Tee eingeladen wurde, trug sie einen neuen Hut, den sie in Paris gekauft hatte und ihre schönsten Ohrringe, und sie hoffte, Gertrude ihre Skulptur zeigen zu können. Alice sah sich alles schweigend an, und als dann Gertrude hereinkam, drehte sie das Licht aus. Alice beantwortete die Fragen, die Annette an Gertrude richtete. Als sie mit Godiva in der Stadt unterwegs waren, entschied Alice, welche Straßen Annette zu sehen bekam. »Das war erstklassige Teamarbeit«, sagte Annette. »Soweit es Gertrude betraf, war ich verfemt.«[5] Obwohl Alice die Logistikerin war, war Gertrude doch nicht ihr Opfer. Ihr gefiel es, wenn man sich um sie kümmerte, sie abschirmte und ihr den Rücken freihielt.

In den Vorkriegsjahren, als Leo mit Gertrude in der Rue de Fleurus lebte, standen Maler und die Malerei im Mittelpunkt der Salons an den Samstagabenden. Zwischen den Kriegen verschob sich die Aufmerksamkeit auf neue, vornehmlich amerikanische Schriftsteller. Gertrude hatte ein enormes Prestige. Sie war diejenige gewesen, die auf Picasso und den Kubismus gesetzt hatte. Ihre Meinung war hochgeachtet, obwohl nur wenige von sich sagen konnten, daß sie ihre Literatur kannten. »Sie konnte eine Ausstellung sozusagen mit einer einfachen Handbewegung unterstützen oder kleinmachen«, sagte Bravig Imbs.[6] Wenn ihr eine Ausstellung gefiel, nahm sie das beste Bild zu einem Schleuderpreis mit. War sie enttäuscht, schloß sich ein ganzer Rattenschwanz amerikanischer Käufer ihrer Meinung an. Doch nach ihrer Trennung von Leo und in den Jahren zwischen den Kriegen wurde Gertrude in ihren Überzeugungen, was die Malerei betraf, unsicher. Sie kaufte erst Bilder von Cézanne, dann von Matisse, Picasso und Juan Gris. Dann kam Francis Picabia. Danach schwenkte sie um zu einigen Neoromantikern: Pavel Tschelitschev, Christian Bérard und Genia Berman, doch die ließ sie alle nacheinander wieder fallen. Schließlich unterstützte sie gleichermaßen Francis Rose (obwohl sie 130 Bilder von ihm erwarb) und Riba-Rovira. Kunsthistorikern fiel auf, daß die von ihr geförderten Künstler keine besonders herausragende Rolle mehr spielten. Sie sagte, daß die Malerei nach ihrer kubistischen Phase zu einer zweitrangigen Ausdrucksform abgesunken sei.

Bei Schriftstellern vertrat sie ebenso emphatisch wie bei Malern ihre Meinung, wen sie für gut befand und wen nicht. Ihre Zustimmung, Ermunterung und Hilfe bedeuteten viel. Ihre Besucher waren wie ein Hofstaat, in dem man um die Gunst der Herrscherin intrigierte. Virgil Thomson erzählte, daß ihm die Zeile »Möchten Sie nicht nähertreten, sagte die Spinne zur Fliege« in den Sinn kam.[7]

Im Jahr 1919, als Gertrude und Alice aus dem Elsaß zurückkehrten, eröffnete Sylvia Beach ihre Buchhandlung und Leihbücherei Shakespeare and Company in Paris. Der malerische und gemütliche Laden lag in einer kleinen Seitenstraße der Rue de l'Odéon. Auf dem Bretterboden lagen schwarz-weiße serbische Teppiche, es gab antike Möbel, in eigenen Fächern lagen die englischen und amerikanischen Literaturzeitschriften bereit: *Dial, Nation, Chapbook, New Republic, New Masses, Poetry, Egoist, New English Review* – die kleinen, nichtkommerziellen Zeitschriften, die nichts anderes wollten, als die Dichtkunst zu befreien. An den Wänden hingen Zeichnungen von Blake und Bilder von Edgar Allen Poe, Walt Whitman und Oscar Wilde. Im hinteren Teil des Ladens gab es einen Lagerraum und eine kleine Küche.

Sylvia Beach sagte, daß sie von ihrer Freundin und Geliebten Adrienne Monnier gelernt hätte, wie man einen Laden führt. Adrienne Monniers Buchhandlung La Maison des Amis des Livres lag auf der anderen Straßenseite. In beiden Buchläden gab es Lesungen und Diskussionen über Literatur, und Sylvia sagte, daß man die beiden Läden mit einem Tunnel unter der Straße verbinden sollte. Sie und Adrienne Monnier waren 38 Jahre zusammen. Als sie einander begegneten, war Sylvia dreißig und Adrienne sechsundzwanzig. Sylvia war kantig, scharf und witzig, und Janet Flanner sagte, daß sie sich wie ein Schulmädchen kleidete, mit Rock und Samtjacke, unter dem Kinn eine große Schleife. Adrienne war ruhig, philosophisch, religiös, als Köchin eine Feinschmeckerin, erdverbunden und etwas derb. Sie unterhielten sich auf französisch, beide hatten nur Schwestern, keine Brüder, und erhielten von ihren Eltern Starthilfe, als sie ihre Geschäfte eröffneten. Diese finanzielle und moralische Unterstützung wäre damals eigentlich Söhnen zugute gekommen.

Gertrude war die erste amerikanische Schriftstellerin, die zu Shakespeare and Company kam:

> Kurz nach Eröffnung meiner Buchhandlung kamen zwei Frauen die Rue Dupuytren entlanggeschlendert. Die eine hatte ein sehr feines Gesicht, war dick, trug ein langes Gewand und auf dem Kopf das Oberteil eines Strohkörbchens, das ihr ausgezeichnet stand. Sie wurde von einer schlanken, dunklen, spöttischen Frau begleitet, die mich an eine Zigeunerin erinnerte: es waren Gertrude Stein und Alice B. Toklas ...
>
> Ihre und Alices Bemerkungen ergänzten einander großartig. Wie das bei vollkommen kongenialen Persönlichkeiten vorkommt, sahen sie die Dinge offensichtlich vom gleichen Standpunkt. Ihre Charaktere jedoch schienen mir voneinander durchaus unabhängig. Alice hatte viel mehr Feingefühl und war erwachsen: Gertrude war ein Kind, eine Art Wunderkind.[8]

Sylvia sagte Gertrude, daß sie so wenige amerikanische Kunden habe, daher bot ihr Gertrude ihre Dienste als »Werbeagentin« an. Sie schrieb ein Gedicht mit dem Titel *Rich and Poor in English.* Alice tippte es ab und verschickte es an die Freunde als Aufforderung, sich bei der Leihbücherei als Kunden eintragen zu lassen:

> Ein Curry Kamm
> oder
> Eine Sache von Hunden
> Dies ist es was ich befriedige
> bitte
> Stempel halten lang
> Oder besser.

Laut Alice hat dieses Gedicht viele Leute zu einem Besuch in der Buchhandlung angeregt.

Sylvia hielt Gertrudes Engagement nur für eine freundliche Geste. »Sie interessierte sich natürlich kaum für andere Bücher außer ihre eigenen.« Sie fuhr mit ihnen in Godiva spazieren. »... und knatternd machten wir uns auf den Weg zu Mildred Aldrichs ›Anhöhe über der Marne‹.« Sie war sehr beeindruckt, als Godiva einen elektrischen Zigarettenanzünder für Alice und Scheinwerfer erhielt, die man von innen betätigen konnte.

Sylvia besuchte die beiden in der Rue de Fleurus, traf dort jedoch nie französische Besucher an. Gertrude hatte laut Sylvias Beobachtung die Angewohnheit, die Franzosen auf eine Art zu betrachten, als ob sie sie eigentlich nicht wahrnahm, wie eine Touristin, »die amüsiert die Einheimischen anschaut, während sie vorbeigeht«. Einmal nahm Sylvia Adrienne Monnnier mit in die Rue de Fleurus. Gertrude sagte zu Adrienne, daß die Franzosen »keine Gipfel« in Literatur und Musik hatten. »Ihr habt keinen Shakespeare und keinen Beethoven ... Euer Genie liegt in den Reden der Generäle: *on ne passera pas* ... genau: Fanfaren sind das, was Franzosen am besten können: Bombastisches.«[9] Adrienne fand sie ungehobelt und hatte keine Lust, noch einmal wiederzukommen.

Sylvia Beach fühlte sich manchmal wie die Fremdenführerin eines Reisebüros, da so viele junge amerikanische Schriftsteller in die Buchhandlung kamen und darum baten, Gertrude Stein vorgestellt zu werden. Gertrude blieb Sylvia freundschaftlich verbunden, bis diese 1922 *Ulysses* von James Joyce herausgab. Danach wurde sie zahlendes Mitglied bei der offiziellen amerikanischen Buchhandlung auf dem rechten Seine-Ufer. Joyce war als innovativer Schriftsteller Gertrudes Rivale. Sie sagte, daß er nach Museum roch und deshalb im Gegensatz zu ihr akzeptiert wurde: »Verstehen Sie, akzeptiert werden die Menschen, die nach Museum riechen, nicht die anderen, neuen.«[10] Joyce erwähnte sie nie. Einmal begegneten sie sich auf einer Einladung von Jo Davidson, der eine Büste von Gertrude anfertigte. Sylvia stellte sie einander vor. Gertrude sagte zu Joyce: »Nach all diesen Jahren.« Joyce sagte: »Ja, und unsere Namen werden immer zusammen genannt.« Gertrude sagte: »Wir leben im selben *arrondissement*«, doch er sagte nichts daraufhin, daher nahm sie die Unterhaltung mit einem Amerikaner aus Kalifornien wieder auf.[11]

Auch Ezra Pound war ein Rivale von Gertrude, dem ihrer Meinung nach Museumsgeruch anhaftete. Alice fand ihn unmöglich und angeberisch. Sie begegneten einander zum ersten Mal im Haus von Grace Lounsbery, einer Freundin von Gertrude aus der Zeit an der Johns Hopkins-Universität. Pound und Scofield Thayer, der Herausgeber der

Zeitschrift *Dial*, gingen dann gemeinsam zu Gertrude und Alice zum Abendessen. Pound sprach über japanische Drucke und über T. S. Eliot. Gertrude nannte ihn einen Dorfredner, »was ausgezeichnet sei, wenn man ein Dorf sei, wenn man es aber nicht sei, nicht«. Er wurde etwas zu heftig und fiel vom Stuhl, dem Möbelstück, das Alice später nach Picassos Entwürfen bestickte. Dabei brach ein Stuhlbein ab, und Gertrude wurde wütend: »Da kommt er bloß einmal für eine halbe Stunde vorbei, und wenn er wieder geht, ist der Stuhl zerbrochen und die Lampe ist zerbrochen. Es ist ja ganz nett, aber ich kann es mir nicht leisten, ihn im Haus zu haben.« Als er den Wunsch äußerte, sie wieder einmal zu besuchen, sagte sie zu ihm: »Es tut mir leid, ... aber Miss Toklas hat einen schlimmen Zahn, und außerdem haben wir alle Hände voll zu tun, um Feldblumen zu pflücken. Daran war jedes Wort wahr, wie bei allem, was Gertrude Stein sagte, doch Ezra regte sich darüber auf und wir sahen ihn nie wieder.«[12]

Als ein Jahrzehnt später jeder, der irgendwen gekannt hatte, seine Memoiren schrieb, wurden viele, die Gertrude gekränkt hatte, ziemlich scharf. Ezra Pound bezeichnete Gertrude als »alte Dreckschleuder«, und in einer veröffentlichten Parodie ließ er sie sagen: »Ja, die Juden haben nur drei eigene Genies hervorgebracht: Christus, Spinoza und mich.«[13] Gertrude und Alice sahen es zwar gern, wenn Leute zu ihnen kamen, aber auch, wenn sie dann wieder gingen. Und wenn sie viele vertrieben haben, so kamen doch immer wieder neue. Die zwei waren unendlich gastfreundlich, doch Gertrude sah es so: »Entweder die Menschen kamen mit einem aus, oder nicht, und wenn nicht, dann eben nicht.«

Sherwood Anderson kam 1921 in die Rue de Fleurus, mit einem Empfehlungsschreiben von Sylvia Beach. Er hatte gerade seine erste Ehefrau, seine Familie und einen bürgerlichen Beruf verlassen, um Schriftsteller zu werden. Er war der Autor der Romane *Poor White* und *Winesburg Ohio*. Sylvia schrieb an Gertrude: »Er möchte Sie unbedingt kennenlernen und sagt, daß Sie ihn sehr beeinflußt haben, und er Sie als große Beherrscherin der Wörter betrachtet.« Da er Gertrude sehr schmeichelte, wurde die Begegnung ein großer Erfolg. In seinen Tagebüchern schilderte er Gertrude als »kräftige Frau mit Beinen wie Steinsäulen, die in einem Zimmer voller Picassos sitzt«. Seiner zweiten Frau Tennessee, einer Musiklehrerin, erging es nicht so gut. Jedesmal wenn sie sich am Gespräch beteiligen wollte, führte Alice sie auf die andere Seite des Zimmers, um ihr dort irgend etwas zu zeigen. Sylvia Beach konnte nicht nachvollziehen, warum die in der Rue de Fleurus praktizierte Grausamkeit gegenüber den Ehefrauen etwas Positives haben sollte:

> Das war nicht die Art, wie Adrienne und ich Ehefrauen behandelten. Wir legten nicht nur immer Wert darauf, Frau Autorin mit ihrem Gatten einzuladen, sondern wir fanden sie sogar recht interessant. Häufig genug kann eine Ehefrau zum Thema Schriftstellerleben mehr Erhellendes beitragen als jeder Lehrer, der im Klassenzimmer steht.[14]

Gertrude war ziemlich verbittert, weil so viele ihrer Manuskripte unpubliziert blieben und ihre Aussichten als Schriftstellerin schlecht standen, daher nahm sie Sherwood Andersons Schmeicheleien dankbar auf. Er hatte *Zarte Knöpfe* 1914 gelesen und sagte, daß es in seinem Denken einen »abrupten Sprung« gab und er noch tagelang danach neue Wortkombinationen niederschrieb: »Vielleicht habe ich gerade da meine Liebe zu den Wörtern entdeckt, und wollte jedem Wort, das ich verwendete, die Möglichkeit geben, sich ganz deutlich zu zeigen.«

Als Gertrude ihn kennenlernte, finanzierte sie gerade wieder einmal die Herausgabe einiger ihrer kurzen Stücke als Buch. Es trug den Titel *Geography and Plays*[15] und wurde bei Four Seas Press in Boston verlegt. Den Verleger Edmund Brown nannte Gertrude »Kreuzbrav Brown«. Sherwood Anderson erklärte sich bereit, das Vorwort zu schreiben. Das Buch beinhaltete auch das Porträt von Alice mit dem Titel *Ada*, das Gedicht *Heilige Emily* mit der unvergänglichen Zeile »Rose ist eine Rose ist eine Rose ist eine Rose« und weitere unsterbliche Zeilen wie »Elektrische sind dicht Elektrische sind licht elektrische sind ein Knopf«[16]. Es gab in dem Buch auch ein Stück mit dem Titel *IIIIIIIII* und darin die Beobachtung »Der Saum in meisten engen Beinen sind lockerer und nicht sicher höflich«[17].

> Liebe Miss Stein, schrieb Kreuzbrav Brown am 5. Januar 1922,
> Ich bin sicher, daß Sherwood Andersons erläuterndes Vorwort für Ihr Buch sehr hilfreich sein wird, nicht nur als Anregung für die Leser im allgemeinen, sondern auch als Unterstützung für unsere Werbung.
> Ich freue mich, daß ich Verträge mitschicken kann, in denen wir festgelegt haben, daß wir eine Auflage von 2500 Stück zum Preis von nur 2500 Dollar herstellen werden, und Sie Tantiemen in Höhe von 15 Prozent erhalten, zusätzlich einen Dollar pro

verkauftem Exemplar der ersten Auflage, wodurch Sie Ihre Ausgaben wieder ausgleichen können.

Seien Sie versichert, daß unser Haus, auch wenn wir möglicherweise niemals sehr viel an diesem Buch verdienen werden, es überaus zu schätzen weiß, daß Ihr Name auf der Liste unserer Autoren erscheint, und Sie können sicher sein, daß wir jede durch ein derartig ungewöhnliches Buch gebotene Gelegenheit nutzen werden, um ein besonderes Publikum zu gewinnen und besondere Aufmerksamkeit zu finden.

Mit besten Grüßen

Edmund R. Brown

In seiner Einleitung schrieb Sherwood Anderson, daß Gertrudes Werk »die bedeutendste Pionierleistung auf dem Gebiet der Literatur« seines Zeitalters sei. Er fand, daß sie völlig neue Dinge mit den Worten anstellte:

Hier ist eine Künstlerin, die stark genug war, sich der Lächerlichkeit auszusetzen, die sogar auf das Privileg verzichtete, den großen amerikanischen Roman zu schreiben ... um inmitten der kleinen Wörter für den Hausgebrauch zu leben, der prahlerischen rohen Wörter, die an den Straßenecken zu Hause sind, der ehrlich arbeitenden geldsparenden Wörter und all der anderen vergessenen und vernachlässigten Bürger des geheiligten und fast vergessenen Reiches«.[18]

»Die ganze Zeit über lernten wir neue Menschen kennen«, sagte Alice. Immer wieder gern traf Gertrude mit Ernest Hemingway zusammen. Ihn mit seinen »eher leidenschaftlich interessierten als interessanten Augen« fand sie wunderbar und hegte »eine Schwäche« für ihn, was wiederum Alice irritierte. »Komm bloß nicht eines Tages mit Hemingway am Arm nach Hause«, sagte diese immer wieder.

Hemingway fand, daß Gertrude wie eine Erdmutter aussah, wie ein Engel sprach, wunderbare Augen und ein deutschjüdisches Gesicht hatte, als käme sie aus dem Friaul. Mit ihrer Kleidung, ihrem bewegten Gesichtsausdruck und »ihrem schönen, dichten, lebendigen Haar einer Einwanderin, das sie in derselben Art aufgesteckt trug wie sie es wahrscheinlich im College getragen habe«, erinnerte sie ihn an eine norditalienische Bäuerin.[19] Über Alice sagte er, daß sie ihr Haar wie eine Jeanne d'Arc geschnitten trage, eine Hakennase habe, *petit point*-Stickereien anfertigte, sich um Essen und Trinken kümmerte und mit den Ehefrauen unterhielt, und daß sie Gertrude im Gespräch oft unterbrach, um sie zu korrigieren.

Hemingway war dreiundzwanzig Jahre alt, als er mit einem Empfehlungsschreiben von Sherwood Anderson zum erstenmal in die Rue de Fleurus kam, Gertrude war achtundvierzig. Er arbeitete als Journalist, und Gertrude sagte ihm, daß er das nicht weitermachen sollte. Sie las seine Gedichte und Erzählungen und sagte zu ihm: »Es enthält sehr viel Beschreibung, ... und nicht etwa besonders gute Beschreibung. Fangen Sie von vorne an, und vertiefen Sie sich besser ...« Er schrieb Gertrude: »Es war ein entscheidender Tag, als ich Ihnen zum ersten Mal begegnet bin.« Er mochte besonders die klaren Schnäpse von Alice so gern, die nach Himbeeren und Johannisbeeren schmeckten, aber eine ziemlich feurige Wirkung hatten. Alice und Gertrude wurden Patinnen seines Sohnes, Alice bestickte ein Stuhlkissen und strickte ein helles Jäckchen für das Baby.

Hemingway erzählte, daß Gertrude ihm den Unterschied der Homosexualität bei Männern und bei Frauen erklärt habe. Seinen Angaben zufolge sagte sie:

> Das Wesentliche ist, daß der Geschlechtsakt, den männliche Homosexuelle begehen, häßlich und abstoßend ist, und danach ekeln sie sich vor sich selbst. Sie trinken und nehmen Rauschgifte, um darüber hinwegzukommen, aber sie ekeln sich vor dem Akt, wechseln immerfort ihre Partner und können nicht wirklich glücklich sein....
>
> Bei Frauen ist es das Gegenteil. Sie tun nichts, was sie anekelt, und nichts, das abstoßend ist, und danach sind sie frei und glücklich und können ein glückliches Leben zusammen führen.«[20]

Hemingway wurde 1924 freier Redakteur für Ford Madox Fords Zeitschrift *transatlantic review* und überredete ihn, einiges aus Gertrudes Buch *The Making of Americans* als Fortsetzungsroman zu veröffentlichen. Dreizehn Jahre lang hatte Gertrude darauf gewartet, daß eine derartige Veröffentlichung zustande kam. Carl Van Vechten und May Knoblauch (ehemals Bookstaver) hatten sich in Amerika sehr darum bemüht. Die Verleger Knopf und Liveright blieben immer unverbindlich, daher war Gertrude »ziemlich überwältigt« vor Aufregung über den möglichen Abdruck des Textes in einer Serie. Hemingway schrieb ihr:

> Liebe Miss Stein,
> Ford versichert, die Sachen gefielen ihm, und er werde sich an Sie wenden ... Er wird den 1. Teil in der April-Nr. bringen, die Anfang März in Druck gehen wird. Er fragte sich, ob Sie 30 Francs pro Seite (seiner Zeitschrift) als Honorar akzeptieren würden, und ich sagte, ich dächte, ich könnte Sie dazu bewegen. *(Seien Sie kühl aber nicht zu kühl.)* Ich habe klargestellt, daß das ein ziemlicher Knüller für seine Zeitung ist, an den er nur durch mein vermittelndes Genie gelangt sei. Er glaubt, daß Sie dicke Honorare bekämen, wenn Sie einer Veröffentlichung zustimmen ... Behandeln Sie ihn von oben herab, lässig und elegant ... In derselben Nummer werden sie auch Joyce bringen.[21]

Ford war davon ausgegangen, daß es sich um einen kurzen Roman handelte, nicht um ein Buch mit 565 000 Wörtern. Er und Hemingway beendeten die Zusammenarbeit, das Magazin ging wegen Geldmangel ein, und Gertrude erhielt kein Honorar.

Es war ein festes Muster – von Alice gefördert – nach dem Gertrude schließlich mit fast jedem der jungen Männer in Streit geriet und sie, die Maler und Schriftsteller, die sie ermutigte und beriet, verscheuchte. Hemingway hat über das Ende seiner Beziehung mit Gertrude in seinen Memoiren *Paris – ein Fest fürs Leben* berichtet. Eines Vormittags ging er in der Rue de Fleurus bei Gertrude vorbei, und das Dienstmädchen gab ihm ein Glas *eau de vie* und sagte, daß Gertrude sofort herunterkäme. Dann hörte er, wie Alice etwas zu Gertrude sagte in einer Art, wie er noch nie jemanden mit einem Menschen hatte sprechen hören, »nie und nirgends«:

> Dann hörte man Miss Steins Stimme entschuldigend und bettelnd sagen: »Nicht, Pussy. Nicht. Nicht, bitte nicht. Ich werd alles tun. Pussy, aber bitte tu es nicht. Bitte nicht. Bitte nicht, Pussy.«[22]

Hemingway wollte nicht mehr hören, deshalb ging er. Er sagte, daß Gertrude nun nicht mehr aussah wie eine wunderschöne Bäuerin aus dem Friaul, sondern wie ein römischer Kaiser und wertlose Bilder kaufte und sich mit jedem anlegte. Er nahm an, daß Alice Gertrude gegenüber bösartig werden konnte. Sie war jedenfalls äußerst besitzergreifend und eifersüchtig und verlangte absolute Treue.[23] Als Alice 1932 von Gertrudes früherer Affäre mit May Bookstaver erfuhr – die ihr Gertrude nie gestanden hatte –, entwickelte sie eine richtiggehend zerstörerische Eifersucht. Und das bei einer Geschichte, die vor über dreißig Jahren bereits zu Ende gegangen war. Virgil Thomson war der Ansicht, daß Gertrude und Hemingway möglicherweise ineinander verliebt waren. »Deswegen mußte Alice ihn loswerden«, schrieb er.[24] So unwahrscheinlich das auch ist, so war sicher genug zwischen ihnen, das Alice provoziert hat. Hemingway schrieb in einem Brief vom Juli 1948 an W. G. Rogers (den Kiddie) über Gertrude: »Ich wollte sie immer ficken und sie hat das gewußt und das war ein ziemlich gutes gesundes Gefühl und war gescheiter als vieles, was wir gesprochen haben.«[25]

1925 nahm Hemingway Scott Fitzgerald mit zu Gertrude und Alice, direkt nach der Veröffentlichung von *Der große Gatsby*. Gertrude verglich Fitzgerald mit Thackeray. Über *This Side of Paradise* sagte sie, »das hat für das Publikum wirklich die neue Generation erschaffen«. Fitzgerald sagte zu ihr, sie sei eine sehr elegante, überaus sensible, galante, freundliche Dame. Im Juni 1925 schrieb er ihr:

> Ich bin wirklich nur jemand zweiter Klasse im Vergleich mit den Menschen der ersten Klasse ... und ich zittere ehrlich bei dem Gedanken, daß eine Schriftstellerin wie Sie meinem gekünstelten, unmaßgeblichen »This Side of Paradise« eine derartige Bedeutung beimißt.

Er besuchte sie oft und sie sprachen über sein Trinken. Gertrude war mit etlichen Leuten befreundet, die mehr oder weniger ständig betrunken waren. »Man kann nichts tun wenn sie immer mehr oder weniger betrunken sind.« Sie hatte sich angewöhnt, sie so zu behandeln, als wären sie nüchtern. »Es ist komisch«, schrieb sie,

> daß die beiden Dinge auf die die meisten Männer am stolzesten sind Dinge sind die jeder Mann tun kann und die er auf die gleiche Art tut das ist Betrunkensein und Vater eines Sohnes sein ... Wenn jemand darüber nachdenkt wird man sehen wie interessant es ist daß es so ist.[26]

Sie sagte zu Fitzgerald, daß er einen noch größeren Roman schreiben werde. Als acht Jahre später *Zärtlich ist die Nacht* herauskam, schickte er ihr mit Einschreiben ein Exemplar und fragte: »Ist das das Buch, das Sie verlangt haben?«

T. S. Eliot kam 1924 zum Tee. Er drehte ständig den Griff seines Regenschirms in der Hand und fragte Gertrude, warum sie den abgekürzten Infinitiv so häufig benutze. Er sagte, er würde einen Text von ihr in der von ihm in London herausgegebenen Zeitschrift *Criterion* veröffentlichen, doch müßte es das allerneueste Werk von ihr sein. Gertrude begann, ein Stück mit dem Titel *The Fifteenth of November*, dem Datum dieses Tages, zu schreiben, so daß keinerlei Zweifel an der Aktualität bestehen konnten. »Es handelte nur von *wool is wool and silk is silk or woollen is woollen and silken is silken.*«[27] Alice schickte den Text an T. S. Eliot, der ihn zwei Jahre später veröffentlichte. Der Kritiker Henry Seidel Canby äußerte sich darüber:

> Wenn das Literatur ist oder überhaupt irgendetwas anderes als
> Torheit von schlimmerer Form als Wahnsinn, dann war jede
> Kritik seit Anbeginn der Literatur nur leere Theorie.[28]

Mit der Sekretärin von T. S. Eliot stand Alice über das weitere Schicksal des Textes lange Zeit in Briefwechsel. Sie sprachen einander mit »Herr« an, da sie nicht wußten, daß sie keine Männer waren.

Im Januar 1926 kam die Herzogin von Clermont-Tonnerre, eine Freundin von Gertrude, in der Rue de Fleurus vorbei. (Sie verfaßte Reisebeschreibungen und Bücher über das Leben im Frankreich des neunzehnten Jahrhunderts. Als junges Mädchen war sie Proust begegnet und diente ihm als Vorbild für die Herzogin de Guermantes in seinem Roman *Auf der Suche nach der verlorenen Zeit.*) Sie nahm ihren Hut ab und man sah, daß sie ihr Haar kurz geschnitten hatte. Sie fragte Gertrude: »Was meinen Sie?« Gertrude sagte: »Was meinen Sie denn? Es steht Ihnen gut.« – »Das werden Sie auch noch machen müssen«, sagte die Herzogin von Clermont-Tonnerre. An diesem Abend sagte Gertrude zu Alice: »Schneid es ab.« – »Schneide es ab sagte sie und ich tat es.«[29]

Alice schnitt zwei Tage lang an Gertrudes Haaren herum. Sie wußte nicht, wie sie es richtig anstellen sollte, daher wurde die Frisur immer kürzer und kürzer. Und je kürzer es wurde, desto besser gefiel es Gertrude. Bis dahin hatte sie ihr Haar lang getragen und es in einem Knoten nach »alter Mode« auf dem Kopf festgesteckt. Während Alice schnitt, las sie und hatte dabei eine Erleuchtung:

> Ich stellte fest, daß jedes Buch beim Haareschneiden, wo man
> mit der Brille in der Hand wie mit einer Lupe und daher Wort
> für Wort liest, plötzlich eine Bedeutung bekommt.
> Sehr bedauerlich aber sehr wahr.
> Damit ist bewiesen, daß etwas Ganzes nicht interessant ist weil
> es als Ganzes nun als ein Ganzes erinnert und vergessen werden
> muß aber eins nach dem anderen, oh eins nach dem anderen das
> ist etwas oh ja allerdings etwas.[30]

Als Alice fertig war, war von Gertrudes Haar nicht mehr sehr viel übrig.

Sherwood Anderson war der erste Besucher, der sie so zu Gesicht bekam. Er fand, daß sie wie ein Mönch aussah. Pavel Tschelitschev hatte ihr Porträt malen wollen, doch jetzt erschien ihm ihre Kopfform zu stark verändert. Er hatte sie malen wollen, weil sie seiner Meinung nach wie seine Tante aussah, doch das fand er jetzt nicht mehr.

Während sich Alice als Coiffeuse betätigte, öffnete sie keinem Besucher die Tür. Einer der jungen Männer, die abgewiesen wurden, war Virgil Thomson. Er hatte Gertrude und Alice einige Tage zuvor auf einer Weihnachtsfeier kennengelernt. Das war immer eine große Sache – man sang Lieder unter einem Weihnachtsbaum und es gab einen Kuchen, den Alice gebacken und mit Bändern und Kerzen verziert hatte. Virgil Thomson hatte Gertrudes Gedichte bereits als Student in Harvard gelesen. Jetzt ließ er an ihrer Haustür die Niederschrift eines Musikstückes zurück, das er geschrieben hatte: Ihr Gedicht *Susie Asado* in einer Fassung für Singstimme und Klavier. Gertrude antwortete ihm sofort:

> So wie es aussieht gefällt es mir gut und ich möchte es
> einrahmen und Miss Toklas die etwas mehr davon versteht als
> nur das Aussehen zu sehen sagt daß ihr das was darin steht sehr
> zusagt und wann kann ich etwas anderes davon erfahren als nur
> wie es aussieht aber so wie es aussieht bin ich völlig zufrieden,
> das Traurige an der Sache war daß wir zu Hause waren aber wir
> haben uns vor allen verleugnet weil wir so erschöpft waren von
> all dem was in dieser Woche passiert ist aber Sie wären die
> Ausnahme gewesen, Sie oder die Susie, kommen Sie bald vorbei
> wir werden sicher am Donnerstag nachmittag da sein zu jeder
> anderen Zeit ist es eine Glückssache aber wir wünschen Ihnen
> auf jeden Fall ganz viel Glück und auch ein Gutes Neues Jahr
> Gertrude Stein[31]

In den folgenden Monaten vertonte Virgil Thomson mehrere Werke von Gertrude. Da sie entweder abstrakte oder gar keine oder vielfache Aussagen hatten, erlag er nicht der Versuchung, tonale Illustrationen zu entwickeln, mit Vögeln, die am Bächlein zwitschern oder mit dahintreibenden Wolken. Er komponierte nur für Klang und Syntax, seine Begleitungen waren rein funktional:

> Erst als ich einen kurzen Stein-Text vertont hatte, wußte ich, daß ich eine Tür geöffnet hatte. An der Steinschen Dichtkunst hatte ich nie gezweifelt, von da an zweifelte ich auch nicht an meiner Fähigkeit, sie in Musik zu übertragen.[32]

Er bat Gertrude, ein Opernlibretto zu verfassen. Sie wollte, daß es von Heiligen aus dem späten achtzehnten oder frühen neunzehnten Jahrhundert handelte. Im März 1927 schrieb sie ihm: »Vier Heilige in drei Akten. Und andere. Machen Sie es pastoral. In Hügeln und Gärten. Alle vier und dann Zusätze. Wir müssen sie erfinden.«

Sie konnte einige ihrer reichen amerikanischen Freunde davon überzeugen, für Virgil Thomsons Lebensunterhalt zu sorgen, während er für sie komponierte. Ihr Libretto enthielt die berühmten Zeilen über »Tauben auf dem Gras heda« und wurde in der Inszenierung am New Yorker Forty-Fourth Theatre im Jahr 1934 ein großer Erfolg.

Virgil Thomson stellte Gertrude und Alice 1926 Bernard Faÿ vor, einem Professor für amerikanische Geschichte an der Universität von Clermont-Ferrand. Er hatte Gertrude in zahlreichen Artikeln gepriesen. Er sagte, sie wäre »le plus puissant écrivain américain d'aujourdhui«, und sie würde ganz allein eine große Revolution in der Literatur vollbringen. In seinen Memoiren schrieb er über Gertrude und Alice:

> Zwischen den beiden Frauen – die eine scheinbar stärker und die andere scheinbar zerbrechlicher, die eine ihr Genie behauptend und die andere es verehrend, die eine redend und die andere zuhörend – konnte nur ein Blinder übersehen, daß die energischere Alice war, und daß Gertrude sich in ihrem Verhalten, wie in ihrer Arbeit und ihren Veröffentlichungen auf sie stützte, sie benutzte und ihren Rat befolgte ...
>
> Alice führte den Haushalt. Ihr oblagen die langweiligen Pflichten, was Dienstboten, Einkäufe, Instandhaltung und Finanzen anbetraf. Sie konnte Gertrude unterhalten, ihr zuhören, sie anregen und beruhigen. Alice wußte, wie sie sie führen und ablenken mußte. In einem Wort: sie war ein guter Ratgeber. Sogar in ihren Freundschaften spielte sie eine diskrete, jedoch einflußreiche Rolle, weil sie diejenigen einbezog oder zurückwies, die Gertrude nahe kamen, so wie sie es für richtig befand.[33]

»In Diskussionen unterliege ich immer«, sagte Alice einmal zu Faÿ. Doch sie hatte ihre eigene Methode, Siege zu erringen.

Eines Tages luden Gertrude und Alice Edith Sitwell und Pavel Tschelitschev zum Mittagessen ein. Zwanzig Jahre später schildert Alice diesen Besuch in einem Brief an Annette Rosenshine:

> Kurz nach dem Essen gingen sie zusammen weg ... Sie hatten

> eine sehr heftige Affäre miteinander ... Sie haben einander jahrelang jeden Tag geschrieben und sich versprochen, diese Briefe natürlich versiegelt an die Bibliothek der Yale University zu geben, mit der Auflage, sie erst im Jahr 2000 zu öffnen. Ich meine, daß Edith die Siegel schon vorher aufmachen wird.[34]

Alice fand die Nase von Edith Sitwell die vornehmste Nase, die sie jemals an einem menschlichen Wesen gesehen hatte. Ihrer Meinung nach sah Edith Sitwell aus »wie niemand sonst unter dieser Sonne, sehr groß, fast wie ein Grenadier«.[35] Alice mochte nicht nur Ediths Nase, sondern auch ihren zweireihig geknöpften Mantel. Edith Sitwell sah Gertrude als große Schriftstellerin und Pionierin, ganz anders als »die ordinären kleinen Kleidermotten, die trinkend in den Cafés sitzen und so tun, als wären sie Genies«.[36] Sie fand *Porträts und Stücke* ein großartiges Buch, und sie versuchte, Leonard und Virgina Woolf als Herausgeber von *The Making of Americans* in England zu gewinnen.

Sie drängte Gertrude, in Oxford und Cambridge Vorlesungen zu halten. Im März 1926 schickte Harold Acton eine formelle Einladung. Gertrude war bei dem Gedanken an diesen Plan sehr aufgeregt und schaffte es dann auch, in einer Garage in Montrouge einen Vortragstext zu schreiben, während Godiva repariert wurde. Sie saß auf dem Trittbrett eines Fords und schrieb:

> Alles ist dasselbe außer Komposition und da Komposition verschieden ist und immer verschieden sein wird ist alles nicht dasselbe. Da also ich als Zeitgenossin die Komposition erschaffe tastete ich mich anfangs an eine fortdauernde Gegenwart heran, an das Verwenden von allem ein Beginnen immer und immer wieder und dann als alles allem ähnlich war sehr einfach alles war natürlich einfach verschieden und so habe ich als Zeitgenossin alles Ähnliche erschaffen habe alles natürlich natürlich einfach Verschiedene erschaffen alles einander Ähnliche.

Der Vortrag trug den Titel *Composition as Explanation.* Sie brauchte drei Stunden, um ihn abzufassen und kam mit einer Erkältung nach Hause. Im Juni 1926 hielt sie ihn, er dauerte eine Stunde. Alice war stolz. Harold Acton sagte, Gertrude habe alle Erwartungen übertroffen, »eine kantige aztekische Gestalt in Obsidian, die noch monumentaler wurde, wenn sie sich setzte. Mit den Sitwells als ihren langen Leibwächtern und der Zigeunerin als Begleitstern hatte sie einen denkwürdigen Auftritt«.[37] Gertrude las auch aus ihrem Porträt von Edith Sitwell vor:

Miss Edith Sitwell haben und gehört.
Stellt haben und gehabt vor.
Miss Edith Sitwell haben und gehabt.
Stellt haben und gehabt vor stellt haben und gehabt und gehört vor.
Miss Edith Sitwell haben und gehabt und gehört.
Links und rechts.
Teil zwei von Teil eins.
Wenn sie einen Ball überhaupt hätte, wenn sie einen Ball überhaupt auch hätte.
Fülle meine Augen nein nein.

Alice sagte, daß alles ganz wunderbar ablief und das Publikum ruhig, aufmerksam, groß und konzentriert gewesen sei. Viele Zuhörer mußten stehen, Gertrude sprach mit einer weichen Stimme, bis jeder einen Platz gefunden hatte und kam dann zum Thema des Abends. Harold Acton fiel es schwer, nicht in Trance zu fallen:

> Sie schlug sich durch, ohne auch nur einen Versuch, etwas nachsichtig zu sein: Nehmt es oder laßt es sein ... Während sie das Porträt von Edith Sitwell vortrug, betrachtete ich das Modell. Nein, ich konnte keinerlei Ähnlichkeit entdecken, und offenkundig konnte auch Edith das nicht, da sie sich bemühte, nicht so verlegen zu wirken, wie sie sich fühlte. Sachie sah aus, als müßte er eine ganze Pflaume hinunterwürgen, und Osbert rutschte auf seinem unbequemen Stuhl hin und her mit einer unsteten Nervosität im Blick ... Zweifellos hatte sich die Illusion eingestellt, daß wir in einer fortdauernden Gegenwart lebten, nur war sie ein wenig zu fortdauernd für meinen Geschmack.[38]

Nach dem Vortrag stellten die Männer einige Fragen, die Frauen jedoch fragten nichts. Gertrude wunderte sich, »ob sie das vielleicht sollten oder eben einfach nicht taten«. Ein Mann sagte zu Alice, daß er seit der Lektüre von Kants *Kritik der reinen Vernunft* keine derart intensive Erfahrung mehr gehabt hätte wie die Vorlesung von Gertrude. Gertrude ließ sich von keiner einzigen Frage aus der Ruhe bringen. »Sie war wie ein starker Felsen im Dornengestrüpp«, meinte Harold Acton dazu.

Gertrudes Ruf war größer als ihre Leserschaft. Sie war über fünfzig Jahre alt, hatte nur wenige Arbeiten privat verlegt, einige Kurzgeschichten und Artikel waren veröffentlicht. Als der Schriftsteller William Carlos Williams 1924 zum Tee in die Rue de Fleurus kam, holte Gertrude ein unveröffentlichtes Manuskript nach dem anderen aus einem

Schrank, nannte ihm die von ihr erschienen Artikel und fragte ihn, was er tun würde, wenn das alles sein Werk wäre. »Wenn das Schreiben mein *métier* und dies alles von mir wäre«, antwortete er, »dann würde ich aus so einer großen Menge vermutlich die Stücke heraussuchen, die ich für die besten hielte und den Rest ins Feuer werfen.«[39] – »Ohne Zweifel«, sagte Gertrude, »aber dann ist das Schreiben natürlich nicht Ihr *métier.*« Williams ging kurz nach dem Gespräch und besuchte die Rue de Fleurus nie mehr. »Ich sagte dem Mädchen, daß wir nicht zu Hause wären, falls er noch einmal käme. Er war einfach viel zu eingebildet«, sagte Gertrude. Sie und Alice hatten vor, daß jedes einzelne Wort von jeder einzelnen Seite, die sie geschrieben hatte, auch wirklich gedruckt werden sollte.

Obwohl Gertrudes ergebene Geister junge Männer aus Amerika waren, und die Ehefrauen Alice und der Küche anvertraut wurden, gab es im Paris der Zwischenkriegszeit Schriftstellerinnen, Künstlerinnen und Verlegerinnen mit einem überaus rebellischen und innovativen Geist. Doch Gertrude war keine Frau für Frauen, wenn es um das Geistige ging, und wie Djuna Barnes sich erinnert, konnte sie ziemlich chauvinistisch sein:

> Wissen Sie, was sie über mich gesagt hat? Sagt die doch, ich hätte wunderbare Beine! Was hat denn das mit irgend etwas anderem zu tun? Sagt die, ich hätte wunderbare Beine! Also, was denkt die sich eigentlich dabei? Ich meine, wenn man etwas über jemanden sagen will, dann ... Ich konnte sie nicht ertragen. Sie mußte immer im Mittelpunkt stehen. Ein monströses Ego.[40]

Djuna Barnes trank viel, nahm Drogen und lebte zehn Jahre lang in einer stürmischen Beziehung mit der Künstlerin Thelma Wood. Anonym veröffentlichte sie den *Ladies Almanack* für die Lesbierinnen aus Paris. In Amerika galt das Buch als zu obszön, die Zollbehörden setzten es auf den Index. Djuna und ihre Freundinnen verkauften das Buch auf der Straße. Thelma Wood drohte jeden Tag, Djuna zu verlassen, die sie dann immer in allen einschlägigen Pariser Bars suchte. Nach dem Ende dieser Beziehung schrieb Djuna Barnes darüber in ihrem Buch *Nightwood.*

Natalie Barney und Gertrude waren gut befreundet. Natalie Barney stammte aus Cincinnati und hatte ein Vermögen geerbt. Sie verfaßte Gedichte und Memoiren, die sie auf eigene Kosten drucken ließ. Ihren berühmten Salon begann sie 1919, nach dem Krieg, in dem Jahr, als Sylvia Beach ihre Buchhandlung Shakespeare and Company eröffnete, und führte ihn zehn Jahre lang. Sie hatte ein Haus in der Rue Jacob, mit einem großen Pavillon in einem schattigen Garten, in dem es sehr viele Bäume, aber keine Blumen gab. Ein schmaler Fußweg führte von dem Pavillon zu einem Tempel der Freundschaft, über den sich eine große Kuppel aus buntem Glas wölbte, in dem ein mit Gobelins geschmückter Alkoven und vier Harfen standen, und in dem Lesungen abgehalten wurden. Natalie Barneys Teenachmittage fanden jeden Freitag in diesem Tempel statt. Es gab Gurkensandwiches, »wie feuchte Taschentücher«, die die Haushälterin Berthe machte, Erdbeer- und Himbeerkuchen und Schokoladenkuchen.

Bei diesen Teegesellschaften traf man Lesbierinnen, wie Sylvia Beach erzählte:

> Solche aus Paris und andere, die nur auf der Durchreise in der Stadt waren ... Man traf bei Miss Barney Damen mit hohen Krägen und Monokel, obwohl Miss Barney selbst so weiblich war. Leider versäumte ich es, in ihrem Salon die Bekanntschaft der Verfasserin von *The Well of Loneliness* zu machen. Die Autorin kommt in dem Roman zu dem Schluß, könnten invertierte Paare nur vor dem Altar zusammengegeben werden, so hätten alle ihre Probleme ein Ende.[41]

Natalie Barney war blond, trug weiße Kleidung, ritt jeden Morgen im Bois de Boulogne aus und hatte immer zahlreiche Liebhaberinnen. Alice sagte, daß sie sie auf den Damentoiletten des Kaufhauses beim Louvre fand. Als Epitaph wünschte sich Natalie die Inschrift: »Den Männern eine Freundin, den Frauen eine Geliebte, was für Menschen voller Leidenschaft und Tatkraft besser ist als andersherum.« Natalie und die Malerin Romaine Brooks lernten sich kennen, als sie beide über vierzig Jahre alt waren, und sie lebten bis in ihre Neunziger zusammen. Romaine verließ sich immer auf Natalie, und auf einem Bildnis von ihr, das Romaine malte, trägt sie eine Kravatte, hat eine Hand auf die Hüfte aufgestützt, in der Hand hält sie eine Reitgerte.

Natalie war nicht zuverlässig. Zehn Jahre lang hatte sie eine Affäre mit Dolly Wilde, der Nichte von Oscar Wilde. Dolly sehnte sich nach Geborgenheit, fand jedoch nur Aufregungen, Eifersucht und Unsicherheit. Romaine kam, als Dolly und Natalie – »eine Botin unerträglichen Leids« – zusammen waren, und Dolly erhielt den Laufpaß. Dolly nahm Opium und Kokain und versuchte zweimal, sich umzubringen. Sie starb 1941 an Krebs. Alice erinnerte sich an ihre »märchenhafte unverfälschte Frische, die, nun ja, ein wenig getrübt wurde«. Gertrude sagte über ihr

Leben: »Sie hat mit Sicherheit nicht das bekommen, was sie verdient hatte.«

Manchmal kam auch Mata Hari zu den Teenachmittagen. Sie wollte auf einem Elephanten zu dem Tempel reiten, doch Natalie sagte: »Nein, denn dann bekommen Sie es mit Berthe zu tun. Es gibt Kuchen und Tee, und da können wir keinen Elephanten gebrauchen, der den Garten zertrampelt.«[42]

Natalie Barney und Romaine Brooks trafen Gertrude und Alice zum ersten Mal beim Russischen Ballett im Jahr 1926 und luden sie in den Tempel ein. Gertrude saß in der Mitte der Gruppe, und Natalie Barney fand, daß sie in ihrem kräftigen Tweed und mit dem kurzgeschnittenen Haar wie ein Jagdaufseher wirkte, der exotische Vögel beobachtet. Gertrude lehnte mehrere Einladungen ab, aus ihren Werken zu lesen, doch im Januar 1927 organisierte Natalie Barney vier aufeinanderfolgende Salonabende, an denen die Arbeiten französischer und amerikanischer Schriftstellerinnen vorgestellt wurden. Gertrudes Abend trug den Titel »Homage an Gertrude«, nach dem Porträt, das Picasso von ihr gemacht hatte und das über ihrem Bett hing, und nackte Frauen servierten ihr auf Tellern Obst. Mina Loy las einiges aus Gertrudes Werk, es wurden Lieder von Virgil Thomson nach Gertrudes Texten vorgetragen und Natalie Barney übersetzte einige Passagen aus *The Making of Americans* ins Französische.

Natalie Barney verfaßte *pensées*: »Sowohl in einer Nuß wie auch in einer Muschelschale kann ich eine Idee entdecken, doch während ich auf ein Ziel aus bin, scheint Gertrudes Antrieb darin zu bestehen, gerade das zu vermeiden.«[43] In späteren Jahren unternahmen sie zusammen nächtliche Spaziergänge durch Paris. Sie hatten viele Gemeinsamkeiten. Beide lebten mit einer treuen Partnerin, hatten ihr eigenes Einkommen, waren selbstbewußte Persönlichkeiten mit einer sehr ausgeprägten Phantasie. Sie bedurften nicht immer wieder der Anerkennung durch die andere – was Gertrudes übrige Beziehungen sonst häufig belastete.

Viele der damaligen Literaturzeitschriften wurden von Frauen herausgegeben: *Poetry* von Harriet Monroe, der *Egoist* von Harriet Shaw Weaver, die *Little Review* von Jane Heap und Margaret Anderson. Margaret Anderson brachte die Zeitschrift zuerst in New York heraus, zog dann 1922 damit nach Paris und veröffentlichte Gertrude Stein und Mina Loy, Djuna Barnes und Hilda Doolittle. Dann verliebte sie sich in die Sängerin Georgette LeBlanc und verlor das Interesse an der Zeitschrift. Die letzte

Nummer erschien 1929. Margaret Anderson sagte: »Sogar ein Künstler weiß nicht, worüber er spricht. Und ich kann nicht länger eine Zeitschrift herausgeben, in der niemand wirklich weiß, worüber er spricht.«[44]

1925 bat sie Gertrude und Alice, auf ihre beiden Neffen Fritz und Tom Peters »aufzupassen«, die am Gurdjieff-Institut in Fontainebleau studierten. Ihre Mutter war zu krank, um sich um sie zu kümmern. Fritz Peters schrieb:

> Wir waren sehr überrascht, als wir hörten, daß Gertrude Stein sich um uns kümmern sollte. Beim ersten Besuch hatten wir ziemlich viel Angst. Aber sie war wunderbar zu uns, gab uns immer, was wir wollten, nicht was sie uns geben wollte. Stadtbesichtigungen haben mir als Kind nicht besonders gefallen, aber was sie für uns arrangiert hat, hat uns Spaß gemacht. »Steigt auf Notre Dame hinauf und nehmt dieses rote Taschentuch mit, und wenn ihr dann winkt, weiß ich, daß ihr es geschafft habt.« Im Louvre hat sie uns auf ein oder zwei Sachen hingewiesen, die wir uns anschauen sollten, ist aber nicht mit uns herumgegangen. »Ihr sollt das gern mögen, was euch gefällt, nicht mir. Kunst ist etwas, womit man leben muß.« Einmal fragte sie mich, was ich von den Bildern in der Rue de Fleurus hielt. Ich begann langsam zu erklären, daß mir ihr Porträt von Picasso nicht gefiel. Sie unterbrach mich schnell: »Denk dran, daß du es nicht mögen mußt.« Und sie zeigte mit dem Finger auf mich und wiederholte: »Denk dran.« Ein anderes Mal sah sie, wie ich mir eines ihrer Bücher anschaute und fragte mich, was ich davon hielt. »Das ergibt keinen Sinn.« – »Du bist mutiger und intelligenter als die meisten Menschen«, sagte sie. »Nein, es ergibt keinen Sinn. Darum geht es ja gerade.« Alice hat mich etwas eingeschüchtert. Es war so geheimnisvoll, wie sie immer kam und wieder ging. Und obwohl sie oft einen wunderbaren Kuchen oder sonst etwas Leckeres dabei hatte, rechnete ich das doch Gertrude an. Ich wußte, daß Alice es für sie tat.[45]

Als schließlich Gertrudes *magnum opus*, *The Making of Americans* in Buchform veröffentlicht wurde, hatte sie das einer Frau zu verdanken – Bryher. Bryhers Vater war Sir John Ellerman, damals der reichste Mann in England. Er war ein Großreeder, Begründer der Ellerman Lines, und besaß die Hauptanteile an der *Times*, der *Illustrated London News*, der

Sphere, dem *Tatler* und dem *Sketch*. Als er 1930 starb, hinterließ er ein Vermögen von 30 Millionen Pfund. Bryhers richtiger Name war Winifred Ellerman, Brayher nannte sie sich nach einer der Scilly-Inseln. Sie war verliebt in die imaginistische Dichterin Hilda Doolittle und adoptierte deren Tochter Perdita. Hilda Doolittle schrieb, daß Bryher sie so »wahnsinnig liebte, das ist unglaublich. Kein Mann hat sich je so um mich gekümmert.«

Um ihre Eltern zufriedenzustellen, mußte Bryher einen Mann ehelichen. In New York lernte sie Robert McAlmon kennen. Er wollte nach Paris gehen, hatte jedoch kein Geld. »Ich erklärte ihm mein Problem«, sagte Bryher, »und schlug vor, daß wir heirateten, da meine Familie mich dann in Ruhe lassen würde. Ich würde ihm einen Teil meiner Vermögensanteile überlassen, er würde gelegentlich mit mir zu meinen Eltern fahren, doch ansonsten sollten wir völlig getrennte Leben führen.« Über McAlmon sagte sie: »Wir fühlten uns nie auch nur im geringsten zueinander hingezogen, blieben jedoch echte Freunde.«

Mit Bryhers Geld und editorischer Hilfe gründete McAlmon die Contact Publishing Company in Paris, die zwischen 1922 und 1930 seine eigenen Werke herausgab, die von Bryher, Hilda Doolittle, Gertrude, Ezra Pound, Ernest Hemingway, Nathaniel West, William Carlos Williams und Djuna Barnes. Im Werbetext für Contact Publishing hieß es:

> Contact Editions richten sich nicht nach dem »Publikumsgeschmack«. Es gibt Verlage, die das Publikum und seinen Geschmack *kennen*. Wenn ein Buch unserer Meinung nach so etwas wie eine Individualität, Intelligenz, Talent, ein lebendiges Gespür für Literatur hat und in seiner ganzen Erscheinung und Darstellung authentisch wirkt, dann veröffentlichen wir es. Wir gehen davon aus, daß es Exzentrisches gibt.

Bryher unterstützte mit ihrem Geld auch die Zeitschrift *Egoist* von Harriet Weaver, ebenso Sylvia Beachs Buchhandlung. Ihre finanzielle Hilfe ermöglichte damals die Veröffentlichung vieler experimenteller Texte.

Bryher schilderte ihre erste Begegnung mit Gertrude. Sie war gerade mit McAlmon in Paris unterwegs. Gertrude hielt ihr Auto an und »hing sich aus dem Fenster«:

> Zwei durchdringende Augen in einem viereckigen heiteren Gesicht schienen jede Einzelheit meiner Person in sich

aufzunehmen. »Also wirklich, McAlmon«, bemerkte eine überraschte Stimme, »Sie haben mir gar nicht erzählt, daß Sie eine waschechte Jüdin geheiratet haben. Die sind ziemlich selten.«[46]

Bryhers Vorfahren waren englische Protestanten und deutsche Lutheraner, doch sie sagte: »Mit Gertrude Stein stritt man nicht. Man fügte sich stillschweigend.«

Bryher und McAlmon gingen zusammen zum Tee in die Rue de Fleurus und waren von den Bildern und Gertrudes Art, sich zu unterhalten beeindruckt. »Sie zeigte uns die Welt, und nahm sie im nächsten Satz gleich wieder fort, jedoch nur, um in einem dritten Satz zu beweisen, daß das etwas war, was wir uns nicht wünschen konnten, weil es nie existiert hatte.« Obwohl Bryher eine Krawatte trug, in einer Beziehung mit einer Frau lebte und sich einen männlichen Namen gegeben hatte, wurde sie Alice und den Ehefrauen zugeteilt. Sie saßen in der Küche und sprachen über Kochen und Gartenpflege. »Ich fürchte, daß ich zwar Gertrude zutiefst bewundert habe«, sagte Bryher, »jedoch meine Liebe Miss Toklas gehörte. Sie war so freundlich zu mir.«

Gertrude war hocherfreut bei der Aussicht auf eine Veröffentlichung von *The Making of Americans.* Mehr als zehn Jahre lang hatten Verleger dieses Werk immer wieder abgelehnt. Contact wollte 500 Exemplare in einem Band herausbringen, fünf De-Luxe-Ausgaben sollten auf Velin gedruckt werden. Gedruckt werden sollte bei Maurice Darantière in Dijon. Gertrude sollte dafür sorgen, daß 50 Exemplare des Buches als Subskription verkauft wurden.

Carl Van Vechten war froh. Er hatte sich erfolglos bemüht, einen amerikanischen Verlag zu finden. Er fand das Buch »möglicherweise so groß, vielleicht größer als James Joyce, Marcel Proust oder Dorothy Richardson« und ein wenig auch so wie das Buch Genesis. »Gertrude, Du hast etwas Biblisches an dir«, schrieb er am 16. April 1923, »mit Sicherheit ist etwas Biblisches an Dir.«

Die Beziehung zwischen Gertrude und McAlmon wurde bald getrübt. Gertrude ließ ihm keine freie Hand. Ohne Rücksprache mit ihm bat sie Jane Heap, in Amerika einen Verleger für das Buch zu suchen. Jane Heap wandte sich an Benjamin Huebsch, ohne zu wissen, daß er das Werk dreizehn Jahre zuvor bereits abgelehnt hatte. »Ich kann Miss Steins Theorien nicht mit der nötigen Hingabe folgen, um ihren Kindern ein fürsorglicher Vater zu sein«, schrieb er in seiner Ablehnung. Dann zeigte sich ein Unternehmen mit dem Namen Charles and Albert Boni daran interessiert, die Ausgabe von McAlmon zu erwerben. Am 16. September 1925 schrieb Gertrude an McAlmon:

> Es gibt eine Firma, die ganz ernsthaft vorhat, meine sämtlichen Werke auf den Markt zu bringen, Drei Leben, das lange Buch und mehrere ältere und neuere. Für mich ist das eine wichtige Gelegenheit. Sie schlagen vor, The Making of Americans von Ihnen zu kaufen, das heißt, die 500 Exemplare minus die 40 bereits bestellten, zu einem Preis von tausend Dollar was eigentlich 1620 Dollar bedeutet eintausend Dollar für 460 Bücher und 40 bereits bestellte für 87 Dollar und die fünf in Velin gebundenen für 60 Dollar. Sie würden für die ungebundenen Bögen und Einbände bei Lieferung zahlen das heißt sobald sie in Frankreich geliefert würden.
> Schicken Sie mir Ihre Antwort doch in den nächsten 24 Stunden. Sie werden verstehen wieviel mir diese Gelegenheit bedeutet.

McAlmon telegraphierte seine Antwort am 17. September: »Buch Angebot zu niedrig und unklar.« Am selben Tag legte er in einem detaillierten Brief dar, daß er es von diesem Unternehmen als nicht sehr guten Geschäftsstil empfand, wenn man nicht mit ihm direkt verhandelte, daß das Angebot über 1000 Dollar zu niedrig war, weil sich die Druckkosten auf 3000 Dollar beliefen, und daß ihm nicht einsichtig sei, was dieses neue Vorgehen für Werbung oder Vertrieb bringen könnte.

Die Korrespondenz wurde beißend. Gertrude schrieb, daß es seine Idee gewesen sei, die Ausgabe zu verkaufen, daß er sich überhaupt nicht darum kümmerte, daß sie die ganze Werbung gemacht hatte und daß sie ihr Buch »groß herausbringen wollte und ich will auch meine Tantiemen bekommen«. McAlmon führte in seiner Antwort darauf die ganze Arbeit und die Kosten an, die er in das Unterfangen hatte hineinstecken müssen:

> Ich habe keine Lust, irgendeinem Verleger etwas zu schenken ... Dieses plötzliche heftige Interesse in Verbindung mit einem zu niedrigen Angebot von einer unbekannten Firma, die vielleicht noch nicht einmal ordentlich etabliert ist, läßt nichts Erfreuliches für deren weitere Arbeit mit dem Buch ahnen.[47]

Trotzdem rief Gertrude den Drucker Darantière an und forderte ihn auf, die Bögen an den Spediteur zu schicken. Darantière hielt Rücksprache mit McAlmon, der ihm sagte, daß er außer von Contact Publishing von niemandem Anweisungen entgegennehmen dürfte. Am 8. Oktober schrieb McAlmon dann in einem geharnischten Brief an Gertrude:

> Falls Sie unbedingt im Alleingang über Ihr Buch hätten verfügen wollen, dann hätten Sie es schon vor Jahren auf eigene Rechnung in Paris drucken lassen können ... Das Buch ist jetzt abgeschlossen, geheftet, und wird jetzt dann gebunden. Sie werden Ihre zehn Exemplare erhalten, die für Ihre Freundschaftsgaben ausreichen werden, und die auch schon mehr sind als Autoren sonst von einem Verlag bekommen. Wenn Sie noch weitere Exemplare haben möchten, können Sie sie mit dem üblichen Autorenrabatt von 50 Prozent auf den Verkaufspreis von acht Dollar erhalten. An einige besonders ausgewählte Kritiker werden wir Rezensionsexemplare verschicken, falls Sie uns eine Liste mit den entsprechenden Namen und Adressen zukommen lassen. Noch mehr Panik und Drängen und »Hilfe« sind mir absolut nicht willkommen.

Gertrude antwortete ihm brüsk, daß er von einen Brief zum nächsten vergaß, wo er zugestimmt, bzw. nicht zugestimmt hatte. Alice fand, daß er in der ganzen Geschichte auf unverantwortliche Weise betrunken gewesen sein mußte.

Bis Dezember 1926 waren erst 103 Exemplare des Buches verkauft und bezahlt. Es gab nur wenige und wenn, dann dürftige Kritiken. Marianne Moor verglich es im *Dial* mit *Pilgrim's Progress,* doch Edmund Wilson äußerte im *New Republic,* daß er es nicht schaffte, es ganz durchzulesen:

> Ich weiß nicht, ob das überhaupt geht ... Mit Sätzen, die in einem so gleichmäßigen Rhythmus gehalten sind, so unnötig weitschweifig, mit so unzähligen Wiederholungen und so häufig auf ein Partizip Präsens endend, gerät der Leser allzubald in einen Zustand, wo er nicht mehr dem langsamen Werden des Lebens folgen kann, sondern einfach nur noch einschläft.[48]

Der Kritiker des *Irish Statesman* sagte, daß es wohl zu den sieben umfangreichsten Büchern der Welt gehörte, in der *Saturday Review of Literature* hieß es: »Miss Stein hat die vollständigste Vernebelung des menschlichen Denkens vorgelegt«, man äußerte Besorgnis über das geistige Wohlbefinden der Schriftsetzer und fand, daß sie für den Rest ihres Lebens sechzehn Dollar täglich verdient hätten.

Sechs Monate nach der Veröffentlichung schrieb McAlmon wieder einen bitterbösen Brief an Gertrude:

> Im Gegensatz zu Ihren Verlautbarungen, daß Sie uns von Ihrem Werk befreien wollten, haben Sie nichts dergleichen unternommen. Die Besprechung aus dem Dial habe ich für Sie aufgehoben. Die Kritik aus dem Irish Statesman kam aufgrund eines Belegexemplars, das nach meiner Anweisung dorthin geschickt wurde. An Personen, bei denen Sie darum gebeten haben, haben wir Bücher geschickt. Zehn Exemplare wurden Ihnen GESCHENKT. Sie haben mich *aufgefordert*, mich um das Buch zu kümmern. Sie wußten, daß das ein rein philantropisches Unterfangen war, da sich das Manuskript seit knapp zwanzig Jahren bereits bei Ihnen befand. So wie es aussieht, ist keine einzige Subskriptionsbestellung durch Ihr Büro zustande gekommen, außer von direkten Familienangehörigen von Ihnen ...
>
> Falls Sie die Bücher zurückerhalten möchten, können Sie uns ein Angebot vorlegen. Andernfalls werde ich im September – also ein Jahr nach der Veröffentlichung – einfach selbst für die Beseitigung sorgen, indem ich sie *en masse* einstampfen lasse.

Weder kaufte Gertrude die Exemplare von McAlmon auf, noch ließ er die Bücher für teures Geld einstampfen. Das Ansehen des Buches stieg trotz der anfänglichen Schwierigkeiten. 1934 wurde es wieder aufgelegt, nachdem Gertrude mit ihrer *Autobiographie von Alice B. Toklas* eine Erfolgsautorin wurde. Doch mit der Freundschaft zu McAlmon war es für immer vorbei.

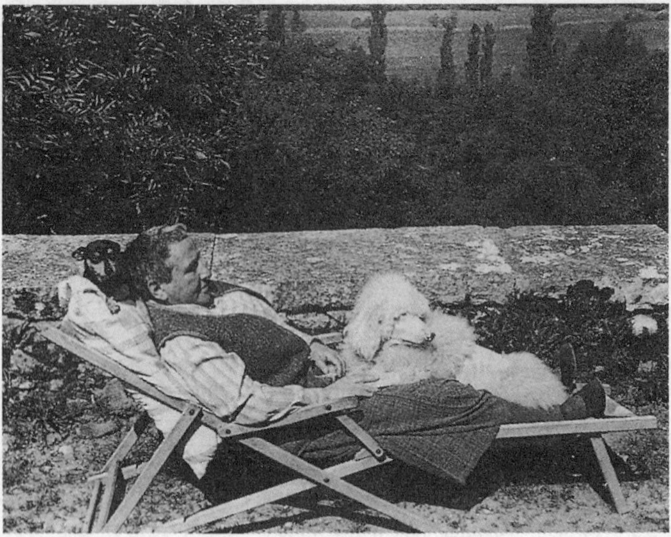

Gertrude mit Pépé und Basket im Garten von Bilignin.

11

LANDLEBEN

Denken Sie an die Bibel und an Homer denken
Sie an Shakespeare und denken Sie an mich

Für Gertrude und Alice war es wichtig, aus Paris herauszukommen, weg von dem ganzen Rummel und all den kulturellen Ambitionen von Freund und Feind. Dank Godiva war dies möglich. Im Sommer 1922 machten sie sich auf, um auf dem Land wieder die Ruhe zu finden, die sie während des Krieges dort so genossen hatten. Begleitet wurden sie von ihrer Freundin Janet Scudder aus Indiana und deren Freundin, der Sängerin Camille Sigard. Auch die beiden fuhren einen Ford. Janet Scudder war Bildhauerin und gestaltete Plastiken für Gartenspringbrunnen, kleine Buben, die in große Muscheln bliesen. Gertrude sagte, sie habe eine richtig pionierhafte Leidenschaft dafür, nutzlosen Besitz zu erwerben. In jeder Stadt, durch die sie kamen, wollte sie irgendein langweiliges Gebäude kaufen, und Gertrude versuchte, sie davon abzubringen. Janet war hochgeschätzt für ihre Gabe, Orte mit gutem Essen und Wein aufzuspüren, obwohl Alice der Meinung war, daß Godiva sie zu ihren besten Mahlzeiten lenkte. In Marseille bekamen sie eine sehr gute Bouillabaisse aus Meeresfischen, Hummer, Krabben, Muscheln, Knoblauch, Nelken, Safran und Olivenöl, als hors-d'oeuvres gab es Babyartischocken, Endivien, Rettich und Spargelspitzen.

Gertrude und Alice wollten nur ein oder zwei Monate fortbleiben, doch sie blieben den ganzen Winter. Ihre Freundinnen kauften ein unscheinbares Haus in Aix-en-Provence, sie selbst ließen sich in St. Remy nieder. Der Mistral blies, das Hotel und das Essen waren mittelmäßig. Das einzige Feine, das es in der Stadt zu essen gab, waren laut Alice die glasierten Früchte, doch davon wurde man nicht satt. Die Spezialität war *melon glacé* mit *glacé*-Kirschen, -Aprikosen, -Pflaumen und -Birnen. Sie schickten eine solche Melone an Hemingway, der dazu sagte, sie wäre so groß gewesen wie die Kürbisse zu Thanksgiving.

Den ganzen Winter über sahen sie außer Janet Scudder bei gelegentlichen Besuchen nur die Leute aus der Umgebung. Zum Einkaufen fuhren sie nach Avignon, doch meistens waren sie in St. Remy unterwegs oder gingen in die *Alpilles* hinauf. Sie sahen den großen Schafherden zu, die in die Berge hinaufzogen und von Eseln mit Wasserflaschen angeführt wurden. Gertrude und Alice bezeichneten sich als *Les Amis du Rhône.* Gertrude sagte, daß der Fluß wieder seinen alten Zauber ausübe. Sie liebten die Rhône und das Land, durch das sie floß. Die Ruhe des langen Winters räumte mit der Rastlosigkeit des Krieges und der ersten Nachkriegsjahre auf. Sie dachte über »die Verwendung von Grammatik, von dichterischen Formen und von ›Landschaftsstücken‹, wie man es bezeichnen könnte« nach.[1] Sie verfaßte *Valentine to Sherwood Anderson,* ein Gedicht mit dem Titel *Capital Capitals,* das Virgil Thomson später vertonte und ein Stück *Lend A Hand Or Four Religions.* Sie legte noch weitere ihrer Überlegungen über Grammatik in *Elucidation* nieder, wo sie versuchte, Beispiele für das Funktionieren ihres Denkens beim Schreiben zu geben. Der Text wurde 1927 in *transition* abgedruckt. Sie sagte dort beispielsweise, daß die Worte »Madrigal« und »Mardigras« in ihrem Denken eng miteinander verbunden waren, daß sie beide mit dem Buchstaben »M« begannen und sie daher beide an »Em erinnerten was ein Name für Emma ist«.

Gertrude war in diesem Winter produktiv und glücklich, doch Alice hatte nicht viel zu tun, und das Wetter machte ihr zu schaffen. Während der Mistral blies, gingen sie eines Tages über ein gepflügtes Feld: »Ich konnte nicht mehr weitergehen. Plötzlich liefen mir die Tränen über das Gesicht. Gertrude sagte ›Was ist los?‹ ›Das Wetter‹ sagte ich, ›können wir nach Paris zurückfahren?‹ Sie sagte: ›Morgen‹.«[2]

Für den folgenden Sommer des Jahres 1924 planten sie, mit dem Auto zu Picasso nach Antibes zu fahren. Sie hielten in Belley, um ein oder zwei Nächte im Hotel von Monsieur Pernollet zu bleiben. Es war in Alices Gourmetführer erwähnt, nach dem sie ihre Reiserouten festlegte. Die Gegend gefiel ihnen so gut – das Rhônetal, die Berge, die weite Landschaft, die Blumen in den Gärten und das Essen –, daß Alice ein Kabel an Picasso schickte: »Bleiben noch hier zumindest vorläufig.« Dann schrieb ihm Gertrude, daß sie ihn nicht besuchen würden, sondern den ganzen Sommer in Belley bleiben wollten.

Monsieur Pernollet war es, der die Phrase *une génération perdue,* »eine verlorene Generation«, prägte. Gertrude wiederholte diesen Ausspruch vor Hemingway, der ihn als Epigraph für seinen Roman *The Sun Also Rises* wählte. Monsieur Pernollet war überzeugt davon, daß Männer im

Alter zwischen achtzehn und sechsundzwanzig Jahren zivilisiert wurden. Diejenigen, die im Ersten Weltkrieg gekämpft hatten, hatten diese Möglichkeit nicht gehabt und waren daher eine verlorene Generation. Monsieur Pernollet stammte aus einer Familie von Küchenchefs, doch Alice sagte, daß seine Kochkünste ganz und gar nicht so großartig waren, wie man es darstellte, und daß er in einem Winkel in der Küche recht gern im *Lamartine* studierte. Sie und Gertrude fuhren immer nach Priay, ein Dorf mit 341 Einwohnern, das eine Autostunde entfernt lag, und wo mit Monsieur und Madame Bourgeois die besten Köche der ganzen Region zu finden waren. Alice sagte, daß deren Küche bestens organisiert und ausgestattet war und beinahe geräuschlos funktionierte, und daß Monsieur Bourgeois ein hervorragender Weinkenner war.

Die Baronin Pierlot, die auf der anderen Seite des Tales von Bilignin in Béon lebte und ein Gedächtnis hatte, das so gut war wie das von Alice, ließ Gertrude tagsüber in einem Haus aus dem siebzehnten Jahrhundert arbeiten, das früher einmal ein Weinkeller war. Gertrude begann sich sehr für das alltägliche Leben dort zu interessieren. »Ich versuche, so alltäglich zu sein, wie es nur geht«, sagte sie zu Alice. Sie sagte, sie wollte die Landschaft so beschreiben, als ob alles, was sie sah, ein Naturphänomen sei:

> Ein natürliches Phänomen ist insgesamt an sechs Stellen erhalten. An der ersten Stelle sowohl alt wie häufig und teilweise auch umgekehrt. An der zweiten Stelle stellen Sie sich vor daß es für sie nicht passend ist oder für den Rest. Als Vorteil ist es ein Vorteil. Die dritte Stelle macht es beinahe angenehm nahe und wenn sie dasselbe hat wenn das Vertrauen darauf dasselbe ist ist es fast so gut wie beschlossen. Die vierte Stelle wir fahren nicht weiter nach Süden. An der fünften Stelle fahren wir nach Belley ein anziehender Ort wo wir hoffen es so gut wie immer zu haben. Die sechste Stelle macht es notwendig daß später eine wirklich wohlgesonnene Entscheidung da ist. Lassen Sie uns über Kohle und Holz und Kerzen nachdenken. Lassen Sie uns über Papier und Steine und Öl nachdenken. Lassen Sie uns über Chancen und Entfernung und Ursprung nachdenken. Lassen Sie uns über all das sofort nachdenken.

Sie schrieb *Natural Phenomena*, weitere Meditationen über Grammatik und Sätze, und eine Kurzgeschichte mit 307 Kapiteln.

Belley ist eine Kleinstadt auf einem Hügel in einer herrlichen Landschaft, mit hohen Bergen, Hügeln, großen und kleinen Flüssen, Wasserfällen und Blumen. Alice fand, daß die Kinder hübsch waren und die Menschen sich wohlzufühlen schienen. Im Sommer 1925 kam sie mit Gertrude wieder an diesen Ort zurück und korrigierte die Fahnen von *The Making of Americans.* »Was für ein Sommer war das«, dachte Alice. Je weiter der Text des Buches fortschreitet, desto länger werden die Sätze. Manchmal sind sie einige Seiten lang, und die Schriftsetzer waren Franzosen. Gertrude und Alice verließen das Hotel jeden Vormittag mit Campingstühlen, einem Lunchpaket zum Mittagessen und den Fahnenabzügen. »Den ganzen Tag kämpften wir mit den Fehlern der französischen Setzer«, sagte Alice.

Sie suchten sich für ihre Arbeit nette Plätzchen aus, »aber wir hatten immer diese endlosen Seiten voller Druckfehler dabei«. Einer ihrer Lieblingsplätze war ein Hügel, von dem aus man in einiger Entfernung den Mont Blanc sehen konnte, den sie Madame Mont Blanc nannten. Eine andere Stelle, die sie gern aufsuchten, war eine Wegkreuzung an einem kleinen Fluß, wo sich die Leute trafen und schwatzten, was Gertrude sehr mittelalterlich erschien.

Die gesamte Gegend gefiel ihnen so gut, daß sie jeden Sommer wiederkamen und ein Haus suchten, das sie mieten konnten. 1928 sahen sie in Bilignin ihr Traumhaus, vom dem aus man das Tal überblicken konnte. Gertrude sagte zu Alice: »Ich fahre dich dort hinauf, und du gehst hin und sagst ihnen, daß wir ihr Haus nehmen wollen.« Alice meinte: »Aber vielleicht wird es gar nicht vermietet.« Gertrude sagte: »Die Vorhänge flattern aus den Fenstern.« – »Eben«, sagte Alice, »das zeigt doch, daß dort jemand wohnt.«[3]

Das Haus gehörte einem Bauern aus der Gegend, der es an einen französischen Offizier vermietet hatte. Gertrude und Alice sprachen mit »zwei einflußreichen Freunden in Paris«, weil sie hofften, eine Beförderung des Offiziers und seine Versetzung in die Kolonien erreichen zu können. Ob nun mit oder ohne ihre Einflußnahme – jedenfalls geschah genau das, und nachdem sie einige Monate gewartet hatten, »waren wir begeisterte Mieterinnen eines Hauses, das wir nie näher als auf zwei Meilen Entfernung kennengelernt hatten«. Kurz nach der Versetzung des Majors nach Marokko brach der Krieg aus, und sie hörten, daß er in Gefangenschaft geraten war. »Alice Toklas' Gewissen plagte sie«, sagte Gertrude, »das meine plagte mich nicht aber das ihre plagte sie und später kam dann die Nachricht er sei kein Gefangener und nichts sei ihm geschehen.«[4]

Ihr Haus in Bilignin.

Als sie dort im Frühjahr 1929 einzogen, war Gertrude fünfundfünfzig und Alice dreiundfünfzig Jahre alt. Sie blieben jedes Jahr sechs oder sieben Monate dort und wohnten im Winter in Paris. Vor dem Umzug kauften sie einen neuen Ford, ließen stinkende elektrische Radiatoren in der Rue de Fleurus legen und erwarben Basket, einen weißen Pudel. Alice hatte sich schon jahrelang einen weißen Pudel gewünscht, seit sie den Roman von Henry James *The Princess Casamassima* gelesen hatte. Sie kauften Basket auf der Pariser Hundeausstellung an der Porte de Versailles von einer Frau, die wegen der schweren Schwangerschaft von Baskets Mutter viel Geld beim Tierarzt ausgegeben hatte. Seinen Namen bekam der Hund, weil Alice gesagt hatte, er sollte einen Korb mit Blumen in seinem Maul tragen. Basket war damals zwei Monate alt. Die Leute fanden ihn süß oder meinten, er sähe aus wie ein Schaf, und sie hätten so einen Hund noch nie zuvor gesehen, und er hätte doch wohl recht viel Geld gekostet, und ob er denn jeden Tag baden müßte? Gertrude antwortete darauf: »Oh nein, nur zweimal in jeder Jahreszeit.« Doch es gab eine Gegenstimme: in Paris drohte ein Mann, ihn zu erschießen und sagte: »Piß du Hund piß gegen die Hausmauer im Vorbeigehen wenn es mein Haus wäre würde ich ein Gewehr nehmen und dich erschießen, piß Hund piß im Vorbeigehen gegen die Hausmauer, Piß sagte er piß gegen den Laternenpfahl im Vorbeigehen, ein armer Straßenkehrer muß den Laternenpfahl putzen den du im Vorbeigehen angepißt hast, Piß Hund piß gegen den Laternenpfahl im Vorbeigehen.«[5]

Das neue Zuhause für den Sommer war ein großes Landhaus aus dem siebzehnten Jahrhundert, fast ein kleines Schloß. Es stand an der einzigen Straße des kleinen Weilers Bilignin, in dem es nur einige einfache Häuser und Scheunen gab, die hoch oben auf einem Hügel lagen. Oft standen Kühe vor der Haustür. Die Mauern waren dick, und das Haus war sehr ruhig. Die Gärten lagen auf der Rückseite, und von der am weitesten entfernten Begrenzungsmauer aus sah man in das beschauliche Tal hinunter. Von der anderen Seite des Tales aus konnte man an klaren Tagen den Mont Blanc sehen.

An der Vorderfront des Hauses verlief eine hohe Mauer mit einem Eisentor.[6] Es gab einen Vorhof, Nebengebäude, einen Springbrunnen, eine Terrasse mit sechsundzwanzig geraden Blumenbeeten in einer Einfassung aus Buchshecken, eine Platane, ein Gartenhaus mit spitzem Dach und zwei Gemüsegärten. Da das Haus kein fließendes Wasser hatte, mußte man das Wasser von einer Pumpe im Garten holen. Die Gärten waren die große Freude von Alice. Von April bis Oktober hatte sie dort viel zu tun, im Winter plante sie alles in Paris. Als Gertrude und Alice einzogen, gab es einen großen Apfelbaum, den Gertrude *The Nucleus* nannte und Alice zum Mittelpunkt eines Obstgartens mit Apfelbäumen machte. Der französische Offizier hatte keinen Sinn für Gartenarbeit und nur Kartoffeln angepflanzt. Mit sieben Männern aus dem Dorf räumte Alice das gesamte Unkraut und Gestrüpp aus. Sie gruben ein Schlangennest, Himbeer- und Erdbeerbüsche aus. Alice stellte einen Plan für die Gemüsebeete und die Wege auf, kaufte säckeweise Samen aller Gemüsesorten, die Gertrude gern aß, Setzlinge auf dem Markt, der jeden Samstagvormittag in Belley stattfand, Dünger, Humus und 100 Meter Gartenschläuche. (In einem Sommer gab es eine große Trockenheit, und das Wasser wurde in Fässern auf Ochsenkarren vom Fluß aus dem Tal hinaufgebracht.)

Als Alice abends ihre Augen schloß, fragte Gertrude sie, was sie sehe. »Gräser«, sagte Alice. Sie stand morgens um sechs Uhr auf, manchmal sogar noch früher, sammelte eine Stunde lang wilde Erdbeeren für Gertrudes Frühstück, »bevor der erste Sonnenstrahl sie küßte«. Und sie sprach begeistert von ihren Gemüsebeeten:

> Bei der ersten Ernte im Mai, als ich im Garten Salate, Rettiche und Kräuter holte, fühlte ich mich wie eine Mutter mit ihrem Baby. Wie konnte so etwas Wunderbares mir gehören ... Und dieses Staunen erfüllte mich bei jedem Gemüse, das ich in jedem Jahr von neuem erntete. Es gibt nichts Vergleichbares, nichts ebenso Befriedigendes oder Aufregendes, wie Gemüse zu ernten, das man selbst gesät hat.[7]

Ihre Freundin, die Baronin Pierlot, hatte siebenundfünfzig verschiedene Gemüsesorten gezogen – »wie die Pickles der Firma Heinz«, sagte Alice, die sich dadurch herausgefordert fühlte. Doch je mehr Alice anpflanzte, desto mehr kochte sie, und am Ende eines Tages war sie zu nichts mehr imstande. Gertrude versuchte, sie zurückzuhalten: »Ein paar Gemüsesorten weniger sind immer noch reichlich für uns«, sagte sie.

Alice dämpfte die Salate, dünstete die Artischocken, kochte die Rote Bete, warf den Rhabarber fort und kochte aus den schwarzen Johannisbeeren einen gesunden Saft. Sie kochte Erdbeermarmelade und Himbeergelee. Im Oktober erntete sie das Wintergemüse für die Rückkehr nach Paris, verpackte alles und ordnete es in Holzsteigen: Rüben, Kürbisse, Auberginen, Tomaten. Gertrude sagte, daß die *expressage* sie ruinieren würde und sie Vorräte hätten, um eine ganze Anstalt durchzufüttern. Alice räumte ein: »Ohne Frage war diese Ausbeute unter wirtschaftlichen Gesichtspunkten ein Desaster, doch betrachtete man die Befriedigung, die die Arbeit und die Ästhetik verschaffen, so war es hervorragend.«[8]

»Den meisten unserer männlichen Gäste«, schrieb sie, »servierte ich das Frühstück auf der Terrasse. Die Frühstückstabletts waren mein ganzer Stolz.« Auf dem Markt von Chambéry fand sie einige Schalen aus buntem Savoier Glas, in denen sie vor allem Beeren, Obst, Salate und Gemüse gern anrichtete.

Manchmal schnitt Gertrude die Buchshecken und setzte Setzlinge für Hölzer. Doch Alice war diejenige, die die Hornissennester aushob und die Wespen tötete. Gertrude ließ sich nicht von ihnen aus der Ruhe bringen, so wie sie sich auch nicht um Tausendfüßler, Spinnen oder Fledermäuse kümmerte. Sie waren ihr egal, so lange sie draußen vor der Tür blieben, doch im Haus rief sie immer Alice zu Hilfe. Alice erledigte sie dann mit Zeitungen, einem Besen oder einer Pinzette.

Abends arbeitete Alice an ihren Stickereien. Gertrude saß in einem Schaukelstuhl, Basket lag auf ihrem Schoß. Francis Picabia gab ihnen noch einen Hund, einen Chihuahua. Wegen seiner erotischen Verbindungen zu seiner Mutter und seiner Schwester nannten sie ihn Byron. Basket wurde eifersüchtig auf den Neuankömmling, rannte nachts hinaus und »versuchte der Eifersucht zu entkommen, die an ihm nagte«. Gertrude und Alice brachten ihn zurück und trösteten ihn. Als Byron starb, wurde Pépé sein Nachfolger. Auch er saß auf Gertrudes Schoß, während sie meditierte und sich darauf konzentrierte, ein Genie zu sein.

»Es braucht viel Zeit ein Genie zu sein, man muß so viel herumsitzen und nichts tun, wirklich nichts tun«, sagte Gertrude.[9] Bilignin war für beides der ideale Ort. Ihr Tagesablauf war recht entspannt: sie stand spät auf, frühstückte, las, schrieb Briefe, spielte mit dem Hund. Schließlich badete sie, kleidete sich an, aß zu Mittag. Aus der amerikanischen Buchhandlung in Paris kamen Bücher. Sie las besonders gern Kriminalromane, jeden Tag einen und ihr Lieblingsautor war Dashiell Hammett. An den heißen Nachmittagen ging sie mit Basket spazieren – oft zwölf oder sechzehn Kilometer weit. Sie hatte zwei bevorzugte Routen: entweder durch die Weinberge oder hinunter zum Fluß und dann das Tal

Basket, fotografiert von Man Ray.

entlang. Mit einem Stock, den sie dabeihatte, wanderte sie immer weiter und schlug in die Zweige der Hecken an den Rändern der Wege. Bravig Imbs erzählte, daß die Leute aus der Gegend respektvoll mit dem Finger an der Mütze grüßten, wenn Gertrude vorbeikam. Auf ihren Spaziergängen unterhielt sie sich mit allen, die ihr begegneten – und egal, wo sie war: mit Nachbarn, Bauern, Passanten, Personal in den Geschäften oder Hotels, Automechanikern, Polizisten. Mit den Bauern sprach sie über die Ernte und das Vieh, mit Müttern über Kinderpflege, mit den Männern in den Garagen über Kupplungen und Benzin. Sie war gern mit Menschen zusammen und wollte alles über sie wissen. »Sie waren das Material für ihre Literatur, eine Möglichkeit, sich aus der Einsamkeit eines vornehmlich nach innen gerichteten Denkens zu befreien«, sagte Virgil Thomson.[10]

Sie schaffte es immer, jeden Tag zu schreiben – gewöhnlich für eine halbe Stunde: »Wenn man eine halbe Stunde am Tag schreibt kommt dabei mit den Jahren eine Menge Schreiben heraus. Gewiß wartet man den ganzen Tag und jeden Tag darauf diese halbe Stunde am Tag zu schreiben.«[11] Sie schrieb auch in dieser Art: bruchstückhafte Wahrnehmung, die sie in ihrem idiosynkratischen Stil ausdrückte, ohne untergelegte Erzählhandlung oder zusammengehörige Absätze. Ihr ging es darum, ihren eigenen Stil theoretisch zu begründen. Die Begleitumstände ihres Lebens schlichen sich mit hinein in ihr Schreiben: die Probleme bei der Übernahme des Hauses in Bilignin, die Trauer mit Etta Cone, als Claribel 1929 an Lungenentzündung starb, Alice, die keine Kuh bekam, Reue wegen eines Streits – »noch nie hat mir etwas so leid getan wie Freitag«.[12]

Sie erinnerte sich nicht besonders genau an Fakten oder Details, konnte weder zeichnen noch malen, hörte selten Musik, obwohl sie recht gern etwas auf dem Klavier spielte, das sie Sonatinas nannte – allerdings nur mit den weißen Tasten. Ihr Gedächtnis war auf die Kadenzen des Sprechens ausgerichtet, auf Eindrücke bei Erlebnissen, das Wesen des menschlichen Charakters, die Ungereimtheiten im Verhalten der Menschen, die strukturellen Eigenheiten der Sprache. Sie mochte die großen philosophischen Kernfragen über das Wesen von Zeit und Raum und Existenz. Alice war prägnant, scharf, genau, realitätsbezogen und hatte ein lebendiges Gedächtnis dafür, wer was wann und wo getan hatte. Virgil Thomson sagte, daß sich Gertrude beim Erzählen einer Geschichte immer zu wiederholen begann und die Einzelheiten nur ungenau wiedergab. Alice sah dann von ihrer Stickarbeit oder ihrem Strickzeug auf und sagte:

»Es tut mir leid, Liebes, so war es nun ganz und gar nicht.« – »Ist recht, Pussy«, sagte Gertrude dann, »erzähl du mal.« Jede Geschichte, die jemals in diesem Haus erzählt wurde, wurde so geschildert, wie Alice es richtig fand, und das war dann auch die gültige Version.[13]

Gertrudes Schreibstil entfaltete eine Art Sogwirkung. Auch wenn der Text noch so eigenartig klang, so schien doch immer eine schwer zu fassende Bedeutung darin enthalten zu sein. Es schien, als stellte sie unablässig die Frage, was meinen wir mit dem, was wir sagen, und warum sagen wir etwas so, wie wir es sagen? Ihr Tonfall war unverwechselbar. Keine Spötterei oder Parodie auf sie wirkte je so überzeugend wie ihre eigenen Texte. Sie war auf ganz heitere und verrückte Art sie selbst. Hemingway sagte, daß sie die Plackerei bei den Überarbeitungen und die Verpflichtung, ihre Texte lesbar zu gestalten, nicht mochte. Und sie sagte immer wieder, sie sei nicht davon überzeugt, Leser zu finden, obwohl sie sich sehr danach sehnte: »Nein, es ist dieses vollgekritzelte und schmutzige und linierte Papier das für mich wirklich immer mein Empfänger sein soll, – aber zumindest Leser.«

1930 beschloß Alice, Gertrudes Werk zu veröffentlichen. Als echte Pragmatikerin war ihr klar, daß darin die einzige wirkliche Chance für die Bücher lag, jemals das Licht der Welt zu erblicken. Durch Ford Madox Ford hatte Gertrude den amerikanischen Schriftsteller und Verleger William Aspenwall Bradley kennengelernt, der in Paris eine Literaturagentur eröffnet hatte. Er war einverstanden, als Gertrudes Agent zu arbeiten und schickte ihre Manuskripte 1929 an zahlreiche Verleger, darunter auch Little Brown, Macaulay, Viking und Harper's. Doch jeder schickte sie zurück. Alice war durch diese Zurückweisung angestachelt und packte jetzt selbst an.

Dreiundzwanzig Jahre lang hatte sie jeden Tag Gertrudes Arbeiten abgetippt. Ihrer Überzeugung nach trug jedes Wort das Zeichen des Genialen. Doch sie wollte, daß Gertrude Geld verdiente und berühmt wurde. »Alles was ich über das wußte, was ich zu tun hatte, war, daß ich das Buch drucken lassen mußte, und dann mußte es vertrieben werden, das heißt verkauft«, sagte sie.[14] Sie bat Gertrude, einen Verlagsnamen zu erfinden. Gertrude lachte und sagte: »Plain Edition.« (Einfache Ausgabe) Um das Vorhaben zu finanzieren, verkaufte Gertrude von Picasso das

Bild »Frau mit Fächer«, das er 1905 in seiner Blauen Periode gemalt hatte. Der Verkauf regte Alice auf, und sie weinte, als Gertrude Picasso davon erzählte.

Gertrude sollte die einzige Autorin sein, die bei Plain Edition veröffentlicht wurde. Alice begann mit Gertrudes Roman *Lucy Church Amiably*. Die Anregung zu diesem Buch kam durch eine Kirche in dem Weiler Lucey in der Nähe von Bilignin, deren russische Zwiebelturmspitze ein Mitbringsel aus den napoleonischen Feldzügen war und wie ein Hut aussah. Gertrude schrieb das Buch beim Geräusch von Flüssen und Wasserfällen, Alice saß dann immer mit einer Stickarbeit neben ihr: »Wähle dein Lied sagte sie und das wurde gemacht und dann sagte sie und es wurde mit einem Knoten gemacht und dann neigte sie ihren Kopf in die Richtung des fallenden Wassers. Reizend.«

Bei der *Union Imprimerie* ließ Alice 1000 Exemplare des Buches drukken und binden. Gertrude wünschte sich einen Einband, der wie ein Schulheft aussehen sollte: blaues Papier, und auf dem Deckel stand in schwarzer Schrift *Gertrude Stein A Novel of Romantic Beauty and Nature and which Looks Like an Engraving Lucy Church Amiably*. Im Impressum stand »The Plain Edition an edition of first editions of all the work not yet printed of Gertrude Stein«.

Erscheinungstermin war der 5. Januar 1931. Alice verschickte Ankündigungen an alle amerikanischen Buchhändler und setzte den Einkaufspreis auf drei Dollar fest. Sie bat Bennett Cerf vom Verlag Random House, den Vertrieb für die Vereinigten Staaten zu übernehmen, doch er antwortete, daß das bei den Druckkosten und dem Preis, den man im Laden dafür nehmen konnte, nicht interessant wäre. Nur wenige Buchhändler waren bereit, den Band in ihr Sortiment aufzunehmen, doch bei den englischen Buchhandlungen in Paris hatte Alice ganz guten Erfolg. Gertrude lief ständig durch die Stadt und schaute, in welchen Schaufenstern ihr Buch angeboten wurde. Dabei hatte sie »eine kindische Freude die fast schon Ekstase war«.

Alice war mit der Bindung von *Lucy Church* nicht zufrieden. Der Rücken brach zu leicht, und die Deckel schlossen nicht. Mit dem nächsten Buch *How To Write*, ging sie zu Darantière in Dijon – dem Drucker, der schon für Contact Publishing die Ausgabe von *The Making of Americans* hergestellt hatte. Gertrude sagte, daß *How To Write* sich mit der Aufrechterhaltung von Gleichgewicht befaßte:

damit sind natürlich sowohl Worte wie auch Sachen gemeint

> und sowohl Verteilung wie der Zustand zwischen ihnen direkt zwischen den Worten und zwischen ihnen selbst und den Sachen und zwischen ihnen selbst, eine Verteilung als Verteilung. Das macht das was folgt zu dem was folgt und jetzt besteht jeder Grund warum man eine Ordnung herstellen sollte. Verteilung ist interessant und Gleichgewicht ist interessant wenn eine andauernde Gegenwart und ein Anfang wieder und wieder und ein Verwenden von allem und allem Gleichartigen und allem natürlich einfach Verschiedenen gemacht wurden.[15]

Dieses Mal wollte sie, daß das Buch wie eine Ausgabe eines Romans von Laurence Sterne aus dem achtzehnten Jahrhundert aussehen sollte, die sie in London gefunden hatte. Alice ließ *How To Write* in taubengraues Papier binden und 1000 Exemplare drucken. Darantière verließ dann die Firma in Dijon und gründete in Paris seine eigene Druckerei. Er stellte noch zwei Bücher für Plain Edition her: jeweils 500 Exemplare von *Operas and Plays*, den Theaterstücken von Gertrude, und von ihren Porträts von Matisse und Picasso. Er druckte sie im Monotypesatz, weil das billiger war, versah sie mit einem Papiereinband und fertigte kanariengelbe Schuber an.

In den ersten Jahren von Bilignin hatten Gertrude und Alice viele junge Männer zu Gast – Schriftsteller und Maler –, die sich bei Gertrude einschmeicheln und die eigene Arbeit mit ihrer Hilfe verbessern wollten. Gertrude war besonders den Bemühungen junger Amerikaner gegenüber aufgeschlossen, die schreiben wollten und Geld brauchten. Paul Bowles war seinem tyrannischen Vater davongerannt und ging Anfang der dreißiger Jahre nach Paris, wo er als Musiker und Schriftsteller weiterkommen wollte. Er schildert seinen Aufenthalt in Bilignin im Sommer 1931 in seiner Autobiographie *Rastlos*.

Gertrude und Alice nannten ihn »Freddy«, da sie fanden, daß das besser zu ihm paßte als »Paul«. Er sagte, daß er bei ihnen das Gefühl hatte, er wäre eine Art soziologisches Studienobjekt. Gertrude wollte jedes Detail aus seinem Leben zu Hause wissen. Sie bezeichnete ihn als einen »gefälschten Wilden«. »Wenn du typisch wärest, wäre das das Ende unserer Zivilisation«, sagte sie zu ihm.[16]

Jeden Morgen brachte das Dienstmädchen Thérèse einen kniehohen Kübel mit kaltem Wasser in sein Zimmer. Bowles sollte sich in einen kleinen Bottich stellen und das kalte Wasser über sich schütten. Dann bekam er einen Kanister mit heißem Wasser, um sich zu rasieren. Da sein

Vater ihn früher gezwungen hatte, sich jeden Tag mit kaltem Wasser zu waschen, ließ Bowles diesen Eimer unberührt und benutzte das heiße Wasser und ein Handtuch.

Nach einigen Tagen fragte ihn Gertrude: »Thérèse sagt, daß du dich morgens nicht badest.« Bowles erklärte ihr, woher seine Abneigung kam. »Es spielt keine Rolle, ob es dir gefällt. Darum geht es nicht. Ich sage nur, daß du das Wasser, das Thérèse dir morgens bringt, benutzen mußt. So einfach ist das.« Von da an stellte sie sich jeden Morgen vor seine Schlafzimmertür und rief: »Freddy. Nimmst du dein Bad?« Paul Bowles machte die entsprechenden Geräusche und erwiderte, er sei dabei. »Ich höre nichts«, fragte sie dann wieder. »Nun, ich bade eben«, antwortete er. Sie horchte weiter und sagte dann: »In Ordnung. Basket wartet auf dich.«

Bowles erzählt, daß Basket jeden Morgen von Alice eine Stunde lang in Mineralwasser gebadet wurde. Er jammerte und winselte wie ein Baby bei dieser Prozedur. Wenn sich Alice verspätete, winselte er trotzdem zur gewohnten Zeit und hörte erst auf, wenn er gewaschen war. Danach hatte Bowles die Aufgabe, seine Trockenübungen mit ihm zu machen, das hieß, im Garten herumzurennen, Basket immer hinter ihm her. Dafür trug Bowles eine Lederhose, die bis über seine Knie reichte. Gertrude nannte das Kleidungsstück »Faunties«, nach den Hosen, die der »Kleine Lord« Fauntleroy trug. »Ah, du hast deine Faunties schon an. Das ist recht. Ab nach draußen mit euch.« Basket sprang hoch, während er rannte und zerkratzte Bowles dabei die Beine. Gertrude lehnte sich aus dem Fenster ihres Badezimmers im zweiten Stock und rief: »Schneller, Freddy, schneller.« Bowles rief zurück »Reicht es noch nicht?« und Gertrude antwortete »Nein, macht weiter«. »Es bestand kein Zweifel, sie genoß die Situation«, sagte Bowles. »Doch da ein derartiges Verhalten das Zeichen für eine sehr persönliche Beziehung zu sein schien, fühlte ich mich von dem Ausmaß ihres Interesses geschmeichelt.«

Er erzählte, daß Gertrude Alice gern triezte. Sie wußte, daß Alice ihr Essen heiß mochte, und Gertrude machte sich einen Spaß daraus, noch im Garten herumzuspazieren, wenn das Mittagessen schon auf dem Tisch stand, weil sie dann mitanschauen konnte, wie dringend Alice ins Haus zurück und sich an den Tisch setzten wollte, bevor das Essen kalt wurde. Während des Essens zankten sie miteinander. »Aber Liebes, das habe ich nicht gesagt«, sagte Alice. »Oh doch, Pussy, das hast du.« Keine verzog auch nur eine Miene dabei, obwohl Gertrude rot wurde, wenn sie sich ärgerte. Alle Besucher, auch Bowles, berichteten, daß Alice bei

Gertrude schaut aus dem Badezimmerfenster von Bilignin, 1930.

Kleinigkeiten gewöhnlich recht hatte, doch Gertrude lächelte dann schief, als wollte sie zeigen, wie absurd ihrer Ansicht nach eine Auseinandersetzung darüber war, wer bei solchen Dingen nun recht und wer nicht recht hatte.

Eines Nachmittags bat Gertrude, sich Bowles' Gedichte ansehen zu dürfen. Sie las sie sorgfältig, dachte nach und sagte dann:

»Nun, das einzige Problem liegt darin, daß sie keine Gedichte sind.«

»Was sind sie dann?« fragte Bowles.

»Wie soll ich wissen, was sie sind? Du hast sie geschrieben. Sag du mir, was sie sind. Sieh dir das an ... Was soll das heißen, *der erhitzte Käfer keucht*? Käfer keuchen nicht. Basket keucht, nicht wahr, Basket? Aber Käfer nicht. Und hier hast du purpurrote Wolken. Alles falsch.«

»Es ist ohne bewußtes Eingreifen entstanden«, sagte Bowles. »Es ist nicht meine Schuld. Ich wußte nicht, was ich schrieb.«

»Sicher, aber *später* hast du es gewußt, und du hättest merken müssen, daß es falsch war. Es war falsch, und du hast es an *transition* geschickt. Ja, ich weiß, die haben es veröffentlicht. Leider, denn es sind keine Gedichte.

Gertrude korrigierte damals die Fahnenabzüge der Plain Edition-Ausgabe von *Operas and Plays*. Kaum etwas machte ihr mehr Spaß, als wenn Bowles ihr laut Auszüge aus ihren eigenen Werken vorlas. Manchmal lachte sie anerkennend, unterbrach ihn und sagte: »Das ist wunderbar! Liest du mir das noch einmal vor, Freddy?«

Eines Tages verkündete sie, daß sie alle zusammen nach Aix-les-Bains zum Markt fahren würden. Alice schauderte und sagte: »Aber nicht durch den Tunnel, Liebes!«

»Natürlich fahren wir durch den Tunnel«, sagte Gertrude. »Wir werden doch nicht ganz außenherum über Dent du Chat fahren.«

Alice erklärte Bowles, daß es im Tunnel tropfte, und daß sie das haßte. »Natürlich liebt Gertrude es. Sie wird immer durch einen Tunnel fahren, wenn es geht.«

Man fuhr durch den Tunnel. Alice zeigte ihr Mißvergnügen, Basket ebenfalls. Auf dem Markt entdeckte Gertrude einen riesigen grauen Aal. Alice protestierte, doch Gertrude bestand darauf, ihn zu kaufen, und er wurde durch den Tunnel nach Bilignin gebracht. Während des Kochens stank der Fisch entsetzlich, und als er serviert wurde, sah er nicht gerade appetitanregend aus. Bowles meinte, daß er lieber nur vegetarisch essen wolle. »Was auf den Tisch kommt, wird gegessen«, sagte Gertrude. »Es ist alles gutes Essen.« Sie gab ihm eine besonders große Portion.

Aaron Copland kam dann nach Bilignin, um Bowles dort zu treffen. Gertrude unterhielt sich mit ihm in aller Offenheit über Bowles. Warum hatte er so viel Kleidung dabei? War er ein begabter Komponist? Arbeitete er wirklich an seiner Musik? Copland sagte, er könnte sich jemanden vorstellen, der mehr arbeitete. »Das habe ich mir gedacht«, sagte Gertrude. »Er hat sein verbrecherisches Leben zu früh begonnen.«

Copland sagte ihr, sie sollte nicht auf die Worte von Bowles achten, sondern nur auf seine Taten. »Ich weiß«, sagte Gertrude. »Er *sagt*, er würde jeden Morgen baden.« Doch Gertrude war nicht nur provokativ, sondern ziemlich klug, und sie wußte genau, was für Bowles richtig war. Sie war es, die ihm empfahl, nach Tanger zu gehen. Sie sagte, daß es ihm dort gefallen würde, weil dort jeden Tag die Sonne schien. Der träge Zauber der Stadt nahm ihn gefangen; er beschloß, dort zu leben, und Tanger wurde der Ort, der sein Werk inspirierte.

»Wir sind umgeben von Homosexuellen«, sagte Gertrude zu Sammy Steward, einem anderen ihrer jungen Freunde:

> Sie vollbringen all die guten Leistungen in der Kunst, und als ich die Männer zu Hemingway geschickt habe, war der Grund dafür nur, daß ich dachte, er wäre heimlich auch einer ... Ich mag alle Menschen, die etwas zustande bringen und auch Alice mag sie und was sie im Bett anstellen ist ihre eigene Angelegenheit und was wir anstellen geht sie jedenfalls nichts an.[17]

Bis auf Bowles Erfahrung mit dem Aal genossen alle Besucher die Kochkünste von Alice. Samuel Steward erinnerte sich besonders an ein Mittagessen mit Entenpastete, kleinen roten Krabben, großen Tomaten, Rebhuhn, kleinen neuen Kartoffeln in Petersilie und Butter, dazu Weißwein und wilde Erdbeeren.

Bravig Imbs hatte nur eine Erinnerung an einen Besuch im Sommer 1930, die nicht mit Essen zusammenhing. An seinem letzten Abend nahm ihn Gertrude mit und zeigte ihm eine Stelle in der Gegend bei St. Germain les Paroisses, wo Pappeln wie die Bäume in einem Gemälde gepflanzt waren und die Ruine eines Turmes stand. Der Mond schien hell, und sie stiegen auf den Turm. »Schau dir die Straße an«, sagte Gertrude. »Sie stammt noch aus der Zeit der Kreuzritter. Um über die

Rhône zu kommen, mußten sie hier entlang.« Das Tal lag im Mondlicht, die Rhône war silbern und dunkel. »Wir müssen zu Alice zurück«, sagte Gertrude. »Wenn ich zu lange von ihr fort bin, werde ich immer tiefsinnig.«[18]

Die übrige Zeit in Bilignin bestand für Bravig Imbs aus kleinen Rettichen, frischen Tomaten, winzigen *crévettes*, eingelegten Pilzen, gekühlten Artischockenherzen, rosa Lachsforellen, hervorragendem Brathuhn, kaltem Champagner, Salat mit scharfem Schnittlauch, einem Käse mit Namen Bleur de Gex, Steaks mit kräftiger Kräutersauce, Fischen aus dem Lac du Bourget, schrumpeligem Ziegenkäse und zierlichen Pflaumen. Essen, Literatur, das wunderschöne Haus und der herrliche Zauber des Rhônetals waren der Grund dafür, daß Gertrude und Alice ständig Besuch hatten.

Gertrude interessierte sich in den späteren zwanziger und frühen dreißiger Jahren mehr für Schriftsteller als für Maler. Ihre beeindrukkende Gemäldesammlung war durch den gemeinsamen Sammlertrieb von ihr und Leo zusammengekommen. Als sie sich trennten, war das auch das Ende ihres Geschicks als Sammlerin. Doch Gertrude wollte ihren unabhängigen ästhetischen Geschmack unter Beweis stellen. Sie unterstützte Francis Picabia, Juan Gris, Pavel Tschelitschev und Christian Bérard, und sie kaufte auch Bilder von diesen Malern. Doch der junge Mann, den sie am nachdrücklichsten ermutigte, war ein Engländer namens Francis Rose. Zu seinen Lebzeiten kaufte sie 130 Bilder von ihm. Ein Teil seiner Anziehungskraft lag für sie in seinem Namen Francis: »Jeder der Francis heißt ist elegant unausgeglichen und intelligent und sicher recht zu haben nicht mit allem aber bei sich selbst.«[19] Auch sein Nachname Rose war für ihn recht förderlich, da sie einigen Ruhm geerntet hatte mit ihrer tautologischen Assoziation »Rose ist eine Rose ist eine Rose ist eine Rose«. Sie und Alice sahen die ersten Bilder von Francis Rose Ende der zwanziger Jahre in der Galerie von Jean Bonjean in Paris, in die sie gegangen waren, da sie in der Nähe des Tierarztes lag, bei dem Basket gewaschen und geschoren wurde. Die Bilder von Rose standen mit dem Gesicht zur Wand. Gertrude drehte sie um, und sie gefielen ihr so gut, daß sie erst eines, dann zwei, dann drei, dann viele kaufte. Es dauerte Tage, bis sie Alice erklärt hatte, wie sie in der Rue de Fleurus richtig gehängt werden sollten. Als Francis Rose 1930 schließlich einmal zu Besuch kam, war er, als er wieder ging, »ganz rosa vor Rührung«.[20] Die Bilder hingen in drei Reihen, direkt neben denen von

Picasso. Rose wollte wissen, was Picasso über seine Arbeiten dachte. Anscheinend hatte Picasso Gertrude gefragt, wieviel sie für die Bilder von Rose ausgegeben hatte, und nachdem er es erfahren hatte, gesagt: »Dafür hättest du auch etwas Ordentliches bekommen können.«

Francis Rose war Anfang Zwanzig, als er Gertrude und Alice kennenlernte. Er wohnte in einem völlig schwarz ausgemalten Zimmer am Montmartre und rauchte Opium, das, wie er sagte, »das Denken befreit, inneren Frieden gibt, Nervosität und Unentschlossenheit vertreibt, neurotische Komplexe und Schmerz vernichtet«.[21] Ständig erlebte er dramatische Liebesgeschichten mit ziemlich brutalen Männern. Bei einem Besuch in Bilignin malte er das Haus und Porträts von Gertrude und Alice und mußte sich der Angriffe von Mücken erwehren, die in der Ölfarbe seiner Bilder ertranken.

Gertrude und Alice mußten sich nicht sonderlich um Gesellschaft bemühen. Sie hatten dauernd Besuch. Wenn Freunde in Ungnade fielen oder sie beleidigten, wurden sie verbannt. »Miss Stein möchte Sie nicht mehr sehen.« – »Miss Stein ist nicht zu Hause.« In kühlem Tonfall servierte Alice diese vernichtenden Zurückweisungen. Pavel Tschelitschev erhielt 1928 den Laufpaß, zum Teil wegen eines Bildes von Alice, auf dem sie wie ein Geier aussah, und teilweise wegen seiner stürmischen Affäre mit Edith Sitwell und einigen Männern. Der Maler Eugène Berman wurde 1929 aus Bilignin verjagt. Er sollte Porträts von Gertrude und Alice anfertigen, doch Gertrude gefielen seine Skizzen nicht. Sie zeigte ihm das Wortporträt, das sie unter dem Titel *More Grammar Genia Berman* von ihm angefertigt hatte und fragte ihn nach seiner Meinung. Er sprach nicht sehr gut Englisch und antwortete, daß er sich nicht imstande fühlte, es wirklich zu würdigen. Am nächsten Morgen fragte ihn Gertrude, wann er nach Paris zurückfahren wollte, da sie neue Gäste erwartete und sein Zimmer bräuchte.

Zwischen 1930 und 1931 erlebten Gertrude und Alice einen »hektischen, man könnte beinahe sagen unheimlichen Winter«, in dem sie mit fast allen ihrer jungen Freunde stritten, die sechsundzwanzig Jahre alt waren. »Wie habt ihr es bloß geschafft, mit so vielen gleichzeitig zu streiten?« fragte Carl Van Vechten. Der erste, der gehen mußte, war der Dichter Georges Hugnet. 1929 hatte er Teile von *The Making Of Americans* ins Französische übersetzt. Als Gegenleistung bot Gertrude ihm an, eines seiner Gedichte ins Englische zu übertragen, eine Art Kindheitsautobiographie mit dem Titel *Enfances*. Als er ihre Übersetzung sah, sagte Hugnet, daß sie keinerlei Ähnlichkeit mit irgend etwas hätte, was er geschrieben hatte. Und er blieb völlig unbeeindruckt von dem Titel, den Gertrude vorschlug: *Poem Pritten on the Pfances of Georges Hugnet.* Sie wollte auch, daß ihr Name an erster Stelle genannt wurde. Er wollte seinen zuerst und größer gedruckt. Daraufhin entstand eine Situation voll unterkühlten Schweigens. Virgil Thomson versuchte zu vermitteln. Er schlug als Titel vor:

GERTRUDE STEIN 1928
ENFANCES
GEORGES HUGNET 1927

Die beiden Gedichte wurden auf gegenüberliegenden Seiten in der Zeitschrift *Pagany* abgedruckt. Hugnet schrieb an Thomson: »Ich habe Freunde, die für mich zu stark sind.« Als Gertrudes Version in Buchform erschien, nannte sie sie *Before The Flowers Of Friendship Faded Friendship Faded.* Dieser Titel war eine Idee von Alice. Sie sagte, daß sie diesen Satz zufällig von einer Frau auf französisch in einem Restaurant gehört hatte.

Dann wurde Virgil Thomson entlassen (obwohl sich seine Verbannung als vorübergehend herausstellte), da er als Vermittler bei Gertrudes Übersetzung von Hugnets Gedicht versagt hatte. Thomson schickte Gertrude und Alice eine Einladung zu einem seiner Konzerte, in dem mehrere Stücke nach Texten von Gertrude vorgetragen wurden. Gertrude antwortete auf einer ihrer Visitenkarten mit dem Aufdruck »Miss Stein« und schrieb darunter die Bemerkung »wünscht keine weitere Bekanntschaft mit Mr. Thomson«. Alice hatte ihn ohnehin nie besonders leiden können. Sie fand ihn frivol und »schleuderte kleine giftige Pfeile, wann immer es ging«, erzählte Bravig Imbs.

Bravig Imbs schilderte, wie er selbst vertrieben wurde. Im Januar 1931 besuchte er eines Abends mit seiner schwangeren Frau Valeska die Rue de Fleurus und erzählte Gertrude und Alice, daß Valeska den Sommer in der Nähe von Belley verbringen würde, wo sie bereits einmal war, und daß er später zu ihr kommen würde, wenn er seinen Urlaub nehmen könne. Am nächsten Vormittag teilte ihm Alice telephonisch mit:

> Miss Stein hat mich gebeten, Sie darüber zu informieren, daß sie Ihr Vorhaben, Valeska nach Belley zu schicken, angesichts Valeskas Zustand als überaus impertinent empfindet, und daß weder sie noch ich Sie oder Valeska jemals wiedersehen möchten.

> Miss Gertrude Stein war so zuvorkommend und hat sich am vergangenen Abend zurückgehalten, da Valeska dabei war. Doch sie findet, daß Ihre Mitteilung von Valeskas bevorstehendem Aufenthalt in Belley, ohne die Anwesenheit anderer Freunde in der Gegend als uns, die größte Unverfrorenheit war, die sie jemals erlebt hat. Ihre Anmaßung ist unverzeihlich. Sie dürfen weder in unser Haus kommen noch schreiben, da wir weder auf einen Besuch oder einen Brief Ihrerseits reagieren werden. Wir möchten Sie nie mehr sehen.[22]

Dann wurde der Hörer auf die Gabel geworfen.

Alice hatte genug von all diesen jungen Männern. Sie ließen sich bei ihr verköstigen, machten ihr Arbeit und hielten Gertrude vom Schreiben ab. Sie sagte, daß Gertrude immer Entschuldigungen dafür fand, daß sie nicht schreiben mußte. Erst war es Picasso, der gerade da war, dann wieder konnte sie montags nicht anfangen zu schreiben, dann traf unerwartet Carl Van Vechten ein, dann kam Henry McBride.

Der kleine Hofstaat löste sich auf. Die ergebenen Bewunderer wurden ins Exil getrieben. Freunde der Exilanten blieben fern aus Sympathie. Bravig Imbs bedauerte den Bruch:

> Kein stundenlanger Tratsch mehr, kein Auflehnen mehr gegen ein gemeinsames Schicksal im Umgang mit den Verlagen, keine Überraschungsbesuche mehr nach dem Abendessen, keine kleinen Kuchen mehr, keine aufregenden Entdeckungen neuer Maler, über die man diskutieren mußte, keine Manuskripte mehr, die kritisiert wurden, keine Landausflüge mehr ...
> Ein Jahr lang haben mir Gertrude und Alice sehr gefehlt. Sogar jetzt ist es mir manchmal noch leid um die kleinen Kuchen.

Gertrude und Alice »hatten eine angenehme ruhige Zeit, nachdem wir uns tatsächlich mit all unseren jungen Freunden auf immer zerstritten hatten«, schrieb Gertrude im Januar 1931 an Carl Van Vechten.

Im selben Jahr veröffentlichte Edmund Wilson *Axel's Castle.* Darin nannte er Gertrude neben Proust, Joyce, Yeats und Eliot. Er sagte, daß sie zwar Sinnloses schrieb,

> aber über »Sinnloses« sollte man erst sprechen, wenn man weiß, was Sinn ergibt ... Die meisten von uns schrecken vor ihren einschläfernden Salbadereien zurück, vor ihren echogleichen Litaneien, ihren schwachsinnigen Zahlenreihen. Die meisten von

uns lesen immer weniger von ihr. Doch wenn wir vor allem an ihr Frühwerk denken, so ist uns ganz im Hintergrund der zeitgenössischen Literatur ihre ständige Anwesenheit bewußt ... Und immer, wenn wir Texte von ihr zur Hand nehmen, so unlesbar sie uns erscheinen mögen, so erkennen wir doch eine Persönlichkeit der Literatur von unverwechselbarer Originalität und hoher Qualität.

Gertrude war jetzt siebenundfünfzig Jahre alt. Sie wurde respektiert, um Rat gefragt, zitiert, interviewt und verspottet. Doch außer Beiträgen in kurzlebigen Literaturzeitschriften mit einem kleinen Leserkreis wurde selten etwas von ihr gedruckt. Henry McBride sagte zu ihr: »Sie haben ein Publikum, aber niemanden, der Sie publiziert.« Juan Gris war gestorben, ohne den Erfolg zu erhalten, den er ihrer Meinung nach verdient hatte. Mildred Aldrich war gestorben und hatte nur einmal stürmischen Beifall bekommen. 1929 starb Claribel Cone in Lausanne an Lungenentzündung. Die Zeit wurde knapp. Jeder kannte Gertrude, doch nur wenige Getreue stellten sie als das Genie heraus, als das sie selbst sich sah. Und obwohl Alice nach wie vor alles tat, was in ihren Kräften stand, um Gertrude zu fördern, so machte sie doch deutlich, daß sie ihrer Freundin ganz gewöhnlichen Reichtum und Erfolg wünschte. Picasso und Matisse waren reich und berühmt. Vielen der jungen Männer, die Gertrude bei ihren Karrieren unterstützt hatte, ging es wesentlich besser als ihr. Scott Fitzgerald und Ernest Hemingway hatten sich einen Namen gemacht. Alice war überzeugt, daß Memoiren von Gertrude mit ziemlicher Sicherheit ein Erfolg werden müßten. Gertrude wollte so etwas jedoch nicht schreiben. »Ich werde mich nicht darum kümmern, ob ich bei denen ankomme«, sagte sie. Es ging ihr nicht darum, daß sie durch ihre Äußerungen möglicherweise andere beleidigen könnte, sondern sie wollte einfach nicht ihr Talent vergeuden. »Bemerkungen sind keine Literatur«, hatte sie zu Hemingway gesagt.

Gertrude sagte Alice, daß sie selbst ihre Memoiren schreiben sollte. Mögliche Titel könnten lauten: *Mein Leben unter Größen. Frauen von Genies, mit denen ich plauderte. Meine fünfundzwanzig Jahre bei Gertrude Stein.* Alice sagte:

> Ich bin eine ziemlich gute Hausfrau und eine ziemlich gute Gärtnerin und eine ziemlich gute Stickerin und eine ziemlich gute Sekretärin und eine ziemlich gute Herausgeberin und eine ziemlich gute Tierärztin für Hunde, und immer soll ich alles auf

Im Palais Idéal in Hauterives in der Provence, 1939.
Fotografie von Cecil Beaton.

einmal sein, und ich finde es schwierig, obendrein auch noch eine ziemlich gute Autorin zu sein.[23]
Gertrude blieb nichts anderes übrig, als das Schreiben zu übernehmen, um ihnen beiden ganz gewöhnlichen Reichtum und Erfolg zu verschaffen.

12

DIE AUTOBIOGRAPHIE VON ALICE B.TOKLAS

Sie wird ich sein wenn ihr das seht

Wäre der Oktober in Bilignin Frankreich im Jahre 1932 nicht
herrlich und ungewöhnlich trocken gewesen und die folgenden
ersten zwei Novemberwochen ungewöhnlich trocken und
herrlich dann wäre damals Die Autobiographie von Alice B.Toklas
geschrieben worden. Möglich aber wahrscheinlich nicht damals.[1]

Die Hitze im Herbst 1932 bewog Gertrude und Alice, mit ihrer gewohnten Routine zu brechen: anstatt nach Paris zurückzufahren, blieben sie in Bilignin. Gertrude sagte, daß sie ihr erfolgreichstes Buch innerhalb von sechs Wochen schrieb. Freunde hatten ihr schon öfter dazu geraten, ihre Memoiren zu schreiben. Alice wollte ganz einfach, daß sie etwas schrieb, das Geld einbrachte. Sie war nicht einverstanden damit, daß Bilder verkauft wurden, um damit die Kosten ihrer Privatdrucke zu bezahlen. Wer liebt, muß leiden, sagte Gertrude und fügte sich widerwillig darein, etwas für den breiten Markt zu schreiben.

Das Buch entstand in einer Zeit, als Gertrude Anlaß hatte, die Launen von Alice zu fürchten. An einem Abend im April 1932 hatte Gertrude ihrem Agenten William Bradley und dem Schriftsteller Louis Bromfield das Manuskript ihres ersten Romans gezeigt, in dem es um die Affäre mit May Bookstaver geht. Auch Alice las das Manuskript. Sie hatte nicht gewußt, daß es existierte. Gertrude erzählte ihr, daß sie es völlig vergessen hatte. Über ihre Gefühle für May Bookstaver hatte sie Alice ebenfalls nie etwas gesagt. Alice wurde fürchterlich eifersüchtig. Sie zerriß sämtliche Briefe von May Bookstaver an Gertrude, und das Manuskript wanderte zurück in den Schrank.[2]

Auf der ersten Seite des ersten Heftes mit dem Manuskript der Autobiographie schrieb Gertrude »Fünfundzwanzig Jahre [dreißig Jahre ausgestrichen] mit Gertrude Stein. Autobiographie von Alice B. Toklas«. Auf die gegenüberliegende Seite schrieb sie »Wenn man eine Frau liebt gibt man ihr Geld wenn man eine Frau haben muß muß man so lange warten, bis man ihr Geld geben kann.«

Man kann sich nur schwer vorstellen, daß Gertrude einerseits Verfasserin der *Autobiographie* ist, andererseits zuvor derart seltsame Prosa geschrieben hat, daß nur wenige Menschen wußten, worüber sie spricht. In der *Autobiographie* sprach Gertrude mit der Stimme von Alice, in ihrem scharfen, klaren Stil, ihren prägnanten Sätzen, boshaften Seitenhieben, schrulligen Witzen und mit der allgemein üblichen Zeichensetzung. Die Sprache der Ich-Erzählerin klang so nach Alice, daß Freunde sie heraushören konnten und der Meinung waren, sie habe bei der Entstehung des Buches eine wichtige Rolle gespielt – eine Annahme, die Alice verneinte. Ihre Rolle war, das machte sie alle glauben, die einer Begleiterin und Herausgeberin, die inspirierte und führte.

Es fiel Gertrude leicht, die Stimme von Alice zu übernehmen. Ihre Bemerkungen, Reaktionen und Meinungen hatten schon so oft Eingang in die Texte gefunden. Alice war ihr pragmatisches *alter ego*, das in ihre solipsistischen Gedankenflüge einbrach, die Grundlage ihres Lebens. Alle Rituale des Alltagslebens hatte sie geprägt. Gertrude wußte, was sie ihr zu verdanken hatte. Alice »dachte immer voraus«, was für Gertrude sehr angenehm war, denn sie hielt Gertrude den Rücken frei, damit diese auf einer »höheren« Ebene schweifen konnte. Durch Alice war es Gertrude möglich, ihr Schreiben in ihren Alltagserfahrungen zu verankern. Der Trick mit dem *alter ego* bot Gertrude eine Gelegenheit, ihre Boshaftigkeit unterzubringen: so konnte Alice diejenige sein, die spitzzüngige Bemerkungen machte, doppeldeutige Ansichten vertrat, Hemingway als »mißgünstig« bezeichnete und die sagte, daß Madame Matisse einen Mund habe wie ein Pferd.

Trotzdem verließ Gertrude in einem der ersten Schreibhefte des Manuskripts die selbstbeherrschte Stimme von Alice und äußerte sich im typischen Gertrude-Stil: »Ich war reizend ich war zierlich ich war köstlich «, oder »das Resultat das ich hatte daß ich habe was ich habe und das ich immer habe da ich immer das gehabt haben muß was ich habe«. Solche Gertrudismen wurden aus dem endgültigen Manuskript gnadenlos ausgemerzt.

Das Buch ist eine in leichtem Tonfall erzählte Mischung aus Tatsachen, Meinungen und Anekdoten. Gertrude sagte, daß sie »es so einfach abfassen [werde] wie Defoe, als er die Autobiographie Robinson Crusoes schrieb«.[3] Im ersten Kapitel »Bevor ich nach Paris kam« wird Alices

Charakter entwickelt, sie wird dargestellt als eine »wohlerzogene junge Dame« voller Intelligenz, Scharfsinn und Witz, eine Frau, die »einige intellektuelle Abenteuer hatte ... jedoch sehr ruhig«. Sie war eine ganz zufriedene Haushälterin für ihren Vater und ihren Bruder. Das Leben war »recht ausgefüllt und ich genoß es aber ich war nicht sehr begeistert davon«. Dann kam das Erdbeben von San Francisco, ein apokalyptisches Ereignis, das nur von dem aufgewogen wurde, was danach kam: Alice reist nach Paris und begegnet Gertrude Stein! Gertrude steht im Zentrum des »heroischen Zeitalters des Kubismus«. Sie zeigt Alice die Welt der modernen Kunst. Sie nimmt sie zu den wichtigen Ausstellungen mit, macht sie mit allen Leuten bekannt, die in Paris etwas bewegen werden und gestattet ihr, der Person zu dienen, die zur Avantgarde des modernen Geschmacks, der zeitgenössischen Literatur und der kulturellen Identität Amerikas zählt.

Das Buch läßt die Figur Alice schnell hinter sich, um zum eigentlichen Hauptthema zu kommen – Gertrude. »In der englischen Literatur ihrer Zeit ist sie die einzige. Sie hat das immer gewußt und jetzt sagt sie es.« Hier ist jetzt nichts von der Eigentümlichkeit, Schiefheit und den Selbstzweifeln zu finden, die in Gertrudes hermetischeren Arbeiten auftauchen. Sie ist guter Laune, bescheiden, wohlerzogen, weitgereist, verständig und verdient allgemeine Anerkennung:

> Es ist komisch, daß sie, die mit jedermann gut Freund ist und jedermann kennenlernt und sich von Jedermann kennenlernen läßt, stets von Schöngeistern bewundert wird.[4]

Es gibt nur eine Sprache für sie: Englisch. Sie mag das Theater nicht, kann nicht zeichnen und »Gertrude Stein hatte nie unterbewußte Reaktionen«. Kunstvoll distanziert sie sich von allen Vermutungen, sie könnte eine Randfigur der Literaturgeschichte sein. Diese entwaffnend unverstellt erzählende und freundliche amerikanische Dame, die aus der gewöhnlichen Mittelklasse stammt und in Massachusetts und Maryland aufgewachsen ist, ist eben zufällig ein Genie.

Alice wird als ruhig und willfährig geschildert, etwas gequält witzig und ohne jeden Ehrgeiz außer dem, Gertrude zu dienen. Sie ist die Gehilfin und Köchin, Gertrude ist die Göttin. Es gibt keinen Hinweis auf ihre Vorstellungen, ihr Gemüt, auf Sexualität oder Gelassenheit.

Die *Autobiographie*, in deren Zentrum Gertrude und Alice stehen, zeichnet ein Vierteljahrhundert Leben in Paris auf. Picasso, Matisse, Apollinaire, Hemingway, Scott Fitzgerald – alle späteren Berühmtheiten sind da, doch auch die Köchin Hélène, Mildred Aldrich, Mabel Dodge, der Hund Basket und das Auto Auntie. Das Buch schildert die revolutionären Ausstellungen der Fauves und der Kubisten, den Überlebenskampf der kleinen Zeitschriften in den zwanziger Jahren, die Hoffnungen der Schriftsteller, die zwischen 1914 und 1918 im Pariser Exil lebten. Und da Europa sechs Jahre nach der Veröffentlichung durch einen Krieg zerrüttet wurde, der eine ganze Zivilisation zerstörte, wurde es schließlich als Musterbeispiel angesehen, als Modell für eine ganze Gattung der Literatur.

Während sie daran schrieb, fragte Gertrude Alice, ob sie glaube, daß das ein Bestseller würde. Alice meinte, eher nein, da es nicht gefühlvoll genug sei. Gertrude machte die Arbeit auch keinen Spaß. Es war der Stil, mit dem sie Geld verdienen konnte, und das empfand sie sich selbst gegenüber als unehrlich: es »war das Wichtigste, daß ich zum erstenmal beim Schreiben etwas außerhalb meines eigenen Wesens spürte während ich schrieb, bislang hatte ich nichts als das gespürt was in mir war während ich schrieb«.[5] Um dem Gefühl zu entkommen, daß sie mit dem Schreiben der *Autobiographie* einen Kompromiß eingegangen war, setzte sich Gertrude nachts an die *Stanzas in Meditation.* Darin kämpfte sie mit den Problemen, allgemein verständlich zu schreiben:

Glaube mir es ist nicht zum Vergnügen daß ich es tue.
Nicht nur zum Vergnügen zum Vergnügen darin daß ich es tue.
Ich spüre die Notwendigkeit es zu tun
Teilweise aus Notwendigkeit
Teilweise aus Stolz
und teilweise aus Ehrgeiz.

Versteckt äußerte sie ihren Kummer über die Tatsache, daß ihre Identität in Alice aufgegangen war. Auch wenn Alice nicht die eigentliche Autorin war, so waren das doch ihre Memoiren und ihr Tonfall, nicht die Erinnerungen und die Stimme von Gertrude. Bei Gertrude erzeugte das ein eigenartiges Gefühl von verlorener Identität oder multipler Persönlichkeit: »Sie sind nicht ein einfaches Volk Sie diese zwei«, schrieb sie.

Sobald die *Autobiographie* beendet war, schrieb Gertrude ihrem Pariser Agenten William Bradley, daß das, was sie geschrieben hatte, »ziemlich wahrscheinlich kommerziell erfolgreich sein wird«. Bradley war sofort begeistert. Am 13. November 1932 schrieb er ihr:

Liebe Miss Stein

Natürlich bin ich *hocherfreut*, die Autobiographie von Miss Toklas zu sehen und hoffe, Sie werden sie mir gleich schicken, wenn alles fertig abgetippt ist. Oder vielleicht ist es noch besser, wenn Sie es mir in zwei Lieferungen schicken, damit ich es gleich lesen kann, so schnell wie möglich ...

Alice schickte das Manuskript, und Bradley antwortete sofort:

Liebe Miss Stein,

Soeben ist der zweite Teil des Manuskripts eingetroffen, und selbst wenn alle Pferde durchgingen, könnte mich das nicht davon abhalten, es sofort zu lesen!

Ich freue mich nun darauf, Sie beide gleich nach Ihrer Rückkehr nach Paris zu treffen, nächste Woche.

Er hatte keinerlei Schwierigkeiten, das Buch an den amerikanischen Verleger Harcourt Brace zu verkaufen. Bevor das Buch herauskam, erschien es in mehreren Fortsetzungen im *Atlantic Monthly*. Gertrude hatte sich immer schon eine Veröffentlichung in dieser Zeitschrift gewünscht. Der Herausgeber Ellery Sedgwick hatte sie bereits mehrere Male abschlägig beschieden. In seinem letzten Ablehnungsbrief hieß es:

Wir leben in verschiedenen Welten. In Ihrer ist möglicherweise das Gute, Schöne und Wahre vertreten, doch wenn es so sein sollte, so ist die Tarnung für uns nicht zu durchschauen. Die Vorausabteilungen an der Spitze der Avantgarde in der bildenden Kunst werden hierzulande von einer durchaus geschlossenen Gefolgschaft verstanden, oder zumindest teilweise verstanden. Doch diese Gefolgschaft kann ihre Loyalität nicht auf eine entsprechende Literatur übertragen, und für uns wäre es wirklich aussichtslos, dies als neuen Standard etablieren zu wollen.

Tut mir leid.[6]

Doch als er die *Autobiographie* las, änderte sich seine Haltung, obwohl er immer noch gleich herablassend blieb. »Was für ein erfreuliches Buch«, schrieb er im Februar 1933:

und wie froh bin ich, daß wir es in vier Fortsetzungen bringen werden! Während unserer so lange währenden Korrespondenz haben Sie vermutlich gespürt, daß ich immer wieder hoffte, der Zeitpunkt werde kommen, an dem die wahre Miss Stein aus dem Nebelvorhang tritt, hinter dem sie sich ständig so boshaft verborgen hielt. Die *Autobiographie* ist gerade in dem Maß undurchschaubar, daß es ihr Individualität und Charakter verleiht, und die Leser, die sich für Ihre Arbeit interessieren, werden das Buch lieben ...

Alles, was wir zum Erfolg des Buches wie auch der Serie beitragen können, wird mit Sicherheit unternommen werden.

Heil Gertrude Stein, die im Kommen ist!

Glauben Sie mir

Ellery Sedgwick

Der stellvertretende Chefredakteur der Zeitschrift, Edward Aswell, ging in seinem Lob noch weiter. Die vertragliche Vereinbarung sah vor, daß die als Fortsetzung veröffentlichten Teile nicht mehr als sechzig Prozent des ganzen Buches ausmachen dürften. Es war nun Aswells Aufgabe, die entsprechenden Passagen auszuwählen. »Ich kann Ihnen sagen, daß mir die Entscheidung nicht leicht gefallen ist«, schrieb er an Gertrude,

Ihre Autobiographie wurde in unserem Büro mit einer derartig ungewöhnlichen Reaktion aufgenommen, daß ich Ihnen unbedingt davon erzählen muß. Mr. Bradley ließ mir das Manuskript schicken, mit einem geheimnisvollen Brief, in dem er sich weigerte, die Identität der Autorin weiter als über die Information hinaus preiszugeben, daß sie eine bekannte amerikanische Schriftstellerin sei, die in Paris lebt. Gegen zehn Uhr öffnete ich an einem ziemlich trüben Vormittag das Päckchen, und fand Mr. Bradleys Trick, mit dem er doch wohl nur meine Neugier anstacheln wollte, reichlich mies. Die Aussicht, mich durch eine derartige Menge namenlosen Zellstoffs kämpfen zu müssen, ödete mich an ...

In diesem Zustand machte ich mich an *Toklas*. Ich las die erste Seite, und da hatten Sie mich schon gepackt. Vom ersten Moment an war ich gepackt und las immer weiter, blätterte mechanisch eine Seite nach der anderen um, ohne es zu bemerken, da ich völlig in Ihrer Geschichte aufging. Schließlich rief mich zunehmende Dunkelheit im Zimmer in das Hier und Jetzt zurück. Ich konnte die Buchseite vor mir kaum noch erkennen, meinte, daß vielleicht ein Sturm aufgekommen sei und schaute aus dem Fenster. Keine einzige Wolke zu sehen, doch der Himmel sah eigenartig aus. Ich sah auf meine Uhr. Es war fünf Uhr nachmittags vorbei und kurz vor Sonnenuntergang! Ich konnte es nicht glauben, doch es stimmte. Die Zeit hatte ich vergessen, das Mittagessen, und noch ein

Dutzend Dinge, die ich an diesem Tag erledigen wollte – der Zauber Ihres Buches hatte mich gefangengehalten. Ich lief sofort zu Mr. Sedgwick und erzählte ihm das. »So etwas ist in diesem Haus noch nie vorgekommen«, rief er, und er hatte recht – so etwas war tatsächlich noch nie vorgekommen.

Daher haben wir das Manuskript angenommen, und es wird jetzt bald herauskommen. Wenn Ihnen derartiges schon bei einem Verleger gelingt, die als die unempfindlichsten Menschen für die Magie alles Gedruckten gelten, was wird Ihre Geschichte erst beim normalen Publikum bewirken?

Ihr ergebener

Edward C. Aswell[7]

Das normale Publikum kaufte das Buch. Die erste Auflage mit 5400 Exemplaren war bereits am 22. August 1933 verkauft, neun Tage vor der Veröffentlichung. In den folgenden zwei Jahren wurde das Buch viermal aufgelegt. Die Literary Guild nahm es in ihr Buchklubprogramm auf. Gertrude bat ihren Agenten, die Ausgabe für Großbritannien von John Lane bei Bodley Head herausbringen zu lassen:

aus sentimentalen Gründen schließlich war John Lane der einzige wirkliche Verleger der wirklich immer daran gedacht hatte ein Buch von mir zu verlegen, und man muß loyal zu allen sein, wenn man mit jemandem streitet.[8]

Bernard Faÿ besorgte die französische Übersetzung, die 1934 bei Gallimard erschien, Cesare Pavese übersetzte 1938 die italienische Ausgabe.

Gertrudes Freunde freuten sich sehr mit ihr. Sie fanden es aufregend. »Das ist dein Jahr«, schrieb Carl Van Vechten. Er fand das Buch himmlisch und erzählte, daß er seine glücklichen Freunde damit beschenkte. »Du bist ein Woojums«, schrieb er am 1. Mai 1933, »und Alice ist ein Woojums, und für mich ist es gar keine Frage, daß du früher oder später nach Amerika kommen *mußt*, und dann werde ich Euch fotografieren«. Gertrudes frühere Schulkollegin Tillie Brown, die immer noch in Oakland lebte, nahm den Kontakt mit ihr wieder auf und erinnerte sie daran, wie hart sie mit Tillies ersten schriftstellerischen Versuchen ins Gericht gegangen war – einer Rede mit dem Titel *Lighten the Ship*. Miss Mars und Miss Squire schrieben aus ihrer Villa in Venedig, wo sie mit ihren beiden siamesischen Katzen Wow und Min und ihren drei Kanarienvögeln lebten. Sie sagten, das Buch sei für sie so etwas wie eine Wiederbelebung der Abende in der Rue de Fleurus gewesen. Doch Henry McBride wollte nicht, daß Gertrude Erfolg hatte. Er schrieb ihr im Oktober 1933: »Ich will Sie nicht an ein normales Publikum verlieren und Sie und Alice mit einer Million anderer Menschen teilen.« Er war der Meinung, daß Erfolg die Menschen ruinierte. Mildred Aldrich hatte einmal über ihn gesagt, er habe »eine angeborene Verachtung für erfolgreiche Menschen«.

Zum erstenmal erhielt Gertrude gute und enthusiastische Kritiken. Edmund Wilson lobte in einer Besprechung in der *New Republic* »die Weisheit, die Eleganz und den Charme« des Buches und sagte, daß es Gertrudes Einfluß an der Quelle von Kunst und Literatur zeige. William Troy schrieb in der *Nation*, daß »Miss Steins Buch unter den literarischen Erinnerungen eines der reichsten, klügsten und respektlosesten ist, die jemals geschrieben wurden«.[9] Cyril Conolly bezeichnete es als »Musterbeispiel« und sagte, daß man es beliebig oft wieder lesen könnte.[10] Janet Flanner nannte es

> ein vollständiges Denkmal dieser aufregenden Periode, als in der Malerei der Kubismus erfunden und eine neue Art zu schreiben in Worte gefaßt wurde, einer Epoche, in der kaum jemand genug zu essen, aber jeder viel zu sagen hatte, als alles, was wir jetzt einatmen, bereits in der Luft lag und nur wenige den Spürsinn besaßen, dies wahrzunehmen – und die meisten Entdeckungen dieses Geruchs passierten direkt unter dem Stein-Toklasschen Dach.[11]

Sie sagte, das Buch sei einfach im Stil von »Miss St – das heißt, Miss Toklas erster, oder leichtester, literarischer Art« verfaßt.

Durch manche ihrer Äußerungen in dem Buch beleidigte Gertrude einige ihrer Freunde aus dieser frühen Zeit. Hemingway kochte vor Wut und nannte das Werk ein »verdammt jämmerliches Buch«. Gertrude hatte geschrieben, daß eigentlich sie und Sherwood Anderson Hemingway gemacht hatten und »sie waren beide ein wenig stolz und schämten sich auch ein wenig für das, was sie da geleistet hatten«. Sie sagte, daß er das Schreiben beim Korrekturlesen ihres Buches *The Making of Americans* gelernt hätte, und, was am schlimmsten war, er sei mißgünstig.

Hemingway erzählte seinen Freunden, Gertrude wäre damals gerade in den Wechseljahren gewesen und ihr ganzes früheres Talent sei verkommen zu »Bösartigkeit und Selbstbeweihräucherung ... *Homme de lettres*, Dame der Literatur, Salondame. Welch ein lausiges, stinkendes Leben«.[12] Seiner Meinung nach hatten sie und ihre gefiederten Freunde beschlossen, daß nur Schwule wirklich schöpferisch sein konnten. Angeblich dachte sie auch, daß alle Schwulen kreativ begabt seien, und daß alle, die irgendwie gut waren, nur schwul sein konnten. Er drohte an, daß er eines Tages seine eigenen Memoiren veröffentlichen würde – das tat er dann auch mit *Paris – ein Fest fürs Leben.* Doch wurde dieses Buch erst 1964 herausgebracht, und zu diesem Zeitpunkt waren er und Gertrude nicht mehr am Leben. Ein wenig verdeckt bezeichnete er Gertrude als selbstgefällig und sadomasochistisch. Als er 1934 ihre Stimme im Radio hörte, sagte er, das klänge wie das ferne Echo aus dem Grab einer toten Freundschaft.[13]

Die *Autobiographie* erregte soviel Aufsehen, daß die Zeitschrift *transition* im Februar 1935 ein Sonderheft herausbrachte mit einem *Testimony Against Gertrude Stein.* Diese Schmähschrift bestand aus Texten der beiden Herausgeber, Eugene und Maria Jolas (beide konnte Gertrude nicht leiden, da sie, wie sie sagte, ihre Autoren nicht korrekt bezahlten), und neben anderen auch von Georges Braque und Henri Matisse. In einem Vorwort schrieb Eugene Jolas, daß Gertrude überhaupt nichts von dem verstanden hätte, was um sie herum vorging, daß sie nie wirklich mit dem Gedankengut des Fauvismus, Kubismus, Dadaismus, Surrealismus etc. vertraut gewesen sei und

> *Die Autobiographie von Alice B. Toklas* wird in ihrer Hohlheit, Pseudo-Bohème und ihren egozentrischen Verzerrungen eines Tages sehr wohl zum Symbol der Dekadenz werden, welche die zeitgenössische Literatur bedroht.[14]

Matisse fühlte sich durch die Beschreibung seiner Frau angegriffen. Gertrude schilderte sie als »sehr strenge dunkle Frau mit einem langen Gesicht und einem kräftigen großen schlaff herabhängenden Mund wie bei einem Pferd«. In seinem nicht weniger pferdegemäßen Zeugnis sagte Matisse, seine Gattin sei »eine sehr hübsche Toulouserin, die sich aufrecht und gerade hält und herrliches schwarzes Haar ihr eigen nennt, das besonders in ihrem Nacken sehr schön gewachsen ist«. Er sagte, Sarah sei die einzige aus der ganzen Steinschen Familie gewesen, die sein Werk wirklich verstanden hätte.

Braque äußerte in seinem Zeugnis, daß Gertrude ihre Zeitgenossen nicht begriff, daß sie nie richtig Französisch lernte, den Kubismus völlig mißverstanden hatte, da sie ihn nur über Personen definierte, und daß er, Braque, sich bei der Begegnung mit Gertrude und Alice in Avignon während des Krieges sehr unwohl gefühlt habe, da sie Pfadfinderuniformen, grüne Schleier und Tropenhelme getragen hätten.

Leo war außer sich vor Zorn. »Mein Gott, was ist sie doch für eine Lügnerin!« schrieb er an Mabel Weeks:

> Wenn ich nicht ein wenig über Psychopathologie wüßte, wäre ich sehr verwirrt. Manches in ihrer Chronologie ist einfach zu schön ... Praktisch alles, was sie über unsere Unternehmungen vor 1911 sagt, ist falsch, sowohl faktisch wie in den Folgerungen. Und einer ihrer eingewurzelten Komplexe, von denen du sicher einige kennst, zwang sie, mich praktisch zu eliminieren.[15]

Er nannte ihr Buch einen »Fall von Adlerscher Unvollkommenheit und Kompensation«. Er sagte: »Es ist das erste Mal, daß ich eine Autobiographie gelesen habe, zu der ich die authentischen Tatsachen kenne, und mir erscheint das alles ziemlich unglaublich.« Er bezeichnete es als buntes Allerlei aus recht witzigen Anekdoten, dummem Gewäsch und üblichem Gequatsche:

> Sie erzählt, wie wir immer zwei Bilder gekauft haben, um es beiden von uns recht zu machen, doch das ist kein einziges Mal so gewesen. Bis zu ihrem ersten kubistischen Picasso, den sie erworben hat, war sie für keines der Bilder verantwortlich, die gekauft wurden, und hat das auch immer gesagt. Sie war stolz darauf, daß sie für Entscheidungen so lange brauchte und hat immer gesagt, sie könnte erst herausfinden, ob ihr ein Bild gefällt oder nicht, wenn sie damit gelebt hat.[16]

Vermutlich war er in seinem kritischen Sachverstand scharfsichtiger als Gertrude. Aber sie hatten die Gemälde zusammen erworben, und ihre Sammelleidenschaft endete mit ihrer geschwisterlichen Beziehung.

Er bezweifelte, daß sich in dem Buch auch nur ein Kommentar oder eine Bemerkung finden könnte, die nicht dümmlich war. »Ich vermute, daß es ein großes Vergnügen ist, vorausgesetzt, man ist finanziell unabhängig, eine derart gute Meinung von sich selbst zu haben wie Gertrude.« Er fand es, wie er sagte, nicht überraschend, daß Gertrude dank ihrer Ausdauer und ihres sozialen Enthusiasmus Erfolg hatte angesichts der derzeitigen Wertschätzung für Kitsch: »Doch stellen Sie sich vor, wie lächerlich eine sechzigjährige Frau wirkt, die diese Feststellung trifft, sie hätte das Wesen von Sätzen und Absätzen aus dem Rhythmus heraus begriffen, der entsteht, wenn ihr Hund Wasser schlürft.« Laut Leo bewies die *Autobiographie*, daß Gertrude völlig unrealistisch geworden war, »und für mich ist sie in einem solchen Maße unrealistisch, daß sie als reale Person gar nicht mehr existiert«.

Gertrude und Alice genossen das Geld, das ihnen der Erfolg einbrachte. »Aber da war das Geldausgeben und es gibt zweifellos kein Vergnügen das ihm gleicht dem plötzlichen herrlichen Geldausgeben und wir gaben es aus.«[17] Sie hatten immer recht komfortabel gelebt, aber dabei doch einfach. Ihre Einkünfte waren nie so hoch, daß sie Steuern dafür zahlen mußten. Das meiste Geld gaben sie für Lebensmittel aus, die in Frankreich reichlich vorhanden und billig waren. Sie besaßen zwar ein Auto, gaben dafür aber nicht viel aus. Im ersten Jahr nach dem Erscheinen der *Autobiographie* erhielt Gertrude 4500 Dollar von Harcourt Brace, 1000 Dollar vom *Atlantic Monthly* und 3000 Dollar von der Literary Guild.

In Bilignin ließen sie jetzt Wasserleitungen verlegen, ein Badezimmer und eine moderne Toilette einbauen. In die Küche kam ein elektrischer Herd statt des alten Kohleherdes, für die Pariser Wohnung wurden statt der bisher einen Hausangestellten zwei eingestellt, ein Ehepaar aus Italien, die Mario und Pia hießen und gleich damit begannen, die Wände im Studio zu streichen. Sowohl in Bilignin wie in Paris ließ sich Gertrude ein Telefon installieren. »Bis dahin hatte ich nie ein Telefon gehabt aber jetzt wo ich im Begriff war eine Autorin zu werden deren Agent etwas unterbringen konnte mußte ich natürlich ein Telefon haben.«[18] Sie kauften einen neuen Achtzylinder von Ford, Basket bekam zwei nietenbeschlagene Halsbänder und einen neuen (Mantel), den sie bei Hermes anfertigen ließen, wo auch Decken für Rennpferde hergestellt wurden.

Dem Erfolg des Buches verdankten sie auch ein bewegtes gesellschaftliches Leben. Sie wurden ständig eingeladen. »Jeder lud mich ein jemanden kennenzulernen, und ich ging hin«, schrieb Gertrude.

> Einmal gehe ich immer überall hin und es gefiel mir eigentlich etwas zu tun was ich nie zuvor getan hatte, nämlich überall hingehen. Es war angenehm eine Löwin zu sein, und Menschen zu treffen die es angenehm machten eine Löwin zu sein … Noch benutzten wir kein Verabredungsbüchlein um auf die Schnelle hineinzuschauen wie es alle jungen Leute tun sobald sie erfolgreich sind aber wir hätten es können.[19]

Obwohl Gertrude sich über das Geld und über die guten Besprechungen freute, war es ihr nicht recht, daß sich die Menschen mehr für sie als Person als für ihre Arbeiten interessierten. Ihre Überlegung war, daß man sich erst für ihr Werk und daraufhin dann für ihre Persönlichkeit interessieren sollte. Sie beauftragte Bradley, sich um die Veröffentlichung ihrer anderen Manuskripte zu kümmern, und kurz nach der *Autobiographie* brachte Bennett Cerf in seiner Modern Library Editions ihre frühen Arbeiten *Drei Leben* und *The Making of Americans* heraus, gleich danach eine Zusammenstellung älterer und neuerer Stücke, die Gertrude *Portraits and Prayers* nannte.

Bradley wollte, daß sie eine Lesereise in den Vereinigten Staaten unternahm, um den Verkauf des Buches zu unterstützen. Auch ihre amerikanischen Freunde wollten, daß sie in die USA kam. Gertrude waren solche Lesungen nicht so wichtig, und sie war auch nicht allzu gern so viel unterwegs. Bradley kam mit dem Agenten eines amerikanischen Büros, das solche Reisen organisierte, in die Rue de Fleurus. Dieser Agent war ein feierlicher Mann, der religiöse Bücher und Schulbücher herausgab. Als Bradley ihm sagte, daß Gertrude wegen ihres Buches eine sehr gefragte Vortragende sein werde, sagte er: »Interessant wenn das stimmt.«

> Und dann sagte er was ich haben wollte falls ich hinüberginge. Nun sagte ich natürlich müsse auch Miss Toklas hinübergehen und die beiden Hunde. Oh sagte er. Ja sagte ich aber sagte ich ich glaube nicht, daß jemand von uns wirklich hinübergehen will. Oh sagte er. Ich beschloß daß ich wenn Vorlesungsagenten so sind bestimmt nicht hinübergehen würde und deswegen riet ich ihm sich nicht zu bemühen.[20]

Gertrude fand ihren Erfolg sehr zweifelhaft. Sie spielte gern die Salonlöwin, doch der Erfolg blockierte ihre Fähigkeit zu schreiben und beeinträchtigte ihr Identitätsgefühl.

> Ich habe immer mit ziemlich vielen jungen Männern gestritten und eines der Prinzipien über das ich mit ihnen gestritten habe war daß sie wenn sie erst einmal Erfolg hatten steril werden würden, daß sie nicht weitermachen konnten. Und das warf ich ihnen vor. Ich sagte es sei ihr eigener Fehler. Ich sagte Erfolg ist in Ordnung doch wenn in Ihnen irgendetwas steckt dann sollte er den Fluß nicht unterbrechen nicht wenn in Ihnen etwas steckt. Jetzt weiß ich es besser. Er unterbricht tatsächlich den Fluß und wenn man dann nicht allzu jung ist und genügend Angst hat kann man wieder von vorne anfangen ...
>
> Mir ist folgendes widerfahren. Als der Erfolg begann und es war ein Erfolg habe ich mich völlig verloren. Sie kennen das Kinderlied Ich bin ich weil mein kleiner Hund mich kennt.

> Nun, verstehen Sie, ich habe mich selbst nicht gekannt, ich habe meine Persönlichkeit verloren. Sie war immer ganz und gar in mir enthalten meine Persönlichkeit wie das bei jeder Persönlichkeit natürlich ist, und ganz plötzlich war ich nicht einfach ich weil mich so viele Leute kannten. Es war genau das Gegenteil von Ich bin ich weil mein kleiner Hund mich kennt. So viele Menschen kannten mich und ich war nicht mehr ich und zum erstenmal seit ich zu schreiben begonnen habe konnte ich nicht schreiben und was auch noch schlimmer war ich begann darüber nachzudenken wie mein Schreiben für andere klingen würde, wie könnte ich mich ihnen verständlich machen, die ich immer in mir und meinem Schreiben gelebt habe ... Ganz unversehens war ich nicht einfach ich weil mich so viele Menschen kannten.[21]

Und sie kannten sie, weil sie als Persönlichkeit so mit der von Alice verschmolzen war. Janet Flanner sagte dazu: »Eine Autobiographie der einen muß notwendigerweise eine Biographie der anderen, wenn nicht sogar durch die andere werden.«[22]

Im Sommer 1933 herrschte eine eigenartige, unklare Atmosphäre – Gertrude konnte nicht schreiben, hatte Identitätsprobleme und hatte viele ihrer Freunde verscheucht. Lästige Dinge geschahen. Gertrude und Alice fuhren mit ihren italienischen Hausleuten Mario und Pia von Paris nach Bilignin. Sie kamen in einem heftigen Regenguß an, und Mario und Pia fuhren sofort wieder ab, weil ihnen das Haus zu groß war, und sie sich betrogen fühlten. Dann fuhren Gertrude und Alice nach Lyon, um eine Polin mit ihrem tschechoslowakischen Ehemann einzustellen. Die Frau jammerte viel, entpuppte sich jedoch als sehr gute Köchin. Ihr Mann war angeblich ein guter Mechaniker. Er wollte Chauffeur sein, doch Gertrude fuhr ihr Automobil am liebsten selbst.

Im Juli kündigten sich Janet Scudder und ihre Freundin Camille Sigard für einige Tage, aus Paris kommend, an. Sie trafen spät in Bilignin ein und waren die ganze Strecke in einem Tag gefahren, ihr Auto mußte daher repariert werden. Die Polin war nicht glücklich darüber, daß sie recht spät noch ein Abendessen zubereiten sollte, ihr Ehemann war nicht glücklich darüber, daß er das Auto richten sollte und sabotierte dies.

Am folgenden Tag hatte Gertrude zwei Frauen aus der Gegend, Madame Caesar und ihre englische Freundin, zum Mittagessen eingeladen. Madame Caesar kleidete sich immer ein wenig wie ein Tischler.

Auch ihre Freundin trug immer Hosen und eine Baskenmütze. Sie züchteten Hühner- und Entenküken in elektrischen Inkubatoren. Madame Caesar mochte alle Arten von elektrischen Installationen: Heizkörper, Öfen und Kühlschränke, die in der damaligen Zeit etwas ziemlich Besonderes waren.

Janet Scudder wollte irgendwohin fahren und malen, doch ihr Auto ließ sich nicht einmal starten. Gertrude sagte, daß sie Monsieur Humbert, den Mechaniker aus Belley, holen wollte, doch das Telefon funktionierte nicht, ihr eigenes Auto sprang nicht an, und die Bediensteten benahmen sich eigenartig. Gertrude rief Monsieur Humbert vom Dorf aus an. Als er eintraf, fand er Wasser im Benzintank von Janet Scudders Auto, eine kaputte Zündkerze und ein Lumpen lagen im Verteiler von Gertrudes Wagen. Mitten in diesem ganzen Tohuwabohu und während die Dienstboten entlassen wurden, kam noch Francis Rose mit einem kalifornischen Freund namens Carley Mills. Gertrude hatte mit beiden Auseinandersetzungen gehabt, daher bat sie sie nicht in ihr Haus.

Bald darauf war Madame Caesar in einen Skandal verwickelt. Ihre Freundin fuhr für einen Monat nach England, um dort Ferien zu machen. Während sie fort war, zog Madame Steiner, eine frühere Freundin von Madame Caesar, bei ihr ein. Am Tag nach ihrer Rückkehr fand man die Engländerin tot in einer Schlucht, mit zwei Kugeln im Kopf, ihre Baskenmütze lag neben ihr auf einem Felsen. Man sprach von einem Selbstmord, doch wurde viel darüber spekuliert, daß sie sich wohl kaum zweimal selbst erschossen haben könnte. Madame Caesar erbte das ganze Vermögen der Engländerin und wurde dadurch sehr reich. Die Ehefrau des Dorfelektrikers zog bei ihr ein, und Madame Steiner wurde nie mehr gesehen.

In diesem Sommer fiel auch Madame Pernollet aus einem Fenster ihres Hotels auf den betonierten Boden des Hofes und kam dabei zu Tode. Sie und ihr Ehemann waren die Besitzer des Hotels in Belley, wo Gertrude und Alice gewohnt hatten, bevor sie das Haus in Bilignin fanden. Angeblich war sie Schlafwandlerin gewesen, doch manche Leute glaubten, daß sie sich umgebracht hatte oder sogar ermordet worden war. Ihr Leichnam wurde rasch fortgebracht, um die Hotelgäste nicht zu stören.

Gertrude versuchte erfolglos, die Ereignisse dieses eigenartigen Sommers in einem Buch mit dem Titel *Blood On The Dining Room Floor* zu

Aufführung von Gertrudes Oper *Four Saints In Three Acts*, New York 1934.

verarbeiten. »Es war lästig. Manchmal dachte ich ich müßte es mal versuchen aber wer nur so versucht ist zum Untergang verflucht und deshalb versuchte ich nicht wirklich. Ich schrieb nicht.«[23]

Ihr Agent William Bradley kam nach Bilignin:

> Nach einer kleinen Weile bat ich ihn wegzugehen, nicht weil er kein angenehmer Gast gewesen wäre denn er war einer aber ich habe keinen gern der bleibt, nicht weil sie im Weg sind sondern weil sie nach einer Weile Teil unseres täglichen Lebens werden oder auch nicht und ich ziehe es vor wenn sie es nicht sind.[24]

Sie stritt sich mit ihm, weil er sie dazu bewegen wollte, einen Vertrag für eine weitere Autobiographie zu unterzeichnen und eine Lesereise durch Amerika zu unternehmen. Da sie sich nicht mehr mit ihm traf, zankten sie statt dessen in Telefongesprächen und Briefen. Sie sagte, daß sie nicht nach Amerika wollte. Er sagte, daß sie doch bestimmt reich werden wollte: »Ich sagte ich will reich werden aber ich will nie das tun was man tun muß um reich zu werden ... Es gibt einige Dinge die ein Mädchen nicht tun kann.«[25]

Dann wurde im Winter ihre Oper *Four Saints in Three Acts* in der Vertonung von Virgil Thomson in New York aufgeführt, mit den Zeilen über Tauben im Gras sowas und »Let Lucy Lily Lily Lucy Lucy let Lucy Lucy Lily Lily Lily Lily Lily let Lily Lucy Lucy let Lily. Let Lucy Lily.« Carl Van Vechten schrieb, das Stück sei ein Riesenerfolg und einfach super, und es hätte in New York für soviel Aufregung gesorgt wie kein zweites in diesem Winter.

Alle, die mit dieser Produktion zu tun hatten, erhielten dadurch Anregungen. Frederick Ashton wurde als Choreograph aus London eingeflogen, die Tanzpassagen wirkten wie ein barocker Traum. Florine Stettheimer, eine Malerin, die in New York einen Salon führte, entwarf die Bühnenbilder und Kostüme. Marcel Duchamp und Carl Van Vechten gehörten zu den Gästen ihres Salons. Für die Aufführung verwendete sie große Mengen Zellophan. Den außergewöhnlichen Bühnenhimmel gestaltete sie mit einem Zyklorama aus blauem Zellophan, durch das grelles Sonnenlicht schien, für Palmen nahm sie rosa Taft. Andere Bäume bestanden aus Federn, eine Mauer am Meer in Barcelona wurde aus Muscheln gebaut, Kostüme aus schwarzem Chiffon wurden mit Büscheln schwarzgefärbter Straußenfedern geschmückt. Die Heilige Theresa fuhr im zweiten Akt zu einem Picknick. Ein Wagen, gezogen von einem echten weißen Esel, führte ein Zelt aus weißer Gaze mit goldenem Rand mit sich. Die Verwendung des Zellophans widersprach den Feuerschutzbestimmungen, und in einer kurz darauf verabschiedeten Verordnung durfte es in New York nicht mehr für Bühnendekorationen benutzt werden. Am Nachmittag vor der Premiere bestand die Feuerwehr darauf, daß das Zellophan mit Wasserglas besprüht wurde, wodurch sich die Folien wellten, und Florine mußte alles wieder herausbügeln, nachdem die Leute von der Feuerwehr gegangen waren. Schließlich verzichtete man auf den Esel, da er zu unzuverlässig reagierte und die Sicherheit gefährdete.

John Houseman war der Produzent. Damals war er noch ein erfolgloser Theaterautor, doch später führte er mit Orson Welles das Mercury Theatre. Dirigent war Alexander Smallens. Die Friends and Enemies of Modern Music gaben der Produktion einen Zuschuß von zehntausend Dollar. Anfangs funktionierte die geschäftliche Abwicklung der Produktion nicht, und niemand bekam ein Honorar. Die Galanacht fand am 8. Februar 1938 im neuen Saal des Wadsworth Atheneum in Hartford statt.

Die Gäste der Gala trugen Abendkleidung und Tiaras. Die Straßen waren vereist, die Taxis befanden sich im Streik, doch das hielt die Leute nicht davon ab zu erscheinen. Sie kamen in ihren Rolls Royces und mit Privatflugzeugen. Buckminster Fuller fuhr mit Clare Boothe und Dorothy Hale in einem Dymaxion-Automobil vor. Die New Haven Railroad setzte besondere »Gesellschaftswagen« ein, damit die Zuschauer zum Theater kamen. Als das Stück am 21. Februar ins Forty-Fourth Street Theatre nach New York umzog, sagte Carl Van Vechten, daß ganz New York aus dem Häuschen sei, und das sei wirklich das Größte, was Gertrude je hätte hoffen können. »Oh wie sehr wünsche ich, du hättest das miterlebt«, schrieb er ihr. Gertrudes Name stand in elektrischen Leuchtbuchstaben an der Vorderseite des Theaters. Cecil Beaton brach in Tränen aus, Jo Davidson sagte, es sei das Beste, was er in New York je gesehen habe. George Gershwin kam, Toscanini saß auf einem der Orchesterstühle und applaudierte kräftig. Paul Bowles hörte, wie sich Leute zweifelnd darüber unterhielten, ob es überhaupt lohnte, sich um Karten anzustellen.

Die Beliebtheit der *Autobiography* entfachte das Interesse für die Oper. Dazu trug auch Virgil Thomsons nach einem Gespräch mit Carl Van Vechten getroffene Entscheidung bei, nur schwarze Darsteller einzusetzen. Gertrude meinte, das könnte der Grundidee ihrer Oper widersprechen, besonders bei einem Maibaumtanz, der im zweiten Akt in durchsichtigen Kostümen geboten war. Thomson versicherte ihr, daß alles in Ordnung wäre, und falls doch nicht, dann würde man sofort Unterröcke machen lassen.

Die Vorführung begann mit einem Trommelwirbel, der rote Samtvorhang hob sich, und es erschien die purpurrot gekleidete Heilige Theresa die Erste, dargestellt von Beatrice Robinson-Wayne, im Hintergrund sang ein Chor aus Engeln und Heiligen. Das blaue Zellophanzyklorama funkelte unter weißen Scheinwerfern. Von dem Moment an, als der Chor mit Gertrudes unsterblichen Worten einsetzte:

Wissen zu können sie so zu lieben.
Vier Heilige bereiten für Heilige vor.
Es macht sich gut Fisch
Vier Heilige es macht sich gut Fisch

war die Aufführung ein voller Erfolg. Die beliebteste Stelle im Libretto war die zweite der dreimal vorhandenen Szene Zwei, die vor drei Szenen Eins kam, in der ersten der beiden Akt Drei-Passagen:

Tauben auf dem Gras sowas
Tauben auf dem Gras sowas.
Kurz länger Gras kurz länger länger kürzer gelbes Gras
Tauben große Tauben auf dem kürzeren längeren gelben Gras sowas
Tauben auf dem Gras.
Wenn sie keine Tauben wären was wären sie.
Wenn sie keine Tauben auf dem Gras wären sowas was wären sie.

Es gab eine Menge ungezügeltes Gekicher, wie beispielsweise am Beginn von einem der Dritten Akte:

Tat er taten wir taten wir und tat er tat er tat er tat tat er tat tat
tat er tat tat er tat sein kategorisch und tat er tat er tat er tat er tat
er tat er in Unterbrechung Unterbrechung
unterbrechenderweise verlassen lassend laß es sein sein alles für
mich raus und rausser und dies und dies mit in in der Tat in der
Tat Tat und gezerrt Werk.

»Ein Geist angeregter Verrücktheit durchzieht das ganze Stück«, schrieb die *New York Times.* Die *New Republic* bezeichnete es als wichtigstes Ereignis der Theatersaison und als das erste freie, reine

Theaterstück. Doch der Psychiater Lawrence Gould äußerte in der *New Evening Post*, daß Gertrudes Passage über die Heilige Theresa, die einen Sturm in Avila erlebt, an eine als Echolalie bekannte Form einer Psychose erinnert, in der der Patient »*ad libitum* mit leichten Variationen ein Wort oder einen Satz wiederholt, was häufig nur dem geschulten Psychoanalytiker verständlich ist«. Carl Van Vechten schrieb Gertrude, daß sie wie Greta Garbo in aller Munde war. Die Fotos, die er Gertrude und Alice von Gertrudes Namen in Leuchtbuchstaben schickte, schauten sie sich ständig wieder an. Der Kostümschneider der Herrengarderobe, Gimbels, stellte ein großes Schild in sein Schaufenster: »Vier Heilige in zwei Aufzügen«, und auch davon schickte Van Vechten eine Fotografie.

Nach und nach freundeten sich Gertrude und Alice mit der Idee einer Amerikareise an. Im Juli 1934 schrieb Gertrude an Carl Van Vechten: »Langsam aber sicher gefällt mir es dorthin zu fahren und Alice geht es auch so, wir fangen schon davon an zu sprechen, als ob wir hinüberfahren würden und fühlen uns sogar schon ganz vertraut damit.« Sie machten sich keine Sorgen mehr und akzeptierten diese Reise einfach. Gertrude sagte dazu: »Ich schrieb weiter an meinen Vorlesungen und alles wurde allmählich fertig, ich hatte keine Angst mehr, Angst haben ist eine Teilzeit-Beschäftigung aber es kann keine Ganzzeit-Beschäftigung sein.«[26] Alice war seit siebenundzwanzig Jahren, Gertrude seit dreißig Jahren nicht mehr in Amerika gewesen. »Dreißig Jahre sind nicht so viel aber schließlich sind es doch dreißig Jahre.« Alice war siebenundfünfzig, Gertrude sechzig Jahre alt.

Gertrude schrieb sechs Vorlesungstexte für Amerika: »What is English Literature«, »Pictures«, »Plays«, »The Gradual Making of The Making of Americans«, »Portraits and Repetition« und »Poetry and Grammar«. Bernard Faÿ kam für zehn Tage nach Bilignin, sie las ihm die Texte laut vor, und als er wieder abfuhr, stand alles mehr oder weniger fest.

Auf Empfehlung von Bernard Faÿ und dem Kiddie, W. G. Rogers, engagierten sie Marvin Chauncey Ross von der Walters Art Gallery in Baltimore, um ihre Reiseroute auszuarbeiten. Alice instruierte ihn über alles, was Gertrude verlangte: Nicht mehr als fünfhundert Zuhörer pro Vorlesung. Nicht mehr als drei Vorträge pro Woche. In der übrigen Zeit wollte Miss Stein absolut ohne weitere Verpflichtungen sein. Niemand durfte vor Beginn eines Vortrags von Miss Stein eine

Einführung halten. Keine Abend- oder Mittagessen zu ihren Ehren – sie wollte mit Miss Toklas und ihren Freunden essen. Der Verkauf der Eintrittskarten durfte nicht zugunsten irgendeines Fonds oder einer bestimmten Sache stattfinden. Für Vorträge in Schulen bekam Miss Stein hundert, in Clubs 250 Dollar. Miss Stein wollte nicht vor einem Publikum lesen, das nur aus Frauen bestand.

Gertrude machte sich Sorgen darüber, wie das Essen in Amerika wohl sein würde. Sie fand, daß es sehr nach feuchtem Essen klang, verglichen mit dem, was in Frankreich üblich war: »Werde ich feuchtes Essen mögen wenn ich es esse wenn ich das Land meiner Geburt besuche oder werde ich es nicht mögen ... In der Zeit zwischen meiner vielen Arbeit denke ich ziemlich viel darüber nach.«[27] Die Frau von William Cook, Jeanne Cook, hatte ihr auch erzählt, daß Salat dort drüben zur Zeit knapp sei.

Carl Van Vechten riet ihnen, im Hotel Algonquin in New York Zimmer zu reservieren, weil dort immer sehr viele Künstler und Schriftsteller abstiegen, und er schickte ihnen eine Speisekarte des Hotels. Gertrude fühlte sich wieder sicher, als sie das Angebot mit Honigmelonen, feinen Krabben und bestem Roastbeef las. Alice sagte zu ihr, daß sie, wenn ihnen irgend etwas dort drüben nicht gefallen würde, auf der Stelle einfach nach Hause fahren würden. Sie schrieb an Frank Case, den Geschäftsführer des Algonquin, und bestellte ein Doppelzimmer mit zwei Betten und einem Badezimmer, nicht höher gelegen als im sechsten Stock. Für dasselbe Geld bot ihnen Frank Case eine Suite an, zu der auch ein Wohnzimmer gehörte.

Kleider und Kostüme für die Reise ließen sie sämtlich in Belley schneidern, die Schuhe wurden in Chambery gemacht. Gertrude bekam eine Garderobe für Lesungen, die nachmittags stattfanden, eine für abends, eine für die Reise »und dann noch ein oder zwei normale Kleider«. Alice kaufte Unmengen herrlicher Handschuhe. Sie ließen eine spezielle Lederschatulle für die Manuskripte der Vortragstexte anfertigen – alles paßte haargenau hinein, »und wir packten alles ein, was wir nur einpacken konnten«.

Bernard Faÿ besorgte ihnen verbilligte Passagen erster Klasse auf dem Dampfer *Champlain*. Basket und Pépé wurden bereitwillig von Nachbarn versorgt, da die Hunde zwar aufs Schiff gekonnt hätten, es jedoch, wie Alice sagte, in Hotels und Flugzeugen Schwierigkeiten gegeben hätte. Das Schiff legte am 17. Oktober 1934 ab. Als Gertrude den Zug

An Bord der *SS Champlain*, bei der Ankunft in New York, 1934.

besteigen wollte, der zum Hafen fuhr, sprang ein Knopf von einem ihrer neuen Schuhe ab. Ihr indochinesischer Diener Trac, der sie zum Bahnhof begleitet hatte, nähte ihn mit Nadel und Faden wieder an. »Auf so prosaische Weise brachen wir zu unserem großen Abenteuer auf«, sagte Alice.

13
AMERIKA

Es glücklich gehabt haben mit einem Löffel

Blumen von der Herzogin von Clermont-Tonnerre empfingen Gertrude und Alice an Bord der *Champlain.* Da Gertrude eine Berümtheit war, hatten sie und Alice eine entsprechend große Kabine. Der Kapitän lud sie ein, an seinem Tisch zu speisen, aber sie lehnten ab. Jeden Morgen wählten sie ihre Menüs aus, übergingen jedoch die meisten raffinierten Gerichte. Das Essen war beste französische Küche und erinnerte Alice an das Lied »Home Will Never Be Like This«.

Das Deck hatte ein Glasdach wie ein Treibhaus, und dort saßen sie den ganzen Tag, lasen und unterhielten sich. Sie sprachen mit einem »sehr netten Arzt und seiner Frau aus New Jersey«, einer Dame, die Horoskope erstellte, und der Witwe eines Generals, die beim Kapitän am Tisch saß und einen riesigen Fächer aus Federn schwenkte. Am 23. Oktober 1934, einen Tag vor ihrer Ankunft in New York, schickte Carl Van Vechten ein Funktelegramm aufs Schiff: »Wollt ihr morgen abend mit uns essen?«, und Gertrude kabelte zurück: »Natürlich, sehr gern.«

Als das Schiff anlegte, kamen Reporter an Bord, um Gertrude zu interviewen. Alice hatte mit einigen Zollbeamten zu tun. Sie wollte ihnen ein Trinkgeld geben, doch Carl Van Vechten wies sie darauf hin, daß sie ihnen nicht einmal die Hand schütteln sollte. Gertrude war den Presseleuten gegenüber recht unbefangen. Als sie gefragt wurde, ob sie irgend etwas Neues in der Schriftstellerei erfunden hätte, antwortete sie: »Ich habe weder eine Technik noch einen Stil erfunden, sondern ich schreibe in dem Stil, der ich bin. In uns selbst und in der Menschheit finden wir unsern Stoff, und ihn verwenden wir. Das ist alles. Ich beschreibe, was ich fühle und denke. Ich bin durch und durch Realist.«[1] Als man sie nach ihrem Einfluß auf die amerikanischen Schriftsteller fragte, sagte sie: »Wenn man sich selbst beeinflussen kann, ist das genug«, und auf die Frage nach all diesen Wiederholungen entgegnete sie: »Nein, nein, nein, nein, das ist nicht alles nur Wiederholung. Ich verändere die Worte immer ein klein wenig.«

Sie zeigte weder Angst noch Aufregung. Sie sagte, sie sei in Amerika, um »ganz geradeaus und einfach und direkt, wie es meine Art ist, zu sagen, was Literatur ist«. »Warum schreiben Sie nicht so, wie Sie sprechen?« fragten sie die Journalisten. »Warum lesen Sie nicht so wie ich schreibe?« fragte sie zurück. Als man sie nach dem eigenartigen Stil fragte, in dem *Four Saints* abgefaßt war, erklärte sie

> man sieht und man hört und man kann den Unterschied erkennen. Es ist sehr schwer zu wissen wieviel man hört wenn man sieht und wieviel man sieht wenn man hört. Die Arbeit des Schreibens besteht darin im eigenen Inneren die Balance dafür zu finden.

Sie vermied es, sich zu politischen Fragen zu äußern, sondern sagte, daß sie Schriftstellerin sei, Alice sei ihre Sekretärin und diejenige, die ihr »das Leben angenehm macht«. Sie bekräftigte ihre Wertschätzung für Hemingway, sagte, daß Shakespeare, Trollope und Flaubert sie beeinflußt hatten, und daß sie nicht verstehen konnte, warum sie einunddreißig Jahre mit einem Besuch im Land ihrer Geburt gewartet hatte.

Sie ließ sich fotografieren, sprach in einer Radiozuschaltung, die vom Schiff zur Küste bestand, und ließ ihren Paß prüfen. Bennett Cerf, Carl Van Vechten und der Kiddie holten sie am Kai ab und fuhren sie ins Hotel Algonquin. Ihre Zimmer dort gefielen ihnen, nur sagte Alice, daß sie voller Reporter, Kameraleute, Drähte, Kabelrollen und »allem möglichen Zeug waren, das im Weg lag ... ich konnte meine Handtasche nicht öffnen, ich konnte meinen Koffer nicht öffnen, ich konnte nichts tun«.

Gertrude mochte die Fotografen lieber als die Reporter. Einer kam herein und sagte, er sei beauftragt, ein Layout mit ihr zu machen:

> Ein Layout sagte ich ja sagte er was ist das sagte ich oh sagte er vier oder fünf Bilder von Ihnen während Sie etwas tun. Gut sagte ich was wollen Sie, was soll ich tun. Nun sagte er da ist Ihr Flugkoffer vielleicht packen Sie ihn aus, oh sagte ich das tut Miss Toklas immer oh nein ich könnte das nicht tun, gut sagte er hier ist das Telefon vielleicht telefonieren Sie nun ja sagte ich aber das tue ich auch nie Miss Toklas tut es immer, nun sagte er was können Sie denn tun, nun sagte ich, ich kann meinen Hut aufsetzen und den Hut abnehmen und ich kann meinen Mantel anziehen und ich kann ihn ablegen und ich mag Wasser ich kann ein Glas Wasser trinken sehr gut sagte er tun Sie das ich tat

es und er fotografierte während ich es tat und am nächsten
Morgen war das Layout da und ich hatte es gemacht.[2]

Die meisten Zeitungen brachten Fotos von Gertrude und Alice auf ihren Titelseiten. In der *Sun*, der *Post*, dem *World-Telegram* und dem *Brooklyn Daily Eagle* begann jeweils auf der ersten Seite ein Artikel über sie. Die *New York Times* und der *Herald Tribune* brachten ausführliche Berichte. Es gab Schlagzeilen wie »Gerty Gerty Stein Stein ist Kommen Kommen Heim Heim«. Gertrudes Hut wurde als Jockeymütze bezeichnet, als Kappe eines Wildhüters, als ländlich und männlich, mit einem Schirm an der Vorderseite und einem Aufschlag hinten. (Alice hatte das Vorbild dafür im Museum von Cluny gesehen. Es war aus dem Besitz von Ludwig XIII., und da sie fand, daß es Gertrude gut stand, ließ sie es nacharbeiten.) »Es ist einfach ein Hut«, sagte Gertrude. Man berichtete, daß sie große Herrenschuhe trug, dazu dicke Wollstrümpfe, daß sie einen männlichen Haarschnitt und kräftige Beine hatte, daß sie untersetzt und plump war, eine lange Nase, große Ohren und ein kräftiges Kinn hatte, daß sie eine herzliche, respektlose alte Dame sei, eine beeindruckende alte Aussiedlerin und alles in allem sehr charmant.

Alice wurde als Mädchen für alles bezeichnet, rätselhafte Leibwächterin, Sekretärin und ständige Begleiterin. Sie trug einen Kosakenhut und einen schwarzen Pelzmantel. Sie war zierlich, dünn, mäuschenhaft, nervös, dunkel und klein. Sie war Gertrudes komischer, vogelartiger Schatten und zwitscherte, wenn man sie überhaupt dazu bekam, zu sprechen.

Jacques, der Oberkellner im Algonquin, tat alles, was in seinen Kräften stand, um die Vorlieben der beiden Damen beim Essen und Trinken zufriedenzustellen. Sie bekamen T-bone-Steaks, Kuchen aus grünen Äpfeln und »unbeschreibliche Eiskrem«. Gertrude mochte besonders die Honigmelonen. Alice, deren Geschmack etwas spezieller war, war der Meinung, daß man Melonen nur draußen essen könnte, und sie mochte sowieso nur spanische. »Von Anfang an langweilten mich die Honigmelonen, die es überall gab«, sagte sie.

Sie liefen durch New York, »die Avenues hinauf und herunter, und es war wundervoll«. Alice zitterten beim Anblick der Wolkenkratzer die Knie wie beim ersten Bombenfall in Paris 1915. Am Times Square sahen sie die Leuchtschrift »Gertrude Stein ist in New York eingetroffen«. »Als wenn wir das nicht gewußt hätten«, sagte Alice.[3] Gertrude wurde sehr aufgeregt, als sie ihren Namen in diesen glitzernden Buchstaben sah und verspürte dadurch ein eigenartiges Gefühl von Erkennen und Nichterkennen.

Jeder schien zu wissen, wer sie waren – sogar die Taxifahrer. Alice kaufte etwas Obst und der Ladenbesitzer sagte zu ihr: »Miss Toklas, leben Sie jetzt in New York?« – »Woher wußte er, wer ich war?« sagte Alice.

Vor ihrer ersten Lesung hatte Gertrude Lampenfieber und verlor ihre Stimme. Dr. Wood, der nette Arzt, den sie auf dem Schiff kennengelernt hatten, war Spezialist für Halskrankheiten, und daher riefen sie ihn an: »... und er kam und er sagte es sei nichts Schlimmes, natürlich war es nichts Schlimmes aber es war ein Vergnügen wenn er sagte es sei nichts Schlimmes und er gab mir etwas und es war ein Trost und ich war fast bereit mit dem Vorlesen zu beginnen.«[4] Carl Van Vechten und Fania schickten einen Korb mit Obst ins Hotel. Vor ihrer Lesung aß Gertrude nur Obst und Austern. Dann gingen sie zu Fuß vom Hotel Algonquin an der 44. Straße West zum Colony Club an der Ecke Park und 66. Straße.

Gertrude trug ein braunes Seidenkleid und eine viktorianische Diamantenbrosche. Ihr Vortrag trug den Titel »Bilder«. »Jeder muß etwas gern haben«, sagte sie

> und ich sehe gern gemalte Bilder ... einige Leute essen gern
> einige Leute trinken gern, einige Leute verdienen gerne Geld
> einige geben gern Geld aus ... Nicht erwähnt habe ich Spiele
> im Haus und im Freien und Vögel und Verbrechen und Politik
> und Photographie, aber jedermann kann das fortsetzen, und ich
> persönlich habe alle diese Dinge ganz gern doch sie fesseln
> meine Aufmerksamkeit nicht lange genug. Bilder ansehen ist
> seltsamerweise das einzige, dessen ich nie überdrüssig werde.[5]

Sie erging sich ein wenig über das Problem des Rahmens – »die ewige Frage für Maler« – und über das Hauptthema der Malerei sowie die verblüffende Beziehung zwischen der Malerei und dem gemalten Gegenstand. Sie war auf entwaffnende Weise deutlich und liebenswert. »Die Wahrheit ist«, schrieb Joseph Alsop von der *Herald Tribune*, »daß es bei Miss Stein keinen Augenblick langweilig wird.«[6]

Nach einiger Zeit übernahm Alice die Organisationsarbeit während der Reise. Sie feuerte den offiziell Verantwortlichen, Marvin Ross, der auf Long Island lebte und sagte ihm, er sei ein schrecklicher Nichtsnutz. Sie mußte viel Zeit aufwenden, um alle Unterlagen und die gesamte Korrespondenz für die Vorbereitung der Lesungen von ihm zu erhalten,

Familie Woojums. Von links nach rechts: Baby Woojums, Papa Woojums und Mama Woojums, 1934.

und machte sich dann allein an die Arbeit. Wie immer befreite sie Gertrude von jedem Anflug häuslicher oder schöpferischer Unordnung. Alice wurde ihre Impresaria, ihre Managerin und Bewacherin. Sie wußte, wann sie sich zurücknehmen und wann sie laut werden mußte.

Die beschränkte Platzzahl für die Vorträge sorgte für eine hervorragende Werbung, in Columbia lagen 1500 Vorbestellungen für Eintrittskarten zu einer von Gertrudes Lesungen vor. Für Alice war das ein Beweis für das Mißmanagement von Marvin Ross. Sie sagte zum Dekan der Universität, daß bei mehr als 500 Zuhörern die Lesung nicht stattfinden würde. Er gab sogleich eine Mitteilung heraus: »Miss Stein weigert sich – unerbittlich, standhaft, definitv, bedingungslos und absolut –, vor mehr als 500 Menschen gleichzeitig zu sprechen.«

Der Vortrag hieß »Dichtung und Grammatik«. »Wie ich sage, sind Kommas servil«, erklärte Gertrude ihrem Publikum:

> und sie haben kein eigenes Leben und ihre Benutzung ist ohne Nutzen, es ist eine Art das eigene Interesse zu ersetzen und ich habe es entschieden gern mein eigenes Interesse gern zu haben mein eigenes Interesse an dem was ich tue. Ein Komma einem weiterhelfend indem es einem den Mantel hält und die Schuhe anzieht, hindert einen daran das eigene Leben zu leben so aktiv wie man es führen sollte und für mich war während vieler Jahre und ich empfinde es immer noch in dieser Weise nur zolle ich ihm jetzt nicht mehr so viel Aufmerksamkeit, der Gebrauch von ihnen wahrhaft entwürdigend.[7]

Alice saß bei dieser Vorlesung direkt neben Mabel Weeks, »die sehr fordernd sagte: ›Soll ich etwa Gertrude nicht treffen?‹ – ›Es tut mir leid, aber ich weiß es nicht‹«, erwiderte Alice, die sehr wohl wußte, daß Mabel Weeks *persona non grata* war. Ebenso erging es der Mutter von Carley Mills, dem Freund von Francis Rose. Sie lud Gertrude und Alice telefonisch zum Abendessen ein. Alice »bedauerte, daß es nicht möglich sein werde«. Auch Mabel Dodge bedrängte Gertrude, sich mit ihr entweder in ihrem Haus in Taos in New Mexico oder im kalifornischen Carmel zu treffen. Alice lehnte ab.

Für Alice war es nichts Neues, daß sie Gertrudes Leben regulierte. Im weiteren Verlauf der Reise nahmen ihre Aufgaben zu. Sie schirmte jede Bewegung von Gertrude ab, schickte unerwünschte Besucher weg und sorgte dafür, daß der Reiseplan ausreichend Zeit für Mittagessen, Teezeit und Abendessen ließ und daß sie insgesamt eine angenehme Zeit verbringen konnten. Einmal verlor sie ihr Notizbuch mit allen Eintragungen über Termine und Verabredungen, doch der Geschäftsführer im Algonquin sagte ihr, sie sollte nicht in Panik verfallen, da sich alles bestimmt wieder finden würde – und genauso war es dann auch.

Alice gab den Reportern Vorinformationen vor einem Gespräch, räumte ihnen Zeit mit Gertrude ein und sagte ihnen, wann sie wieder zu gehen hatten. Der Journalist vom *Spectator* der Columbia University wartete zwanzig Minuten im Foyer des Algonquin. Dann wurde ihm von Alice mitgeteilt, daß Gertrude nicht wie vereinbart für ein Interview zur Verfügung stünde. Alice, die einen federgeschmückten Hut trug, sagte zu ihm: »Sie alle hätten Miss Stein vor vielen Jahren interviewen sollen, als sie noch nicht so bekannt war und noch nicht so viel zu tun hatte.« Und danach sagte sie zu dem Reporter der *Art News*: »Miss Stein wünscht nicht, über Kunst oder Künstler, über Malerei oder Ästhetik zu sprechen. Miss Stein ist der Meinung, daß sie sich die meiste Zeit ihres Lebens mit Kunst befaßt hat und in dieser Zeit bereits ziemlich viel zu diesem Thema gesagt worden ist.«

Einen Monat blieben Gertrude und Alice in New York. »Hatten wir eine hektische Zeit es ist unglaublich«, schrieb Gertrude an den Kiddie:

> Sie wissen daß ich eine Nachrichtensendung für die Leute von Pathé aufgenommen habe, ich glaube es kommt heute, und jedermann kennt uns auf der Straße, und sie sind alle so nett und freundlich es ist unvorstellbar und man geht irgendwo in einen Laden um irgendetwas zu kaufen und sie sagen Wie geht es Ihnen Miss Stein und Alice geht irgendwohin und sie sagen Wie geht es Ihnen Miss Toklas und sie sprechen so liebenswürdig mit uns auf der Straße, es ist unglaublich, heute und das war lustig sagte ein Mann zu der Frau die ihn begleitete, dort geht deine Freundin Gertrude Stein als wenn er genug gehabt hätte und mehr als genug. Ich habe auch gedacht daß ich eine Neuigkeit bin aber nicht so ... Heute Nachmittag haben wir frei gehabt, niemanden getroffen außer dem Reporter vom American, und wir saßen einfach da, alles war abgeschaltet und das war notwendig ... und gute Nacht, und nachdem wir den ganzen Nachmittag nichts getan haben gehen wir jetzt zu Bett was auch wieder sehr notwendig ist.[8]

Sie waren begeistert von ihrem Empfang. Doch ihrem Verleger Alfred Harcourt von Harcourt Brace machte Gertrude unmißverständlich deutlich: »Vergessen Sie nicht dieser außerordentliche Empfang den man mir bereitet kommt nicht von meinen Büchern die man versteht wie die Autobiographie sondern von meinen Büchern die man nicht verstanden hat.«[9]

Alice gewöhnte sich an die Wolkenkratzer, und Gertrude wanderte gern durch die Straßen. Sie mochten beide kein Radio und fanden, daß ohnehin nichts als dummes Zeug dort herauskam. Gertrude war enttäuscht von den Zehn-Cent-Läden: »Die Zehn-Cent-Läden enttäuschten mich, nicht aber die Nuts-Läden. In den Zehn-Cent-Läden gab es nichts was ich haben wollte und was es gab gab es nicht für zehn Cent.«[10] Sie mochte auch die Drugstores: »Ich [ging] immer hin und kaufte einen Kriminalroman nur um die Leute zu beobachten die auf den Stühlen sitzen es ist wie ein Stück Provinzleben in einer wirklichen Großstadt.«

Carl Van Vechten tat alles, damit der Aufenthalt von Gertrude und Alice ein Erfolg wurde. Er, Gertrude und Alice nannten sich die ganze Zeit Woojums und bildeten die Woojums-Familie. Sie schrieben sich Dutzende von Woojums-Briefen und legten die Rollenverteilung fest. Carl Van Vechten war Papa Woojums, der sich darum kümmerte, daß immer etwas los war. Alice war Mama Woojums, die jüngere der beiden Eltern. Sie übernahm die Feinarbeit und sorgte sich um Baby Woojums, die mal als er, mal als es bezeichnet wurde, launisch und provokant, aber reizend war, ständige Aufmerksamkeit brauchte und gern spät aufstand. Fania war überhaupt kein Woojums, doch wurde sie manchmal Madame Bottoms oder Empress (Kaiserin) genannt.

»6587 weiße Orchideen betupft mit gelben Schmetterlingen für meine beiden hübschen Woojums«, schrieb Papa Woojum an seine Frau und sein Kind. Oder »lange herabhängende Zweige mit gelben Mimosen für euch«. – »Allerliebste Grüße an Papa Woojums vom einsamen einsamen Baby und Mama Woojums« antworteten Gertrude und Alice.

Er arrangierte zahlreiche Abendempfänge und Besuche für sie. Bei einer derartigen Gelegenheit stellte er sie George Gershwin vor, der auf einem Flügel einiges aus dem Musical *Porgy and Bess* vorspielte, an dem er gerade arbeitete. Mary Pickford schlug vor, daß die Fotografen sie und Gertrude beim Händeschütteln fotografieren sollten, doch als sich Gertrude der Idee gegenüber aufgeschlossen zu zeigen schien, machte Mary Pickford einen Rückzieher und sagte: »Nein, nein, ich glaube, das sollte ich doch nicht machen.« Sie hatte Angst, daß diese Publicity eher Gertrude als ihr zugute kommen könnte. Auf einer anderen Party bat

Flug nach Chicago, 7. November 1934.

Blanche Knopf, die Ehefrau des Verlegers Alfred Knopf, Gertrude um ein Manuskript, um es veröffentlichen zu können. Als Gertrude ihr dann einen Text übergab, »sagten die Jungs im Verlag, das würde nichts bringen«.[11]

Gertrude und Alice fuhren zum Footballspiel der Mannschaften aus Yale und Dartmouth nach New Haven, und etliche Footballfans baten Gertrude um ein Autogramm. Ein sehr betrunkener Mann sagte ihr immer wieder, »er müsse mich sehen er müsse mich einfach sehen und ich müsse ihn einfach sehen, nun ich sah ihn und er sah mich«.[12]

Die *Vier Heiligen* wurden für eine Woche im November in Chicago auf den Spielplan gesetzt. Gertrude wollte ihre Vortragstour unterbrechen und nach Chicago fliegen, um es sich anzusehen – die Fluggesellschaft Curtis Air bot ihr und Alice Freiflüge an –, doch weder sie noch Alice waren bis dahin jemals in einem Flugzeug gewesen. Sie hatten Bedenken und wollten nur fliegen, wenn auch Papa Woojums mitkommen konnte. Sie hatten noch nie ein Flugzeug aus der Nähe gesehen und keine Ahnung, wie die Menschen dort hinein kamen. Als sie sich in der Luft befanden, fragte Alice Gertrude ängstlich, wie es ihr gehe. »Stör mich nicht in meinem Vergnügen«, antwortete diese. Sie dachte über Kunst nach:

> ... als ich auf die Erde hinunterschaute, sah ich alle Linien des Kubismus, die zu einer Zeit entstanden waren, als noch kein Maler in einem Flugzeug aufgestiegen war. Ich sah dort unten Picassos vermischte Linien, sah sie kommen und gehen, sich entwickeln und sich zerstören; ich sah Braques einfache Lösungen, ich sah Massons umherschweifende Linien, ja, ich sah das, und wieder einmal erkannte ich, daß ein schöpferischer Mensch zeitgenössisch ist; er versteht, was zeitgenössisch ist, wenn die Zeitgenossen es noch nicht wissen.[13]

Sie blieben zwei Wochen in Chicago und fanden dort alles wunderbar. Gertrude schrieb an den Kiddie: »Wir haben eine wunderbare Zeit, die Oper war wunderbar alles war wunderbar. Alles ist wunderbar gewesen, wir machen Pläne, um in aller Ruhe durch das ganze Land zu reisen, mit dem Flugzeug natürlich ... Ich möchte für immer in den USA bleiben.«[14] Gertrude las an der Universität von Chicago über das Thema des Epos und über Organisation und über innen und außen. Sie signierte handschriftliche Aufzeichnungen und ihre Bücher. Sie bat immer darum, im Gegenzug ebenfalls eine Unterschrift zu erhalten. Ihre Vorträge waren ein Erfolg, und sie wurde eingeladen, ein ganzes Seminar zu halten. Dafür schrieb sie vier Vorträge mit dem Titel »Erzählen«.

An den meisten Abenden sahen sie sich die Aufführungen der *Vier Heiligen* an. Fast jede Nacht träumte Alice, daß sie von einer Lokomotive überfahren wurde. Gertrude interessierte sich für Gangster, daher nahm die Polizei sie eines Abends in einem Streifenwagen mit, damit sie vielleicht einen Mord beobachten könnte. Doch es regnete, niemand verübte einen Mord, und sie sahen nur am Morgen einen Marathonlauf. Gertrude mietete einen Wagen, den sie selbst fahren konnte und bei dem eines Morgens die Reifen platt waren. Sie hatte Schwierigkeiten mit den Verkehrszeichen, und ein Polizist sagte zu ihr, daß sie und Alice, wenn sie noch einmal eine Einbahnstraße in der falschen Richtung durchfahre, höchstwahrscheinlich tot sein würden, bevor sie die Stadt verlassen hätten.

Sie trafen Thornton Wilder, der an der Universität unterrichtete und Einleitungen für *Erzählen*, *Die geographische Geschichte von Amerika* und den posthum publizierten Text *Four in America* verfaßte. Er überließ Gertrude und Alice seine Wohnung, die in der Nähe der Universität lag. Die Wohnung war ganz auf Bequemlichkeit eingerichtet. Fleisch, Butter, Milch und Eier wurden durch eine Durchreiche direkt in den Kühlschrank geliefert. Man konnte alles per Telefon bestellen. Alice sah darin ihr »Ideal einer glücklichen Haushaltsführung«.

In ihren Vorträgen über *Erzählen* beschrieb Gertrude die englische und die amerikanische Literatur als »zwei Nationen bei denen dieselben Worte Dinge beschreiben die rein gar nichts miteinander gemein haben«. Sie fand, daß die Amerikaner die Sprache an ihr Leben anpassen sollten, »indem ... Druck ... auf die gleichen Wörter ausgeübt wird um sie in einer völlig anderen Art sich bewegen zu lassen«.[15] Sie legte ihre Vorstellung davon dar, wie man beim Schreiben vom Fortgang des Erzählens wegkommen kann. »Wissen [ist] daher nicht eine Aufeinanderfolge sondern ein unmittelbares Existieren.«[16] Sie erzählte ihrem Publikum, daß sie während des Ersten Weltkriegs in Frankreich einige amerikanische Soldaten gesehen hatte, »die standen, standen und nichts taten eine lange Zeit standen und nicht einmal redeten sondern bloß standen und angeschaut wurden von der ganzen französischen Bevölkerung«. Laut Gertrude symbolisierte dies das jetzige Erzählen. In einem Vortrag sagte sie, Erzählen sei alles, was jeder jemals sagte:

Wie dem auch sei jeder und alle können alles mögliche über das

> Erzählen sagen ihr eigenes Erzählen oder das jedes anderen aber eines ist sicher und gewiß daß alle die alles erzählen auch wenn es nichts ist was sie erzählen oder entweder ein Erzählen dessen ist was sie erzählen wollen was sie erzählen müssen was sie gern erzählen oder was sie einfach so erzählen eine Erzählung erzählen.[17]

Sie sprach auch über Journalismus und sagte, daß Zeitungen das wirkliche Leben boten, indem sie die Wirklichkeit ausließen und den Menschen die Sicherheit vermittelten, daß sie existierten, denn wenn nichts passierte, hat »jeder [dann] das Gefühl daß man einen Tag nicht einen Tag nennen kann«.[18] Alles, was sie sagte, wurde vom Publikum gut aufgenommen.

Sie fuhren nach Wisconsin, dann weiter nach Minnesota, in einer kleinen Moth-Maschine, in der nur Gertrude und Alice und der Pilot saßen, und flogen sehr tief über dem Schnee. »Es war unbeschreiblich schön«, schrieb Gertrude an den Kiddie,

> und die Symmetrie der Straßen und Farmen und Kurven ergeben etwas das mich ausfüllt ... und die Schatten der Bäume auf den waldigen Hügeln, nun je mehr ich sehe desto mehr sehe ich wirklich das was mir gefällt, ich kann Ihnen gar nicht sagen wie sehr es uns gefällt, letzte Nacht waren meine Augen ganz erfüllt davon.[19]

Dann ging es Mitte Dezember in einem großen Douglas-Flugzeug weiter nach Michigan. Gertrude wollte, daß sich alle drei Woojums ihr eigenes gebrauchtes Flugzeug kauften und es selbst steuerten. Papa Woojums fand diese Idee wunderbar, doch die Meinung von Alice ist nicht überliefert. Sie tat sich nicht immer leicht mit dem ganzen Woojums-Spiel. Sie sprach den Namen oft falsch als »Woojams« aus und klang wie ein ernster Mensch, der witzig sein will. Papa Woojums und Gertrude fanden, daß die Woojums-Familie ein Wappen aus einem Champagnerkübel und einem Korsett haben sollte, dazu den Wahlspruch »Wir tun was wir tun und das macht Spaß!«[20]

Auf ihrer Rundreise kamen sie in die Universitäten von Wisconsin, Iowa und Ohio, Gertrude sprach in Richmond, Charlottesville, New Orleans, St. Louis, Cleveland, St. Paul, Detroit, Ann Arbor, Indianapolis, Toledo, Washington, Baltimore, Columbus, Houston, San Francisco, Pittsburgh. Wunderbar, wunderbar, war der Refrain, den beide in ihren Briefen immer wiederholten. All die Jahre der Ablehnung wurden hinweggefegt, und Gertrude war zu ihrer großen Freude endlich berühmt:

> Ich kann nicht sagen daß es uns nicht gefällt es gefällt uns wunderbar jede Minute und alles ist so herrlich geworden ... Ich bin beglückt wirklich beglückt durch die Art wie die Zuhörer die Vorträge immer aufnehmen und es macht mich glücklicher als ich sagen kann.[21]

»Grüße für das fröhlichste Weihnachten aller Zeit«, schrieb Alice an den Kiddie. »Und das stimmt«, fügte sie noch hinzu. Das Weihnachtsfest verbrachten sie mit Gertrudes Cousin Julian Stein in Baltimore. Am Weihnachtsabend besuchte Gertrude Scott und Zelda Fitzgerald. Es war das letzte Mal, daß sie einander sahen.

Er war betrunken, als sie ankam. Zelda war für die Feiertage aus der Nervenklinik entlassen worden. Ihrer Gewohnheit entsprechend unterhielt sich Gertrude ganz normal mit Scott Fitzgerald und kümmerte sich nicht darum, daß er betrunken war. Zelda zeigte ihr einige Bilder, die sie in der Klinik gemalt hatte. Gertrude bewunderte sie ehrlich, und Zelda bat sie, sich zwei auszusuchen. Fitzgerald schrieb Gertrude:

> Es hat Zelda sehr viel bedeutet, und sie selbst hat sich dadurch so deutlich wahrnehmen können, daß Ihnen zwei ihrer Bilder so gut gefallen haben und Sie sie besitzen wollten ... alle haben gespürt, daß der Weihnachtsabend durch Ihre Anwesenheit, Ihr freundliches Wesen, Ihre Klugheit und Ihre Sätze, »die nie versiegen«, sehr angenehm verlaufen war.[22]

Gertrude und Alice liebten die Farbe und das Licht des Januars in Neu-England. Sie trafen sich mit dem Kiddie, der in Springfield, Massachusetts, eine Zeitung herausgab. Er fuhr mit ihnen in ganz Neu-England durch den Schnee spazieren, wobei immer wieder die Schneeketten an seinem Wagen rissen. Sie unternahmen eine Schlittenfahrt in einem echten Schlitten mit einem schwarzen Pferd. Als sie ins Weiße Haus nach Washington eingeladen waren, hielten sie Kabinettsmitglieder für Installateure und Arbeiter. Mrs. Roosevelt sagte ihnen, daß der Präsident indisponiert sei und sich nicht mit ihnen treffen könnte.

> Mrs. Roosevelt war da und schenkte uns Tee ein, sie sprach über etwas und wir saßen neben jemandem. Dann kamen später zwei Männer durch die von irgendwoher irgendwohin gingen, der eine war alt der andere jünger, Mrs. Roosevelt fragte sie ob sie Tee haben wollten sie sagten nein und standen da.[23]

Im Brooklyn Museum klemmte ein aufmerksamer Mann aus Versehen Gertrudes Finger in der Tür eines Taxis ein, und sie mußte in einen schmutzigen Drugstore gehen, um ihn verbinden zu lassen. »Eines der wenigen schmutzigen Dinge in Amerika sind die Drugstores.«

Virginia gefiel Gertrude, nicht jedoch Massachusetts oder Connecticut. Zumindest »gefiel mir alles aber manche Dinge müssen einem nun doch besser gefallen als andere«. In der Choate School in Wellington, Connecticut hielt sie am 12. Januar 1935 den Vortrag *How Writing is written*, der im Februar im *Choate Literary Magazine* veröffentlicht wurde. Alice schrieb an Papa Woojums:

> Ich hoffe, sie werden Babys liebe kleine Persönlichkeit kein bißchen unterdrücken, sie werden ihm helfen, seine literarischen Ambitionen weiterzubringen, er wird sie verzaubern und den Direktor erfreuen, aber – er soll an jeder Schule wirklich glücklich sein. Das wäre das beste für ihn. Und wie werden wir das je ertragen? Ach ja.[24]

Sie fuhren nach Carolina. Alice sagte, Charleston hätte ihr wirklich prächtig gefallen, nur bekam Gertrude eine starke Erkältung, als sie einen Tag auf einer Plantage verbrachten und in einem schrecklichen Dauerregen stundenlang durch einen Sumpf mit hängenden Gärten gefahren wurden.

In New Orleans wohnten sie im Roosevelt Hotel und besuchten die letzten Kreolen in ihrem Haus, an dem seit hundert Jahren nichts verändert worden war. Sherwood Anderson traf mit ihnen zusammen und führte sie in ein Restaurant aus, wo es Rockefeller-Austern gab – die Austern wurden in tiefe, sandgefüllte Teller gelegt und mit Spinat, Estragon, Kerbel, Petersilie, Paniermehl, Salz, Pfeffer und Butterflecken bedeckt.

In Minneapolis dinierten sie mit Freunden von Papa Woojums in einem Raum voller blauer Orchideen und Schalen mit Weintrauben, während draußen der Schnee fiel. Sie aßen Hummer, der in Ei, Brandy, Portwein, Whisky, Sahne, Zitrone und Butter gekocht war. »Dieses Gericht hat einen trügerischen Duft«, sagte Alice, die auf der ganzen Reise Rezepte sammelte.[25]

Gertrude gefielen die großen Reklametafeln. Als sie in Atlanta das Flugzeug wechseln mußten, sah sie die Aufschrift »Buy Your Meat and Wheat in Georgia« (Kauft euer Fleisch und Getreide in Georgia), und diese Zeile blieb ihr ebenso im Gedächtnis wie der Werbespruch für eine Rasierklinge:

Grand dad's beard was harsh and coarse
That was the reason for his fifth divorce.
(Opa hat 'nen rauhen, groben Bart
Weshalb er fünfmal geschieden ward.)

Im März 1935, dem letzten Monat ihres Aufenthalts, fuhren sie wieder gen Westen, zurück nach Kalifornien, zu den Stätten ihrer Jugend. In Los Angeles gingen sie zu einer Party von Papa Woojums Freundin Lillian May Ehrman, einer Dame der »oberen Zehntausend«. Dort trafen sie Charlie Chaplin, Dashiell Hammett, Lillian Hellman und Anita Loos. Gertrude hatte besonders darum gebeten, Dashiell Hammett einzuladen, da er ihr Lieblingsschriftsteller war. Sie wurde gefragt, wie es ihr gelang, während ihrer Tour so viel Beachtung in der Öffentlichkeit zu finden, und sie antwortete, das läge an dem kleinen Publikum, das sie hatte.

Sie verfiel auf die Idee, daß Hollywood einen Film nach der *Autobiographie* drehen sollte, in dem die echten Personen sich selbst spielten. Papa Woojums sagte, daß keine Schauspielerinnen Gertrude und Alice spielen könnten, nicht einmal Greta Garbo und Lillian Gish.

In Los Angeles machte Gertrude eine Fahrprüfung:

Das war sehr komisch ... man stellte mir etwa zwanzig Fragen
und keine davon hatte etwas damit zu tun wie man fährt und
mit welchem Wagen, alles drehte sich um Gesundheit und um
die Gesundheit von Vater und Mutter und darum was man tun
würde falls etwas passiert und wie die Verkehrsregeln lauteten,
nun ich gab meine Antworten und sie waren meistens richtig
schließlich ging es um Dinge des gesunden Menschenverstandes
und ich sagte später Alice Toklas die überhaupt nicht Auto
fahren kann hätte alle diese Fragen aber genauso gut
beantworten können ...[26]

Dann nahmen sie wieder einen Mietwagen ohne Fahrer für ihre Reise nach San Francisco – einen Achtzylinder von Ford, mit automatischer Schaltung. »Durch kilometerweite Obstgärten und Artischockenfelder fuhren wir hinauf in den Norden nach Monterey«, erzählte Alice. Dorthin hatte sie sich in ihren jungen Jahren immer wieder geflüchtet, um der Enge des Levinsky-Haushalts zu entkommen. Gertrude und Alice übernachteten nun auch im Hotel Del Monte von damals. Sie aßen Abalone in Sahnesauce, gegrilltes Huhn, Lämmchen vom Spieß in einem Aufguß aus frischer Minze, dazu Stachelbeergelee, später geeistes Soufflé aus Eigelb, Zucker und Kirschwasser.

Mabel Dodge rief sie im Hotel an, Alice sprach mit ihr.

> Sie sagte: »Hallo, wann kann ich Gertrude treffen?« Und ich antwortete: »Ich glaube nicht, daß du sie treffen wirst.« – »Was?« sagte sie. »Nein«, sagte ich, »sie wird sich ausruhen.« – »Robinson Jeffers möchte sie kennenlernen«, sagte sie. »Nun«, sagte ich, »er wird eben ohne sie auskommen müssen.«[27]

Gertrude und Alice fuhren in den Sequoia-Park und in das Yosemite Valley und über den Seventeen-Mile Drive. Von ihrem Hotelzimmer in San Francisco aus hatten sie einen herrlichen Blick über die Bay und die Stadt. »Wir schwelgten in gastronomischen Orgien«, sagte Alice.[28] Es gab Sandschollen *meunière*, Regenbogenforellen in Aspik, *Paupiettes* von gegrillten Schweinefilets, Eier à la Rossini und *Tarte Chambord*. Im Fisherman's Wharf warteten sie darauf, daß zwei Riesenkrabben in einem Ofen auf dem Gehsteig für sie gegrillt wurden und aßen sie dann noch warm als Picknick.

Der Bürgermeister von San Francisco überreichte Gertrude einen großen goldfarbenen Holzschlüssel für die Stadt. »Alles war sehr reizend und sehr fein«, sagte Gertrude. »Als ich in meine Geburtsstadt zurückkehrte, war ich aufgeregt und verwirrt«, schrieb Alice. »Es war alles so anders und doch immer noch so wie es früher war.«[29] Man hatte bereits mit dem Bau der Golden Gate-Brücke begonnen, und Alice fand, daß das Bauwerk die Landschaft zerstören würde.

Sie traf kurz mit Harriet Levy zusammen, die Gertrude ein Telegramm schickte:

> Verfolge deinen Triumphzug mit Respekt. Kann nicht feststellen wie lange dein Aufenthalt hier sein wird hoffe aber daß du in Kürze eine Stunde für mich Zeit haben wirst.

Alice erwähnte nirgendwo, ob sie ihren Bruder Clarence getroffen hat. Sie hatten sich einige Jahre zuvor über Land gestritten, das sie geerbt hatten, und schrieben sich nicht mehr. Er nahm sich 1937 das Leben, zwei Jahre nach Alices Besuch in den Vereinigten Staaten.

Gertrude fühlte sich in Kalifornien angesichts all der Erinnerungen an ihre Kindheit und Jugendzeit nicht sehr wohl. Obwohl sie für Amerika patriotische Gefühle hegte, war sie in ihrer Heimatstadt nicht mehr zu Hause:

> Wurzeln sind so klein und trocken, wenn man sie in der Hand hat und sie frei vor einem liegen. Man hat sie an einer Pflanze gesehen, und manchmal scheinen sie die Pflanze, wenn diese

lebenskräftig ist, zu verleugnen ... Nun, wir sind im Grunde nicht so. Unsere Wurzeln können irgendwo sein, und wir können dort überleben, weil wir, wenn Sie einmal darüber nachdenken, unsere Wurzeln mit uns nehmen. Ich habe das immer geahnt, und nun weiß ich es wirklich. Ich weiß es, weil man dorthin zurückgehen kann, wo sie sind und einem weniger wirklich scheinen können als sie dreitausend, sechstausend Meilen weit entfernt waren. Machen Sie sich keine Sorgen wegen Ihrer Wurzeln, solange Sie sich noch Sorgen über sie machen. Das Wesentliche ist, daß man das Gefühl hat, daß sie da sind, daß sie irgendwo sind. Sie werden für sich selber sorgen und sie werden auch für Sie sorgen, auch wenn Sie nie begreifen werden, wie das geschah. Wenn man nur daran denkt, zu ihnen zurückzukehren, so ist das ein Eingeständnis, daß die Pflanze stirbt.[30]

Gertrude und Alice besuchten die Orte, an denen die Häuser ihrer Kinderzeit gestanden hatten, doch das bedeutete ihnen nicht viel.

Das große Haus und der große Garten und die Eukalyptusbäume und die Rosenhecke existierten natürlich nicht mehr ... Was brachte es denn daß ich von Oakland hierher gekommen war es war nicht natürlich daß ich von dort gekommen war ja schreiben darüber wenn ich mag oder irgendwas wenn ich mag aber nicht dort, dort ist kein dort, dort.[31]

Ende April kehrten sie nach New York zurück, trafen wieder mit Papa Woojums zusammen und wohnten im Algonquin. Die Reise war ein riesiger Erfolg. Und Gertrude war jetzt reich. *Cosmopolitan* hatte ihr 1500 Dollar für einen Artikel mit dem Titel »Ich kam und hier bin ich« gezahlt. Die *New York Herald Tribune* übernahm sechs Artikel von ihr – über Colleges und Erziehung in Amerika, amerikanische Zeitungen, amerikanische Verbrechen, amerikanische Städte, amerikanische Häuser und amerikanisches Essen. Sie schrieb das alles in ihrem »Geldstil« – flüssig, leicht, patriotisch und einschmeichelnd. Sie wußte ganz genau, daß sie ein Publikum hatte, das ihr wohlgesonnen war. »Es gibt eine Unmenge Suppensorten und alle sind sehr gut«, sagte sie zu diesem Publikum, »und es gibt wirklich keine neuen Pie-Sorten.« Die Artikel kamen bei den Lesern, die dem Herausgeber am wichtigsten waren, unglaublich gut an, wie er selbst sagte. Gertrudes Naivität, ihr gesunder

Menschenverstand und ihre Exzentrik nahmen alle für sie ein. Sie war patriotisch, libertär und witzig. Tut was ihr tun wollt, riet sie ihren Lesern. Amerika ist das Land der Freien.

Gertrude hörte die Schallplatten, die von ihren Lesungen hergestellt worden waren, und sie sah die Pathé-Nachrichtensendung über sich. Alice hatte bewiesen, daß sie etwas von Marketing, Promotion und Publicity verstand. Vor der Reise hatte Alice nachdenklich an Papa Woojums geschrieben: »Wird drüben irgend jemand sagen: ›Da geht Gertrude Stein?‹ Ich habe gehört, daß sie das drüben tun, und ich wäre entzückt, wenn es geschähe.«[32] Ihr Wunsch ging in Erfüllung. Sie verließen Amerika mit dem sieghaften Versprechen, bald wiederzukommen. Bennett Cerf vom Verlag Random House versprach Gertrude, jedes Jahr ein Buch von ihr herauszubringen. Am 4. Mai 1935 fuhren sie auf der *Champlain* wieder Richtung Paris. »Oh Liebes oh Liebes wir wollen nicht gehen wir lieben es so und das ist so.«[33] Doch sie mußten fahren, und sie kamen nie zurück.

14
NOCH EIN KRIEG

Es ist komisch die Welt ist so klein
und wird so gebeutelt

Die einzigen, die wirklich dankbar für den Zweiten Weltkrieg sein konnten, waren nach Gertrudes Ansicht die Wildenten im Sumpfland des Rhônetals. Da alle Jagdgewehre abgegeben werden mußten, konnte niemand mehr auf sie schießen. »Sie benehmen sich als hätte man nie auf sie geschossen, nie, es ist so leicht alte Gewohnheiten anzunehmen, so sehr leicht.«[1] Sie hoffte, daß Krieg aus der Mode kommen würde wie das Duellieren. Der schnellste Weg, um ihn zu beenden, könnte ein Verbot des Grüßens sein. »Das geht jedem in den Kopf. Kein Grüßen kein Krieg.«[2]

Nach ihrer Rückkehr aus Amerika versuchten Gertrude und Alice wie gewohnt im Sommer in Bilignin und im Winter in Paris zu leben. Die friedliche Stimmung des Rhônetals und ihre Gärten trösteten Alice über die Abreise aus Amerika hinweg. Gartenarbeit liebte sie über alles. Der Kiddie schickte amerikanischen Maissamen und sagte dazu, man sollte ja nichts davon irgendwelchen Faschisten geben. »Aber warum nicht«, meinte Gertrude, »wenn die Faschisten es mögen und wir mögen die Faschisten, deshalb sagten wir bitte schickt uns unpolitischen Mais.«[3]

Alice pflanzte Gemüse und amerikanischen Mais für das Frühjahr und plagte sich ziemlich. »Ich habe damit begonnen, die *fraises de bois* zu sammeln, ein endloses Unterfangen.«[4] Gertrude erwarb ein Pedimeter – sie nannte es »speedometer« (Geschwindigkeitsmesser für Fußgänger) und stellte fest, daß sie mit Basket jeden Tag zwölf bis sechzehn Kilometer wanderte. Sie sammelte Pilze und Haselnüsse, unterhielt sich mit den Nachbarn, schrieb Briefe an Freunde, las Detektivgeschichten und schrieb ihr tägliches Pensum. Sie kümmerte sich sogar um den Garten:

> es war ein großes Vergnügen und ich beschnitt alle Buchshecken und wir haben sehr viele und ich säuberte die Pfade mehr oder weniger gut, die Buchshecken beschnitt ich sehr gut und dann wuchs das Unkraut im Garten ...[5]

Doch das Leben war nicht mehr so wie vorher. 2500 Reservisten waren jetzt in Belley stationiert, in Bilignin weitere 600. Dreißig Mann hatte man mit ihrem Maschinengewehr in der Scheune von Gertrude und Alice untergebracht, wo sie ungefähr einen Monat blieben. Gertrude sagte, daß sie alles mit Beschlag belegten, dessen sie habhaft werden konnten, und daß sie in ihr keine Gedanken an Krieg weckten, aber auch keine an Frieden. Sie schrieb an Papa Woojums, daß sie und Alice den nächsten Krieg in Amerika verbringen wollten. Alice war so nervös, daß sie von allem, was Gertrude je verfaßt hatte, eine Kopie an die Universitätsbibliothek von Yale schicken wollte. Sie fing an, alles noch einmal zu kopieren:

> Mama Woojums hat beschlossen daß es wenn es eine
> Revolution gibt am besten wäre daß die nicht veröffentlichten
> Werke von Baby W. in den Händen von Papa W. sein sollten
> den sicheren Händen von Papa W. sie wird die Kopien machen
> und dir schicken,

schrieb Gertrude an Papa Woojums.[6] »Den ganzen Sommer habe ich gekocht, und jetzt tippe ich ab«, sagte Alice.

Gertrude machte sich sehr viele Gedanken über Identität, darüber, was es bedeutet, ein Genie zu sein, über Erinnerung und Ewigkeit. Sie meditierte:

> Ich dachte lange darüber nach daß man für sich selbst in jedem
> Augenblick man selbst ist daß man für sich selbst innerlich
> immer da ist aber daß man in jedem vergangenen Augenblick
> sich nur an sich erinnern nicht aber sich fühlen kann und
> deshalb begann ich zu denken daß man insofern man für sich
> selbst man selbst ist es kein Zeitgefühl in einem gibt und daß
> man nur Zeitgefühl hat wenn man sich an sich erinnert und
> deshalb sagte ich warum eigentlich ein kleiner Junge sein wenn
> man doch ein Mann werden muß warum eigentlich ... Und
> deshalb hat mich die Frage nach dem inneren Gefühl von
> Vergangenheit Gegenwart und Zukunft immer mehr in
> Anspruch genommen ...[7]

Sie schrieb *Die geographische Geschichte von Amerika oder die Beziehung zwischen der menschlichen Natur und dem Geist des Menschen*, worin sie sich fragte, ob sie sie selbst sei, weil ihr kleiner Hund sie erkannte oder »ob das nur bewies daß der Hund er war und nicht daß ich ich war«. Papa Woojums sagte, das Buch sei STEIN VOM FEINSTEN.[8] Er fand, das sei noch viel mehr sie selbst als alles andere, was sie bisher geschrieben hatte, und ihre Verbindung zwischen TRÄNEN und Menschlicher Natur und SCHREIBEN und Menschlichem Denken habe ihn »erschlagen«.

Im Februar 1936 flogen Gertrude und Alice nach England, wo Gertrude vor amerikanischen Studenten der Universitäten von Oxford und Cambridge las. »Was sind Meisterwerke« und »Ein Amerikaner und Frankreich« waren ihre Themen. Alice sagte, sie sei ein großartiger Erfolg gewesen. Sie wohnten bei dem Komponisten und Autor Lord Berners in dessen Besitz Faringdon House in Berkshire. Gertrude fand ihn sehr amüsant und einen ausgezeichneten Koch. Er wollte eines ihrer Theaterstücke vertonen. Danach wohnten sie auch bei Sir Robert Abdy, genannt Bertie – Gertrude sagte, er sei zwar sehr nett und reizend, aber auch ausgesprochen eigenartig – und seiner Frau Diana in deren Häusern in London und Cornwall, wo sie mit Lady Cunard dinierten und mittags mit dem Verleger Alan Lane und Havelock Ellis aßen.

Berners komponierte ein Ballett nach einer überarbeiteten Version von Gertrudes Stück *They Must. Be Wedded. To Their Wife.* Unter dem Titel *A Wedding Bouquet* wurde es am Sadlers Wells Theater am 27. April uraufgeführt, und dort dann noch am 4., 8. und 17. Mai 1937 gezeigt. Berners entwarf die Kostüme und Bühnenbilder, Frederick Ashton war der Choreograph, Ninette de Valois, Margot Fonteyn und Robert Helpmann tanzten. Der Part von Pépé dem Chihuahua wurde von Joyce Farron gespielt. Die Sadlers Wells Opera Company sang, Constant Lambert war der musikalische Leiter. Am Schluß der Vorstellung rief das Publikum nach der Autorin, und Gertrude ging auf die Bühne und verbeugte sich »in der besten Baby Woojums-Art«. In den Nächten vor und nach jeder Aufführung konnte sie nicht schlafen. Alice sagte, sie hätte sich sehr zufriedenstellend verhalten. Gertrude fand, Frederick Ashton sei wohl ein Genie, doch Alice hatte leider kein Glockenläuten gehört. »Wir trafen alle«, sagte Gertrude, »und ich liebe es immer die Löwin zu sein, ich liebe es immer wieder, es ist beruhigend und fein eine Erfolgreiche zu sein.«[9]

Ein neues Buch, das sie schrieb, trug den Titel *Jedermanns Autobiographie.* Sie bezeichnete es als stattliches Buch und hoffte, daß es sehr viel Geld einbringen würde. Papa Woojums fand es nicht so amüsant und klatschhaft wie das Alice B. Toklas-*Opus*, sondern sah es eher als ein Kunstwerk und in Übereinstimmung mit ihrer sonstigen Arbeit. Es sollte mit den Fotografien illustriert werden, die er gemacht hatte. Gertrude dachte, er würde für jedes Exemplar neue Fotos zusammenstellen. »Was denn, mein wunderbares Baby Woojums«, antwortete er:

> wie kommst du nur auf die Idee, daß ich das vorhaben könnte? Ich muß wirklich sehr holperiges Englisch geschrieben haben. Es wäre herrlich, wenn wir das machen könnten, aber ich müßte acht oder neun Monate lang Tag und Nacht drucken, und ich müßte mehr als 40 000 Fotos abziehen und das würde abertausende Dollars kosten![10]

W. G. Rogers, der Kiddie, den sie im Ersten Weltkrieg kennengelernt hatten, kam im Sommer 1937 nach Bilignin. Seine Frau Mildred Weston war Dichterin. Sie hatten sich in den Vereinigten Staaten um Gertrude und Alice gekümmert, und das sollte jetzt der Gegenbesuch sein. »Mildred wird ein kleines Gedicht über Bilignin schreiben«, schrieb Gertrude an den Kiddie, »und ich werde ein Portrait der Kiddies verfassen und Pépé wird bellen und Alice wird den Rest machen.«[11]

Sie planten eine »sentimentale Reise« der Erinnerung an die Orte, die sie im Ersten Weltkrieg mit dem Kiddie, der damals Infanterist war, besucht hatten. Gertrude schrieb ihm:

> Weißt du was wir machen werden. Wir werden mit unserem Auto nach Avignon Arles St. Remy Les Baux fahren dann in Nîmes übernachten und nach Uzes und St. Gilles und Aigues-Mortes und Vienne und zurück nach Bilignin fahren und auf der ganzen Strecke wird sich Mrs. Kiddie all unsere Erinnerungen anhören und wir werden alle eine herrliche Zeit miteinander haben.[12]

Rogers beschrieb Gertrude und Alice auf dieser Urlaubsreise als »liebe Feindinnen«. Gertrude triezte Alice. Wenn Alice darauf hinwies, daß sie um neun Uhr aufbrechen mußten, war Gertrude um halb elf fertig. Sagte Alice, daß Gertrude dem Hündchen Pépé kein weiteres Stück Brot mit Fischsauce geben sollte, bekam er von Gertrude schon das nächste. Zeigte Alice Besorgnis darüber, daß Gertrude möglicherweise auf einer Straße fahren wollte, auf der keine Autos zugelassen waren, dann fuhr Gertrude auf dieser Straße. Alice war, so sagte Rogers, Gertrudes *alter ego*. Sie gab nie direkte Anweisungen, sondern nur Hinweise auf das, was getan werden sollte.

1937 verloren Gertrude und Alice die Pariser Wohnung, in der sie fünfundzwanzig Jahre gelebt hatten. Am 25. November um ein Uhr

Gertrude singt ihr Lieblingslied *The Trail of the Lonesome Pine*, auf der Gartenmauer in Bilignin, 1937.

mittags sagte ihnen der Hausbesitzer der Rue de Fleurus 27, daß sie ausziehen mußten, weil er die Wohnung für seinen Sohn haben wollte. Sie gingen direkt zu einer Freundin, Meraud Guevara, deren Dalmatinerhund Poncho mit Basket befreundet war. Meraud Guevara hatte gerade in der Gegend eine Wohnung gesucht und nahm Gertrude und Alice jetzt mit in die Rue Christine 5. Daher hatten sie, wie Gertrude Papa Woojums erzählte, um drei Uhr nachmittags

> eine wunderbare Wohnung in der Rue Christine gefunden, mit einer Decke aus dem siebzehnten Jahrhundert, die frühere Wohnung der Königin Christine, Tochter von Gustav Adolph und sie kostet genauso viel wie die jetzige und sie hat eine Dachterrasse nach vorne hinaus, oh ja, wir werden am 15. Januar dort einziehen, die Adresse ist 5, rue Christine, und wir sind so aufgeregt.[13]

Die Wohnung lag über einer Buchbinderei, von deren Hof aus die Außentreppe nach oben führte. »Als wir die kleine Straße sahen, hatten wir Zweifel, doch als wir dann die Wohnung sahen, waren wir begeistert«, sagte Alice. Sie holten Schreiner, Maler und Installateure, suchten Vorhänge aus und einen Bodenbelag für das Badezimmer. Aus New York bestellten sie eine Tapete, die sie dort gesehen hatten, mit weißen Tauben auf blauem Hintergrund für das »Schlafzimmer und Boudoir«, und sie nahmen jede Form von Hilfe an. Sie fanden einen »netten jungen Engländer«, der alle ihre Bücher transportierte.

Die neue Wohnung hatte immer noch die Holzpaneele, das Lesezimmer und die Parkettböden aus den Zeiten von Königin Christine. Gertrude war zuversichtlich und bereit, die Vergangenheit hinter sich zu lassen. »Ich vermute 27 hat so viel Geschichte gemacht, daß es uns einfach nicht länger halten konnte«, schrieb sie an Sherwood Anderson.

Alice schuftete so viel, daß sie »nicht mehr wußte, daß sie sitzen konnte, sie vergaß, wie man das macht und blieb ständig auf den Füßen«, erzählte Gertrude dem Kiddie.[14] Natalie Barney schrieb an Romaine Brooks: »Alice T. schwindet fast ganz dahin durch die Anstrengung, weil sie jetzt in eine neue Wohnung umziehen ... Ich befürchte, daß die dickere, die immer fetter wird, sie über kurz oder lang verschlingen wird. Sie sieht so dünn aus.«[15]

Janet Flanner war sehr angetan von dem Umzug, da Gertrude aus diesem Grund endlich ein Inventar ihrer Bilder anlegen lassen mußte, was sie bis dahin noch nie getan hatte. Janet kam eines Vormittags mit einer weißen Topfpflanze für die neue Wohnung. Gertrude drückte ihr Stift und Papier in die Hand. »Stell den Topf irgendwohin und mach mir ein Inventar über meine Kunst hier.«[16] Janet zählte 131 Gemälde, einschließlich fünf Bilder von Picasso, die man im Geschirrschrank abgestellt hatte.

Gertrude und Alice ließen einen Kühlschrank installieren, Freunde schenkten ihnen solche Küchengeräte, wie Alice sie sehr gern hatte: einen Schneebesen, eine Knoblauchpresse, ein Fleischthermometer, einen Flaschenöffner. Einige Tage lang funktionierte das heiße Wasser nicht, und Alice dachte schon, Königin Christine hätte einen Bann über heißes Wasser gesprochen, doch der Fehler wurde bald behoben. »Unser Zuhause, Papa Woojums, ist so wunderbar und uns gefällt es so gut, wir können es gar nicht glauben«, schrieb Gertrude.[17]

Gertrude schrieb fünf Artikel über Geld, die in der *Saturday Evening Post* erschienen, daraufhin warf man ihr vor, sie wäre reaktionär. Sie verfaßte das Libretto *Dr. Faustus Lights The Lights* und hoffte, Gerald Berners würde es vertonen. In dem Stück hat Dr. Faustus, der Erfinder des elektrischen Lichts, einen Hund als Begleiter, der den Mond nicht anbellt, weil es so viel künstliches Licht gibt. Da der Krieg kurz bevorstand, konnte Lord Berners das Stück nicht bearbeiten.

Gertrudes erfolgreichstes Buch der damaligen Zeit, das sie nach *Jedermanns Biographie* schrieb, war *Picasso*. Sie verfaßte es auf Französisch – nachdem sie nun fünfunddreißig Jahre in Frankreich lebte, hatten sich ihre Kenntnisse der Sprache verbessert. »Niemals hätte ich gedacht etwas könnte so schwer sein niemals«, erzählte sie dem Kiddie. Alice »brachte Ordnung in Zeitformen Grammatik Rechtschreibung und Deklinationen«. Das Buch wurde 1938 in der Librairie Floury herausgebracht. Die amerikanische Ausgabe erschien bei Scribner's. Bennett Cerf vom Verlag Random House war außer sich, als das Buch bei einem rivalisierenden Verlag erschien. Er hatte sein Versprechen, das er Gertrude bei ihrer Abreise aus Amerika gegeben hatte, gehalten – und tatsächlich jedes Jahr ein Buch von ihr veröffentlicht. Gertrude bot ihm nun statt dessen *Dr. Faustus* an. »Wir haben uns bemüht – und waren darin meiner Meinung nach erfolgreich – «, antwortete er,

> den Eindruck zu erwecken, wir seien Ihr exklusiver Verlag in den USA. Wenn jetzt ein anderes Unternehmen ein derart wichtiges Buch veröffentlicht, so bricht damit in einem Streich die gesamte Konstruktion zusammen, die wir so mühsam

> errichtet haben ... Wie dieses andere Angebot zustandekommen konnte, ist mir ein Rätsel ... Zur Zeit sehe ich keinerlei Sinn darin, das Faustus-Stück zu bringen. Wenn es einmal auf dem Broadway gespielt wird, wird das der richtige Zeitpunkt sein, um es in Buchform herauszubringen. Es ohne die Rückendeckung einer aktuellen Bühnenproduktion einfach so zu veröffentlichen, wäre meiner Meinung nach ein Fehler.[18]

In ihrem Text *Picasso* faßte Gertrude Gedanken zusammen, die sie oft ausgesprochen hatte: über die Notwendigkeit, daß ein Künstler zeitgenössisch arbeitet, darüber, wie im zwanzigsten Jahrhundert alles zusammenbricht und zerstört wird, wie Picasso dies wahrgenommen und dargestellt hat. Sie stellte seine Schuld ihr gegenüber klar heraus:

> Ich stand damals mit meinem Verständnis für ihn allein da, vielleicht weil ich das gleiche in der Literatur ausdrückte, vielleicht weil ich Amerikanerin war, und Spanier und Amerikaner haben Verständnis, ja, wie gesagt, ein gewisses gleiches Verständnis für die Dinge.[19]

Im November 1938 ereignete sich eine Tragödie. Basket starb im Alter von zehn Jahren. Gertrude und Alice weinten ohne Ende. Papa Woojums wußte, wie ihnen zumute war:

> Ich bin schrecklich durcheinander wegen Basket. Ich dachte die ganze Zeit, er wäre ein unsterblicher Hund und würde ewig leben. Tiere habe ich immer so viel lieber als Menschen, und es versetzt mir jedesmal einen Stich, wenn ich an eine meiner toten Katzen denke. Wenn sie sterben, ist das ein monatelanger, quälender Todeskampf. Deshalb habe ich keine Katzen mehr. Es gibt Menschen, die so etwas leichter nehmen können und sich jedesmal, wenn ein Hund gestorben ist, gleich einen neuen holen und natürlich geht das DURCHAUS, daß man ein neues Tier liebt, aber es kann das vorige Tier nie ersetzen. Es tut mir so unendlich leid, liebes Baby Woojums, und ich weiß, wie einem das Herz dabei bricht ... Alles Liebe für Dich und Mama Woojums[20]

Auch andere Freunde litten mit Gertrude und Alice. Madame Pierlot hatte ihren Jimmie verloren, der ebenso alt war wie Basket. Picasso sagte, daß man sich nie die gleiche Hundeart wieder zulegen sollte. Er riet ihnen, sich einen Afghanen zu besorgen, wie er ihn hatte. Gertrude fand diese Hunde traurig, was vielleicht zu einem Spanier passen mochte,

Mit Basket dem Zweiten in Bilignin.
Fotografie von Cecil Beaton.

nicht jedoch zu ihr und Alice. Sowohl der Tierarzt als auch ein Freund aus Belley, ein Schriftsteller namens Henri Daniel-Rops, schlugen ihnen vor, wieder einen Hund wie Basket zu nehmen und ihn auch so zu nennen. Daniel-Rops hatte das zweimal mit seiner Claudine praktiziert, »und das verwirrt einen nach und nach und irgendwann wissen Sie nicht mehr, welcher Basket er ist«.

Das entsprach Gertrudes Denken. Sie fand *Le roi est mort vive le roi* sei eine ganz normale Haltung. Sie fuhren nach Bordeaux und kauften sofort einen neuen weißen Pudel: »Und er ist eine Schönheit und kam direkt aus dem Hundezwinger und hatte vor allem Angst auch vor Treppen . . . Baby Basket hat wunderschöne Augen daher finden wir daß er Baskets Baby ist und uns geht es so viel besser.«[21]

Die Menschen in Bilignin und Belley diskutierten lange Zeit intensiv darüber, ob der neue Basket schöner oder reizender war als der alte. Er konnte höher in die Luft springen als Gertrude groß war. Er hatte eine unerklärliche Art zu stehen, doch die Kinder nannten ihn nicht Monsieur Basket, wie sie das bei Basket dem Ersten getan hatten. Gertrude und Alice blieben bei ihm sitzen, während er seinen Knochen abnagte, damit er ihn nicht in das Bett oder auf die Couch schleppte. Sie hinderten ihn daran, die Wolle von Alice und die besten Schuhe von Gertrude aufzufressen. Pépé fühlte sich vernachlässigt, hatte einen Rheumaanfall und mußte bemuttert werden. Gertrude schilderte Papa Woojums das alles ausführlich:

> Der neue Basket frißt unsere Taschentücher und rennt dann verrückt auf der Terrasse herum damit sie am anderen Ende wieder herauskommen dort bleiben sie stecken und manchmal muß man sie alle herausziehen und diese Intimitäten unseres Familienlebens erzählen wir Papa Woojums.[22]

Gertrude glaubte nach wie vor – bis zum Sommer 1939 – fest daran, daß es nicht wieder Krieg in Europa geben werde. Ihr Freund Eric Sevareid, ein amerikanischer Nachrichtenkorrespondent von CBS, sagte, daß sie nicht politisch denken konnte, sondern nur in Begriffen, die mit der Individualität des Menschen verbunden waren: »Sie verstand nicht, daß die Stimmungen und Befehle großer Massenbewegungen wesentlich stärker und viel wichtiger sind als die der Individuen, die daran beteiligt sind.«[23] Gertrude sah den Zweiten Weltkrieg als Rückfall ins Mittelalter. Ihrer Meinung nach bewies das alles, daß die Welt auf der geistigen Entwicklungsstufe eines siebenjährigen Jungen stehengeblieben war.

Für sie begann der Krieg mit der Abdankung von Edward III. und der Verfolgung von Juden.

Im Sommer 1939 waren Cecil Beaton und Francis Rose zu Besuch in Bilignin. Cecil Beaton nannte Gertrude den General und machte viele Fotos von ihr und Alice. Er regte sich über ihren Optimismus auf:

> Sie will nichts davon hören, wenn man über Krieg spricht. Es ist beinahe schon eine Verletzng der Etikette, wenn man die Tatsache erwähnt, daß das, was passiert, einen ziemlich düsteren Eindruck macht oder die Aussichten beängstigend sind. »Oh, nein, nein. Krieg ist unlogisch, niemand will einen Krieg.« ... Die Zeitungen, die wir fast schon aus Trotz dem General gegenüber kaufen, haben unheilvolle Schlagzeilen: »Lage noch ernster«. Nach und nach ist das friedliche Leben, das wir hier in den vergangenen Wochen genossen haben, zerstört worden.[24]

Der General mußte die Realität an dem Morgen zur Kenntnis nehmen, als der Metzger anrief und zu Alice sagte, daß sie den bestellten Braten nicht bekommen könne, weil die Soldaten das ganze Fleisch beschlagnahmt hätten. Panik befiel Gertrude und Alice. Gertrude sagte zu Cecil Beaton und Francis Rose, daß sie für ihren weiteren Aufenthalt keine Verantwortung übernehmen könne, und daß sie abreisen müßten.

In großer Nervosität brach Cecil Beaton an diesem Abend allein zu einem Spaziergang auf. »Den ganzen Tag war ich in diesem kleinen Haus oder in dem kleinen Auto eingesperrt gewesen, dabei ständig von Hunden bedrängt. Ich beschloß, vor dem Abendessen noch eine halbe Stunde spazierenzugehen.«[25] Er verirrte sich total. Es regnete, der Himmel war pechschwarz, und in alle Richtungen verliefen Feldwege. Die Bewohner eines kleinen Anwesens erschreckte er zu Tode, als er an ihre Tür klopfte, während sie sich im Radio die Nachrichten über den unmittelbar bevorstehenden Krieg anhörten.

Als er wieder im Haus in Bilignin ankam, herrschte auch dort Panik seinetwegen. Der Koch und der chinesische Diener Trac waren als Kundschafter losgezogen. Francis Rose war außer sich vor Angst. Ein Nachbar kam vorbei und berichtete die letzten Neuigkeiten über den Krieg. »Krieg?« fragte Gertrude. »Wer kümmert sich schon um Krieg. Uns ist Cecil Beaton abhanden gekommen.« Mit Alice fuhr sie die Wege ab, hupte dabei ständig und rief nach Beaton, bis sie ihn endlich fanden. »Niemals habe ich ein heißes Bad und ein Fischgericht mehr genossen«, sagte er dann.

Gertrude und Alice saßen mit ihren Nachbarn, Madeleine und Daniel Rops zusammen, während die Deutschen in Polen einfielen. Das Telefon läutete und Daniel Rops blieb einige Zeit fort. Die anderen machten sich Sorgen, weil ein Sohn von Rops Soldat war:

> Er kam zurück. Wir sagten was ist los. Er sagte die quenelles die Mère Mollard für uns macht sind zu weich geworden.
> Quenelles, ja quenelles sind das Spezialgericht dieses Landes gemacht aus Mehl und Eiern und gehacktem Fisch oder Huhn und nach der Uhr geschlagen und dann gerollt und dann in der kalten Luft hart werden lassen und dann in einer Sauce gekocht und sie sind gut.[26]

Als Frankreich in den Krieg eintrat, geriet Gertrude in Panik und »machte eine ziemliche Szene«. Sie sagte immer wieder »das sollten sie nicht tun, das sollten sie nicht tun«. Ihre Freundin, die Baronin Pierlot, beruhigte sie. »Ich war so sicher, daß es keinen Krieg geben würde, und nun war er da.«[27] Gertrude sagte, daß ihr Polen egal sei, sie sich aber um Frankreich Sorgen machte. Als dann auch noch Italien den Krieg erklärte, hatten sie das Gefühl, völlig fehl am Platze zu sein.

Alle befanden sich in heller Aufregung. Gertrude und Alice erhielten Passierscheine für die Straßen und fuhren schnellstmöglich in die Rue Christine. Alice sagte:

> Wir begannen, die Bilder abzuhängen, um sie vor Bombensplittern zu schützen. Doch wir stellten fest, daß auf dem Boden weniger Platz war als an den Wänden, daher gaben wir diese Idee wieder auf.[28]

Sie packten ihre Winterkleidung, Picassos Portrait von Gertrude und Cézannes Portrait von Madame Cézanne zusammen und regelten alles Notwendige. Sie konnten zwar ihre Pässe nicht finden, doch der Stammbaum von Basket tauchte auf, und daher erhielten sie während des ganzen Krieges Rationen für ihn. Als sie wieder in Bilignin waren, rief der amerikanische Konsul aus Lyon an und riet ihnen, das Land zu verlassen, so lange das noch möglich war. Sie fuhren nach Lyon, um neue Pässe zu erhalten. Da das Konsulat völlig überfüllt war, beschlossen sie, am nächsten Tag wiederzukommen und jetzt nicht zu warten. Auf dem Heimweg begegneten ihnen ihre Nachbarn, Doktor Chaboux und seine Frau, und Gertrude und Alice erzählten ihnen, wo sie herkamen. »Oh, fahren Sie nicht fort«, sagte Doktor Chaboux. »Man ist immer besser dort aufgehoben, wo man hingehört, als wenn man sich eine Zuflucht

Mit Francis Rose im Garten von Bilignin.
Fotografie von Cecil Beaton.

suchen muß. Hier kennt Sie jeder. Alle mögen Sie gern. Wir würden Ihnen auf jede erdenkliche Weise helfen. Warum wollen Sie ein Risiko eingehen und sich unter Fremde begeben?«[29]

Dieser Fatalismus kam Gertrude gerade gelegen. Sie packten also ihre Taschen wieder aus und vergruben den Reservekanister mit Benzin im Garten, damit er dort vor Bomben und der deutschen Armee sicher war. Auch als es nicht mehr erlaubt war, Autos als Privatbesitz zu haben und die Deutschen forderten, daß alles Benzin abgegeben wurde, rückten sie es nicht heraus. »Ich wollte das nicht den Deutschen geben – ich doch nicht.« Gertrude ging spazieren und sagte zu einem der Bauern: »Wir bleiben.«

> Recht so, sagte er. Wir alle haben gesagt warum sollten diese Damen fortgehen? In diesem ruhigen Winkel sind sie so sicher wie an jedem anderen Ort. Und wir haben Kühe und Milch und Hühner und Mehl ... Hier in diesem kleinen Winkel sind wir en famille und wenn Sie gehen würden – wohin denn? – aller où. Und sie sagten alle zu mir aller où und ich sagte Sie haben recht – aller où. Wir blieben und wirklich ich hätte es gehaßt wenn wir gegangen wären.[30]

Wie Gertrude sagte: »Wir verbringen unsere Kriege immer in Frankreich.« Sie blieben, obwohl sie Jüdinnen waren und in den Vereinigten Staaten in Sicherheit und geehrt gewesen wären. Die Franzosen haben es gern friedlich, mit einem geregelten Alltagsleben, sagte Gertrude, die diese Haltung auch teilen konnte. Trotz all der Schwierigkeiten und der Isolation von ihren Freunden bezeichnete Gertrude diese Kriegsjahre als die glücklichsten ihres Lebens. Sie spürte, daß sie in engen Kontakt mit ganz normalen Menschen aus Frankreich kam und mehr über sie erfuhr als in den vergangenen fünfunddreißig Jahren, die sie schon in dem Land lebte. Laut ihrer Schilderung waren die Themen, über die in Bilignin am meisten gesprochen wurden, der Mangel an Butter und an Benzin.

Alice litt besonders darunter, daß sie keine Zigaretten bekommen konnte. »Ich rauche nicht aber Alice Toklas und sie muß sie muß es einfach wenn nicht nun jedenfalls sie muß es einfach.«[31] Tabak wurde rationiert, die Bezugsscheine dafür nur an Männer ausgegeben. Da aus den Karten das Geschlecht des Käufers nicht ersichtlich war, kam Gertrude mit dem Tabakhändler in Belley überein, daß sie und Alice einfach nur mit ihren Initialen unterzeichneten. Mit der Hilfe von Freunden ging das ein Jahr lang gut. Im folgenden Jahr waren die Karten genauer, die Anfangsbuchstaben des Namens allein reichten nicht mehr aus, es gab keine Möglichkeit mehr, etwas zu tricksen. Alice fand es ziemlich verkehrt, daß achtzehnjährige Burschen ein Anrecht auf Schokolade und Zigaretten hatten, während passionierte Raucher wie sie leer ausgingen. Freunde halfen. Sylvia Beach und Bryher schickten Zigaretten aus der Schweiz, und jemand tat einen Sergeanten aus der französischen Armee auf, der seine Rationen verkaufte. Als die Italiener nach Belley kamen, hatten sie tonnenweise feine kleine Zigaretten dabei, die sie verkaufen wollten. Dann baute man überall Tabak im eigenen Garten an, und Alice lernte, mit einer Maschine ihre Zigaretten selbst zu drehen. Der Tabak war zwar nicht richtig getrocknet oder vorbehandelt, schmeckte scheußlich und nicht im entferntesten wie ihre geliebten Pall Mall, aber »Alice Toklas [war] wieder glücklich«.

Nie zuvor hatten Gertrude und Alice einen Winter in Bilignin verbracht. Sie liehen sich ein Radio und hörten dreimal täglich Nachrichten. Gertrude mochte den Schnee und das Mondlicht, Holz sägen und Spaziergänge mit Basket bei Mondfinsternis. Jede Woche kaufte sie in Aix und Chambéry große Mengen Detektiv- und Abenteuergeschichten, nachts konsultierte sie immer die astrologischen Weissagungen des Leonard Blake mit dem Titel *The Last Year of the War – and After*. Dieses Buch bezeichnete sie als ihre Bibel und sagte, seine Voraussagen träfen alle zu.

Sie gingen in die Berge, es lag Schnee und war sehr kalt, und das Haus konnte man nur mit den Feuern in den offenen Kaminen heizen. Sie hatten genügend Kohle für den Küchenofen und für ein Kaminfeuer, das sie Tag und Nacht unterhielten. Und es gab reichlich Holz. Gertrude sagte, Alice und Pépé hätten im Feuer gesessen – er in seinem Mantel und sie in ihrem Schal. Und sie besaßen eine Katze, die wegen ihres Moustache Hitler genannt wurde. Die Leute aus dem Dorf kamen vorbei und blieben drei Stunden lang sitzen, um sich aufzuwärmen. Die Gastfreundschaft zur Teezeit bestand aus zwei Tassen Tee ohne Zucker, Milch oder Zitrone, dazu eine Zigarette.

Alice wurde eine »leidenschaftliche Leserin« kompliziertester Rezepte, während sie am Feuer kauerte. Gertrude schenkte ihr zu Weihnachten immer ein Kochbuch. In der Zeit der Besatzung bekam Alice das »Große Buch der Küche« von Montagne und Salle. Keine einzige der angegebenen Zutaten war erhältlich, doch Alice kochte in Gedanken: Tournedos mit Trüffeln und Sahnesauce, Hummer mit Truthahn, Petersilie, Kapern und dazu den besten trockenen Champagner – sehr kalt, aber nicht auf Eis.

Während des Krieges hatte Alice einen Traum, der immer wiederkam: eine lange silberne Platte mit drei Scheiben Schinken darauf kam durch die Luft geflogen.

Eine der vorrangigen Überlegungen Gertrudes bei der Entscheidung, in Bilignin zu bleiben, war ihre Empfindlichkeit beim Essen. »Anfangs zehrten wir wie die Kamele von unserer Vergangenheit«, sagte Alice.[32] Bevor die Beschlagnahmen durchgeführt wurden, lagerte sie getrocknetes Obst ein und legte Vorräte mit Zichorien als Kaffeersatz, Sardinen, Gewürzen, Maismehl und Putzmitteln an. Sie kochte große Mengen Himbeermarmelade ein. Tomaten wurden geschält, mit Salicylsäure vermischt, gekocht und dann mit einer zentimeterdicken Ölschicht luftdicht aufgefüllt in Gläsern eingelegt. In zwei anderen großen Gläsern hob sie getrocknete Früchte auf: kandierte Orangen- und Zitronenschale, Ananas, Kirschen und Rosinen. Zum Kriegsende wollte Alice damit einen Befreiungskuchen backen.

Pro Woche hatten sie hundertzwanzig Gramm Fleisch pro Person. Solange das Fischen noch nicht verboten war, lieferte ihnen die Rhône Lachsforellen, aus dem Lac de Bourget kamen Karpfen, Forellen und Flußbarsche. Aus den Gärten hatten sie die ganze Palette der von Alice gezogenen Gemüsesorten und frisches Obst, in den Weinkellern lagerte »viel köstlicher trockener Weißwein«. Milch, Butter und Eier waren Mangelware. Als die Deutschen dann die Vorräte der Bauern konfiszierten, blieb für die Bewohner der Dörfer wenig übrig.

Die Frau, die ihnen ihre Butter und Milch verkaufte, brachte das alles in einem Karren, der von einem Schimmel namens Kiki Vincent gezogen wurde. Er war bereits zwanzig Jahre alt, doch sie konnte das nicht beweisen, und man sah es dem Tier auch nicht an, daher wurde er konfisziert und erhielt die Nummer 73726. Die Frau ging zum Hauptmann des Regiments, das Kiki beschlagnahmt hatte, und er sagte, wenn er das rechtzeitig erfahren hätte, hätte er Kiki retten können, doch inzwischen sei Kiki weg. Die Frau fuhr in einem Auto zu Gertrude und Alice und weinte in die Butter, die sie mitgebracht hatte.

Als die Deutschen das Fischen untersagten, versorgte der Metzger Gertrude und Alice mit Flußkrebsen. Er fing sie in einem offenen Regenschirm; an den Enden der Rippen befestigte er Köder. Alice hielt die Krebse in einem Bottich mit einem Holzdeckel, der Metzger gab ihr

Fleischstückchen zum Füttern. Gäste bekamen Flußkrebse in Cognac, Wein, Karotten und Schalotten, oder Flußkrebse in Walnußöl gekocht, mit Tomatenpaste, Zwiebeln und Wein. Laut Alice war das eine eintönige Kost – »eine immer wieder verlängerte, genaugenommen eine fortwährende Fastenzeit«.

Nach einem halben Jahr wurde der »segensreiche Schwarzmarkt« organisiert. Die Baronin Pierlot führte sie dort ein. Sie sagte: »Hier geht es nicht um Geld, sondern um Persönlichkeit. Auf dem Schwarzmarkt kauft man mit seiner Persönlichkeit ein.« Von ihren Spaziergängen kam Gertrude immer mit einem Ei, einem Pfund weißem Mehl, etwas Butter nach Hause. In Artemarre fanden sie ein Restaurant, wo der Küchenchef für seine Lieblingsgäste kochte – Forelle in einer Crêpe, geschmorte Tauben, Frühlingslamm mit Karotten und Zwiebeln und Spargelspitzen, Trüffelsalat und Torte mit Walderdbeeren. Ein Nachbar kam vorbei und erzählte Alice, daß ein Bauer heimlich zwei Lämmer schlachtete – wollte sie eventuell ein halbes abnehmen? Alice lernte, es auszunehmen, Basket bekam dann den Kopf.

Madame Peycru, die Bäckersfrau, hatte ihre Kuchen unter dem Ladentisch versteckt. Die Waren in der Auslage waren für die Besatzungsmacht. »Nicht gut genug für Sie«, sagte sie, als sie Alice ihre Schokoladetrüffeln, Brioches und Kuchen in eine Zeitung eingewickelt gab.

Immer wieder klopfte jemand an die Küchentür, um ein Viertel Butter, eine Wurst, süße Fladen oder Hirn zu verkaufen. »Einige Zeit lang hatten wir eigenartiges und abwechslungsreiches Essen«, sagte Alice. Doch der Schwarzmarkt war teuer, und aus Amerika wurden keine Honorare überwiesen. 1942 packten Gertrude und Alice Cézannes *Portrait von Madame Cézanne* ein, fuhren über die Grenze in die Schweiz und verkauften es an einen Kunsthändler. »Wir aßen den Cézanne«, sagte Alice.

Freunde wunderten sich, warum sie als amerikanische Jüdinnen nicht in der Schweiz blieben. Doch Gertrude und Alice hatten sich anderweitig darum gekümmert, daß sie geschützt waren. Bernard Faÿ war seit 1940 Leiter der Bibliothèque Nationale in Paris und bat Marschall Pétain, die Sicherheit der beiden zu gewährleisten. Pétain schrieb an den Unterpräfekten in Belley und wies ihn an, sich um sie zu kümmern. Faÿ verhalf ihnen auch zu zusätzlichen Rationen Brot und Benzin. 1944 wurde er als Kollaborateur der Deutschen verhaftet und später zu zwanzig Jahren Haft und Zwangsarbeit verurteilt.

Der Krieg hinderte Gertrude daran, die Früchte ihres Ruhms zu genießen, doch sie schrieb weiterhin. *Paris Frankreich* erschien 1940 mit Illustrationen von Francis Rose, Picasso und der Baronin Pierlot. In dem siebzig Seiten umfassenden Text pries Gertrude die soliden Tugenden der Menschen in der französischen Provinz. Paris war gar nicht das eigentliche Thema des Buches, obwohl Papa Woojums schrieb, er könne beim Lesen die Stadt riechen und hören. Dann schrieb Gertrude ein Kinderbuch, *Die Erde ist rund*, und ein Kriegstagebuch mit dem Titel *Kriege die ich gesehen habe*. Dieses Manuskript tippte Alice aus Angst vor einer möglichen Hausdurchsuchung durch die Deutschen nicht ab. Sie nahm an, daß sie Gertrudes Schrift nicht würden entziffern können, daher mußte man sich um das Buch keine Sorgen machen, solange es nur als handschriftliches Manuskript existierte.

Im Winter 1942 weigerte sich Pépé, in die Kälte hinauszugehen. Alice brachte ihn in einem spanischen Korb zum Tierarzt. Dieser sagte: »Dem ist nicht mehr zu helfen, ich muß ihm eine Injektion geben.«[33] Alice gab Pépé einen Kuß und schüttelte dem Tierarzt die Hand. Sie erzählte, daß sie durch ihre Tränen nicht erkennen konnte, wohin sie ging. »Wir werden uns irgendwo einen Moment still hinsetzen«, sagte Gertrude, »und dann zu Mittag essen und nach Bilignin zurückfahren.«

In diesem Winter mußten sie auch aus Bilignin ausziehen. Die Besitzer des Hauses, Hauptmann Putz und seine Frau, wollten selbst dort wohnen. Für Gertrude und Alice war das ein schwerer Schlag. Ihr Garten war ihre Speisekammer, sie waren beide über sechzig Jahre alt, der Krieg war schon zu weit fortgeschritten, als daß sie Frankreich jetzt noch verlassen konnten, und sie waren von ihren Nachbarn in Bilignin und Belley abhängig. Gertrude nahm sich einen Anwalt. Sie verlor, erzielte jedoch einen Aufschub der Kündigung. Als die Amerikaner in den Krieg eintraten, versuchte der Hauptmann wieder, das Haus zu bekommen. Ein zweiter Rechtsstreit begann, doch dann fanden Gertrude und Alice ein neues Haus. Es war ein Schloß bei Le Colombier in den Bergen, direkt bei Culoz, das fünfzehn Kilometer von Belley entfernt lag und einen Bahnhof hatte. Alice sagte, daß das ein großes und ziemlich aufwendiges Haus war und sie nun einen von Grund auf neuen Gemüsegarten anlegen mußte.

Gertrude verkaufte ihr Auto an einen Freund beim Roten Kreuz, dessen eigener Wagen durch einen Bombenangriff zerstört worden war. »Ich war traurig, es wegfahren zu sehen aber immerhin wird es irgendwann viele andere geben.«[34] Sie ging sehr viel zu Fuß und ließ für Alice ein Fahrrad in ein Dreirad umbauen. Der Gendarm von Culoz half ihnen zurechtzukommen und brachte ihnen eine Ziege, die sie Bizerte nannten.

Gertrude fuhr gern mit dem Zug. Sie mochte die dunklen Bahnhöfe, die Geselligkeit der Menschen, die Unsicherheit darüber, ob die Züge fuhren oder nicht. Mit Alice kam sie immer sehr lange vor der Abfahrtszeit zum Bahnhof und hatte stets alle erforderlichen Papiere dabei. Auch Basket fuhr gern Zug, da er dann von allen gefüttert und bewundert wurde.

Eines Tages nahmen sie den Zug nach Chambéry, um einen Topf Marmelade zu kaufen. Gertrude unterhielt sich mit einer jungen Frau über Paris und Lyon, über die Arbeit der Frau als Friseuse und ihren Wunsch, in Paris später einmal einen eigenen Salon zu haben. Plötzlich erschien Gertrude die Landschaft draußen nicht mehr vertraut:

> und wir redeten alle bis ich plötzlich aufschrie das sieht aber nicht aus wie Chambéry, oh nein sagten sie er geht nach Annecy, o je sagten wir was sollen wir machen und wir redeten alle und jeder gab einen Rat und ein deutscher Offizier sah aus als wollte er mitreden aber natürlich beachtete ihn keiner keiner tut das je was sie im Zug ganz schüchtern macht.[35]

In der nächsten Station stiegen sie aus und fanden heraus, daß zwei Stunden später ein Zug nach Aix-les-Bains fahren sollte, dann um acht Uhr abends von dort einer nach Culoz. Jeder unterhielt sich mit ihnen und gab Ratschläge, wo sie etwas essen konnten. Gertrude liebte es, wenn etwas Unerwartetes passierte. Sie saßen in einem kleinen Café, wo ein deutscher Offizier an der Theke stand, der wie Hemingway aussah und auch wie Hemingway trank. Erst nahm er einen Brandy, dann einen *eau de vie*, dann ein Glas spritzigen Weißwein, danach einen Amer Picon, dann wieder einen spritzigen Weißwein. Als er ging, wollte er unbedingt der Besitzerin des Cafés die Hand schütteln, und alle waren der Meinung, daß das nicht hätte geschehen dürfen.

In Aix kauften sie »reinseidene Schals und ein Paar wollene Strümpfe« im Modegeschäft von Pierre Balmains Mutter. In einem Tea Room tranken sie heiße Schokolade. Als die Läden geschlossen wurden, gingen sie zum Bahnhof, wo sie noch zwei Stunden auf den Zug zu warten hatten. Alice saß auf einer Bank neben dem Fahrkartenschalter, da im Wartesaal so viele Menschen schliefen. Gertrude ging mit dem Hund auf und ab. Am Zeitungsstand sah sie eine französische Ausgabe der *Autobiographie von Alice B. Toklas.* Aufgeregt erzählte sie es Alice. Auch eine junge Fahrkartenverkäuferin wurde ganz aufgeregt, warf sich einen Schal über, kaufte das Buch und bat Gertrude, es zu signieren. Gertrude fragte sie nach ihrem Namen, schrieb dann eine passende Widmung vorne in das Buch und alle freuten sich sehr.[36]

In Culoz bekamen sie mehr vom Krieg mit als in Bilignin. Sie sahen einen Panzerzug, einen Zug mit Gefangenen, Güterzüge mit Namen von polnischen und ostpreußischen Städten wie Breslau und Königsberg und einen Zug voller Fahnen der italienischen faschistischen Republik. Sie hörten gerade der Köchin zu, die ihnen erklärte, das beste Mittel gegen Durchfall sei ein in einer Tasse Wasser aufgeschlagenes Eiweiß, als die Meldung kam, daß die deutsche Armee die Bahnhöfe in die Luft sprengen wollte. »Müssen wir Angst haben oder nicht wir sind uns noch nicht ganz klar darüber«, sagte Gertrude.

Sie hatten eine enorme Abneigung gegen die Deutschen. »Das einzig Menschliche an ihnen ist ihre Vorliebe für Schweinefleisch, das ist das einzig Menschliche an ihnen«, schrieb Gertrude in ihrem Buch *Kriege die ich gesehen habe.*[37]

> ... sie sind ein Volk das immer jemanden wählt der sie in eine Richtung führen wird in die sie nicht gehen wollen, das ist ihr Instinkt für Selbstmord, die Götterdämmerung, sie scheitern immer und wenn es passiert haben sie weder Stolz noch Mut ...[38]

Der Krieg dauerte ihnen nun schon zu lange, sie konnten kein Ende absehen. Ein Jahr lang trugen sie Schuhe mit Sohlen aus Holz und mußten Torf als Brennmaterial verheizen. Alice flickte die Kleider. Sie flickte die Flicken und dann die geflickten Flicken. Pierre Balmain kam auf dem Fahrrad mit Stopfnadeln und Garn vorbei. Er war noch ein unbekannter Student und entwarf Kleider für Gertrude und Alice. Nach dem Krieg halfen sie ihm bei der Werbung für seine erste Kollektion in Paris.

Die ganze Zeit über kamen Propagandasendungen im Radio. »... eine Sache ist ganz sicher keiner scheint jemanden zu lieben. Liebet einander, das gilt jetzt ganz und gar nicht«, sagte Gertrude.[39] Sie hörte gern den Deutschen zu, wenn sie im Radio Englisch sprachen und verbreiteten, daß die Engländer die Geburtenkontrolle praktizierten, indem sie ungeborene Kinder töteten, daß sie Männer wie Malthus ehrten und daher nicht als Menschen bezeichnet werden könnten. Die französischen Stationen störten die Sendungen, und Gertrude fand dies alles, was sich da mitten in dem allgemeinen Elend abspielte, ziemlich bubenhaft. »Und deshalb ist die Welt mittelalterlich so mittelalterlich wie sie nur sein kann.«

An einem Tag, als die deutschen Soldaten die französischen Widerstandskämpfer des Maquis in den Bergen jagten, erhielt Alice sechs Zitronen vom Kolonialwarenhändler, der sie nur deshalb hatte, weil jemand sie in Tunis bei einer Hochzeit gekauft hatte. »Wir die mitten unter euch leben grüßen euch«, schrieb Gertrude über den Maquis. Die Leute des Maquis waren praktisch unbewaffnet, als sie begannen, das Transportsystem der Deutschen anzugreifen, indem sie Eisenbahnlinien unterbrachen, Tunnels blockierten und Brücken in die Luft sprengten.

Den Zivilisten sagten die Deutschen, daß sie nicht in die Berge gehen dürften, weil sie sonst erschossen würden. In der schlimmsten Phase des Krieges gab es keinerlei Nachrichten, keine Zeitungen, keine Züge, keine Telefonverbindungen und auf der fünfzehn Kilometer langen Strecke zwischen Culoz und Belley waren dreiundzwanzig Barrikaden errichtet. »Diese Art Krieg ist komisch er ist schrecklich aber er macht alles unwirklich, wirklich unwirklich«, schrieb Gertrude.

Die Ausgangssperre galt jetzt schon ab sechs Uhr nachmittags, und in den Häusern mußten alle Fenster zur Straßenseite bis sieben Uhr morgens verdunkelt bleiben. Gertrude säuberte die Terrasse vom Unkraut, damit die Amerikaner dort gemütlich sitzen konnten, wenn sie denn da waren. Alice meinte, daß das Unkraut noch genügend Zeit haben werde, um wieder zu wachsen. Gertrude hatte nie eine Uhr getragen, doch jetzt kaufte sie eine Armbanduhr, da man erschossen wurde, wenn man nach sechs Uhr noch unterwegs war. Es war eine Schweizer Sportuhr für Männer und Frauen: ». . . und jetzt trage ich sie mit ungeheurem Stolz und Vergnügen und sie scheint richtig zu gehen und ich komme rechtzeitig nach Hause und werde nicht von den Deutschen erschossen.«[40]

Im Juli 1944 kam sie eines Tages nach Hause und fand rund hundert deutsche Soldaten vor, die sich in Haus und Garten niedergelassen hatten. Basket war so verschreckt, daß er nicht einmal bellen konnte. »Gertrude Stein wurde mit Hund und Manuskript nach oben in ihr Schlafzimmer gescheucht«, sagte Alice. »Es war ein unglaubliches Durcheinander.«[41] Einer der Soldaten, der versehentlich seinen Adjutanten erschossen hatte, wurde in einem Zimmer eingesperrt. Er weinte die ganze Zeit und sagte, er wolle sich umbringen. Die Hunde der Offiziere rannten durch das ganze Haus, ihre Pferde und Esel zertrampelten die Blumenbeete von Alice. Die Soldaten schlachteten auf der Terrasse ein Kalb, bedienten sich bei den Vorräten und Souvenirs, nahmen die Hausschlüssel und zogen am nächsten Morgen ab. Alice hatte ihre Gläser mit den kandierten Früchten im Wäscheschrank versteckt, wo sie tatsächlich unentdeckt blieben: »Das bedeutete sehr viel für mich«, sagte sie, »denn sie waren ein Symbol für die bessere Zeit, die bestimmt bald anbrechen würde.«[42]

Nach und nach gerieten die Deutschen in Bedrängnis. Sie bezahlten nicht mehr in den Geschäften, da sie kein Geld mehr hatten, und dann schienen sie langsam zu verschwinden. Gertrude konnte Basket um zehn Uhr abends rufen, und hörte einmal einen Mann nachts auf der Straße pfeifen. »Welch ein Gefühl von Freiheit, wenn man hört, wie jemand um Mitternacht die Straße hinuntergeht und dabei pfeift.«

> Und jetzt heute um halb eins sagte eine Stimme im Radio
> Achtung Achtung Achtung und die Stimme des Franzosen
> überschlug sich vor Aufregung und er sagte Paris ist frei. Gloria
> Hallelujah Paris ist frei.«[43]

Gertrude und Alice erschien das alles wie an einem vierten Juli in ihrer Jugend im San Joaquin Valley. Sie hörten, daß die amerikanischen Truppen nur noch fünfundzwanzig Kilometer entfernt in Aix-les-Bains waren. Gertrude ging mit Basket zum Dorffriseur und sagte: »Wollen Sie ihn nicht scheren und elegant machen, es ist nicht recht, wenn die Amerikaner vorbeikommen und wenn Paris frei ist daß der einzige französische Pudel in Culoz der Amerikanern gehört nicht elegant sein sollte.« Pfoten und Schnauze von Basket wurden geschoren, der Alte schwitzte vor Anstrengung, Basket ebenso.

Im Dorfladen fand Alice Stoffbänder in den amerikanischen Farben und verteilte sie, wie sie es schon im Ersten Weltkrieg getan hatte, an die kleinen Buben. Sie fragte sich, ob es vielleicht das gleiche Band sei, das von damals noch übrig war. Dann legten sie am Soldatendenkmal in Culoz zu Ehren des Maquis Blumen nieder.

Französische und amerikanische Fahnen wehten aus den Fenstern aller Häuser. Die Anzahl der Sterne und der Streifen variierte, je nachdem, wieviel Farbe man hatte verwenden können. Manche Mädchen schafften es, ganze Kleider mit Bändern in den Farben der Trikolore zu schmücken. Der Maquis marschierte die Hauptstraße hinunter, alle

Mit G.I.s, 1945.

standen am Straßenrand und sangen die Marseillaise. Wegen der Trompeten versuchte Basket wegzulaufen und mußte mit einem Taschentuch angebunden werden.

Die Leute vom Dorf schoren den Mädchen, die während der Besatzung mit deutschen Soldaten zusammengewesen waren, den Kopf und bezeichneten das als die Frisur von 1944. »Natürlich ist es schrecklich weil das Scheren öffentlich gemacht wird, es wird heute gemacht. Es ist wie ich oft gesagt habe, Leben im Mittelalter«, sagte Gertrude.[44]

Am 31. August 1944 fuhren sie im Taxi zum Einkaufen und zur Bank nach Belley. Als sie aus dem Auto stiegen, sagte man ihnen »Die Amerikaner sind da«. »Bringen Sie mich zu ihnen«, sagte Gertrude. Der Uhrmacher aus Belley, ein »leidenschaftlicher Pro-Alliierter«, sagte seinem Sohn, er solle das übernehmen. Sie gingen in ein Hotelfoyer voller Leute vom Maquis, der Bürgermeister von Belley war auch dabei. Gertrude fragte mit lauter Stimme »Sind Amerikaner hier,« und drei Männer standen auf: Leutnant Walter E. Olson vom 120. Pionier-Bataillon und die Gefreiten Edward Landry und Walter Hartze von den Thunderbirds:

> Wir drückten einander die Hand und wir schlugen einander auf die Schulter und wir setzten uns zusammen hin und ich sagte ihnen wer wir sind, und sie wußten es. Ich gehe immer davon aus daß die Leute wissen wer ich bin und zur gleichen Zeit im letzten Augenblick zweifle ich ein bißchen, aber sie wußten es natürlich.[45]

Gertrude und Alice fuhren mit den Soldaten in deren Jeep spazieren, kauften ein und wurden noch aufgeregter, da die Stadt voller französischer Soldaten in amerikanischen Autos war. Sie sahen noch zwei Männer, die wie Amerikaner wirkten und »flogen auf sie zu«. Es waren Oberstleutnant William O. Perry vom Hauptquartier der 47. Infanteriedivision und sein Fahrer, der Gefreite John Schmaltz. Alice »belegte sie sofort mit Beschlag für das Abendessen und für die Nacht – da sie ja irgendwo essen und schlafen mußten, konnten sie das auch in unserem Haus.«[46] »Alice stieg in den Wagen mit dem Fahrer und der Oberst kam mit mir«, sagte Gertrude. »Unser Empfang in Culoz und im Haus war triumphal«, sagte Alice:

> Die Dienstmädchen weinten und knicksten und bejubelten sie als *nos libérateurs*. Unmöglich die Köchin zu beruhigen. Schließlich erklärte sie sich bereit, wieder in die Küche zu gehen und ein Abendessen zu bereiten ... und sie sagte »Machen Sie

sich keine Sorgen, Madame, jetzt kann ich kochen, sogar wenn es keine Sahne und nicht genügend Butter und Eier gibt«.

Das Befreiungsmenü bestand aus Forelle in Aspik, Hühnchen in Estragon, Tomaten- und grünem Blattsalat, Schokoladensoufflé, wilden Erdbeeren und Kaffee. Nachbarn gaben das Hühnchen, die Eier und die Butter dazu. Der amerikanische Oberstleutnant und sein Fahrer stifteten die Schokolade und den Kaffee. Die ganze Runde saß die halbe Nacht zusammen. Die Soldaten stammten aus Colorado und brachten Amerika in das Haus von Gertrude und Alice. Die Köchin arbeitete bis Mitternacht und fabrizierte eine Menge amerikanische und französische Fähnchen, mit denen sie einen großen, mit Marzipancreme gefüllten Kuchen schmückte.

Die Soldaten erzählten Gertrude und Alice am nächsten Morgen beim Frühstück noch mehr. Sie alle klopften sich immer wieder gegenseitig auf die Schultern und küßten sich, und dann fuhren die Soldaten ab. Als sich Alice und Gertrude zum Mittagessen setzten, kamen noch vier Amerikaner. Sie waren Kriegskorrespondenten, darunter auch Eric Sevareid, ein Freund von Gertrude. Sie wollten, daß Gertrude am nächsten Tag mit ihnen ins Pressecamp nach Voiron kam und von dort aus eine Rundfunkansprache hielt, die nach Amerika ausgestrahlt werden sollte. »Die Augen dieser beiden alten Damen glänzten wie Kinderaugen bei einem Picknick«, erzählte Sevareid. Voiron lag weiter entfernt als alle Orte, in die sie in den vergangenen zwei Jahren von Culoz aus gefahren waren.

Im Pressecamp verursachten sie ziemlich große Aufregung, aßen Schinken mit Eiern, Mais aus der Dose, süße Pickles, Kekse, Pfirsiche aus der Dose und tranken Kaffee mit Milchpulver. Alice rauchte eine amerikanische Zigarette nach der anderen und bezeichnete es als »denkwürdiges Mittagessen mit unseren Befreiern«. Gertrude sprach live zur amerikanischen Nation:

> Welch ein Tag ist heute das heißt welch ein Tag war der vorgestrige Tag, welch ein Tag! Ich kann jedem sagen daß keiner von euch weiß was es mit der ganzen Sache Heimatland auf sich hat, solange ihr nicht von eben diesem Heimatland jahrelang abgeschnitten wart. So eine Heimatlandsache kann einen ganz schön packen. Der vorgestrige Tag war ein herrlicher Tag. Zuerst sahen wir die drei Amerikaner und sie sagten ja und es schnürte uns das Herz zusammen und wir redeten, und sie

nahmen uns in ihrem Wagen mit, diese langersehnten Amerikaner, wie lang haben wir auf sie gewartet und da waren sie Leutnant Olsen und die Soldaten Landry und Hartze und dann sahen wir noch einen Wagen von ihnen und diese beiden kamen mit zu uns nach Hause, ich hatte gesagt könnt ihr nicht mit uns nach Hause kommen wir müssen ein paar Amerikaner in unserm Haus haben und sie sagten sie schätzten der Krieg könne auch ein paar Stunden ohne sie weitergehen und sie hießen Oberst Perry und Soldat Schmaltz und wir schwatzten und klopften einander auf die Schulter und jedermann im Dorf rief die Amerikaner sind da die Amerikaner sind da und wirklich die Amerikaner sind da sie sind gekommen sie sind hier Gott segne sie. Natürlich fragte ich jeden von ihnen von wo er käme und die Worte New Hampshire und Chicago und Detroit und Denver und Delta Colorado waren Musik in unseren Ohren. Und dann erschienen die vier Reporter, natürlich zählen Reporter nicht aber was haben die mit uns geschwätzt und wir und sie luden mich ein mit ihnen nach Voiron zu kommen für eine Rundfunksendung und hier bin ich.

... Wißt ihr ich habe wirklich geglaubt ich kenne Frankreich durch und durch aber ich habe nicht gewußt was es in diesen glorreichen Tagen tun konnte und was es tat. Ja ich kannte Frankreich im letzten Krieg in den Tagen seiner Niederlage da war es noch viel größer. Ich kann nie dankbar genug sein daß ich während all dieser dunklen Tage hier geblieben war, als wir meilenweit gehen mußten um ein bißchen Extrabutter ein bißchen Extramehl zu bekommen, als jeder es irgendwie fertigbrachte sich zu befreien, als der *maquis* unter den Augen der Deutschen Nachschub bekam und die Waffen versteckte die mit Fallschirmen abgeworfen wurden, wir wollten immer ein Stückchen Fallschirmseide, ein Mädel im Dorf machte sich eine Bluse daraus.

Es war eine herrliche Zeit sie war lang und sie war herzzerreißend aber mit jedem Tag wurde sie länger und kürzer und nun sind wir dank meines Geburtslandes und meines Adoptivlandes frei, lang lebe Frankreich, lang lebe Amerika, lang leben die Vereinten Nationen und lang lebe vor allem die Freiheit, ich kann euch sagen die Freiheit ist das Wichtigste auf

der Welt wichtiger als Essen und Kleidung wichtiger als alles auf
dieser sterblichen Erde ich die ich vier Jahre lang mit den
Franzosen unter dem deutschen Joch gelebt habe ich will es
euch sagen.
Ich bin so glücklich heute zu Amerika zu sprechen so
glücklich.[47]

Als sie wieder nach Hause kamen, buk Alice ihren Befreiungskuchen, überzog ihn mit Mandelglasur und Puderzucker, und schickte ihn dem General, dessen Armee das Departement Ain befreit hatte: General Patch, Kommandeur der Siebten Armee. Dann begann sie, »wie verrückt« das Manuskript von Gertrudes Buch *Kriege die ich gesehen habe* abzutippen.

15
FRIEDEN

Tot ist tot ja tot ist wirklich tot
ja tot zu sein ist wirklich tot sein ja tot zu sein
ist wirklich tot sein

In den finstersten Tagen der Okkupation hatte Gertrude Heimweh nach den Quais von Paris und einem Brathähnchen in einem Restaurant. Sie verspürte eine abergläubische Angst um die Wohnung in der Rue Christine und wollte das Thema nicht ansprechen. Man erzählte ihr und Alice, daß im August 1944 Männer von der Gestapo dort eingebrochen seien, ein Foto von Gertrude durch die Luft geschwenkt und dabei gesagt hätten, daß sie die schon finden würden. Die Concierge rief die französische Polizei, die die Deutschen aus der Wohnung wies. Bernard Faÿ stellte sicher, daß die Gestapo die Bilder nicht konfiszierte:

> Picasso kam vorbei und sagte: »Die Deutschen bereiten die Verlagerung meiner Bilder vor, die Gertrude Stein gehören – tun Sie etwas.« Ich habe mich mit Herzog Metternich in Verbindung gesetzt (er war mit dem Schutz von Kunstwerken in besetzten Gebieten befaßt) und bat ihn, schnell zu handeln, was er auch tat. Die Sammlung von Gertrude Stein stand unter der Aufsicht der deutschen Verwaltung von jüdischem Eigentum. Metternich wies die Verwaltung von feindlichem Eigentum an, die Tür der Steinschen Wohnung zu versiegeln. Die beiden Institutionen führten einen bürokratischen Kleinkrieg, und es war ihnen unmöglich, die Einrichtung wegzuschleppen. Die Sammlung war gerettet.[1]

Trotzdem nahm die Gestapo die Schlüssel zur Wohnung mit, gab sie am nächsten Tag wieder zurück, stahl Silber und Wertsachen und zerschlug einige Einrichtungsgegenstände. Daher holte ein Freund einen russischen Handwerker namens Svidko, um alles wieder zu reparieren.

Gertrude und Alice blieben noch den ganzen Herbst 1944 in Culoz. Sie sahen der Ankunft der Truppenzüge zu, begrüßten die GIs, unterhielten sich mit ihnen und gaben Autogramme. Sie hörten widersprüchliche Berichte über die Lage in Paris. Manchmal hieß es, es gäbe nichts zu essen, kein Gas und keinen Strom. Gelegentlich trafen wieder Briefe ein, die jedoch immer noch zensiert wurden. »Papa und Mama Woojums« wurde in »Vater und Mutter Woojums« geändert. Carl Van Vechten hatte versucht, den Behörden die genauere Art der Verwandtschaftsbeziehung zu erklären, doch ohne Erfolg.

Mitte Dezember brachen Gertrude und Alice wieder nach Paris auf. Sie mieteten einen Lastwagen und packten alles hinein, was sich in den fünf Jahren ihres Aufenthaltes auf dem Land bei ihnen angesammelt hatte. Keine von beiden kam jemals in das Rhônetal zurück. Auf der Fahrt gerieten sie in heftige Schneefälle, die Reifen platzten immer wieder, das Auto brach zusammen, und der Fahrer mußte ein kurvenreiches, drei Kilometer langes Straßenstück rückwärts im Schnee in der Dunkelheit hinunterfahren und zur Fahrt hinauf neu ansetzen. Frieden ist eigenartiger als Krieg, dachte Gertrude. Bewaffnete Widerstandskämpfer hielten sie auf und hielten sie für Deutsche. Wir doch nicht, sagte Gertrude indigniert und wies ihre Papiere vor. Alice erklärte, daß die Bündel, die sie dabei hatten, Fleisch, Butter und Eier enthielten und das große Ding ein Bild von Picasso mit dem Portrait von Gertrude sei. Rühren Sie es nicht an, sagte sie.

Als sie schließlich Paris erreichten, war es genauso wie damals, als sie es verlassen hatten. »Um so vieles schöner, aber noch dasselbe«, sagte Gertrude.

> Alle Bilder waren noch da, die Wohnung war noch da, und es war alles sauber und sehr schön. Wir waren kaum angekommen, und schon kamen alle angelaufen, die Concierge, der Ehemann der Wäscherin eine Treppe tiefer, die Sekretärin unseres Vermieters, der Buchbinder, alle kamen sie vorbei, um uns zu begrüßen und von dem Besuch der Gestapo zu erzählen; ihr Siegel war noch an der Tür.
> Ich wollte es nicht wissen, weil Wissen Angst macht, doch ich mußte es wissen und es ist interessant.[2]

Am nächsten Tag kam Picasso vorbei und sie küßten sich und sagten immer wieder: »Es ist ein Wunder, all die Schätze unserer Jugend, die Bilder, die Zeichnungen, die Sachen, alles ist da.« Alice war wütend, weil die Gestapo ihr Porzellan, Kristall und Tafelleinen mitgenommen hatte. Gertrude sagte zu ihr: »Davon will ich nichts hören. Es ist eben weg. Wir sind wirklich gut davongekommen – laß uns nicht über solche Dinge reden.«[3]

Gertrude nahm mit Basket ihre Spaziergänge durch Paris wieder auf. Der Krieg erschien ihr jetzt wie ein nächtlicher Alptraum, sie und Alice waren wohl einfach nur zu ihrem Sommerurlaub fort gewesen. Paris beeindruckte sie noch mehr als je zuvor:

> All die kleinen Läden waren da mit demselben Besitzer, die Läden die schmutzig gewesen waren waren immer noch schmutzig, die Läden die vor dem Krieg sauber gewesen waren noch immer sauber, all die kleinen Antiquitätenhändler waren noch immer da, in jedem ihrer Läden waren die gleichen Sachen die schon vorher darin gewesen waren, denn jeder kleine Antiquitätenhändler führt seine eigene Art Antiquitäten. Es war ein Wunder, es war ein Wunder ... Wie wunderbar alles war, und die Quais an der Seine ... Und so waren wir wieder in Paris, ja, wieder in Paris.[4]

Nach und nach tauchten die Freunde wieder auf. Francis Rose kam nach Paris, weil er dort eine Ausstellung seiner Bilder hatte. Cecil Beaton kehrte aus dem Fernen Osten zurück, Sylvia Beach aus der Schweiz und Natalie Barney aus Italien. Mit Romaine Brooks hatte sie die Kriegsjahre in der Villa Sant' Agnese außerhalb von Florenz verbracht. Kahnweiler hatte unter falschem Namen versteckt gelebt. Es gab auch ein kurzes Wiedersehen zwischen Gertrude und Hemingway, der als Kriegskorrespondent unterwegs war.

Bernard Faÿ wurde wegen Kollaboration mit dem Feind verhaftet. Gertrude und Alice fanden, daß seine Festnahme weder seinen Patriotismus noch die Probleme des Lebens in einem besetzten Land berücksichtigte. Sie schickten Süßigkeiten, Briefe und Vitamine an Faÿ und versuchten mit allen Kräften, seine Freilassung zu erwirken.

Gertrude kehrte ins Rampenlicht zurück. *Kriege die ich gesehen habe* erreichte eine Auflage von 10 000 verkauften Exemplaren, Bennett Cerf schickte ihnen die guten Besprechungen nach Paris. Papa Woojums schrieb: »So weit ich weiß, habe ich die gesamte amerikanische Armee DIREKT IN DIE Rue Christine 5 geschickt!« Gertrude veranstaltete Salons für die GIs. Für die amerikanischen Soldaten wurde sie eine Sehenswürdigkeit in Paris, wie die Place Pigalle und der Eiffelturm. Alice sagte, daß die amerikanische Invasion manchmal doch ein wenig viel sei. Gertrude erzählte Cecil Beaton:

> Es ist ziemlich außer-ge-wöhnlich wie diese Jungs zu uns kommen. Sie wollen Pablo besuchen und sie wollen mich

In der Rue Christine 35.
Fotografie von Cecil Beaton.

besuchen. Sie gehen sonst zu niemandem und ich glaube nicht daß sie uns besuchen wollen weil wir Berühmtheiten sind sondern weil wir Rebellen sind. Sie kennen Pablo und ich mußte in unserer Zeit in einem Kampf bestehen und wir haben gewonnen.[5]

Es gefiel ihr, das Soldatenliebchen zu spielen, und sie hatte sentimentale Gefühle für die Soldaten, bei denen sie eine eigene amerikanische Unschuld, Anständigkeit und Gutherzigkeit erkannte. »Schreiben Sie über uns«, sagten die GIs, und das tat sie mit ihrem Buch *Brewsie and Willie.* Sie verfaßte es im Ton einer Unterhaltung zwischen zwei gewöhnlichen Soldaten, die sich Gedanken darüber machen, wie das Leben in Amerika wohl nach ihrer Rückkehr, nach dem Ende des Krieges sein wird. Gertrude fand das Buch »gelungen«. »Ich glaube ich habe sie wirklich so gekriegt wie sie waren, es war ziemlich wunderbar und ich habe sie gekriegt«, schrieb sie an Papa Woojums.[6]

Gertrude nahm gemeinsam mit der schon ziemlich tauben Alice Einladungen an, um in Armeekantinen, vor Klassen von GIs und bei Rotkreuzversammlungen zu sprechen. Alle GIs wollten mit ihr, Alice und Basket fotografiert werden. Nach einem Treffen wurden sie zur großen Verwirrung der Polizei von fünfzig Soldaten nach Hause begleitet. »Die Türglocke läutete den ganzen Tag, ein Soldat und dann wieder einer, ich muß sagen ich mag sie alle«, erzählte Gertrude Papa Woojums. Sie wurden eingeladen, mit den Soldaten ein Konzert der Glenn Miller-Band zu besuchen. Gertrude »hielt eine kleine Ansprache«, und später kamen zehn Bandmusiker mit ihren Instrumenten – darunter auch Schlagzeug und Doppelbass – in die Rue Christine und gaben dort ein Konzert. Alice gab ihnen Schokoladeneis.

Für das *New York Times Magazine* und die Zeitschrift *Life* schrieb Gertrude patriotische Artikel. Im Juni 1945 lud die US-Armee sie ein, ihre Stützpunkte im besetzten Deutschland zu besuchen. »Wir flogen in einem amerikanischen Bomber«, schrieb Alice.[7] *Life* bestellte einen Artikel über diese Reise, den Gertrude mit dem Titel *Off We All Went To See Germany* (Unterwegs in Deutschland) schrieb. Sie hatten eine Eskorte von zwölf Soldaten dabei, ließen ein Gruppenfoto mit allen machen und aßen wie sie von Blechtellern. Sie fuhren nach Salzburg und nach Berchtesgaden, wo sie sich auf der Terrasse von Hitlers »Berghof« wieder fotografieren ließen:

Da waren wir in jenem großen Fenster von dem Hitler die Welt beherrscht hatte, eine Handvoll einfach fröhlicher glücklicher GIs. Es war das erste Mal daß ich unsere Jungs wirklich fröhlich und ausgelassen sah, sie vergaßen wirklich ihre Last und waren einfach dumme Kinder, kletterten herauf und herum, während Miss Toklas und ich bequem und behaglich in Gartenstühlen auf Hitlers Balkon saßen.[8]

Sie inspizierten die Kunstschätze, die Göring aus allen besetzten Ländern in Europa gestohlen hatte. Gertrude fand, daß diese Werke keinen besonderen persönlichen Geschmack als Sammler erkennen ließen.

Als sie durch das zerbombte Frankfurt gingen, fiel Gertrude auf, daß die Deutschen sie und Alice anstarrten. Sie begriff, daß sie beide die ersten Ausländerinnen in Zivilkleidung waren, die diese Menschen seit langem zu Gesicht bekamen. »Manche wurden ziemlich blaß und andere sahen wütend drein.«[9]

»Lehren Sie sie Ungehorsam«, sagte sie über die Deutschen, die sie auf ihrer Reise sah:

machen Sie jedem deutschen Kind klar, daß es seine Pflicht ist, mindestens einmal an jedem Tag eine gute Tat zu vollbringen und nichts zu glauben, was sein Vater oder seine Lehrer erzählen, verwirren Sie sie in ihrem Denken ... und vielleicht werden sie ungehorsam und dann kann die Welt in Frieden leben.[10]

Manch einer war der Ansicht, die beste Methode, um die Gedanken der deutschen Kinder durcheinanderzubringen, wäre es, Gertrudes Werke im Schulunterricht durchzunehmen.

Papa Woojums fand es hervorragend, wie Gertrude in *Brewsie and Willie* die ATMOSPHÄRE und die ALLTAGSSPRACHE getroffen hatte.[11] Gegen Ende des Buches wurde sie ziemlich feierlich und leidenschaftlich und hielt eine Rede »An Amerikaner«:

GIs und GIs und GIs und sie haben mich ganz und gar zur Patriotin gemacht. Ich war stets patriotisch, ich war auf meine Art stets eine Veteranin des Bürgerkriegs, doch dazwischen, da waren andere Dinge, aber jetzt gibt es keine anderen Dinge mehr. Ich bin überzeugt, daß dieser besondere Augenblick in unserer Geschichte bedeutender ist als alles seit dem Bürgerkrieg. Wir stehen da wo wir einen geistigen Pionierkampf zu kämpfen haben oder wir werden so arm werden wie England und andere Industrieländer arm geworden sind, und glaubt nur nicht daß der

Kommunismus oder der Sozialismus euch retten werden, ihr müßt nur einen neuen Weg finden, ihr müßt herausfinden, wie ihr vorankommen könnt ohne daß ihr mit euch selbst durchgeht, ihr müßt lernen zu produzieren ohne die Reserven eures Landes zu erschöpfen, ihr müßt lernen Individuen zu sein und nicht nur Fließbandarbeiter, ihr müßt genug Courage bekommen um zu wissen was ihr empfindet und nicht nur Ja- und Neinsager sein, und ihr müßt wirklich lernen Schwierigkeiten ausdrücken zu können, seid behutsam und wenn ihr nicht behutsam sein könnt dann seid so behutsam wie ihr könnt. Denkt an die Wirtschaftskrise, habt keine Angst davor ihr ins Gesicht zu sehen und die Gründe dafür herauszufinden, fürchtet euch nicht vor diesen Gründen, wenn ihr die Gründe nicht herausfindet, dann werdet ihr arm werden und mein Gott wie schrecklich wäre es mir wenn mein Heimatland arm würde. Sucht die Gründe, seht den Tatsachen ins Gesicht, plappert nicht nach was alle sagen, die Führer, sondern habt jeder eine eigene Meinung damit die Regierung durch das Volk für das Volk nicht von der Erde verschwindet, sie wird es nicht, ein anderer wird den Auftrag übernehmen, wenn wir ihn niederlegen, vor allem aber haltet nicht inne, sucht nach den Gründen für die Wirtschaftskrise, findet sie heraus, jeder einzelne von euch und dann seht den Tatsachen ins Gesicht. Wir sind Amerikaner.[12]

Für *Life* und die *New York Times* schrieb Gertrude Artikel über die amerikanische Armee und hielt auch Vorträge darüber. Über ihr Verhältnis zu den amerikanischen Soldaten sagte Natalie Barney: »Und so führte sie sie wie eine Art *vivandière de l'esprit* vom Krieg in den Frieden und zum Bewußtsein des Eigendaseins, das an die Stelle des Kollektivdaseins getreten war.«[13]

Die amerikanische Armee war eine gute Kundin für Gertrudes Werke. Alice gelang es, den Soldaten die restlichen Exemplare der fünf Bücher zu verkaufen, die in den frühen dreißiger Jahren bei Plain Editions erschienen waren. Papa Woojums kümmerte sich darum, daß die Soldaten Pakete mit allem, was man nicht in Frankreich erhalten konnte, für Gertrude und Alice aus Amerika mitbrachten: Kaffee, Tee, Kuchen, Kekse, Zeitungen, Reis, Zündsteine für die Feuerzeuge von Alice, Tischtücher und vieles mehr. Marie Laurençin porträtierte Basket den Zweiten, da er nun ein berühmter Hund war.

Virgil Thomson wollte wieder eine Oper mit Gertrude machen. Im Oktober 1945 begann sie mit dem Libretto, als Hauptfigur wählte sie Susan B. Anthony, die führende amerikanische Suffragette aus dem neunzehnten Jahrhundert. Das Stück trug den Titel *The Mother Of Us All*, und die Titelheldin fand Männer ziemlich widerlich:

> Männer sagte Susan B. sind so altertümlich, so selbstsüchtig, so langweilig und sagte Susan B. sie sind so häßlich, und sagte Susan B. sie sind einfältig, jedermann kann sie überzeugen ... sie sind arme Dinger, sie sind arme Dinger ... Männer sind altertümlich, langweilig, eintönig, irregeleitet, dumm, unbeweglich und Maulhelden ... sie wissen wie man trinkt und betrunken wird.
>
> Männer können nicht zählen, sie wissen nicht daß zwei und zwei vier ist wenn ihnen Frauen das nicht sagen. Ein Teufel kriecht in Männer wenn ihre Hände kräftiger werden. Männer wollen halb Sklaven halb frei sein. Frauen wollen ganz Sklavinnen oder ganz frei sein deshalb regieren Männer und Frauen wissen ...

Papa Woojums fand die Oper BESSER als *Vier Heilige* und sagte, daß er mit Virgil Thomson AUSFÜHRLICH am Telefon darüber gesprochen habe, und daß Virgil Thomson das Wort »sensationell« gebraucht habe.[14]

Der Herausgeber des *Yale Poetry Journal* fragte Gertrude, was sie von der Atombombe hielt, da Amerika gerade zwei H-Bomben auf Hiroshima und Nagasaki abgeworfen hatte. Gertrude schrieb 1945 den Text *Reflections on the Atomic Bomb*:

> Ich sagte es sei mir nicht möglich gewesen mich im geringsten dafür zu interessieren. Ich lese gern Kriminalromane und Gruselgeschichten, davon kann ich nie genug bekommen, aber wenn darin von Todesstrahlen und Atombomben die Rede war, konnte ich sie niemals lesen ... Und im Grunde empfinden alle so. Man glaubt man interessiere sich für die Atombombe, aber im Grunde interessiert man sich nicht mehr dafür als ich. Wirklich nicht. Vielleicht fürchtet man sich ein wenig davor, ich fürchte mich nicht so sehr, es gibt soviel, wovor man sich fürchten kann, was hat es also für einen Sinn sich zu fürchten, und wenn man sich nicht fürchtet, dann ist die Atombombe nicht interessant. Den ganzen Tag lang wird einem so viel

mitgeteilt daß der gesunde Menschenverstand darüber verlorengeht. Man hört so viel daß man vergißt natürlich zu sein. Das ist eine hübsche Geschichte.[15]

Gertrude wollte, daß nicht nur ihre neuen Erfolge, sondern auch ihre früheren Bücher veröffentlicht wurden. »Sehen Sie, ich finde eben, daß einige meiner Bücher wie Klassiker behandelt werden und im Verkauf bleiben sollten«, schrieb sie Bennett Cerf im September 1945. Im November war sie ziemlich ärgerlich über ihn, da er sich dieser Idee nicht anschloß. »Immer mit der Ruhe Brief mit erfreulichem Inhalt für Sie unterwegs« kabelte er ihr zurück. Er teilte ihr mit, daß er unter dem Titel *Selected Writings of Gertrude Stein* eine Auswahl ihrer Arbeiten in einem Band herausbringen wollte. Papa Woojums sollte das Vorwort schreiben, und Gertrude fand dies alles jetzt sehr gut ausgewogen und sagte, daß sie damit recht glücklich sei.[16]

Im Dezember 1945 fuhr Gertrude mit Alice im Auto nach Brüssel, um vor Soldaten zu sprechen, die dort stationiert waren. Auf dieser Reise fühlte sie sich sehr müde. Sie sagte, daß sie nicht mehr so viel reisen und auch weniger Besuch haben wollte. »Es war zu anstrengend – die Besatzung und dann fast die gesamte amerikanische Armee zu Gast zu haben«, schrieb Alice an Papa Woojums.[17] Gertrude verlor an Gewicht und klagte über Koliken. Sie hatte bereits in Culoz an Unterleibsschmerzen gelitten, mochte jedoch keine Ärzte und Medikamente. Der Arzt riet ihr jetzt, ein anderes Korsett zu tragen, und sie hatte das Gefühl, daß die Schmerzen dadurch abnahmen.

Im April 1946 sagte ihr der Arzt, daß sie sich wieder erholen und aufbauen müßte und eine Operation nötig sei. Das verweigerte sie. Alles bereitete ihr jetzt sehr große Beschwerden.

Sie willigte ein, Urlaub zu machen. Mit einem neu gekauften Simca brachen sie, Alice und Basket am 19. Juli von Paris auf nach Luçeaux in der Sarthe. Bernard Faÿ bot ihnen aus dem Gefängnis heraus an, daß sie dort in seinem Landhaus, einem Pfarrhaus in St. Martin, wohnen könnten. Es lag ungefähr 200 Kilometer von Paris entfernt, gefahren wurden sie von dem GI Joseph Barry.[18]

Sie ließen sich in St. Martin nieder und fuhren dann nach Azay-le-Rideau, weil sich Gertrude und Alice einmal mit dem Gedanken getragen hatten, dort ein Haus zu kaufen. Gertrude wurde sehr krank, und sie nahmen ein Hotelzimmer. Ein Arzt aus dem Ort sagte, daß sie sofort zu einem Facharzt müßte. Am folgenden Tag fuhren Gertrude, Alice und Jo

Barry mit dem Zug zurück nach Paris. Alice hatte Allan Stein, Gertrudes Neffen, angerufen und gebeten, einen Krankenwagen an den Zug zu schicken.

Gertrude wurde in das amerikanische Krankenhaus in Neuilly gebracht. Sowohl sie als auch Alice waren zuversichtlich, daß sie im September wieder an die Sarthe fahren könnten. Die Ärzte untersuchten sie und weigerten sich dann, eine Operation durchzuführen. Sie sagten, daß sie Krebs in einem zu weit fortgeschrittenen Stadium hatte und man ihr nicht mehr helfen konnte. Alice sagte:

> Müdes leidendes Baby schickte sie alle weg und sagte sie wollte keinen von denen jemals wiedersehen. Sie war wütend und schrecklich und imponierend wie damals vor dreißig und mehr Jahren als man ihre Arbeit angriff. Und dann bekamen wir Valerie-Radot [sic] und Leriche und sie stimmten zu weil sie sie anflehte.[19]

Valery-Radot war Mitglied der Académie de Médicin und Vorsitzender des Roten Kreuzes von Frankreich. Er schob die Operation noch um einige Tage auf. Am 22. Juli konnte sich Gertrude über die ersten Exemplare der New Yorker Ausgabe von *Brewsie and Willie* freuen.

Vor der Operation machte Gertrude ihr Testament. Alice und Allan Stein sollten ihre Nachlaßverwalter sein. Ihr Portrait von Picasso vermachte sie dem Metropolitan Museum in New York. Sämtliche Manuskripte, Korrespondenz und Fotografien gingen an die Yale University, und ihre Testamentsvollstrecker wies sie an, Carl Van Vechten jede Geldsumme auszuzahlen, die er »in seinem absolut eigenen Ermessen für erforderlich hält, um meine unveröffentlichten Manuskripte zu publizieren«. Ihr übriges Vermögen überließ sie

> meiner Freundin Alice B. Toklas, in der Rue Christine 5, Paris, und so weit es für ihren standesgemäßen Lebensunterhalt erforderlich werden mag, bevollmächtige ich meine Nachlaßverwalter, aus meiner Erbmasse Zahlungen an sie zu leisten und zu diesem Zweck jedes Gemälde oder anderen persönlichen Besitz aus meinem Vermögen zu veräußern.

Nach dem Tod von Alice sollte das Vermögen auf Allan Stein, den Neffen von Gertrude, übergehen, und nach seinem Tod auf seine Kinder. Das Testament sollte von einem Rechtsanwalt aus Baltimore namens Edgar Allan Poe beglaubigt werden. Um die Erbschaftssteuer in Frankreich zu umgehen, hinterließ Gertrude ihre gesamte Gemäldesammlung Allan Stein, im Vertrauen darauf, daß er ihren Willen ausführen werde. Daraus entstanden später Probleme, die sie nicht voraussehen konnte.

Am Samstag, den 27. Juli fand die Operation statt. Alice berichtete:

> Zu diesem Zeitpunkt befand sich Gertrude in einem traurigen Zustand der Ungewißheit und Sorge. Ich saß neben ihr, und am frühen Nachmittag sagte sie zu mir: »Was ist die Antwort?« Ich schwieg. »In diesem Fall«, so sagte sie, »was ist dann die Frage?« Dann gab es den ganzen Nachmittag über viel Kummer, Verwirrung und Unklarheit, und später am Nachmittag fuhren sie sie auf einer fahrbaren Trage in den Operationssaal, und ich sah sie nie wieder.[20]

»Wir können unsere Schritte nicht zurücknehmen«, schrieb Gertrude in *The Mother Of Us All*:

> Vorwärtsgehen ist vielleicht dasselbe wie rückwärtsgehen. Wir können unsere Schritte nicht zurücknehmen, unsere Schritte nicht zurücknehmen, mein ganzes langes Leben lang, ach.
> (Stille, lange Stille.)
> Aber – wir nehmen unsere Schritte nicht zurück, mein ganzes langes Leben lang, und hier, hier sind wir hier, in Marmor und Gold, habe ich gesagt Gold, ja ich sagte Gold, in Marmor und Gold und wo – (Stille)
> Wo ist wo ...

»Und ach Baby war so wunderbar«, schrieb Alice vier Tage später an Papa Woojums:

> – zwischen den Schmerzen – wie nie zuvor. Und jetzt ist sie in der Gruft der amerikanischen Kathedrale am Quai d'Orsay – und ich bin allein. Und nichts sonst – nur das was war. Du wirst verstehen, daß es bei mir nicht sehr viel Klarheit gibt – alles ist leer und verschwommen.[21]

16
WEITERLEBEN FÜR GERTRUDE
Ich bin nichts als ihre Erinnerung

Nach Gertrudes Tod verschlechterte sich das Erinnerungsvermögen von Alice:

> Oh, Sie hätten das damals erleben müssen. Ich hätte mit dem Anfang beginnen und Ihnen jede Einzelheit für jeden einzelnen Tag aus der gesamten Zeit bis zu Gertrudes Tod erzählen können. Damals habe ich mein Gedächtnis verloren, weil ich wohl sehr durcheinander war, und als es zurückkehrte herrschte in meinem Kopf einfach keine Klarheit.[1]

Sie gestattete sich nicht, ihre Trauer allzulange offen zu zeigen. Nach ihrer Rückkehr vom Begräbnis verbrannte sie sämtliche persönlichen Notizen, die sie und Gertrude einander geschrieben hatten. Innerhalb weniger Tage bestand sie bei Papa Woojums mit Nachdruck darauf, daß *alles*, was Gertrude geschrieben hatte, veröffentlicht werden mußte, daß er sich darum zu kümmern hatte, und daß *jede* Veröffentlichung mit einem Artikel von oder über Gertrude an die Bibliothek in Yale geschickt werden mußte. Sie schikanierte Virgil Thomson, damit er an der Produktion von *The Mother Of Us All* weiterarbeitete. Sie verschickte Rezensionsexemplare von *Brewsie and Willie* und war Saxe Commins auf den Fersen, einem Lektor beim Verlag Random House, um Vorabexemplare von Gertrudes *Selected Writings* zu erhalten. Als das Buch erschien, trug sie es mit sich herum. »Es ist so wunderschön – so perfekt – ich bin völlig aus dem Häuschen«, schrieb sie am 19. November 1946 an Papa Woojums.

Gertrude hatte keine weiteren Vorkehrungen für den Fall ihres Todes getroffen. Das war ein Thema, über das sie nicht sprachen. Wie immer war es die Aufgabe von Alice, sich um alles Erforderliche zu kümmern. Jo Barry fuhr sie zur Sarthe, damit sie dort ihr Urlaubsgepäck und Basket abholen konnte. Die Vermieterin der Rue Christine war einverstanden, daß Alice mit Basket in der Wohnung blieb. Alice versuchte, mit Basket die Spaziergänge durch Paris zu unternehmen, die ihm mit Gertrude so viel Spaß gemacht hatten.

Alice kaufte ein Doppelgrab auf dem Friedhof Père Lachaise, wo die bedeutenden Franzosen begraben liegen. Sie bat Francis Rose, einen Grabstein zu entwerfen. Sein Entwurf nahm Motive aus den Gärten von Bilignin auf. Gertrudes Leichnam lag ungefähr drei Monate in der Gruft der amerikanischen Kathedrale, während Alice über den Kauf der Grabstätte verhandelte. Am 22. Oktober 1946, einem milden Vormittag mit bewölktem Himmel, wurde Gertrude begraben. Eine Handvoll Freunde stand am Grab. Ein Pfarrer namens Beekman las drei Psalmen und »solche Abschnitte aus der Messe im Allgemeinen Gebetbuch, die Baby akzeptiert hätte«.[2] Es gab sehr viele Blumen, »und jetzt sind Basket und ich noch einsamer als jemals zuvor«, schrieb Alice an Papa Woojums.

Die Buchstaben auf dem Grabstein waren in Gold gehalten, doch Gertrudes Geburtsort war falsch geschrieben: Allfghany Pennsylvania ansatt Allegheny; auch ihr Todesdatum war verkehrt: 29. statt 27. Juli. Der 29. war der Tag, an dem Leo ein Jahr später starb – ebenfalls an Krebs. Niemand informierte Leo über Gertrudes Tod. Er erwähnte ihn in einem Nachsatz zu einem Brief an seinen Freund Howard Gans vom August 1946:

> In *Newsweek* habe ich gerade gelesen, daß Gertrude an Krebs gestorben ist. Das hat mich überrascht, da sie vor kurzem überaus lebendig wirkte. Ich kann nicht sagen, daß mich das sehr berührt. Ich hatte nicht nur jedes Interesse, sondern auch jeden Respekt vor ihr verloren.[3]

An seinen Cousin Fred Stein schrieb Leo im selben Monat:

> Es ist eigenartig. Ich habe immer erwartet, daß Mike und Gertrude, die beide offenkundig in besserer Verfassung waren als ich und sich auch beide besser um sich selbst gekümmert haben, mich überleben würden. Ich habe mich ohne jede Rücksichtnahme verbraucht und nach der schrecklichen Anstrengung durch die Neurose habe ich mich der noch größeren Anstrengung einer Behandlung unterzogen, und jetzt bin ich der einzige, der übrig ist.

Ungefähr eine Woche später schrieb er wieder an Howard Gans und erwähnte, daß seine Hämorrhoiden bluteten und ihn sehr plagten. Er fühlte sich schwach, müde und appetitlos. Eine Behandlung mit Radium wurde erwogen. Die Diagnose lautete auf Krebs, und man riet ihm, sich operieren zu lassen. Das wollte er nicht, da er Angst hatte, das nicht zu

Mit Papa Woojums.

überleben. Er sagte, daß er sich nicht fürchtete. Das Thema Gertrude konnte er nicht aufgeben. Jedem, der es hören wollte, erzählte er, daß ihr Werk reiner Blödsinn und nichts als Platitüden sei, geschrieben in Umgangssprache. Doch er wollte alles sehen, was über sie in den Zeitungen erschien und von ihr veröffentlicht wurde.

Einige Tage vor seinem Tod umriß er zum hundertsten Mal den grundlegenden Unterschied zwischen ihrem und seinem Wesen: sie hätte kein kritisches Interesse, sei von Grund auf dumm, ihr und sein privates Leben seien völlig unabhängig voneinander, sie hätten niemals irgendeinen Streit miteinander gehabt und alles, was er über sie sagte, sei keine Konsequenz aus ihrer persönlichen Beziehung oder irgendwelchen Empfindungen. Er schrieb über sie im Präsens, als wäre sie nach wie vor am Leben:

> Meiner Meinung nach ist sie eine dieser falschen Intellektuellen wie auch Picasso, die in der Umgangssprache schreiben, weil sie mit korrektem Englisch nicht genug Aufsehen erregen. Gertrude hat von Sprache einfach keine Ahnung, sie hat keine Idee und kann damit überhaupt nichts anfangen. Ihre herzliche Menschlichkeit ist allerdings nicht allumfassend. Sie sieht keinen Widerspruch darin, einerseits das Mögliche zu behaupten und andererseits mit grenzenloser Gewißheit etwas über Dinge zu behaupten, von denen sie nichts versteht – worunter so ziemlich alles fällt außer dem Charakter des Individuums, mit dem sie sich sehr intensiv befaßt hat. Sie genießt die Aufmerksamkeit der Öffentlichkeit, mir hingegen ist das völlig egal. Ich mag es, wenn mich die Menschen wirklich verstehen und wenn ihr Verständnis nicht echt ist, sagt mir Bewunderung wenig ... Gertrude scheint wie Picasso von weitreichendem Einfluß gewesen zu sein, weil jetzt jeder schreiben kann, so wie auch jeder malen kann. Gertrudes Stil scheint mir am besten gelungen, wenn sie in einem perfekten Babystil spricht, wie in dem Kriege-Buch. Das hat mich oft an *Around The World in Eleven Years* erinnert.[4]

Die »Familienromanze« und die kalte Art, wie Gertrude ihn zurückgewiesen hatte, überschatteten sein Leben bis zum Tod. Alice hingegen war durch den Verlust von Gertrude wie betäubt. »Oh, Carlo«, schrieb sie an Papa Woojums, »wie konnte solche Vollkommenheit solches Glück und solche Schönheit hier dagewesen und nun verschwunden sein.«[5] Doch bald schon war sie davon überzeugt, daß Gertrude nur nebenan auf dem Friedhof Père Lachaise auf sie wartete. Bevor sie sich dort treffen konnten, war allerdings noch viel zu tun. Alice verschrieb sich der Aufgabe, Gertrudes Ruf weiter zu verbreiten.

Freunde hatten nicht die leiseste Ahnung von Gertrudes Krankheit gehabt. »Die Vorstellung, daß sie aus dem Leben gerissen wurde, ist überaus schockierend«, schrieb Bernard Faÿ aus dem Gefängnis an Alice. Er hoffte, daß Gertrude bei Gott sei und sagte, daß er jetzt und für den Rest seines Lebens ihre Stimme hören konnte.[6]

Francis Rose ermahnte Alice in einem Brief, »für Gertrude weiterzumachen« und sich darum zu kümmern, das gesamte Werk von Gertrude so gut zu ordnen, daß die Welt es lieben konnte. Alice brauchte wenig Zuspruch dafür. Sie teilte Papa Woojums mit, daß er freie Hand bei der Verfügung über das Konto bei der Bank in Baltimore hätte, um alles zu publizieren, was Gertrude jemals geschrieben hatte. Donald Gallup, Kurator bei der Sammlung amerikanischer Literatur in Yale, schickte an Carl Van Vechten eine Liste mit den unveröffentlichten Werken von Gertrude. Van Vechten war sprachlos und überwältigt von der Aufgabe, die man ihm übertragen hatte:

> Anfangs hatte ich das Gefühl, daß Gertrude mir damit einen größeren Brocken gegeben hatte, als ich eigentlich schaffen konnte, und dieses Gefühl wurde noch wesentlich stärker, nachdem ich mit einigen Freunden aus dem Verlagswesen die Kosten durchgerechnet hatte, die das Drucken und Binden des gesamten Stapels noch unveröffentlicher Manuskripte verursachen würde. Die Summen, die dabei zustande kamen, waren so immens, daß mich bei dem Gedanken an das Projekt, das mir da bevorstand, mein Mut verließ.[7]

Er brauchte acht Jahre für diese Aufgabe. Die Yale University Press veröffentlichte jedes Jahr einen Band, die Einleitungen dazu wurden von Freunden verfaßt. Papa Woojums wollte, daß Alice die erste selbst schrieb, doch diese Idee versetzte sie in Panik: »Gertrude hätte diese Idee abgelehnt und gehaßt«, sagte sie. Sie ließ ihn wissen, daß nach wie vor Gertrude die Schriftstellerin und sie nur das Dienstmädchen sei. Ihre Weigerung und Selbstverleugnung belasteten ihre weitere Beziehung. Trotzdem sagte Carl Van Vechten, das gesamte Vorhaben dieser Veröffentlichung sei »ein Liebesdienst für alle, die es betrifft« und für ihn sogar noch ein wenig mehr als das. »Nun möchte ich Ihnen zitieren, was sie selbst über *A Novel of Thank You* gesagt hat«, schrieb er ein wenig verzweifelt in seinem Vorwort zum letzten Band:

> A Novel of Thank You bedeutet daß sie zu jeder Zeit so viel sind wenn es es wird weiter weil es abgetragen getragen wird und weniger vertragen dann und jedermann kann sagen sollte es sein was sie gekommen sind zu tun.

Alice glaubte daran, daß es ihre Aufgabe war, alles von Gertrude drucken zu lassen. Doch sie wollte keine Intimitäten enthüllen. Sie hielt Gertrudes ersten Roman über ihre Liebe zu May Bookstaver zurück. An Donald Gallup schrieb sie im Februar 1947 nach Yale:

> Ich habe das Manuskript. Es ist ein Thema bei dem ich nicht weiß wie ich damit unter irgendeinem Gesichtspunkt umgehen soll. Es war etwas von dem ich wußte, daß ich mich eines Tages damit auseinandersetzen muß ... und um meine Feigheit zu verdecken habe ich immer wieder gesagt – nun, wenn alles andere erledigt ist. Doch Sie sind der *einzige*, der jemals gefragt hat ... Was soll ich also jetzt tun? Ich frage Sie und Carl ... Sie beide sollen entscheiden. Ich weiß nur, daß ich es nicht lesen – und das heißt: nicht veröffentlichen – will solange ich lebe. Gertrude hätte dies absolut verstanden, obwohl es natürlich nie erwähnt wurde. Gibt es nicht eine Möglichkeit, es Ihnen oder Carl unter dieser Bedingung zu schicken. Natürlich darf man es nicht einfach eines Tages hier finden, wenn Allan kommt und alles übernimmt.[8]

Schließlich überließ sie Carl Van Vechten und Donald Gallup die Entscheidung, was mit dem Manuskript geschehen sollte. Sie veränderten einige persönliche Details, und 1950 brachte Banyan Press unter dem Titel *Things As They Are* eine Auflage von 516 Exemplaren heraus. Das Buch hatte für Alice eine größere Bedeutung als für die Leser. Es fand nicht viel Aufmerksamkeit, und Alice, die sich davor gefürchtet hatte, überhaupt etwas darüber zu hören, regte sich über das Schweigen auf.

Sie wurde sehr genügsam. Sie wollte die Gemälde als Gertrude Stein-Sammlung beieinanderhalten, und beschloß, erst dann eines zu verkaufen, wenn es unumgänglich wurde. Aus dem Vermögen von Gertrude bezog sie monatlich 400 Dollar und bezahlte davon alle Ausgaben für den Haushalt und ihre persönlichen Dinge. Das Geld kam manchmal nur mit Verzögerungen bei ihr an, und sie mußte ihren Rechtsanwalt mit Nachforschungen beauftragen. Ihr war klar, daß sie durch ihre zahlreichen kleinen

Sparmaßnahmen jetzt zur »banalen Mehrheit« der einfachen Leute gehörte. Nach kurzer Zeit zerstritt sie sich mit Allan Stein, der ebenfalls beauftragt war, Gertrudes letzten Willen auszuführen, und sagte, daß er »begann, sich mit kalter Aggressivität durchzusetzen«.[9] Sie sagte, er sei fürchterlich und weigere sich, mit ihr zusammenzuarbeiten, er erschwere alles unnötig und behindere sie, wo es ihm möglich war. »Wir treffen uns nicht häufiger als notwendig – und dann höre ich ihm nicht zu.«[10] Sie betrachtete ihn als Opfer seines »auf übertriebene Weise gebildeten Elternhauses« und sagte, man hätte ihm eine echte Kindheit vorenthalten, er habe keine inneren Werte und kümmere sich nur um Geschäfte und Pferderennen. Alice wollte auch mit Sarah Stein nichts zu tun haben, die nach dem Tod von Michael Stein im Jahr 1938 mit einer Freundin namens Gabrielle de Monzie von der Christian Science zusammenlebte.

Gelegentlich traf sich Alice mit Allans Frau Roubina, die sich 1950 von ihrem Ehemann trennte, das Parfumgeschäft betrieb, das er aufgebaut hatte und sich um die beiden Kinder kümmerte. »Ich muß sagen, daß ich sie eigentlich nicht weiter beachte«, schrieb Alice, »und sie in Zukunft nicht öfter als unbedingt erforderlich sehen werde.«[11] Diese persönlichen Animositäten führten zu wirtschaftlichen Schwierigkeiten. Gegen den Verkauf von Gemälden, mit denen der Lebensunterhalt von Alice oder Privatdrucke von Gertrudes Werken finanziert werden sollten, konnten Allan und Roubina Stein Einspruch einlegen – und das taten sie auch aus ihrem eigenen finanziellen Interesse heraus. Da Alice selbst befürchtete, daß sie einige Bilder verkaufen und den Erlös einstreichen wollten, stempelte sie auf die Rückseite jeder Leinwand den Hinweis: »Dieses Bild gehört zum Vermögen von Gertrude Stein.«

Die Stromrechnungen im Winter ruinierten sie beinahe. Um Geld zu sparen, ließ sie das Eßzimmer fast ständig verschlossen. Einen Raum – den Salon – hielt sie einigermaßen warm, sie und Basket saßen immer dicht neben dem Heizkörper. Die Küche und das Schlafzimmer waren lauwarm, die anderen Zimmer eiskalt. »Wir aßen zwar Madame Cézanne, aber ich möchte – bildlich gesprochen – keinen Picasso verheizen«, schrieb sie Weihnachten 1946 an Papa Woojums. Zum Essen setzte sie sich mit einem Tablett neben die Heizung. Die Concierge drehte jeden Abend um 20.15 Uhr das Wasser ab, um ein Einfrieren der Leitungen zu verhindern, und stellte es erst morgens um acht Uhr wieder an. Alice sagte, die Wohnung sei nicht so warm, daß Bazillen gedeihen könnten, und deshalb wäre sie nie erkältet.

Mit Gertrude war sie immer im Auto zum Einkaufen gefahren. Jetzt sagte Alice, daß sie es nicht aushalten könnte, sich im Winter in den Schlangen vor den Geschäften anzustellen. Sie sah sich auch nicht imstande, »zu Fuß zu den großen Märkten und mit meinen Körben wieder nach Hause zu gehen«. Ihr Dienstmädchen Gabrielle, das sie immer wieder wütend machte, brachte die Einkäufe in die Wohnung. Alice erzählte, daß es in den Geschäften jetzt zu unerschwinglichen Preisen solche Dinge wie Sojabohnen, Wasserkastanien und gesalzene Kokoschips gab. Ihre Mahlzeiten waren einfach – Kaffee nach dem Aufstehen, abends einen Teller mit gekochtem Obst und mittags etwas Warmes – ein wenig Fleisch oder Fisch, zwei Sorten Gemüse und Brot. Wenn sie Gäste hatte – »so selten wie möglich« – stand sie zwei Tage lang in der Küche, um alles vorzubereiten und zu kochen. Doch nicht alle Gäste taten sich mit ihren Kochkünsten leicht. Der junge Schriftsteller Otto Friedrich erlebte ein einigermaßen kompliziertes Mittagessen bei ihr:

> Miss Toklas stellte einige Fragen, doch bevor sie ihren eigenen Shrimp gegessen hatte, war sie schon wieder in der Küche und überließ uns der stillen Betrachtung von Sir Francis Roses Bildern. Dann kam sie mit einem Hühnchen zurück, hinter ihr schlich Gabrielle mit einem Teller Zucchini ... Miss Toklas zerteilte es geschickt, doch sie war so zierlich, daß sie kaum über den hohen Tisch an das Tier heranreichen konnte ... Als sie dann drei Portionen ausgeteilt hatte, verschwand sie wieder, und wir saßen einige Minuten schweigend da, bis sie mit der Orangensauce zurückkam. Daraufhin kamen wieder einige unkonzentrierte Fragen, ein bißchen Klatsch über einen neuen Roman, und schon rutschte Miss Toklas wieder von ihrem hohen Sitz herunter und war dahin, um das Dessert – eine komplizierte Eiercreme – zu überwachen. Die Süßspeise war köstlich, doch wir waren erleichtert, als der Kampf ein Ende hatte und das Essen vorbei war.[12]

An Weihnachten 1946 war sie allein. Sie reinigte alle Holztäfelungen und die Bilder, besprühte die Teppiche und Decken und ihre Wollkostüme mit DDT, damit sich keine Motten einnisteten und zündete Kerzen für Baby an. Basket rollte sich auf dem Teppich zusammen und wirbelte große weiße Wolken aus giftigem Staub auf. Am Neujahrsabend ging Alice eine Stunde vor Mitternacht zu Bett, »um nichts davon mitzubekommen«.[13] Wenn sie an den Frühling dachte, litt sie und schrieb an

Mit Basket allein.

Donald Gallup: »Erinnern Sie sich daran, wie man immer ganz plötzlich alles auf der ganzen Straße sehen kann – in der ersten Woche im Mai – und die Knospen der Kastanien herauskommen. Achtunddreißigmal haben wir das zusammen erlebt.«[14]

Als Picassos Porträt von Gertrude an das Metropolitan Museum nach New York geschickt wurde, war sie sehr traurig. Picasso kam vorbei, um sich von dem Bild zu verabschieden und sagte: »Ni vous ni moi le reverra jamais.« (Weder Sie noch ich werden es je wiedersehen.) Rechtsanwälte verlangten von ihm eine schriftliche Bestätigung, daß dieses Bild wirklich von ihm war, doch Alice weigerte sich, ihn darum zu bitten. »Du lieber Gott«, schrieb sie an den Kiddie. »Wissen die denn nicht, daß das Gertrude ist, von Picasso gemalt.«[15] Alice hing Picassos *Mann mit Gitarre* an die Stelle, wo das Porträt gehangen hatte, doch ihr erschien das Zimmer leerer als zuvor. »Ich kann den Gedanken nicht ertragen, daß es nicht mehr da ist«, schrieb sie am 10. Februar 1947 an Gertrudes amerikanische Freundin Bobsie Goodspeed:

> Gertrude saß immer auf dem Sofa, und das Bild hing auf der anderen Seite über dem Kamin, und in den guten alten Zeiten habe ich immer gesagt, daß sie einander angeschaut haben und sich möglicherweise unterhalten haben, wenn sie allein waren.

Alice wurde nach Gertrudes Tod eine intensive Briefschreiberin und bezeichnete das als ihre Arbeit. Ihre Handschrift war sehr fein, wie »mit einer Fliegenwimper« gezogen. Sie probierte verschiedene Füller aus, und um Geld zu sparen, beschrieb sie die Bögen des dünnen Luftpostpapiers auf beiden Seiten. Sie nähte und stickte und verbrauchte alle paar Jahre einen Fingerhut. Rund ein Dutzend der früheren Freunde von Gertrude blieben auch ihre Freunde. Im Frühjahr oder Herbst ging sie mit ihnen gelegentlich in ein Konzert oder ins Theater. Im Winter »bleibe ich bei der Heizung«, sagte sie. Studenten besuchten sie, um über Gertrude Stein zu sprechen. »Manchmal gibt es eine Frage, die ich beantworten oder eine Schlußfolgerung, die ich richtigstellen kann.«[16] Einige Besucher kamen, um die Bilder zu sehen.

Noch einige Jahre nach dem Krieg war die Versorgung schwierig. Die Kiddies – William Rogers und seine Frau Mildred – schickten Alice Zigaretten, Zucker, Staubtücher, Kleenextücher, wollene Unterwäsche und ihre geliebten kleinen Küchengeräte. Sie sagte, sie hätte gern ein Instrument, um Gabrielle aus dem Haus zu treiben. Freunde machten sich Sorgen um ihre finanzielle Situation. Sie erklärte, daß sie zwar berechtigt sei, Bilder zu verkaufen, »doch dies ist leider etwas, was ich nicht fertigbringe«. Allan Stein ließ nicht zu, daß sie die Sammlung geschlossen an ein Museum verkaufte. Auch einem Verkauf einzelner Bilder, um mit dem Erlös die Veröffentlichung der Werke von Gertrude zu finanzieren, stimmte er nur ungern zu. Obwohl Gertrude eindeutig klargestellt hatte, daß Alice die Nutznießerin aus dem Testament sein sollte, erhöhte sich mit dem steigenden Wert der Bilder auch Allans Interesse daran, sie zu behalten. Er ließ sich von Alice ein Verzeichnis aller Gegenstände aus der Wohnung, die Gertrude und von allen, die ihr selbst gehört hatten, anlegen.

Alice wachte jetzt noch besitzergreifender über Babys Leben und Werk. Mit Biographen wurde kurzer Prozeß gemacht, außer sie äußerten sich uneingeschränkt schmeichlerisch über Gertrudes Werk und ließen alles Private beiseite. An Julian Sawyer, einen amerikanischen Lektor, der die erotischen Bezüge in Gertrudes Werken herausarbeiten wollte, schrieb Alice:

> Sie werden hoffentlich verstehen, daß ich mich gegen Ihre wiederholten Hinweise auf das Thema Sexualität als Annäherung an Gertrudes Werk wehre. Sie hätte das mit allem Nachdruck von sich gewiesen – sie hielt das für den am wenigsten charakteristischen Wesenszug – ihre tatsächlichen Hinweise auf Sexualität sind äußerst selten ...[17]

Bei Donald Sutherland bezeichnete sie Julian Sawyer als ignorant, unintelligent, gefühllos und angeberisch. Von Sutherlands Biographie über Gertrude war sie im Gegensatz dazu sehr begeistert. Er hielt sich von persönlichen Angelegenheiten fern und stellte Gertrude in eine Reihe mit Proust, Joyce und Henry James, ihr Werk sah er als so aufregend an wie kaum etwas anderes, das in Amerika im zwanzigsten Jahrhundert entstanden war. »Es befriedigt mich zutiefst und ist mir sehr angenehm, wenn ich weiß, daß das Wichtige – das Gültige für diese Generation noch zu meinen Lebzeiten und von Ihnen ausgesprochen wird«, ließ Alice ihn wissen.[18]

Dem Biographen John Malcolm Brinnin war sie so gut wie keine Hilfe, als er sie im September 1950 aufsuchte. Seine romantischen Gefühle, als er sich in Gertrudes Haus aufhielt, waren ihr zuwider, seine Fragen fand sie oberflächlich, nutzlos und »wenig hilfreich, um irgend etwas von Babys Werk oder sogar ihrem Wesen zu verstehen«.[19] Sie ließ ihn »feierlich versprechen«, daß er Leos Attacken auf Gertrude nicht erwähnte und auch alle Hinweise auf sie selbst aus seinem Buch heraushielt. Sie schrieb ihm und sagte ihm das auch, daß sie nichts mit einer Anekdotensammlung zu tun haben wollte, daß die Atmosphäre von Gertrudes Zuhause eine reine Privatangelegenheit sei, und falls ihre Existenz jemals den leisesten Einfluß auf Gertrudes Arbeit gehabt hätte, so sei das noch nichts gegenüber dem Effekt, den eine Landschaft auf Gertrude haben konnte.

Gleichermaßen frostig war sie zu Elizabeth Sprigge, die Mitte der 50er Jahre eine Biographie von Gertrude verfaßte. Alice fand sie »kolossal unwürdig« und sagte zu Annette Rosenshine: »Sie hat sehr wenig von Gertrudes Arbeiten gelesen.«[20] Das Manuskript bezeichnete sie als haßerfüllt, und nur der Besuch einer Mitternachtsmesse an Christi Himmelfahrt und »unbeschreiblich herrliche und erhebende Gesänge« konnten Elizabeth Sprigges »Ungezogenheiten und Andeutungen« »auswaschen«.

Ihren Freunden, die sich bemühten, Gertrudes Bild wiedererstehen zu lassen, erging es nicht sehr viel besser. Alice gefiel die Idee, die der Kiddie ansprach, von einem Erinnerungsbuch über seine Freundschaft mit Gertrude, obwohl Alice ihn anwies, alles wegzulassen, was nichts mit Literatur zu tun hatte und alle Hinweise auf sie selbst zu streichen. Das fertige Buch war ihrer Meinung nach übersät mit Erfundenem und Irrtümern und mit »der Schärfe, die die Küche Neu-Englands immer verdirbt«. Sie bezeichnete das Buch als gute Auswahl für einen Buchklub, wenn es über jemand anderen geschrieben wäre und sagte, der Kiddie hätte anscheinend nie wirklich etwas für Gertrude empfunden, wenn er so etwas schreiben konnte.

Die Memoiren von Sir Francis Rose waren ihrer Meinung nach voller Lügen, obwohl sie der Klatsch über *sein* Privatleben nicht störte. Rose versuchte zu behaupten, daß sein Hausdiener, der auch sein Liebhaber war, eigentlich sein unehelicher Sohn sei. Damit der Diener den Titel von Rose erben konnte, versuchte Rose, ihn in aller Form zu adoptieren. Im Sommer 1957 erhielt Alice einen Anruf vom britischen Militärkrankenhaus in Levallois, weil Rose von seinem Liebhaber zusammengeschlagen worden war, den er aus London mitgebracht hatte. »Die Ärzte sagen, ihm fehlt nichts, nur sein Charakter sei nicht in Ordnung. Es ist zu traurig«, sagte Alice.

Kurze Zeit nach dem Tod von Gertrude begann Alice, von ihrem Glauben an Gott, an ein »Jenseits« und eine Wiedervereinigung nach dem Tod zu sprechen. »Ohne dies schleppt man sich einfach weiter und jetzt hat ohne Baby nichts mehr eine Richtung – eine endlose Plackerei – zurück zu dem wo man war, bevor man erwachsen wurde«, schrieb sie an Fania Marinoff.[21] Doch Alice schleppte sich weiter, auf ihre unbeugsame Art. Im Sommer 1948 fuhr sie mit Basket aufs Land, um Urlaub zu machen. Sie wohnte im Hotel du Cheval Blanc in Thouars in Deux Sèvres. Es war seit vierzig Jahren ihre erste Reise, die sie allein unternahm. Wetter und Essen waren schlecht, doch sie fand eine gute Buchhandlung, und ihr gefielen die romanischen Bauten in der Stadt. Bei der Rückreise mußte sie im Korridor des Zugs auf ihren Taschen sitzen. »Solange man sich keinen Platz reservieren kann, werde ich nicht mehr mit dem Zug fahren – ich doch nicht«, sagte sie.[22]

Im Lauf der Zeit wurden ihre Briefe liebenswürdiger. Anfangs schrieb sie nur über Gertrude und Gertrudes Arbeiten, doch nach einer Weile erzählte sie auch von Freunden und Bekanntschaften und ihren eigenen Neuigkeiten. Wie viele Witwen nützte sie eher sich selbst als ihrer Herrin. Papa Woojums und Donald Gallup waren von dem Witz und der Lebendigkeit in ihren Briefen so beeindruckt, daß sie ihr vorschlugen, als Ergänzung zur »Autobiographie von Alice B. Toklas« eine »Biographie von Gertrude Stein« zu schreiben. Alice wandte sich vehement gegen diese Idee:

> Es erscheint so seltsam, daß Sie der Meinung sein könnten, ich könnte möglicherweise irgend etwas über Gertrude schreiben, was das ergänzen könnte, was sie selbst so vollständig so perfekt selbst gesagt hat ... Mit Sicherheit hätte Gertrude niemals an etwas dergleichen gedacht.[23]

Durch Gertrude hatte Alice, wie Carl Van Vechten glaubte, sogar Angst davor entwickelt, einen langen Brief zu schreiben. Er erzählte Donald Gallup, daß er zweimal beobachtet hatte, wie Gertrude sich über die Idee von Alice, ein Kochbuch zu schreiben, lustig gemacht habe. Alice wollte schon seit langem ein Kochbuch zusammenstellen und sammelte seit ihrer Kindheit Kochrezepte. Nach einem dieser Vorfälle war sie so erbost, daß sie zwei Tage lang nicht mehr mit Gertrude sprach. Und nun hatte Alice sogar Angst davor, ein Wort zu Papier zu bringen, wenn es um Gertrude ging.

Im Januar 1950 verkaufte sie einen Artikel über Kochen an die *Vogue*. Und Zeitschriften wie *House Beautiful* gaben bei ihr gut bezahlte Texte zu Themen wie »Kochen mit Cognac«, »Geheimnisse der französischen

Küche«, »Kochen mit Champagner« und »Vom Segen eines Mixers« in Auftrag. Thornton Wilders Schwester Isabel schickte Alice gläserne Schüsseln für ihren Mixmaster, sie pflegte ihre Leidenschaft für Küchengerätschaften wie Schneebesen und Messerschleifer, probierte neue Rezepte aus und tauschte sie mit Freundinnen.

Alice lebte weiter im Dienst an Gertrude, sie beschützte Gertrudes Privatleben, förderte ihr Genie, trieb die Veröffentlichungen und Übersetzungen von allem voran, was sie geschrieben hatte. Doch nach und nach gewann auch sie selbst wieder an Boden. Ihre scharfzüngige Art kam von neuem durch. Das Dienstmädchen begann sich vor ihr zu fürchten, und ihre Bemerkungen über diejenigen, die sie nicht mochte, wurden verletzend. In extravaganten Ausrutschern brach sie mit ihrer Sparsamkeit und kaufte sich teure Parfums, Handschuhe, Muffs und Kappen. 1950 ging sie zur Präsentation der Dior-Herbstmodenschau und fand, dort würden »viel zu viel gewöhnliche Knöpfe und Taschen verwendet«.

Sie besuchte die Retrospektive zu Picabias fünfzigstem Geburtstag, las William Faulkners neuesten Roman *Griff in den Staub* und Elisabeth Bowens *The Heat of The Day*. Truman Capotes Erfolg hielt sie für überbewertet und das erotische Leben seiner Figuren fand sie »langweilig«. Sie war »ganz verrückt nach *Endstation Sehnsucht*, Jane Bowles Roman *Zwei sehr ernsthafte Damen* erschien ihr als der wunderbarste Roman, den sie in den ganzen letzten Jahren gelesen hatte, und sie schrieb an Paul Bowles über sein Buch *Himmel über der Wüste*, daß sie ihn sehr geschätzt, genossen und bewundert habe. »Kein Roman seit *Der große Gatsby* hat so wie der Ihre den Eindruck von Kraft-Genauigkeit-Feingefühl wie bei den Besten von Fitzgerald in mir erweckt.«

Sie wurde ziemlich taub – Basket auch. Im November 1951 läuteten Cecil Beaton und Greta Garbo mehrere Male an der Tür der Rue Christine, doch weder Alice noch Basket hörten sie. Beaton und die Garbo telefonierten und vereinbarten ein Treffen. »Die französischen Zeitungen schreiben, sie würden bald heiraten«, schrieb sie an Papa Woojums, »aber sie sieht nicht so aus, als würde sie etwas derart grob Naives machen. *Expliquez moi*, wie Picasso zu Baby zu sagen pflegte.«[24] Alice sagte, sie habe gehört, daß Cecil Beaton in Greta Garbo und die Herzogin von Kent in Cecil Beaton verliebt sei.

Bernard Faÿs Urteilsspruch wurde von lebenslänglich in zwanzig Jahre Haft umgewandelt, Basket erkrankte an einem Abszeß, das Dienstmädchen Gabrielle machte »mehr falsch als man sich überhaupt vorstellen kann«, der Staubsauger gab den Geist auf, und die Miete wurde erhöht. Alice litt sehr unter ihrer Arthritis, doch sie wollte kein Geld für Ärzte ausgeben. Sie hatte einige Unfälle in der Wohnung. Sie nahm die Abdeckung vom größten Heizkörper, um die Holztäfelung dahinter abzuwaschen, ließ die Abdeckung jedoch fallen, wurde an Fuß und Knöchel verletzt und mußte vierzig Minuten warten, bis Gabrielle erschien und sie rettete. Tagelang konnte sie danach nicht gehen, und da sie ihre gesamte Näh- und Stopfarbeit bereits erledigt hatte, umhäkelte sie Taschentücher.

1950 erschien eine Sammlung mit Leos Briefen, Texten und Tagebüchern. Alice spottete über seine Kritik an Gertrude. »Er gehörte zur Mehrzahl – der gewöhnlichen Mehrheit wie Gertrude sie nannte – der Traurigen und Irregeleiteten«, sagte sie zu Donald Gallup.[25]

Sie freundete sich mit dem amerikanischen Paar Virginia und Harold Knapik an. Er war Musiker, sie arbeitete in der amerikanischen Botschaft, und Alice fand sie »überaus gut aussehend« und erfrischend, »wie ein kräftiger Wind über einem See«. Virginia Knapik stellte Alice in der Botschaft als ihre Tante vor – so bekam Alice zollfreie Zigaretten.

Im August 1950 nahmen die Knapiks Alice und Basket mit nach Cher. Alice wohnte als Pensionsgast bei Madame Debar, die Tabak anbaute und Kaninchen, Hühner und Tauben hielt. Alice nahm Kissenbezüge mit, die sie nähen wollte, Balzac als Lesestoff und etliche Briefe, um sie zu beantworten. Das alte, weitläufige Haus hatte eine Kapelle aus dem zwölften Jahrhundert und einen Garten mit einer Gartenmauer, das Essen war sehr gut. Einziger weiterer Gast war »ein junges Mädchen aus Schweden, die achtzehn Nordlichter gesehen hat, sie aber nicht einmal erwähnt – sie ist entsetzlich dumm aber da sie kein Französisch und nur wenig Englisch spricht muß man sich nicht weiter um sie kümmern«.[26]

Allan Stein starb im Januar 1951. Alice war erfreut und bedauerte, daß sie sich zuvor bemüht hatte, voller Fürsorge an sein Wohlergehen zu denken. Sie hoffte, daß sein Tod ihr es nun ermöglichte, ihren »langgehegten kleinen Traum« zu erfüllen und Gertrudes Bilder *en bloc* an ein Museum zu verkaufen. Doch Roubina Stein, die Alice immer als »die armenische Witwe von Allan Stein« bezeichnete, blockierte jede Aktivität von Alice im Zusammenhang mit Gertrudes Vermögen. »Sie ist weder eine einfache noch eine erfreuliche Person, wenn man mit ihr zu tun hat«, sagte Alice.[27] Auch Alice war ihr gegenüber weder einfach noch erfreulich. Roubina Stein bat Alice, eines von Gertrudes Bildern für sie zu verkaufen, da sie Schulden hatte. Alice weigerte sich und sagte: »Ich lebe bescheiden, damit ich genau das nicht tun muß.« Als Alice 1954 ungefähr vierzig Zeichnungen von Picasso verkaufte, die in keinem Inventar aufgeführt waren, und damit Veröffentlichungen von Gertrude finanzieren wollte, regte sich Roubina sehr darüber auf.

Im September 1951 verließ Gabrielle die Rue Christine. Alice empfand ihr Fortgehen als Befreiung und Ersparnis. Sie sagte, daß Gabrielle unordentlich war, Bindfäden und leere Büchsen sammelte, ihr monatelang Seelenqualen bereitet und Basket Angst gemacht hatte. Sie behauptete, daß sie die zusätzliche Hausarbeit leicht selbst erledigen könne und stellte eine *femme de ménage* als Hilfe ein, die jedoch nach einiger Zeit wieder kündigte.

Basket erblindete 1952 und stürzte mehr als drei Meter tief von der Terrasse auf das darunterliegende Dach. Alice konnte ihn nicht finden, die Concierge rettete ihn. Basket war verletzt und hatte sein Vertrauen verloren. Er starb am 24. November 1952. »Er fraß wie gewöhnlich drei Mahlzeiten am Tag und kollabierte dann«, schrieb Alice an Papa Woojums:

> Sein Verlust hat mich gelähmt. Seit einiger Zeit war mir klar, wie sehr ich von ihm abhängig bin, und das ist jetzt der Anfang des Lebens am Ende meiner Tage, wo es niemanden mehr gibt, der wegen irgend etwas von mir abhängt.[28]

Glücklicherweise hatte Dora Maar (Picasso war in den dreißiger Jahren ihr Geliebter) im April des Jahres zuvor ein Doppelporträt von Alice und Basket gemalt. Alice freute sich sehr darüber. Sie trug sich nicht mit dem Gedanken, wieder einen Nachfolger für Basket zu holen:

> Paris ist kein Ort für einen großen Hund, wenn man kein Auto hat, um einige Male in der Woche mit ihm in die Wälder zu fahren, wo er Auslauf hat, und ein kleiner Hund müßte von derselben Sorte sein wie der ganz und gar liebenswerte teuflische kleine Pépé – ein Chihuahua – und natürlich findet man die hier nicht.[29]

Später in diesem Jahr wurde Gertrudes Oper *Four Saints in Three Acts* in Paris aufgeführt, was Alice tröstete. Leontyne Price sang die Heilige Theresa. Alice gab für das Ensemble ein Fest in der Rue Christine. Sie buk vier sehr große Kuchen, servierte *petits pains au paté*, dazu Punsch und Tee.

Mehr aus finanziellen Gründen denn aus Liebe startete Alice eine eigene Karriere als Schriftstellerin. Der Verlag Harpers fragte sie, ob sie ein Kochbuch schreiben wollte. Sie wollten insgesamt 70 000 Wörter, einen Vorschuß und einen Vertrag sollte sie erhalten, wenn sie die ersten 30 000 Wörter geschrieben hatte. Alice war sechsundsiebzig Jahre alt und fand diese Tätigkeit »peinigend und sehr unbefriedigend«.

Trotz eines Gelbsuchtsanfalls beendete Alice das Buch innerhalb von drei Monaten, zwischen Februar und Mai 1953. Während sie arbeitete, nahm sie keine Telefonanrufe entgegen und ging nicht an die Wohnungstür. In ihrem gewohnten scharfen und witzigen Tonfall mischte sie Rezepte, Anekdoten und Erinnerungen. Francis Rose gestaltete die Illustrationen, das ganze Projekt hatte sehr viel Erfolg. Das Buch enthielt Kapitel über die Gemüsegärten von Bilignin, über das Essen, das Gertrude und sie auf ihrer Amerikareise kennengelernt hatten, über die Restaurants und Hotels, in denen sie während der Touren mit ihren beiden Autos Auntie Pauline und Lady Godiva Station gemacht hatten, und Alice schilderte auch, was während der Zeit der Besatzung durch die Deutschen in Belley und Culoz gegessen wurde. Ein Kapitel überschrieb sie mit »Mord in der Küche«. Es ging darin um die Methoden, wie man Karpfen erschlägt, Tauben erstickt und wie die Barbarieente Blanchette mit Orangen gestopft wurde.

Ein weiteres Kapitel hieß »Rezepte von Freunden«. »Zweifellos das einzig Verdienstvolle in diesem ganzen todlangweiligen Angebot«, sagte sie in ihrer üblichen zurückhaltenden Art. Cecil Beaton bot geeiste Äpfel an, von Papa Woojums kam Knoblaucheis, Natalie Barney hatte gefüllte Auberginen parat, Virgil Thomson hatte ein Rezept für Alsenrogen-Mousse. Pierre Balmain, Marie Laurençin, Dora Maar, Isabel Wilder und Virginia und Harold Knapik trugen alle etwas zu dem Buch bei. Der Maler und Schriftsteller Brion Gysin, der in Marokko lebte, eng mit Paul und Jane Bowles und Papa Woojums befreundet war und Gertrude und Alice in den dreißiger Jahren kennengelernt hatte, schickte ein Rezept für Haschischfondant. Ganz naiv nahm Alice das Rezept in ihr Buch auf. Gysin schrieb, jeder könnte an einem regnerischen Tag ein Haschischfondant aufschlagen, und es würde Euphorie, herrliches Gelächter, ekstatische Träume und Erweiterungen der Persönlichkeit auf mehreren Ebenen gleichzeitig bewirken. Er sagte, daß man Cannabis in amerikanischen Blumenkästen oder fast überall in Europa anbauen könnte, daß das Fondant sehr gut für Damenbridgeclubs sei und daß alles, was die Heilige Theresa unternahm, danach noch besser gelingen würde.

Kritiker fragten sich, ob sich ihnen jetzt ein neuer Einblick in Gertrudes Werk eröffnete. Alice war schockiert und wütend. Der Verlag Harper erkundigte sich beim Generalstaatsanwalt, ob sie Probleme bekommen könnten und den Druck weiterer Exemplare des Buches einstellen sollten. Thornton Wilder meinte, niemand würde Alice so viel Naivität abnehmen, und sie habe damit den besten Publicitygag des Jahres gelandet.

Das Buch erschien auch in London und wurde ins Französische und ins Italienische übersetzt. Die Honorare verwendete Alice, um sich mehr elektrischen Strom zu leisten. Im Sommer 1953 fuhr sie mit den Knapiks voller Glück für einen Monat nach Spanien. Für die Reise kaufte sie Papier, Bindfaden, Tinte, Nadeln, Stoff und einen neuen Fingerhut. In ihrem Urlaub las sie George Orwells *Homage to Catalonia*, Graham Greenes *The Power and the Glory* und den Kinsey-Report, war jedoch der Meinung, daß der Sex der Amerikaner hoffnungslos langweilig sei. »Sex ist vielleicht wie Kultur – ein Luxus, der erst nach mehreren Generationen lustvollen Genusses zur Kunst wird«, schrieb sie am 26. September 1953 an ihre Freundin Mercedes de Acosta, eine Theaterautorin, Dichterin und Freundin von Greta Garbo.

Als sie wieder in Paris war, traf sie nur wenige Leute. Die Wohnung in der Rue Christine verkam, die Teppiche und Vorhänge zerfielen unaufhaltsam. »Das wird mich jetzt so aushalten müssen, wie es ist«, schrieb sie einer englischen Freundin. »Wissen Sie noch, wie schön alles war, so neu und sauber?«[30] Sie kaufte sich einen neuen Füller von Parker, um ihre Briefe und Rezepte damit zu schreiben, und begann, mit Hilfe eines Stocks zu gehen, – »Man kommt schneller damit voran und auch sicherer«, – im Juli war es zu heiß und im Januar zu kalt, und manchmal nahm sie mittags nur eine Tasse mit Brühe und einen gebackenen Apfel zu sich. Janet Flanner nahm sie mit in *Oklahoma*, mit Natalie Barney und Francis Rose ging sie zum Mittagessen. Alice sagte, daß die achtzigjährige Natalie Barney einer der lichten Punkte in einer ansonsten wirklich unfreundlichen Welt war. »Sie sah wunderbar und blühend aus – man sagt, sie hat eine neue Liebesgeschichte – ist das nicht ein Wunder?« 1955 wurde in Yale ein Band mit Texten von Gertrude unter dem Titel *Painted Lace and Other Pieces* herausgegeben, die Einleitung hatte Kahnweiler geschrieben. Alice erzählte Papa Woojums, daß sie das alles ganz ekstatisch machte: »Es ist wunderschön anzusehen und Baby ist darin anbetungswürdig perfekt – natürlich sind die Inhalte eine wunderbare Überraschung für mich.«[31]

Um sie herum schwand das Leben dahin. Marie Laurençin starb im Juni 1956. »Marie war ein Teil meines früheren glücklichen Lebens in Paris – das ist jetzt achtundvierzig Jahre her«, schrieb Alice:

Sie war entzückend – irgendwie sagenhaft ... Daß sie nun verschwunden ist, vergrößert den Bruch mit meiner Vergangenheit nur noch mehr. Ich fühle mich dadurch nur noch einsamer. Wenn es nicht immer noch etwas für Gertrude zu tun gäbe, hätte ich keinen Grund mehr weiterzuleben.[32]

Kein Mensch auf Erden kam Gertrude gleich. Im Sommer 1957 verbrachte Alice zweieinhalb Monate auf dem Land. In der Kirche von Germigny-des-Prés »überkam mich eine fast völlige innere Umkehr«, schrieb sie an einen Freund:

Wird der heilige Antonius einen Sonnenstrahl schicken um mir meinen Weg zu Gott zu zeigen. Ja ich wurde als kleines Kind mit dem Wissen meiner Mutter katholisch getauft – dann bin ich gewandert – nur die Heiligen sind geblieben. Die Hälfte meiner wenigen Freunde sind Katholiken – drei erst kürzlich konvertiert.[33]

Obowohl es in San Francisco oder Seattle keine kirchlichen Aufzeichnungen über die Taufe von Alice gibt und die Familien Toklas und Levinsky manchmal in die Synagoge gingen, traf sie sich am 9. Dezember mit einem Priester. Er sagte, die Taufe sei gültig. Alice beichtete, erhielt die Heilige Kommunion, bekam ein Meßbuch, einen Rosenkranz und einige Bildchen. »Jetzt habe ich alles, damit ich lernen kann, in Frieden mit unserem Herrn Jesus Christus zu leben«, schrieb sie.[34]

Sie sah dies als Möglichkeit, wieder mit Gertrude zusammenzukommen. Sie befürchtete, daß Gertrudes Atheismus und ihr jüdischer Glaube die Vorstellung von einem Leben nach dem Tode nicht enthalten hatten:

Über Gertrudes Stellung. Anfangs war da das unleugbare Wissen, daß sie nicht an ein Leben nach dem Tode glaubte. Sowohl der gute Pfarrer Taylor – der meine erste Kommunion gehört hat [sic] – wie auch Bernard Faÿ haben mir gesagt, daß sie im Himmel ist und daß ich zu ihr dort oben beten soll. Das ist natürlich sehr angenehm. Bernard sagt, daß er das schon lange Zeit gewußt habe und immer darauf gewartet hat, daß ich zur Heiligen Kirche zurückkehre.[35]

Abends las Alice in den Schriften des heiligen Franziskus, zündete Kerzen an und betete. Sie glaubte jetzt, daß die Vergangenheit und auch

Gertrude noch lebendig seien. »Ich wurde ganz aufgeregt, als ich mir plötzlich die Frage stellte: wo ist Gertrude. Sie ist da und wartet auf uns.«[36] Sie sprach darüber, wie gut es Gertrude erginge »in diesem bevölkerten Himmel – nicht nur Gott und Jesus sondern auch Engel und Heilige.« Gertrude war dort, eine Gesegnete.

Angeregt durch den amerikanischen Verleger John Schaffner begann Alice im Frühjahr 1958, im Alter von fast achtzig Jahren, ihre Memoiren zu schreiben. Als Titel hätte sie gern gehabt *Things I Have Seen.* Man kam überein, daß sie mit dem Schriftsteller Max White zusammenarbeiten sollte, den sie bereits seit 1935 kannte, und der seit damals mit Gertrude korrespondiert hatte. Wie Alice war auch er zum Katholizismus übergetreten.

Alice wollte nicht, daß ihre Memoiren irgend etwas über sie selbst preisgaben. »Wir sind uns einig, daß sich die Erinnerungen auf Baby und ihre Arbeit konzentrieren sollen«, schrieb sie an Papa Woojums. »Meine sollen herausfallen ... Das findest Du doch auch, oder? Ich bin nichts als ihre Erinnerung.«[37]

Einige Wochen lang ging Max White jeweils sechs Tage pro Woche für vier oder fünf Stunden in die Rue Christine. Dann verschwand er im Juni 1958. Am 17. Juni schrieb Alice an John Schaffner:

> Ich muß Ihnen wirklich äußerst merkwürdige Neuigkeiten mitteilen. Vor drei Tagen erhielt ich einen Brief von Max White, in dem er ganz unerklärlich das Ende seiner Zusammenarbeit ankündigte – die Notizen vernichten wollte, die er gemacht hatte – die Arbeit, die er sich damit bereits gemacht hatte (er hat mir schon drei hervorragende mit Maschine geschriebene Seiten gezeigt) – an Holt sofort die Hälfte des Vorschusses zurückzahlen will (den Rest später) – und Paris in wenigen Tagen verlassen würde. In seinem Hotel ist er nicht mehr – seine derzeitige Adresse ist unbekannt.
>
> All dies hat mich fast gelähmt. Zeit – ungefähr vier Stunden täglich, und das sechs Tage in der Woche – und die Mühen sind vergeudet. Ich habe keine Ahnung, was ihn zu dieser Entscheidung bewogen hat. Als diejenige, die die Zusammenarbeit mit ihm vorgeschlagen hat, fühle ich mich nun schuldig – Ihnen gegenüber und auch vor Holt, wo alle so freundlich und geduldig waren – bezüglich Harper wie auch bezüglich Max White.

Haben Sie irgendeinen Vorschlag.
Bitte finden Sie eine Lösung für diese gegenwärtige Schwierigkeit.
Mit wärmsten Grüßen
Herzlichst
Alice Toklas[38]

Während Alice Freunden erzählt hatte, das Projekt gehe fließend und schnell voran, machte sich bei White mehr und mehr Enttäuschung breit. »Sie bringt einfach nichts als Lügen und Widersprüchlichkeiten. Wenn es wenigstens etwas Lustiges wäre, hätte ich daraus schon etwas machen können«, sagte er.[39]

Er hatte den Eindruck, daß Alice jede noch so kleine Information manipulierte. Als sie Gertrudes Tod schildern sollte, verwechselte Alice die schon so häufig zitierten letzten Worte: »Es gab keinerlei Emotionen mehr, nur noch Legende«, sagte Max White. Auf seine Unzufriedenheit reagierte sie mit »tiefer Animosität«. Er ging.

Ich ging die drei kurzen Blocks von der Rue Christine zu meinem Hotel in Git-le-Coeur, wo ich meine Aufzeichnungen in schmale Streifen riß, sie in einen Postsack aus Stoff stopfte und die paar Stufen zu einem öffentlichen Mülleimer auf dem Boulevard des Grands Augustins hinunterging. Ich versicherte mich, daß auch nicht der kleinste Fetzen Papier mehr in dem Sack hängengeblieben war. Die Müllmänner leerten die Abfalleimer immer vor der Dämmerung.[40]

Er fuhr nach Madrid und schrieb seinen Brief an Alice, in dem er die Zusammenarbeit aufkündigte. Vor Freunden stellte sich Alice als die bestürzte, verletzte Seite dar, die völlig verblüfft darüber war, daß er verschwand und die Aufzeichnungen vernichtete. Max White schrieb am 29. Juni 1958 an seinen Rechtsanwalt:

Ich werde mit niemandem sonst darüber sprechen, außer um zu erklären, daß sich Miss Toklas nicht mehr richtig erinnern kann. Ich habe ihr die Chance gegeben, mich als den Schuldigen hinzustellen und ihr Gesicht zu wahren (das war ihr ganzes Leben lang ihre Hauptbeschäftigung), doch alles andere sind reine Anekdoten, bis auf die Tatsache, daß es keine Grundlage für ein Buch gab. Dies habe ich erst nach und nach entdeckt, da ich die ganzen Zeit über gegen besseres Wissen die Hoffnung nicht aufgegeben hatte. Ich bin der einzige, der beurteilen kann, wie unfähig Alice zu jeglicher Zusammenarbeit ist. Sie ist dazu absolut nicht in der Lage.

Alice suchte einen neuen Partner, entschloß sich dann jedoch, ihre Memoiren selbst zu schreiben. Die Arbeit ging ihr langsam von der Hand und machte ihr wenig Freude. Sie hatte es zu lange aufgeschoben. Jetzt war sie alt und müde, hatte Arthritis und ihre Augen wurden immer schlechter. 1958 begann sie mit dem Text, insgesamt brauchte sie mehr als zwei Jahre für die 50 000 Wörter. Im Frühjahr 1963 erschien das Buch unter dem Titel *What Is Remembered.* Ihr Stil war spaßig und lakonisch, doch das Ganze war wieder ein Akt des Dienens. Alice war die Handlangerin, Gertrude die Heilige. Der Kritiker der *Times* bezeichnete es als das »Buch einer Frau, die ihr Leben lang in einen Spiegel geschaut und immer jemand anderen darin gesehen hat«.

Im Frühjahr 1959 bestellte sich Alice im Alter von zweiundachtzig Jahren von ihrer Modistin einen neuen Hut, den sie umwerfend fand, »stecken Sie viele Federn drauf, habe ich ihr gesagt«, kaufte sich bei Guerlain eine Flasche Jicki und einen neuen Schal, und fuhr nach Aqui, um dort Lavabäder gegen ihre Arthritis zu nehmen. Im Oktober erhielt sie 35 Dollar für eine Besprechung von Sylvia Beachs Buch *Shakespeare and Company.* »Damit kann ich die Sprungfedern richten und den Lehnsessel neu polstern lassen – das Roßhaar ist hinüber.«[41] In der *BBC* kam ein vier Minuten langer Bericht von ihr über die Kollektion von Pierre Balmain, mit dem Honorar kaufte sie ein Paar »Wintersandalen«. Durch die Arthritis hatten sich ihre Füße so stark verformt, daß sie keine Schuhe mehr tragen konnte. Und sie erblindete ziemlich stark. Einige Zeit diktierte sie ihre Briefe einer Sekretärin, »aber sie war ziemlich lästig und ich war erleichtert, als ich sie los war«.

Geld war ein ständiges Problem. Die Besitzerin des Wohnhauses in der Rue Christine verkaufte alles an eine Gesellschaft, die die Wohnungen dann einzeln veräußerte. Alle Mieter kauften ihre Wohnung, bis auf Alice, die sich das nur hätte leisten können, wenn sie ein Bild verkauft hätte. Sie dachte, sie sei durch die französischen Gesetze geschützt und könnte wegen ihres hohen Alters nicht mehr gekündigt werden. Sie konnte sich auch die Versicherungsprämien nicht leisten, die inzwischen für Gertrudes Bilder notwendig gewesen wären. 1960 waren die Gemälde schon äußerst wertvoll. Die Versicherung von Alice basierte auf der Bewertung von 1946, als Gertrude starb, und die höchste Versicherungssumme belief sich auf 2500 Dollar. Roubina Stein wollte, daß ein neues Inventar angelegt und die Versicherungssumme angepaßt wurde. Alice hatte keine Lust, sich mit Roubina zu befassen und fand sie habgierig und geizig. Die Bilder hatten für Alice keinen finanziellen Wert, sie waren Symbole für Gertrude und das gemeinsame Leben mit ihr.

Im August 1960 fuhr die dreiundachtzigjährige Alice nach Rom, um dort in einem Konvent zu wohnen. Bevor sie Paris verließ, vereinbarte sie mit dem Hausmeister wie immer, daß er regelmäßig in ihrer Wohnung Umschau hielt. Sie wies ihn an, niemandem zu sagen, daß sie nicht in Paris war. Sie wohnte bei einem kanadischen Nonnenorden im Kloster des Kostbaren Blutes. »Hier bin ich bei den guten Schwestern«, schrieb sie an Virginia Knapik,

> recht bequem und glücklich – mein kleines Zimmer (sehr klösterlich) ist heiß, wird mir im nächsten Monat aber gefallen – die Nächte sind kalt – der Wind kommt vom Meer herüber, das fünfzehn Meilen entfernt ist. Die Morgendämmerung kommt nur langsam, aber abends wird es schnell dunkel – daher habe ich genug Zeit, um mich für die Morgenmesse in der Kapelle um halb sieben anzuziehen – danach Kaffee um zwanzig vor acht – später ein Bad, wenn das Wasser heiß ist ... das Essen ist einfach und nahrhaft, und es gibt Gemüse. Sie kochen wunderbare Suppen – aber ich warte bis zum Winter damit. Wenn der Winter nicht perfekt wird, was wird dann perfekt sein? Die Arthritis ist besser. Ich gehe eineinhalb Stockwerke zur Kapelle hinunter und wieder zurück in mein Zimmer und zwei Stockwerke hinunter zum Mittagessen und wieder zurück und das alles ohne Stock, und es gibt einen Aufzug.[42]

Vom August 1960 bis zum Sommer 1961 blieb sie bei den Klosterschwestern. Sie arbeitete an ihren Memoiren, genoß den Sonnenaufgang und das italienische Essen, das sie draußen bekam. Im November fuhr sie zu einer Papstaudienz, die sie »bedeutend und bewegend« fand. »Seine Heiligkeit ist klein. Seine Gesten sind präzise – anschaulich.« Der Papst sprach mit ihr italienisch und segnete sie in lateinischer Sprache, und als alles vorbei war, fühlte sie sich erschöpft.

Da ihre Augen so schlecht waren, mußte sie ihre Freunde bitten, in großen Buchstaben und mit dunkler Tinte auf weißem Papier zu schreiben. Sie selbst brauchte eine Dreiviertelstunde, um im Licht einer starken Lampe eine Seite zu schreiben. Ihre Briefe enthielten sowohl Segenswünsche als auch Beschreibungen von *marron glacé*.

Während Alice im Konvent lebte, kam ihre Geldanweisung aus dem Steinschen Vermögen mit dreimonatiger Verspätung. Ihr Rechtsanwalt riet ihr, ein Bild zu verkaufen, um ihre monatlichen Ausgaben, die Arztrechnungen und die Versicherungen für die Gemälde bezahlen zu können. Sie verkaufte Picassos *Grünes Stilleben* für 60 000 Dollar an Henri Kahnweiler. Roubina Stein schlug Krach und bestand darauf, daß sie und ihre Kinder einen Mindestpreis hätten festlegen sollen.

Im Juni 1961 kehrte Alice aus Rom nach Paris zurück. Sie war zehn Monate verreist gewesen:

> Und jetzt müssen Sie sich das Schreckliche vorstellen, das mich am Eingang der Wohnung erwartete. Die Wände waren leer – kein einziger Picasso mehr – die Kinder von Allan Stein wollten sie als Leihgaben an ein Museum geben, weil sie dort adäquat versichert werden konnten, was mir natürlich nicht möglich war. Zwei gute Rechtsanwälte haben den Fall übernommen. Ist das nicht scheußlich?[43]

In Alices Abwesenheit hatte sich Roubina Zutritt zu ihrer Wohnung verschafft und mit Hilfe eines Inventars aus der Zeit von Gertrudes Tod festgestellt, daß bestimmte Zeichnungen fehlten. Alice hatte sie verkauft, um Veröffentlichungen von Gertrude zu finanzieren. Roubina Stein unternahm keinen Versuch, mit Alice in Kontakt zu treten. Statt dessen ging sie vor Gericht und ließ die Bilder wegen Alices Abwesenheit aus der Wohnung als »gefährdet« erklären. Sie sagte, daß Alice keine Gitter an ihren Fenstern und die Wohnung unbewacht hinterlassen hatte. Am Tag vor Alices Rückkehr aus Rom wurden alle Bilder, auch solche, die Alices Eigentum waren und nicht zum Steinschen Vermögen gehörten, aus der Wohnung geholt und in den Tresoren der Chase Manhattan Bank eingelagert. Dann transportierte man sie nach London.

Der Schriftsteller James Lord besuchte die Wohnung und beschrieb ihren Zustand ohne die Bilder:

> Mehr als fünfzehn Jahre lang waren die Wände der Wohnung nicht mehr gestrichen worden, daher war jetzt überall dort, wo vorher ein Bild gehangen hatte, ein heller Fleck in der genauen Größe des Gemäldes zu sehen. Wie triste, verzweifelte Gespenster waren diese Formen wesentlich dauerhafter und unerbittlicher als die Bilder selbst jemals, da sie keinen Moment vergessen ließen, daß das, was vorher da war, jetzt verschwunden war.[44]

Alice war vierundachtzig Jahre alt und versuchte, tapfer zu sein. »Die Bilder sind auf immer fort«, schrieb sie. »Mein schwaches Augenlicht könnte sie jetzt nicht erkennen. Wie schön, daß meine Erinnerungen so lebendig sind.« Roubina Stein wollte die Gemälde nicht als Sammlung von Gertrude oder als Bestandteil des Lebens von Alice anerkennen, sondern betrachtete sie als ihr eigenes Kapital. Sie hielt sie bis nach dem Tod von Alice unter Verschluß und verkaufte sie danach für 6 Millionen Dollar an ein New Yorker Konsortium. Sie waren bald in alle Winde zerstreut.

Alice ließ die beiden kleinen Sessel, die sie mit Stickereien nach Entwürfen von Picasso bezogen hatte, zur Stein-Sammlung nach Yale schicken. Sie hätte sie gern bei sich behalten, doch zu Donald Gallup sagte sie: »Die Nachkommen von Allan Stein werden sie konfiszieren, wenn ich sie nicht Ihnen gebe.«

Zwei Monate nach ihrer Rückkehr aus Rom stürzte Alice und brach sich die Kniescheibe. »Machen Sie sich um mich keine Sorgen«, schrieb sie an eine Freundin. »Alle alten Menschen stürzen – eine Tante beim Eislaufen – ein Großonkel, als er von der Straßenbahn sprang.«[45] Sie wurde in ein Pflegeheim gebracht und fand, daß dieses Haus ein sehr gutes Thema für eine Erzählung abgäbe: »Die Belegschaft besteht aus zehn Menschen, die sich alle untereinander hassen.« Sie erholte sich und machte unermüdlich wie immer weiter. Ihr Verleger, »er ist ein Schatz – er und seine nette junge Frau«, besuchte sie, um mit ihr über das Manuskript ihrer Memoiren zu sprechen. Er versprach ihr, eine Sekretärin zu besorgen, damit sie dieser den Rest diktieren konnte – bezahlt werden sollte das aus einem Vorschuß auf das Honorar. Ein »netter junger Engländer« las ihr vor, »er ist gerade mit Synges *Playboy of the Western World* fertig geworden – sagenhaft! Das habe ich seit ungefähr fünfzehn Jahren nicht mehr gelesen! Was war er doch für ein Genie.«[46] Auch Pierre Balmain kam zu Besuch, »in Begleitung eines überaus reizenden jungen Chinesen, den er in Peking kennengelernt hatte«. Sie ging zu Balmains Wintermodenschau und saß dort zwischen Prinzessin Isabella von Frankreich und dem amerikanischen Botschafter.

Zu Weihnachten fuhr sie wieder zu den Schwestern des Kostbaren Blutes. Auch dieses Mal wurde die Überweisung aus dem Steinschen Vermögen zurückgehalten, und Alice mußte mit dem Honorarvorschuß ihres Verlegers auskommen. Ihrem Rechtsanwalt schilderte sie ihre finanziellen Probleme:

> Ich bin schockiert und überrascht, daß ich so lange keine Überweisung bekommen habe ... Es ist dringend, daß er mir das Geld telegrafisch anweisen läßt – da ich völlig auf dem Tiefpunkt angekommen bin. Es ist mir nicht leichtgefallen, Ihnen dies zu schreiben. Gertrude Stein hat in ihrer Großzügigkeit mir gegenüber nicht vorausgesehen, daß eine derartige Situation eintreten könnte.[47]

Während Alice in Rom war, versuchte die Hausbesitzerin, an die Wohnung in der Rue Christine 5 zu kommen. Die französischen Gesetze ließen es nicht zu, daß eine vermietete Wohnung länger als vier Monate im Jahr leerstand. Roubina Stein hatte den Behörden bereits mitgeteilt, daß Alice sich außerhalb des Landes aufhielt. Freunde intervenierten, um Alice zu helfen. Virgil Thomson, Thornton Wilder, Janet Flanner, Jo Barry, Donald Sutherland – und auch Alice selbst dachte, daß sich alles zu ihrem besten regeln würde. Doch am 15. Mai 1963 schickte die Hausbesitzerin um halb acht Uhr morgens einen Gerichtsvollzieher, der Alice eine Räumungsklage überbrachte. Alice lag mit einer gebrochenen Hüfte im Bett. Sie war sechsundachtzig Jahre alt und fast blind. »Ich wurde 1877 geboren«, sagte sie dem Gerichtsvollzieher. »Wenn ich diese Wohnung verlasse, dann nur, um auf den Père Lachaise umzuziehen.«

Freunde unternahmen alles, was in ihrer Macht stand und informierten die Presse. Doch die Beamten sagten, wenn Alice aus gesundheitlichen Gründen nach Rom reisen mußte, dann sollte sie doch für immer dorthin ziehen. Daher wurde sie 1964 im Alter von siebenundachtzig Jahren aus der Wohnung gewiesen. Janet Flanner fand auf dem linken Seineufer in der Rue de la Convention eine neue Wohnung für sie, in der Nähe des Eiffelturms und nicht weit von der Rue Christine: »Nun bin ich in meinem Alter noch in eine neue Wohnung gezogen – sehr modern – aber man darf keinen Nagel in die Wand schlagen – in einem Land der Maler!«

Sie vermißte die alte Wohnung und all die Erinnerungen an Gertrude, die dort waren. Fast die gesamten Möbel von Gertrude nahm sie in ihr neues Zuhause mit, doch das einzige Bild, das an die Wand gelehnt auf dem Boden stand, war eine Flußlandschaft an der Seine von Dora Maar. Es war das letzte Bild, das Gertrude für die Sammlung erworben hatte. Alice verschenkte auch dieses an Yale. Die neue Wohnung war modern und bequem, mit Fußbodenheizung, hatte jedoch keinen Charakter und nichts Heimeliges:

Ich glaube nicht, daß ich mich hier jemals eingewöhnen werde. Die Wände sind so dünn, daß man alles hören kann. Gestern hat ein Nachbar geniest, und ich habe es genau gehört. Deshalb darf man keinen Nagel in die Wand schlagen. Bei einem Erdbeben würden wir alle in den Hof fünf Stockwerke weiter unten stürzen, und ich kann nicht versprechen, daß ich das überlebe.[48]

Doch sie blieb am Leben, sogar noch einige Jahre. »Ich rauche jetzt Filterzigaretten, ein erster Schritt, um ganz mit dem Rauchen aufzuhören, glaube ich«, schrieb sie im April 1965. Sie wurde am Grauen Star operiert, war bettlägerig, schwach und mittellos. Donald Gallup berichtete, daß er 1965 versuchte, sie zu besuchen. Das Mädchen war nicht da, und Alice hörte zwar die Klingel, konnte jedoch nicht öffnen. Er ließ den Blumenstrauß für sie vor der Tür liegen.

»Ich weiß nicht, was aus mir werden soll«, schrieb Alice ihren Freunden Harold und Virginia Knapik am 9. Januar 1966:

Gegenwärtig lebe ich von den Einnahmen, die die Bank mir überweist – der Rechtsanwalt der Armenierin versucht irgend etwas zu regeln ohne Bilder zu verkaufen – aber wie er das machen will, weiß ich wirklich nicht.

Kommt bald zurück. Mich gibt es nicht ewig.

Zur Feier ihres neunzigsten Geburtstags, der am 30. April 1967 gewesen wäre, wollte Gil Harrison, Verleger des *New Republic*, sie mit einer gebundenen Sammlung von Äußerungen von Freunden und Passagen aus ihren Briefen überraschen. Doch sie starb am frühen Morgen des 7. März 1967, knapp zwei Monate vor ihrem Geburtstag. In ihrem in Französisch abgefaßten Testament vermachte sie die Honorare aus ihren Büchern ihrem Priester und hinterließ ihren Freunden kleinere Erbteile. Sie wollte »im selben Grab wie Gertrude Stein auf dem Friedhof Père Lachaise« begraben werden und das Grab mußte der »Heiligen katholischen Religion« geweiht werden. Sie bat darum, ihren eigenen Namen, ihr Geburtsdatum und das Datum ihres Todes auf der Rückseite des Grabsteins einzugravieren. Sogar im Tod wollte sie Gertrudes Ruhm und Ansehen nicht beeinträchtigen. Die Rückseite des Grabsteins ist von dem Weg, der zwischen den Gräbern entlangführt, nicht einzusehen, und nur diejenigen, die Bescheid wissen, werden über die anderen Gräber steigen und den in Gold gemeißelten Beweis dafür entdecken, daß auch Alice da ist – bei Gertrude und hinter ihr bis zuletzt.

VERZEICHNIS DER ABBILDUNGEN

Der Hinweis »Yale University« bezieht sich auf die Collection of American Literature der Beinecke Rare Book and Manuscript Library in der Universität von Yale.

BIBLIOGRAFIE

YCAL: Yale Collection of American Literature
NYPL: New York Public Library
Bancroft Library, University of California, Berkeley

WERKE VON GERTRUDE STEIN IN ORIGINALAUSGABEN ODER NEUDRUCKEN

Alphabets and Birthdays. Bd. 7 der unveröff. Werke von G. Stein in 8 Bänden. Ayer Co. Publ., Salem 1957.

As Fine As Melanctha. (Bd. 4). Ayer Co. Publ., Salem 1954.

The Autobiography of Alice B. Toklas. Harcourt, Brace and Comp., New York 1933

Bee Time Vine and Other Pieces. (Bd. 3). Ayer Co. Publ., Salem 1953.

Blood on the Dining-Room Floor. Banyan Press 1948.

A Book Concluding With As A Wife Has A Cow: A Love Story. Kahnweiler, Paris 1926.

Brewsie and Willie. Random House, New York 1946.

Composition as Explanation. The Hogarth Press, London 1926.

Everybody's Autobiography. Random House, New York 1937.

Fernhurst/Q.E.D. and Other Early Writings by Gertrude Stein. Liveright, New York 1971.

Four in America. Yale University Press, New Haven 1947.

Four Saints in Three Acts. Random House, New York 1934.

The Geographical History of America. Random House, New York 1936.

Geography and Plays. The Four Seas Company, Boston 1922.

How to Write. Plain Edition, Paris 1931.

How Writing is Written. Black Sparrow Press, Los Angeles 1974.

Ida. Random House, New York 1941.

Last Operas and Plays. Rineheart and Company, New York 1949.

Lectures in America. Random House, New York 1935.

Lifting Belly, Mark, Rebecca. Naiad Press, Tallahassee 1989.

Lucy Church Amiably. Plain Edition, Paris 1930.

The Making of Americans. Contact Editions, Paris 1925.

Matisse, Picasso and Gertrude Stein, With Two Short Stories. Plain Edition, Paris 1933.

The Mother of Us All. Music Press, New York 1947.

Mrs. Reynolds & Five Earlier Novelettes (Bd. 2). Ayer Co. Publ., Salem 1952.

Narration. University Of Chicago, Chicago 1935.

A Novel of Thank You (Bd. 8). Ayer Co. Publ., Salem 1958.

Operas and Plays. Plain Edition, Paris 1932.

Painted Lace and Other Pieces 1914-1937 (Bd. 5). Ayer Co. Publ., Salem 1955.

Paris France. B. T. Tatsford Ltd., London 1940.

Picasso (in franz. Sprache). Librairie Floury, Paris 1939.

Portraits and Prayers. Random House, New York 1934.

Reflection on the Atomic Bomb. Black Sparrow Press, Los Angeles 1973.
Selected Writings of Gertrude Stein. Random House, New York 1946.
Stanzas in Meditation and Other Poems. (Bd. 6). Ayer Co. Publ., Salem 1956.
Tender Buttons. Claire Marie, New York 1914.
Three Lives. The Grafton Press, New York 1909.
Two: Gertrude Stein and Her Brother and Other Early Portraits. (Bd. 1). Ayer Co. Publ., Salem 1951.
Useful Knowledge. Payson and Clarke Ltd., New York 1928.
Wars I Have Seen. Random House, New York 1945.
What Are Masterpieces. The Conference Press, Los Angeles 1940.
The World is Round. William R. Scott Inc., New York 1939

WERKE VON GERTRUDE STEIN IN DEUTSCHER ÜBERSETZUNG

Autobiographie von Alice B. Toklas. Arche, Zürich 1959/1985.
Die geographische Geschichte von Amerika oder die Beziehung zwischen der menschlichen Natur und dem Geist des Menschen. Suhrkamp, Frankfurt/M. 1988.
Die Welt ist rund. Ritter Verlag, Klagenfurt 1994.
Drei Leben. Erzählungen. Arche, Zürich 1960 und 1985.
Ein Buch Mit Da Hat Der Topf Ein Loch Am Ende. Eine Liebesgeschichte. Berlin, Friedenauer Presse 1987.
Ein Geburtstagsbuch. Lilith, Berlin 1984. (Übersetzung von *A Birthdaybook* aus *Alphabets and Birthdays.*)
Erzählen. Vier Vorträge. Suhrkamp, Frankfurt/M. 1971.
Ida. Ein Roman. Suhrkamp, Frankfurt/M. 1984.
Jedermanns Autobiographie. Suhrkamp, Frankfurt/M. 1986.
keine keiner. Ein Kriminalroman. Arche, Zürich 1985.
Kriege die ich gesehen habe. Suhrkamp, Frankfurt/M. 1984.
Mexiko und andere Stücke. Sammlung Luchterhand, Arche, Hamburg 1993. (Eine Auswahl aus *Portraits und Stücke I und II*).
Paris Frankreich. Persönliche Erinnerungen. Suhrkamp, Frankfurt/M. 1986.
Picasso. Erinnerungen. Arche, Zürich 1958.
Portraits und Stücke, Band I und Band II. Arche, Zürich 1986 und 1987.
Q.E.D. Roman. Suhrkamp, Frankfurt/M. 1990.
Spinnwebzeit. Bee Time Vine und andere Gedichte. Arche, Zürich 1993. (Eine Auswahl in verschiedenen Lesarten aus *Bee Time Vine and Other Poems*).
Stein, Gertrude / Sherwood Anderson: *Briefwechsel und ausgewählte Essays.* Suhrkamp, Frankfurt/M. 1985.
The Making of Americans. Geschichte vom Werdegang einer Familie. 1906-1908. Ritter Verlag, Klagenfurt 1989.
Warum ich Detektivgeschichten mag / Ein Wasserfall und ein Klavier / Ist tot. Edition Plasma, Berlin 1989.
Was ist englische Literatur. Arche, Zürich, 1965. (Enthält fünf Vorträge aus *Lectures in America*).
Was sind Meisterwerke. Essay. Einführung von Thornton Wilder. Arche, Zürich 1965/1985.
Zarte Knöpfe. Suhrkamp, Frankfurt/M. 1979.

WERKE VON LEO STEIN

The ABC of Aesthetics. Boni & Liveright, New York 1927

Appreciation: Painting, Poetry and Prose. Crown Publishers, New York 1947.

Journey into the Self: Being The Letters, Papers and Journals of Leo Stein. Hrsg. von Edmund Fuller. Crown Publishers, New York 1950.

WERKE VON ALICE B. TOKLAS

The Alice B. Toklas Cookbook. Anchor Books, New York 1960

Aromas and Flavours of Past And Present. Einleitung von Poppy Cannon. Harper & Bros., New York 1958

Interview von Roland E. Duncan (1952) für das Oral History Department der Bancroft Library, University of California at Berkely, C-H 33.

Staying on Alone: Letters of Alice B. Toklas. Hrsg. von Edward Burns. Angus & Robertson, London 1974

What Is Remembered. Holt, Rinehart & Winston, New York 1963.

ALLGEMEINE LITERATUR

Acosta, Mercedes de: *Here Lies the Heart.* Reynal & Co., New York 1960

Acton Harold: *More Memoirs of an Aesthete.* Methuen, London 1970
ders.: Memoirs of an Aesthete. Methuen, London 1948

Aldrich, Mildred: *A Hilltop on the Marne.* Constable, London 1916

Anderson, Sherwood: *Gertrude Stein. Briefwechsel und ausgewählte Essays.* Hrsg. Ray L. White. Suhrkamp, Frankf./M. 1985.
ders.: *Sherwood Anderson's Memoirs.* Harcourt Brace, New York 1942.
ders.: *Sherwood Anderson's Notebooks.* Bonin & Liveright, New York 1926.

Baker, Carlos: Ernest Hemingway: *A Life Story.* Collins, London 1965.

Balmain, Pierre: *My Years and Seasons.* Doubleday, New York 1965.

Barnes, Djuna: *Ladies' Almanack.* Anonymer Privatdruck in Paris 1928, Harper & Rox, New York 1972. Deutsch: Wagenbach, Berlin 1986

Beach, Sylvia: *Shakespeare and Company.* Faber and Faber, London 1960. Deutsch: Shakespeare and Company. Ein Buchladen in Paris. Frankfurt/M. 1982 (München 1961)

Beaton, Cecil: *Diaries.* 1. Band: The Wandering Years (1922-1939). Weidenfeld & Nicholson, London 1961
ders.: Photobiographie. Doubleday, New York 1951.

Bodart, Anne: *The Blue Dog and Other Fables for the French,* Übers. von Alice B. Toklas. Houghton Mifflin, Boston 1956.

Bowles, Paul: *Without Stopping.* Peter Owen, London 1972. Deutsch: Rastlos. Goldmann, München 1990

Boyle, Kay and McAlmon, Robert: Being Geniuses Together. Doubleday, New York 1968.

Bridgman, Richard: *Gertrude Stein in Pieces.* Oxford University Press, New York 1970.

Brinnin, John Malcolm: *The Third Rose: Gertrude Stein And Her World.* Little, Brown and Co., Boston 1959. Deutsch: Die dritte Rose. Gertrude Stein und ihre Welt. Suhrkamp, Frankfurt 1991 (Stuttgart 1959)

Bryher: *The Heart to Artemis:* A Writer's Memoirs. Harcourt Brace, New York 1962

Burns, Edward (Hrsg.): *The Letters of Gertrude Stein and Carl Van Vechten,* 1913-1946. Columbia University Press, New York 1986 (2 Bde.)

Connolly, Cyril: *Previous Convictions.* New York 1963

Cooper, Emmanuel: *The Sexual Perspective: Homosexuality and Art in the Last* 100 *Years.* Routledge and Kegan Paul, London 1986.

Edstrom, David: *The Testament of Caliban.* Robert Hale, London 1938.

Faÿ, Bernard: *Les précieux.* Librairie Académique Perrin, Paris 1966

Field, Andrew: *The Formidable Miss Barnes.* Secker & Warburg, London 1983.

Fitch, Noel Riley: *Sylvia Beach and the Lost Generation.* Souvenir Press, London 1984.

Fitzgerald, F. Scott: *The Letters of F. Scott Fitzgerald.* Hrsg. A. Turnbull. Bodley Head, London 1964.

Flanner, Janet (Genet): *An American in Paris.* Hamish Hamilton, London 1940.
dies.: *Paris was Yesterday* 1925-39. Angus and Robertson, London 1972.

Gallup, Donald (Hrsg.): *The Flowers of Friendship: Letters Written to Gertrude Stein.* Alfred A. Knopf, New York 1953
ders.: *Pigeons on the Granite.* Yale University, New Haven 1988

Haas, Robert Bartlett und Donald Gallup: *A Catalogue of the Published and Unpublished Writings of Gertrude Stein.* Yale University Library, New Haven 1941.

Haas, Robert Bartlett: *Gertrude Stein Talking. A Transatlantic Interview.* (1945). Uclan Review, Sommer 1962/Frühjahr 1963/Winter 1964

Haight, Mary Ellen Jordan: *Spaziergänge durch Gertrude Steins Paris.* Arche, Zürich 1989

Halpert, Stephen und Richard Johns (Hrsg.): *A Return to Pagany* 1929-32. Beacon Press, Boston.

Hanscombe, Gillian und Virginia L. Smyers: *Writing for Their Lives.* The Women's Press, London 1987.

Hemingway, Ernest: *A Moveable Feast.* Bantam, London 1969. Deutsch: Paris – ein Fest fürs Leben. Rowohlt, Hamburg 1965
ders.: *Selected Letters,* 1917-1961. Hrsg. Carlos Baker. Scribner's & Sons, New York 1981. Deutsch: Glücklich wie die Könige. Ausgewählte Briefe 1917-1961. Rowohlt, Hamburg 1984

Hobhouse, Janet: *Everybody who was Anybody.* Weidenfeld and Nicholson, London 1975.

Imbs, Bravig: *Confessions of Another Young Man.* Henkle-Yewdale-House Inc., New York 1936

James, William: *Psychology.* Henry Holt, New York 1913.

Jolas, Eugene (Hrsg.): *Testimony Against Gertrude Stein.* Servire Press, Den Haag 1935.

Jones, Howard Mumford (Hrsg.): *Letters of Sherwood Anderson.* Little, Brown and Comp., Boston 1953.

Kahnweiler, Daniel-Henry: *Letters of Juan Gris.* Percy Lund, Humphries, London 1956.

Lachmann, Arthur: *Gertrude Stein As I Knew Her.* Tpyoscript, Beinecke Library, Yale.

Levy, Harriet Lane: 920 *O'Farrell Street.* Doubleday, New York 1947.

dies.: *Recollections.* Typoscript, C-H-11, Bancroft Library, University of Berkeley.
Luhan, Mabel Dodge: *Intimate Memoirs.* Harcourt, Brace and Co., New York 1933-1937. Bd. 1: Background (1933), Bd. 2: European Experiences (1935), Bd. 3: Movers and Shakers (1936), Bd. 4: Edge of the Taos Desert (1937)
Mellow, James R.: *Charmed Circle: Gertrude Stein and Company.* Phaidon Press, London 1974.
Miller, Rosalind: *Gertrude Stein: Form and Intelligibility.* Exposition Press, New York 1949.
Museum of Modern Art, New York: *Four Americans in Paris: The Collections of Gertrude Stein* and Her Family (1970)
Nichols, Beverly: *All I Could Never Be.* Cape, London 1949.
Olivier, Fernande: *Picasso and His Friends.* Heinemann, London 1964. Deutsch: Picasso und seine Freunde. Diogenes, Zürich 1989.
Pollack, Barbara: *The Collectors: Dr. Claribel and Miss Etta Cone.* Bobbs-Merrill Co. Inc., New York 1962.
Rogers, W. C.: *When This You See Remember Me. Gertrude Stein in Person.* Rineheart, New York 1948, und: Westport, Conn., Greenwood Press 1971.
Rose, Sir Francis: *Saying Life.* The Memoirs of Sir Francis Rose. Cassell, London 1961.
Rosenshine, Annette: *Life's not a Paragraph.* Typoscript, 68/154C, Bancroft Library, University of Berkely 1964
Saarinen, Aline B.: *The Proud Possessors.* Random House, New York 1958.
Sawyer-Lauçanno, Christopher: *The Invisible Spectator: Autobiography of Paul Bowles.* Bloomsbury, London 1989.
Scudder, Janet: *Modeling My Life.* Harcourt Brace, New York 1925.
Secrest, Meryle: *Between Me and Life: A Biography of Romaine Brooks.* Macdonald and Jane's, London 1976.
Sevareid, Arnold: *Not So Wild A Dream.* Atheneum, New York 1976.
Shattuck, Roger: *The Banquet Years.* Harcourt Brace, New York 1955.
Simon, Linda: *The Biography of Alice B. Toklas.* Peter Owen, London 1978.
Sprigge, Elizabeth: *Gertrude Stein: Her Life and Work.* Hamilton, London 1957
Stein, Amelia: *The Diary of Amelia Stein.* Bancroft Library, Ms. C-H 136, University of Berkely, California 1878
Stendhal, Renate: *Gertrude Stein. Ein Leben in Bildern und Texten.* Arche, Zürich 1989
Steward, Samuel M. (Hrsg.): *Dear Sammy: Letters from Gertrude Stein and Alice B. Toklas.* Houghton Mifflin, Boston 1977.
Sutherland, Donald: *Gertrude Stein: A Biography of Her Work.* Yale University Press, New Haven 1951.
Testimony Against Gertrude Stein. Beilage zu *transition*, Februar 1935.
Thomson, Virgil: *Virgil Thomson.* Weidenfeld & Nicolson, London 1967.
Vollard, Ambroise: *Souvenirs d'un marchand de tableaux.* Albin Michel, Paris 1937. Deutsch: Erinnerungen eines Kunsthändlers. Diogenes, Zürich 1989.
Weininger, Otto: *Sex and Character.* Putnam, New York 1906.
Wickes, George: *Amazon of Letters.* The Life and Loves of Natalie (Clifford) Barney. Allen, London 1977.
Williams, William Carlos: *The Autobiography of William Carlos Williams.* Random House, New York 1951.
Wilson, Edmund: *Axel's Castle.* Scribner's, New York 1952. Deutsch: Axels Schloß, Hanser, München 1977
ders.: *The Shores of Light.* Farrar, New York 1952.
ders.: *The Twenties.* Macmillan, London 1975.

QUELLENVERZEICHNIS

In eckigen Klammern die Abkürzungen für Bücher, aus denen besonders häufig zitiert wurde. Bei Zitaten aus Originalwerken wurde nach Möglichkeit auf greifbare deutsche Ausgaben zurückgegriffen; Textstellen, die nicht in einer deutschen Übersetzung vorliegen, wurden für diesen Band von Ulrike Budde übersetzt.

1 GERTRUDE UND ALICE

1 Stein, Gertrude: *Akzente im Elsaß.* Eine vernünftige Tragödie. In: Portraits und Stücke II, Zürich 1987

2 Hemingway, Ernest: *Paris – ein Fest fürs Leben.* Nach: Stendhal, Renate: Gertrude Stein – ein Leben in Texten und Bildern; Zürich 1989. [Stendhal]

3 Stein, Gertrude: *Q.E.D.*, Frankfurt 1990, S. 67/68. [Q.E.D.]

4 Stein, Gertrude: *Heilige Emily.* In: Portraits und Stücke 1, Zürich 1986, S. 257

2 GERTRUDES FRÜHE JAHRE

1 Gertrude Stein an Harriet Levy, ohne Datum. Yale Collection of American Literature. [YCAL]

2 Stein, Gertrude: *Jedermanns Autobiographie.* Frankfurt/M. 1986, S. 80 [J.A.]

3 aus: *The Superstitions of Fred Anneday,* Annday, Anday. Nassau Lit., XCIV (Dezember 1935), S. 6

4 aus einem Interview, das Roland E. Duncan 1952 für das Oral History Department der Bancroft Library an der University of California in Berkeley führte. [Duncan]

5 Stein, Gertrude: *The Making of Americans.* New York 1966. [MOA]

6 Stein, Gertrude: *Kriege die ich gesehen habe.* Frankfurt 1984, S. 8 [Kriege]

7 *The Diary of Amelia Stein,* 1878. Bancroft Library, University of Berkeley, Kalifornien.

8 Brinnin, John Malcolm: *Die dritte Rose – Gertrude Stein und ihre Welt.* (Boston 1959 engl.) Frankfurt 1991, S. 16. [Brinnin]

9 MOA

10 Kriege, S. 10

11 MOA

12 ebd.

13 ebd.

14 ebd.

15 ebd.

16 J.A. S. 149

17 MOA

18 MOA

19 J.A., S. 81

20 Kriege, S. 18, 23

21 Brinnin, S. 28

22 Stein, Gertrude: *Paris Frankreich.* Persönliche Erinnerungen. Frankfurt 1971, S. 10. [Paris]

23 Stein, Leo: *Journey into the Self:* Being the Letters, Papers and Journals of Leo Stein. Herausgegeben von Edmund Fuller, New York 1950. [JIS]

24 ebd.
25 ebd.
26 J.A., S. 154
27 ebd., S. 151
28 ebd., S. 154
29 ebd., S. 151
30 Daniel Stein an Simon Stein, 13. Juni 1890. YCAL
31 Simon Stein an Michael Stein, 3. Dezember 1909. YCAL
32 ebd.
33 J.A., S. 153
34 hier aus: Brinnin, S. 24, 25. Diese Schulaufsätze wurden abgedruckt in Miller, Rosalind S.: Gertrude Stein: Form and Intelligibility; New York 1949. [Miller]
35 MOA
36 J.A., S. 154
37 ebd., S. 155
38 Kriege, S. 34, 36
39 Duncan
40 J.A., S. 155, 158
41 ebd., S. 158
42 Duncan
43 J.A., S. 160
44 ebd., S. 165
45 ebd., S. 168

3 ALICES FRÜHE JAHRE

1 Stein, Gertrude: *Portraits and Prayers,* New York 1934; hier aus: Stendhal
2 Stein, Gertrude: *Autobiographie von Alice B. Toklas.* Zürich 1959; S. 7. [AABT]
3 Levy, Harriet Lane: 920 *O'Farrell Street*; New York 1947. [Levy, 920]
4 Duncan
5 Stein, Gertrude: *Ada.* In: Portraits und Stücke I, a.a.O., S. 12
6 Levy, 920
7 Duncan
8 ebd.
9 ebd.
10 Levy, 920
11 Im Original deutsch
12 Levy, 920
13 Duncan
14 Southwest Washington, 1890
15 AABT, S.8
16 Toklas, Alice B.: *What is Remembered.* New York 1963, S. 9. [WIR]
17 Duncan
18 WIR, S. 9
19 ebd., S. 7
20 ebd., S. 11
21 Rosenshine
22 Northwestern Real Estate and Building Review, 1896
23 Duncan
24 ebd.
25 ebd.
26 WIR, S. 13
27 ebd.
28 ebd., S. 14
29 AABT, S. 9
30 Duncan
31 Rosenshine
32 Levy, Harriet: *Recollections,* Typoscript, C-H-11, Bancroft Library
33 ebd.
34 Rosenshine
35 Levy, *Recollections,* a.a.O.
36 WIR
37 Levy, *Recollections,* a.a.O.
38 WIR

4 GERTRUDES ERSTE LIEBE

1 J.A., S. 292
2 J.I.S.
3 nach Stendhal, S. 36, und: *The Great Enigma,* The Radcliffe Manuscripts

4 Gallup, Donald (Hrsg.): *The Flowers of Friendship*. Letters Written to Gertrude Stein. New York, 1953 [Gallup]
5 Miller. Hier nach Brinnin, S. 38
6 James, William: *Psychology*; New York, 1913
7 Psychological Review, 3. Jg., Bd. 5, September 1898
8 J.A., S. 172
9 zit. nach Sprigge, Elizabeth: *Gertrude Stein: Her Life and Work*. New York 1957. [Sprigge]
10 nach Stendhal, S. 42 (The Radcliffe Manuscripts), und: Miller, Rosalind: a.a.O.
11 Stein, Leo: *Appreciation. Painting, Poetry and Prose.* New York 1947
12 Gallup
13 J.A.
14 Duncan
15 Michael Stein an Gertrude Stein, 2. Juni 1896, YCAL
16 nach J.A., S. 82
17 Gallup
18 Leo Stein an Mabel Weeks, 20. Dezember 1901. YCAL
19 Die Sammlung der Schwestern Cone wird jetzt als Cone Archives im Baltimore Museum of Art in Maryland geführt.
20 Stein, Gertrude: *Selected Writings.* Hrsg. von Carl Van Vechten, New York 1946
21 *Cone Diaries*, Baltimore Museum of Art
22 J.I.S.
23 Leo Stein an Mabel Weeks, 7. November 1900; YCAL
24 The Good Anna
25 Sprigge
26 Q.E.D., S. 8
27 Gertrude war Adele, May Bookstaver war Helen Thomas und Mabel Haynes war Sophie Neathe.
28 Q.E.D., S. 13
29 ebd., S. 17f.
30 ebd., S. 39
31 ebd., S. 14 und 21
32 ebd., S. 21
33 ebd., S. 36
34 ebd., S. 18
35 ebd., S. 57
36 Sarah Stein an Gertrude Stein, ohne Datum, 1893, YCAL.
37 Q.E.D., S. 48
38 ebd. S. 65, 67f.
39 ebd., S. 56
40 ebd., S. 58
41 ebd., S. 58f.
42 ebd., S. 78
43 ebd., S. 102
44 AABT, S. 97
45 ebd., S. 98
46 ebd.
47 Saarinen, Aline B.: *The Proud Possessors*; New York 1958
48 Q.E.D., S. 63f.

5 DIE RUE DE FLEURUS

1 AABT, S. 148
2 Leo Stein an Mabel Weeks, am 19. September 1902; YCAL
3 hier nach Brinnin, S. 51
4 J.I.S.
5 Leo Stein an Mabel Weeks, am 8. April 1903; YCAL
6 Leo Stein an Mabel Weeks, am 19. September 1902; YCAL
7 Cone Archives, Baltimore Museum of Art
8 J.A., S. 84
9 J.I.S.
10 Stein, Gertrude: *Fernhurst, Q.E.D. and Other Early Writings by Gertrude Stein*, New York 1971
11 Jules Laforgue
12 Stein, Gertrude: *Lectures in America*, New York 1935

13 Gertrude Stein an Mabel Weeks, ohne Datum; YCAL
14 Mabel Dodge Luhan: *Intimate Memories*, Bd. 3: Movers and Shakers. New York 1936. [Luhan]
15 Paris, S. 18
16 AABT, S. 83
17 Sarah Stein an Gertrude Stein, ohne Datum, YCAL
18 *Cone Diaries*, Baltimore Museum of Art
19 AABT, S. 63
20 Gertrude Stein an Mabel Weeks, ohne Datum, 1904. YCAL
21 AABT, S. 36
22 J.I.S.
23 AABT, S. 39
24 Haas, Robert Bartlett: *Gertrude Stein Talking – A Transatlantic Interview*, 1945
25 Vortragsnotizen von Claribel Cone, im Besitz von Ellen B. Hirschland
26 AABT, S. 42
27 ebd., S. 47
28 Rosenshine, Annette: *Life's not a Paragraph; Typoscript*, 68/154 C, Bancroft Library, University of Berkeley 1964
29 AABT, S. 52
30 ebd., S. 49f.
31 Vollard, Ambroise: *Souvenirs d'un marchand de tableaux*; Paris 1937
32 Levy, Harriet Lane: *Recollections*; Typoscript, C-H II, Bancroft Library, University of Berkeley
33 Mabel Weeks: Einleitung zu Leo Stein, *Journey into the Self.*
34 J.I.S.
35 Duncan
36 AABT, S. 55
37 ebd., S. 55
38 Stein, Gertrude: *Picasso*; London 1938
39 Stein, Gertrude: *Picasso*; Zürich 1958
40 Olivier, Fernande: *Picasso and His Friends*; Heinemann, London 1964
41 Renée Sandall: Marie Laurençin: *Cubist Muse or More*? In: Women's Art Journal, Jg. 1, Nr. 1, Frühjahr/Sommer 1980
42 AABT, S. 59
43 hier nach Brinnin, S. 85

6 ALICE BEGEGNET GERTRUDE

1 WIR
2 Duncan
3 Gallup
4 Rosenshine, Annette: *Life's not a Paragraph*, a.a.O.
5 WIR
6 Rosenshine, Annette: *Life's not a Paragraph*, a.a.O.
7 ebd.
8 Duncan
9 WIR
10 ebd.
11 Duncan
12 WIR
13 ebd.
14 Duncan
15 Levy, *Recollections*, a.a.O.
16 AABT, S. 20
17 ebd., S. 25
18 ebd., S. 29
19 Levy, *Recollections*, a.a.O.
20 WIR
21 ebd.
22 ebd.
23 Stein, Gertrude: *Erzählen.* Mit einer Einleitung von Thornton Wilder. Frankfurt/M. 1971
24 WIR
25 AABT, S. 134f.
26 Duncan
27 Rosenshine: *Life's not a Paragraph*, a.a.O.
28 Olivier, Fernande: *Picasso and His Friends*; London 1964
29 WIR
30 Levy: *Recollections*, a.a.O.
31 WIR

7 DIE ANDEREN WERDEN VERDRÄNGT

1 Pollack, Barbara: *The Collectors: Dr Claribel and Miss Etta Cone*; New York 1962
2 Stein, Gertrude: *Didn't Nelly and Lilly love you? As Fine As Melanctha.* New Haven 1954
3 Gallup
4 AABT, S. 134f.
5 Stein, Gertrude: *Ada.* In: Portraits und Stücke I, a.a.O.
6 ebd.
7 Stein, Gertrude: *Portraits and Prayers*; New York 1934
8 WIR
9 Sarah Stein an Gertrude Stein, ohne Datum, 1909, YCAL
10 Sarah Stein an Gertrude Stein, datiert »Sonntag vormittag«, 1909, YCAL
11 Rosenshine: a.a.O.
12 nach Brinnin, S. 204
13 J.I.S.
14 Leo Stein an Mabel Weeks, 15. Februar 1910. YCAL
15 J.I.S.
16 ebd.
17 ebd.
18 Leo Stein an Nina Auzias, August 1910. YCAL
19 J.A., S. 87
20 J.I.S.
21 J.A., S. 88
22 J.I.S., hier nach Stendhal, S. 68
23 J.A., S. 88
24 Picasso, S. 21
25 Gallup, hier nach: Stendhal, S. 85
26 Luhan
27 ebd.
28 Leo Stein an Mabel Weeks, im Februar 1913. YCAL
29 Leo Stein an Gertrude Stein, ohne Datum. YCAL
30 Stein, Gertrude: *Didn't Nelly and Lilly love you?*, a.a.O.
31 Leo Stein an Mabel Weeks, ohne Datum, 1912. YCAL
32 Mabel Weeks an Gertrude Stein, ohne Datum. YCAL
33 Luhan, a.a.O.
34 ebd.
35 Stein, Gertrude: *Portraits and Prayers.* a.a.O.
36 J.I.S.
37 Luhan; hier nach Stendhal, S. 74 und 52
38 ebd.
39 Luhan

8 EHE

1 Stein, Gertrude: *Coal and Wood*
2 Stein, Gertrude: *All Sunday*
3 Stein, Gertrude: *A Lyrical Opera made by Two to be Sung.* In: Operas and Plays; Paris 1932
4 Stein, Gertrude: *A Sonatina.* In: Bee Time Vine, New Haven 1953
5 ebd.
6 ebd.
7 Leo Stein an Mabel Weeks, undatiert, YCAL
8 Luhan
9 Leo Stein an Nina Auzias, ohne Datum [1916], YCAL
10 Stein, Gertrude: *Wenn du drei Gatten hättest.* In: Portraits und Stücke II. Zürich 1987, S. 237
11 dies.: Bonne Année. In: Portraits und Stücke II. a.a.O., S. 135
12 dies.: *Wenn du drei Gatten hättest*, a.a.O., S. 238-239
13 Alice B. Toklas: *The Alice B. Toklas Cookbook*; New York 1960

14 Imbs, Bravig: *Confessions of Another Young Man.* New York 1936
15 zitiert nach Brinnin, S. 164
16 WIR
17 ebd.
18 ebd.
19 Duncan
20 Stein, Gertrude: *Im Gras* (Über Spanien). Aus: Portraits und Stücke I; a.a.O., S. 104.
21 Stein, Gertrude: *Geography and Plays*; Boston, 1922
22 dies.: *Zarte Knöpfe*, a.a.O., S. 68, 58
23 WIR
24 Carl Van Vechten an Fania Marinoff, 2. Juni 1913, NYPL
25 nach Brinnin, S. 200
26 nach Brinnin, S. 169
27 Brinnin, S. 219
28 Duncan
29 ebd.

9 DER ERSTE KRIEG

1 Stein, Gertrude: Truthahn und Knochen und Essen und es gefiel uns. Ein Stück. In: Portraits und Stücke II, a.a.O., S. 56f.
2 ebd.
3 WIR
4 Stein, Gertrude: A Lyrical Opera, a.a.O.
5 Carl Van Vechten an Gertrude Stein, im März 1916. YCAL
6 Gertrude Stein an Carl Van Vechten, am 18. April 1916. YCAL
7 Stein, Gertrude: Lifting Belly, in: Bee Time Vine, a.a.O.
8 dies.: The Present, in: Bee Time Vine, a.a.O.
9 dies.: Universe or Hand Reading, in: Painted Lace and Other Pieces, New Haven 1955
10 dies.: Water Pipe, in: Larus, Ausg. 1 (Febr. 1927), Nr. 6
11 nach Brinnin, S. 226
12 nach Rogers: When This You See Remember Me. Gertrude Stein in Person, New York 1948
13 Stein, Gertrude: Du laß uns abfahren. Ein Stück. In: Portraits und Stücke II, a.a.O., S. 38
14 Duncan
15 Stein, Gertrude: Useful Knowledge, London 1929
16 ebd.
17 dies.: Er sagte es. Monolog. In: Portraits und Stücke II, a.a.O., S. 95
18 dies.: All Sunday, in: Alphabets and Birthdays, New Haven 1957
19 WIR
20 AABT, S. 202
21 ebd., S. 205
22 ebd., S. 204
23 Mildred Aldrich an Gertrude Stein, 1917; YCAL
24 WIR
25 AABT, S. 210
26 ebd., S. 206
27 Stein, Gertrude: Wieder Arbeit. In: Portraits und Stücke II, a.a.O., S. 253f.
28 AABT, S. 211
29 Braque u.a. in: Testimony against Gertrude Stein, Beilage zu: Transition, Jg. 1934/35
30 Rogers, W. G.: When This You See Remember Me, a.a.O.
31 Beach, Sylvia: Shakespeare and Company, London 1960
32 Howard Gans an Gertrude Stein, am 17. Mai 1916, YCAL
33 WIR
34 AABT, S. 220
35 ebd.
36 Stein, Gertrude: Akzente im Elsaß, a.a.O., Zürich 1987
37 AABT, S. 224
38 Leo Stein an Gertrude Stein, im

Dezember 1919. YCAL, hier nach Brinnin, S. 239
39 J.I.S., hier nach Brinnin, S. 238f.
40 nach Brinnin, S. 236
41 AABT, S. 224
42 ebd., S. 226

10 BERÜHMTE MÄNNER UND FRAUEN

1 Stein, Gertrude: How to Write, Paris 1931
2 Imbs, Bravig: Confessions of Another Young Man, New York 1936
3 ebd.
4 WIR
5 Rosenshine, Annette: Life's not a Paragraph, a.a.O.
6 Imbs, Bravig: Confessions of Another Young Man, a.a.O.
7 nach Brinnin, S. 279
8 Beach, Sylvia: Shakespeare and Company. Ein Buchladen in Paris, München 1961, S. 35f.
9 Beach, Sylvia: Shakespeare and Company, a.a.O.
10 Haas, Robert Bartlett: Gertrude Stein Talking: A Transatlantic Interview. Uclan Review, 1962/1963/1964
11 WIR
12 AABT, hier nach: Stendhal, S. 110f.
13 Exile
14 Beach, Sylvia: Shakespeare and Company, a.a.O.
15 in deutscher Übersetzung erschienen als: Portraits und Stücke, Band I und II, Zürich 1986 und 1987
16 Stein, Gertrude: Heilige Emily, in: Portraits und Stücke I, a.a.O., S. 249
17 dies.: IIIIIIIII. In: Portraits und Stücke I, a.a.O., S. 264
18 Anderson, Sherwood, zit. nach Brinnin, S. 257
19 Hemingway, Ernest: Paris – ein Fest fürs Leben, Hamburg 1965, S. 22
20 ebd., S. 31
21 Ernest Hemingway an Gertrude Stein, 17. Febr. 1924, in: Hemingway, Ernest: Glücklich wie die Könige. Ausgewählte Briefe 1917-1961, Hamburg 1984, S. 87f.
22 ders.: Paris – ein Fest fürs Leben, a.a.O., S. 137
23 siehe dazu die Einleitung von Edward Burns (Hrsg.) zu: The Letters of Gertrude Stein and Carl Van Vechten, 1913-1946, New York 1986
24 Thomson, Virgil: Virgil Thomson, London 1967
25 Ernest Hemingway an W. G. Rogers, am 29. Juli 1948, in: Letters of Hemingway, New York 1981, und Gallup: Pigeons on the Granite, New Haven 1988
26 J.A., S. 77f.
27 AABT, S. 236
28 nach Brinnin, S. 254
29 AABT, S. 291
30 nach Brinnin, S. 295
31 Virgil Thomson: Virgil Thomson, a.a.O.
32 ebd.
33 Faÿ, Bernard: *Les Précieux*, Paris 1966
34 Alice B. Toklas an Annette Rosenshine, am 8. März 1951, Bancroft Library, C-H 161
35 WIR
36 Edith Sitwell an Gertrude Stein, am 25. April 1927, YCAL
37 Acton, Harold: Memoirs of an Aesthete. London 1948
38 ebd.
39 Williams, William Carlos: *The Autobiography of William Carlos Willliams*, New York 1951
40 nach Field, Andrew: *The Formidable Miss Barnes*, London 1983

41 Beach, Sylvia: *Shakespeare and Company*, a.a.O., S. 131f.
42 nach Wickes, George: *Amazon of Letters*: The Life and Loves of Natalie Barney, London 1977
43 ebd.
44 Paris Tribune, 1929
45 zitiert nach Sprigge
46 Bryher: *The Heart to Artemis: A Writer's Memoirs*, New York 1962
47 Fernhurst
48 ebd.

11 LANDLEBEN

1 AABT, S. 246
2 ebd.
3 WIR
4 J.A., S. 32
5 J.A., S.110
6 Das Haus wurde inzwischen von der University of California gekauft und der Bevölkerung von Bilignin geschenkt.
7 Toklas, Alice B.: The Alice B. Toklas Cookbook, Anchor Books, New York 1960
8 ebd.
9 J.A., S. 81
10 Thomson, Virgil: a.a.O.
11 J.A., S. 78
12 Stein, Gertrude: How to Write, Paris 1931
13 Thomson, Virgil: a.a.O.
14 AABT
15 Stein, Gertrude: Composition as Explanation, London 1926
16 diese und die folgenden Ausführungen aus Bowles, Paul: Rastlos, München 1990
17 Steward, Samuel M. (Hrsg.): Dear Sammy: Letters from Gertrude Stein and Alice B. Toklas, Boston 1977
18 Imbs, Bravig: a.a.O.
19 zitiert nach Sprigge
20 AABT
21 Rose, Francis: Saying Life, London 1961
22 Imbs, Bravig: a.a.O.
23 AABT, hier nach Stendhal, S. 151

12 DIE AUTOBIOGRAPHIE VON ALICE B. TOKLAS

1 J.A., S. 15
2 Leon Katz, Einleitung zu *Fernhurst* und Edward Burns, Einleitung zu *The Letters of Gertrude Stein and Carl Van Vechten*
3 AABT
4 ebd., S. 83
5 J.A.
6 Ellery Sedgwick an Gertrude Stein, im März 1932. YCAL
7 Edward C. Aswell an Gertrude Stein, am 20. März 1933. YCAL
8 J.A., S. 56
9 Nation, 6. September 1933
10 Connolly, Cyril: *Previous Convictions.* New York 1963
11 Flanner, Janet: *Paris was Yesterday.* 1925-1939. London 1972
12 Baker, Carlos: Ernest Hemingway: *A Life Story*. London 1969
13 zu Seite 317: [Zitat aus »Glücklich wie die Könige (Hem.s Briefe): Brief an Arnold Gingrich, 16. November 1934: «Neulich abend hörte sie sich im Radio so schauderhaft an, daß es mir vorkäme, als prügelte ich auf eine Attrappe oder ein Gespenst ein.» Eine andere Formulierung ist in dem Briefband nicht enthalten. d.Ü.]
14 hier nach Brinnin, S. 325
15 J.I.S., hier nach Brinnin, S. 319

16 Leo Stein an Albert Barnes, am 20. Oktober 1934. YCAL
17 J.A., S. 55
18 ebd., S. 51f.
19 ebd., S. 103
20 ebd., S. 58f.
21 Haas, Robert Bartlett: *Gertrude Stein Talking – A Transatlantic Interview.* (1945) Uclan Review 1962, 1963, 1964
22 Flanner, Janet: *Paris was Yesterday*, 1925-39; London 1972
23 J.A., S. 74f. [Anm.d.Ü.: dieses Zitat bezieht sich auf G.'s Identitätsproblem in dieser Zeit . . .]
24 ebd., S. 73
25 ebd., S. 143ff.
26 ebd., S. 182
27 Stein, Gertrude: *Painted Lace and Other Pieces*, a.a.O.

13 AMERIKA

1 hier nach Brinnin, S. 341
2 J.A., S. 242f.
3 WIR
4 J.A., S. 197
5 Stein, Gertrude: *Was ist englische Literatur und andere Vorlesungen in Amerika.* S. 54. Zürich 1965
6 Herald Tribune vom 2. November 1934
7 Stein, Gertrude: *Was ist englische Literatur*, S. 167, a.a.O.
8 Rogers, W. G.: *When This You See Remember Me*, a.a.O.
9 J.A., S. 12f.
10 ebd., S. 208
11 WIR
12 J.A., S. 220
13 Stein, Gertrude: *Picasso. Erinnerungen.* Zürich 1958, S. 53f.
14 Rogers, W. G.: *When This You See*, a.a.O.
15 Stein, Gertrude: *Erzählen. Vier Vorträge.* Frankfurt am Main 1971, S. 25
16 ebd., S. 43
17 ebd., S. 60
18 ebd., S. 65
19 Rogers, W. G.: *When This You See*, a.a.O.
20 Carl Van Vechten an Gertrude Stein, am 8. Januar 1935. YCAL
21 Rogers, W. G.: *When This You See*, a.a.O.
22 Fitzgerald, F. Scott: *The Letters of F. Scott Fitzgerald*, London 1964
23 J.A., S. 259
24 Alice B. Toklas an Carl Van Vechten, am 17. Januar 1935. YCAL
25 Toklas, Alice B.: *The Alice B. Toklas Cookbook*, a.a.O.
26 J.A., S. 274f.
27 WIR
28 Toklas, Alice B.: *The Alice B. Toklas Cookbook*, a.a.O.
29 WIR
30 J.A., hier nach Brinnin, S. 345
31 ebd.
32 ebd.
33 Gertude Stein an Carl Van Vechten, am 22. Mai 1935. YCAL

14 NOCH EIN KRIEG

1 Stein, Gertrude: *Kriege die ich gesehen habe.* Frankfurt am Main 1984, S. 123. [Kriege]
2 Gertrude Stein an Carl Van Vechten, am 29. August 1935. YCAL.
3 J.A., S. 241f.
4 WIR
5 J.A., S. 342
6 Gertrude Stein an Carl Van Vechten, im November 1935. YCAL.

7 J.A., S. 329
8 Carl Van Vechten an Gertrude Stein, im November 1935. YCAL.
9 J.A., S. 351
10 Carl Van Vechten an Gertrude Stein, am 1. August 1937. YCAL.
11 Gertrude Stein an W. G. Rogers, im März 1937. YCAL.
12 Rogers, W. G.: *When This You See*, a.a.O.
13 Gertrude Stein an Carl Van Vechten, am 25. November 1937. YCAL.
14 Gertrude Stein an W. G. Rogers, undatiert, 1938. YCAL.
15 zitiert in Secrest, Meryle: *Between Me and Life:* A Biography of Romaine Brooks. London 1976.
16 Flanner, Janet: *Paris was Yesterday*, a.a.O.
17 Gertrude Stein an Carl Van Vechten, am 4. Februar 1938. YCAL.
18 Bennett Cerf an Gertrude Stein, am 4. August 1938. YCAL.
19 Gertrude Stein: *Picasso. Erinnerungen*, a.a.O., S. 21.
20 Carl Van Vechten an Gertrude Stein, am 2. Dezember 1938. YCAL.
21 Gertrude Stein an W. G. Rogers, im Dezember 1938. YCAL.
22 Gertrude Stein an Carl Van Vechten, am 19. März 1939. YCAL.
23 Sevareid, Eric: *Not So Wild A Dream*, New York 1946.
24 Beaton, Cecil: *Diaries. The Wandering Years* (1922-1939), London 1961
25 ebd.
26 Paris, S. 48
27 Stein, Gertrude: *Selected Writings*, New York 1946
28 WIR
29 Kriege
30 ebd.
31 ebd., S. 157
32 Cookbook
33 WIR
34 Kriege, S. 232
35 ebd., S. 143
36 ebd., S. 145f.
37 ebd., S. 259
38 ebd., S. 212
39 ebd., S. 235
40 ebd., S. 246
41 WIR
42 ebd.
43 Kriege, S. 286
44 ebd., S. 293
45 ebd., S. 295
46 Cookbook
47 übernommen aus Brinnin, S. 389f.

15 FRIEDEN

1 Bernard Faÿ in einem Interview, Paris 1973. Zitiert in: Burns, Edward (Hrsg.): Staying on Alone. Letters of Alice B. Toklas. London 1974
2 Kriege
3 Duncan
4 Kriege, hier teilweise nach Brinnin, S. 395
5 Beaton, Cecil: *Photobiography*, New York 1951
6 Gertrude Stein an Carl Van Vechten, am 1. April 1946. YCAL.
7 WIR
8 Stein, Gertrude: *Off We All Went To See Germany*, in: Life, 6. August 1945; hier nach Stendhal, S. 264
9 Stein, Gertrude: *Off We All Went To See Germany*, a.a.O.
10 zitiert nach Brinnin
11 Carl Van Vechten an Gertrude Stein, am 26. März 1946. YCAL.
12 Stein, Gertrude: Brewsie and Willie. New York 1946.
13 nach Brinnin

14 Carl Van Vechten an Gertrude Stein, am 17. April 1946. YCAL.

15 nach Brinnin, S. 410

16 Bennett Cerf an Gertrude Stein, am 11. Dezember 1945. YCAL.

17 Alice B. Toklas an Carl Van Vechten, am 31. Juli 1946. YCAL.

18 Nach dem Krieg verließ Joseph Barry die Armee und wurde Werbeleiter bei *Newsweek* in Paris. Die Figur von Jo dem Bummler in ihrer Oper *The Mother Of Us All* kreierte Gertrude nach ihm. In seiner Studentenzeit an der Michigan University wurde Joseph Barry vor dem Krieg einmal während einer politischen Demonstration als Streikposten verhaftet. Da Streiken kein Verbrechen war, verurteilte man ihn wegen Bummelei.

19 Alice B. Toklas an Carl Van Vechten, am 31. Juli 1946. YCAL.

20 WIR

21 Alice B. Toklas an Carl Van Vechten, am 31. Juli 1946. YCAL.

16 WEITERLEBEN FÜR GERTRUDE

(Die Briefe von Alice sind in dem Band *Staying On Alone* enthalten.)

1 Duncan

2 Alice B. Toklas an Carl Van Vechten, am 22. Oktober 1946. YCAL.

3 J.I.S.

4 Leo Stein an Hiram Haydn, am 21. Juli 1946. YCAL.

5 Alice B. Toklas an Carl Van Vechten, am 3. September 1946. YCAL.

6 Gallup

7 Einleitung zu *Unpublished Writings*, Band 8.

8 Alice B. Toklas an Donald Gallup, am 19. April 1947. YCAL.

9 Alice B. Toklas an Donald Gallup, am 23. März 1948. YCAL.

10 Alice B. Toklas an Louise Taylor, am 11. Februar 1951. YCAL.

11 ebd.

12 Friedrich, Otto: The Grave of Alice B. Toklas. In: Esquire, Januar 1968.

13 Alice B. Toklas an Samuel Steward, am 31. Dezember 1946.

14 Alice B. Toklas an Donald Gallup, am 21. Dezember 1946.

15 Alice B. Toklas an W. G. Rogers, am 17. Februar 1950.

16 Alice B. Toklas an Annette Rosenshine. Bancroft Library.

17 Alice B. Toklas an Julian Sawyer, am 12. Juni 1947.

18 Alice B. Toklas an Donald Sutherland, am 19. Oktober 1947.

19 Alice B. Toklas an Carl Van Vechten, am 27. Februar 1950.

20 Alice B. Toklas an Annette Rosenshine, am 2. Februar 1955. Bancroft Library, C-H 161.

21 Alice B. Toklas an Fania Marinoff, am 21. Februar 1948. YCAL.

22 Alice B. Toklas an Louise Taylor, am 15. September 1948.

23 zitiert nach Gallup: Pigeons

24 Alice B. Toklas an Carl Van Vechten, am 27. November 1951. YCAL.

25 Alice B. Toklas an Donald Gallup, am 31. Juli 1950. YCAL.

26 Alice B. Toklas an Ellen Alix Taylor Daniel, am 6. August 1950. YCAL.

27 Alice B. Toklas an Ralph W. Church, am 23. Januar 1955. Bancroft Library, 71/79 C.

28 Alice B. Toklas an Carl Van Vechten, am 24. November 1952. YCAL.

29 Alice B. Toklas an Lawrence Strauss, am 11. Juli 1953. Bancroft Library, C-H 76.

30 Alice B. Toklas an Louise Taylor, am 19. September 1954.
31 Alice B. Toklas an Carl Van Vechten, am 13. November 1955.
32 Alice B. Toklas an Mercedes de Acosta, am 28. Juni 1956.
33 Alice B. Toklas an William Alfred, am 10. Oktober 1957. Harvard.
34 ebd., Dezember 1957.
35 ebd., 26. August 1958.
36 Alice B. Toklas an Sammy Steward, am 7. August 1958. Bancroft Library, 72/133C.
37 Alice B. Toklas an Carl Van Vechten, am 21. Mai 1958. YCAL.
38 Manuskript, Columbia University Library, New York.
39 zitiert nach Simon, Linda: *The Biography of Alice B. Toklas*. London 1978.
40 ebd.
41 Alice B. Toklas an Prinzessin Dilkusha de Rohan, am 18. Oktober 1959.
42 Alice B. Toklas an Virginia Knapik, am 9. August 1960.
43 Alice B. Toklas an Fernando Pivano, am 9. Juni 1961.
44 James Lord: *Where the Pictures were a Memoir*. In: Prose, Nr. 7, 1973.
45 Alice B. Toklas an Prinzessin Dilkusha de Rohan, am 23. August 1961.
46 Alice B. Toklas an Prinzessin Dilkusha, am 20. März 1963.
47 Alice B. Toklas an Russell Porter, am 28. Dezember 1961.
48 Alice B. Toklas an Harold und Virginia Knapik, am 9. Juni 1965.

REGISTER

Berühmte Paare
Liebe. Freundschaft. Konkurrenz

»Morgen nachmittag gehe ich aufs Standesamt, um mir den Ring durch die Nase ziehen zu lassen«, verkündete Hermann Hesse am 13. November 1931. Seine Frau Ninon hingegen schrieb ihm am Tag nach der Trauung: »Du bist mir soviel geworden – Geliebter, Beschützer und nun Gatte – und doch bist Du mir ein Wunder geblieben, das beglückendste Wunder meines Lebens.«

»Nur durch Dich kann ich zu wirklich Großem kommen«, bekannte der verheiratete Wassily Kandinsky im Oktober 1905 Gabriele Münter, während sie im Oktober 1926 entmutigt in ihr Tagebuch schrieb: »Ich war in vieler Augen doch nur eine unnötige Beigabe zu Kandinsky.«

Zwölf Bücher schildern Gelingen und Scheitern der Liebe und Freundschaft von Künstlerpaaren dieses Jahrhunderts.

Schreibende Paare
Liebe, Freundschaft, Konkurrenz
Von Gerda Marko
st 2805. 496 Seiten

Schreibende Paare, von der Romantik bis heute, sind das Thema des Buches. Erzählt wird die Geschichte von Liebespaaren, Eheleuten und LebensfreundInnen, deren Beziehung durch den gemeinsamen Beruf des Schreibens entscheidend geprägt wurde, u.a. von George Sand und Alfred de Musset, Else Lasker-Schüler und Gottfried Benn, Francis Scott und Zelda Fitzgerald.

Zwischen Welt und Zaubergarten
Ninon und Hermann Hesse
Von Gisela Kleine
st 2806. 644 Seiten

»Wenn man das umfangreiche Werk aus der Hand legt, so weiß man, daß der Autorin dreierlei gelungen ist: eine differenzierte Darstellung der letzten drei Jahrzehnte Hesses; die Pathographie einer historisch keineswegs untypischen Ehe mitsamt ihrer allmählichen Heilung sowie die Durchleuchtung eines interessanten Frauenlebens.« *FAZ*

Gabriele Münter und Wassily Kandinsky
Biographie eines Paares
Von Gisela Kleine
st 2807. 832 Seiten

Diese faszinierende Kunst- und Liebesgeschichte ist »mehr als die Geschichte eines Paares. Sie ist zugleich auch ein lebendiges Stück Kunstgeschichte von der Jahrhundertwende bis in die 60er Jahre, aufs sorgfältigste recherchiert und brillant geschrieben.«

Norddeutscher Rundfunk

Rainer Maria Rilke und Marina Zwetajewa
Ein Gespräch in Briefen

st 2808. 320 Seiten

»Wenn jemand uns zusammen träumt, dann treffen wir uns«, schrieb die russische Lyrikerin Marina Zwetajewa am 2. August 1926 an Rainer Maria Rilke. Im Frühjahr 1926 hatte der Briefwechsel des seelenverwandten Paares begonnen. Zu einem Treffen der beiden kam es nicht mehr, Rilke starb am 29. Dezember 1926. Das »Buch der Liebe« dokumentiert den leidenschaftlichen Briefwechsel des Dichterpaares.

Das Teesdorfer Tagebuch für Ea von Allesch

Von Hermann Broch

st 2809. 256 Seiten

In diesem Tagebuch aus dem Jahre 1920 hält Hermann Broch während eines halben Jahres die Zeit seiner heftigen Werbung um Ea von Allesch fest, der selbständigen »femme emancipée«, die zu dieser Zeit das Modereferat bei der Wiener Kulturzeitschrift ›Moderne Welt‹ und der tschechischen Tageszeitung ›Prager Presse‹ leitete und als Feuilletonistin in ihren Beiträgen zum Thema Mode einen dezidiert feministischen Ton anschlug.

Briefe an Nora

Von James Joyce

st 2810. 176 Seiten

Die etwa sechzig Briefe von Joyce an Nora, seine Freundin, Gefährtin und spätere Frau, und das gute Dutzend der Briefe von Nora an ihn gehören zu den intimsten Zeugnissen, die wir von Joyce besitzen. Sie sind ein Dokument der außergewöhnlichen Beziehung dieses Paares.

So geheim und vertraut
Virginia Woolf und Vita Sackville-West
Von Susanne Amrain

st 2811. 352 Seiten

Susanne Amrain beschreibt die leidenschaftliche Freundschaft von Virginia Woolf und Vita Sackville-West. Eine Freundschaft, die fast zwanzig Jahre dauerte, erotische Höhen erlebte, Niederungen der Eifersucht und der Enttäuschung überlebte und für das Leben und die schriftstellerische Arbeit beider Frauen höchst bedeutsam war.

Paul Valéry – Glück, Dämon, Verrückter
Tagebuch 1920-1928
Von Catherine Pozzi

st 2812. 528 Seiten

Im Juni 1920 lernt Catherine Pozzi Paul Valéry kennen. Er ist seit zwanzig Jahren verheiratet und hat drei Kinder. Es beginnen acht Jahre einer notgedrungen heimlichen, aber jeden Tag erneuerten und wieder in Frage gestellten Beziehung. Catherine Pozzis Tagesbuch ist das Dokument von »Tod und Leidenschaft« dieser Liebe.

Gertrude Stein und Alice B. Toklas
Zwei Leben – eine Biographie
Von Diana Souhami

st 2813. 368 Seiten

Gertrude Stein und Alice B. Toklas trafen sich zum ersten Mal am Sonntag, den 8. September 1907, in Paris. Von diesem Tag an waren sie unzertrennlich bis zu Gertrudes Tod am 27. Juli 1946. Sie lebten immer unter demselben Dach, reisten niemals ohneeinander. Jahrzehntelang bildeten sie ein kulturelles Zentrum in Paris. Diana Souhami schildert das anekdotenreiche Leben des charismatischen Paares und ihrer Zeit.

Ballade in g-Moll
Edvard Grieg und Nina Hagerup

Von Ketil Bjørnstad

st 2814. 384 Seiten

Unablässig waren sie unterwegs, Edvard Grieg und die Sängerin Nina Hagerup, seine Frau, gaben sie Konzerte, und sie hatten Erfolg. Es war ihr klar, daß er sie seiner Kunst opfern würde, und sie verstand seine Nöte. Aber helfen konnte sie ihm nicht. Ketil Bjørnstads Roman ist nicht nur ein Liebesroman, die Biographie eines Musikerpaars, sondern auch eine Hommage an Norwegen.

Meine Freundschaft mit Tania Blixen

Von Thorkild Bjørnvig

st 2815. 224 Seiten

Der dänische Dichter Thorkild Bjørnvig lernte Tania Blixen 1948 kennen und lebte entscheidende Jahre im Bann der berühmten Schriftstellerin. Seine Erinnerungen an diese Zeit vermitteln ein faszinierendes Bild der extrem selbstbewußten, im wörtlichen Sinne bezaubernden, aber auch verzweifelten und einsamen Person, die Tania Blixen gewesen ist.

Die realen Frauen der Surrealisten
Simone Breton, Gala Éluard, Elsa Triolet

Von Unda Hörner

st 2816. 240 Seiten

Liebe und Begehren, das waren für die Surrealisten André Breton, Paul Éluard und Louis Aragon die wahrhaft revolutionären Kräfte. Aber weil sie den weiblichen Part ausblendeten, gerieten ideale Vorstellungen und gelebte Liebe in Widerspruch zueinander. Unda Hörner geht diesem Konflikt nach und zeigt, wie sich ihre Geliebten und Ehefrauen vom Liebesideal ihrer Männer lösten.

Biographien
in den suhrkamp taschenbüchern

Amrain, Susanne: So geheim und vertraut. Virginia Woolf und Vita Sackville-West. Erstausgabe. st 2292

Ball, Hugo: Hermann Hesse. Sein Leben und sein Werk. st 385

Bell, Quentin: Virginia Woolf. Eine Biographie. Aus dem Englischen von Arnold Fernberg. st 753

Bertaux, Pierre: Friedrich Hölderlin. st 686

Bjørnstad, Ketil: Ballade in g-Moll. Edvard Grieg und Nina Hagerup. Roman. Aus dem Norwegischen von Lothar Schneider. st 2814

Bjørnvig, Thorkild: Meine Freundschaft mit Tania Blixen. Aus dem Dänischen von Gabriele Gerecke. st 2714 und st 2815

Boveri, Margret: Verzweigungen. Eine Autobiographie. Herausgegeben und mit einem Nachwort versehen von Uwe Johnson. st 2576

Brinnin, John Malcolm: Die dritte Rose. Gertrude Stein und ihre Welt. Mit einem Vorwort von John Ashbery. Aus dem Amerikanischen von Maria Wolff. st 1820

Carossa, Hans: Ungleiche Welten. Ein Lebensbericht. st 521

Chalfen, Israel: Paul Celan. Eine Biographie seiner Jugend. Mit Fotografien. st 913

Cousse, Raymond / Jean-Luc Bitton: Emmanuel Bove. Eine Biographie. Mit einem Vorwort von Peter Handke und verstreuten Texten von Emmanuel Bove. Aus dem Französischen von Thomas Laux. st 2824

Einblicke und Ausbrüche. Lebensskizzen berühmter Frauen. Herausgegeben von Susanne Gretter. st 2347

Elias, Norbert: Mozart. Zur Soziologie eines Genies. Herausgegeben von Michael Schröter. st 2198

Ellmann, Richard: James Joyce. Revidierte und ergänzte Ausgabe. st 2577

– Vier Dubliner - Wilde, Yeats, Joyce und Beckett. Aus dem Englischen von Wolfgang Held. Mit Abbildungen. st 2684

Eribon, Didier: Michel Foucault. Eine Biographie. Aus dem Französischen von Hans-Horst Henschen. st 2226

Feyerabend, Paul: Zeitverschwendung. Übersetzt von Joachim Jung. st 2722

Fischer, Jens Malte: Große Stimmen. Von Enrico Caruso bis Jessye Norman. st 2484

Fölsing, Albrecht: Albert Einstein. Eine Biographie. Mit zahlreichen Abbildungen. st 2490

Freedman, Ralph: Hermann Hesse. Eine Biographie von Ralph Freedman. Aus dem Amerikanischen von Ursula Michels-Wenz. st 1827

260/1/7.97

Biographien
in den suhrkamp taschenbüchern

Gandhi, Mahatma: Mein Leben. Herausgegeben von C. F. Andrews mit einem Nachwort von Curt Ullerich. Aus dem Englischen übertragen von Hans Reisiger. st 953

Gespräche mit Marx und Engels. Herausgegeben von Hans Magnus Enzensberger. st 716

Gibson, Ian: Federico García Lorca. Eine Biographie. Aus dem Englischen von Bernhard Straub. Mit zahlreichen Abbildungen. st 2286

Haslinger, Adolf: Peter Handke. Jugend eines Schriftstellers. Mit zahlreichen Abbildungen. st 2470

Hensel, Georg: Glück gehabt. Szenen aus einem Leben. st 2495

Hesse, Hermann: Kindheit und Jugend vor Neunzehnhundert. Hermann Hesse in Briefen und Lebenszeugnissen. 1. Band: 1877-1895. Ausgewählt und herausgegeben von Ninon Hesse. st 1002

– Kindheit und Jugend vor Neunzehnhundert. Hermann Hesse in Briefen und Lebenszeugnissen. 2. Band: 1895-1900. Herausgegeben von Ninon Hesse. Fortgesetzt und erweitert von Gerhard Kirchhoff. st 1150

Hermann Hesse in Augenzeugenberichten. Herausgegeben von Volker Michels. st 1865

Hildesheimer, Wolfgang: Marbot. Eine Biographie. st 1009 und st 2617

– Mozart. st 598

Hörner, Unda: Die realen Frauen der Surrealisten. Simone Breton, Gala Éluard, Elsa Triolet. st 2816

Kleine, Gisela: Gabriele Münter und Wassily Kandinsky. Biographie eines Paares. Mit farbigen Abbildungen. st 2807

– Zwischen Welt und Zaubergarten. Ninon und Hermann Hesse: Leben im Dialog. st 1384

Lützeler, Paul Michael: Hermann Broch. Eine Biographie. st 1578

Tomalin, Claire: Katherine Mansfield. Eine Lebensgeschichte. Aus dem Englischen von Eike Schönfeld. st 2336

Mayer, Hans: Ein Deutscher auf Widerruf. Erinnerungen. Band I. st 1500

– Ein Deutscher auf Widerruf. Erinnerungen. Band II. st 1501

Muschg, Adolf: Gottfried Keller. st 617

Paz, Octavio: Sor Juana Inés de la Cruz oder Die Fallstricke des Glaubens. Aus dem Spanischen von Maria Bamberg. Versübertragungen von Fritz Vogelgsang. Mit zahlreichen Abbildungen. st 2294

Sauvat, Catherine: Vergessene Weiten. Eine Biographie zu Robert Walser. Aus dem Französischen von Helmut Kossodo. st 2465

Schmidt, Werner: Leben an Grenzen. Autobiographischer Bericht eines Mediziners aus dunkler Zeit. st 2162

260/2/7.97

Biographien in den suhrkamp taschenbüchern

Souhami, Diana: Gertrude Stein und Alice B. Toklas. Zwei Leben - eine Biographie. st 2813

Stein, Gertrude: Jedermanns Autobiographie. Aus dem Amerikanischen von Marie-Anne Stiebel. st 2598

– Paris Frankreich. Persönliche Erinnerungen. Aus dem Amerikanischen von Marie-Anne Stiebel. st 2594

Theodorakis, Mikis: Die Wege des Erzengels. Autobiographie (1925-1949). Herausgegeben und aus dem Griechischen übersetzt von Asteris Kutulas. Mit Abbildungen. st 2797

Unseld, Siegfried: Begegnungen mit Hermann Hesse. st 218

WahnsinnsFrauen I. Erster Band. Herausgegeben von Sibylle Duda und Luise F. Pusch. Erstausgabe. st 1876

WahnsinnsFrauen II. Zweiter Band. Herausgegeben von Sibylle Duda und Luise F. Pusch. st 2493

WahnsinnsFrauen III. Dritter Band. Herausgegeben von Sibylle Duda und Luise F. Pusch. st 2834

Weimer, Wolfram: Kapitäne des Kapitals. Zwanzig Unternehmerporträts großer deutscher Gründerfiguren. Mit zahlreichen Abbildungen. st 2464

Wilkomirski, Binjamin: Bruchstücke. Aus einer Kindheit 1939 - 1948. st 2801

Zeemann, Dorothea: Einübung in Katastrophen. Leben zwischen 1913 und 1945. st 2637

260/3/7.97